U0937003

珍藏本·增订本

纪念版

汉译世界学术名著丛书

劳动价值学说的研究

〔英〕米克　著

陈彪如　译

商务印书馆
SINCE 1897
The Commercial Press

Ronald L. Meek

STUDIES IN THE LABOUR THEORY OF VALUE

First English edition: Lawrence & Wishart Ltd,

London, 1979 © [Lawrence & Wishart]

Original title: Studies in the Labour Theory of Value

本书根据劳伦斯与威沙特出版社 1979 年版翻译

汉译世界学术名著丛书
（120 年纪念版·珍藏本）
增订本出版说明

2017 年 10 月，为纪念商务印书馆创立 120 周年，本馆推出“汉译世界学术名著丛书”（120 年纪念版·珍藏本），计七百种。近五六年来，仰赖学界同人倾力支持，订正旧译，增补新译，拓展新著，积累日多。为满足读者需要，本馆在七百种的基础上，继续推出“汉译世界学术名著丛书”（120 年纪念版·珍藏本·增订本）三百种。至此，“汉译世界学术名著丛书”累计出版已达千种。

今后，本馆将继续推进丛书的翻译出版工作，在积累单本名著的基础上陆续分辑刊行，汇印出版。为促进中外文明互鉴、推动我国学术发展，使“汉译世界学术名著丛书”这项对我国学术文化有基本建设意义的重大工程发挥更大作用，诚望海内外学术界、翻译界继续给予支持，帮助我们把这套丛书出得更好。

商务印书馆编辑部

2024 年 2 月

汉译世界学术名著丛书
（120年纪念版·珍藏本）
出 版 说 明

2017年2月11日，商务印书馆迎来120岁的生日。120年前，商务印书馆前贤怀揣文化救国的理想，抱持“昌明教育，开启民智”的使命，立足本土，放眼寰宇，以出版为津梁，沟通中西，为中国、为世界提供最富智慧的思想文化成果。无论世事白云苍狗，潮流左右激荡，甚至战火硝烟弥漫，始终践行学术报国之志，无改初心。

迻译世界各国学术名著，即其一端。早在20世纪初年便出版《原富》《天演论》等影响至今的代表性著作，1950年代后更致力于外国哲学和社会科学经典的译介，及至1980年代，辑为“汉译世界学术名著丛书”，汇涓为流，蔚为大观。丛书自1981年开始出版，历时三十余年，迄今已推出七百种，是我国现代出版史上规模最大、最为重要的学术翻译工程。

丛书所选之书，立场观点不囿于一派，学科领域不限于一门，皆为文明开启以来，各时代、各国家、各民族的思想与文化精粹，代表着人类已经到达过的精神境界。丛书系统译介世界学术经典，引领时代思想，为本土原创学术的发展提供丰富的文化滋养，为推动中国现代学术和现代化进程做出了突出的贡献。

为纪念商务印书馆成立120周年，我们整体推出“汉译世界学术名著丛书”120年纪念版的珍藏本，寄望既利于文化积累，又便于研读查考，同时向长期支持丛书出版的译者、编者和读者致以敬意。

两甲子后的今天，商务印书馆又站在了一个新的历史时间节点上。我们不仅要铭记先辈的身影和足迹，更须让我们的步伐充满新的时代精神。这是商务人代代相传的事业，更是与国家和民族的命运始终紧密相连的事业。我们责无旁贷，必须做好我们这代人的传承与创造，让我们的努力和成果不仅凝聚成民族文化的记忆，还能成为后来人可以接续的事业。唯此，才能不负前贤，无愧来者。

商务印书馆编辑部

2017年10月

目　　录

第二版导言

本书自从1956年第一次印出以来，已经很多年没有再版了。但是，据我了解，对本书的某种需要一直在继续，而且，在最近五年左右的时间里，这种需要更有所增加——毫无疑问，这是由于新近对马克思的兴趣复活的结果，尤其是在年轻人中间。因此，出版商曾经多次向我提出建议：出增订第二版的时机已经成熟。他们还对于我直到最近仍感到不得不采取的笨拙的拖延策略，表示出了明显的耐心。

最初我不愿坐下来修订这本书，主要是由于其他一些事情和兴趣的压力，以及我的这样一种认识：由于我不是经常接触某些有关的文献，这项修订工作可能是很耗费时间的。此外，我对于由于我的一些政治观点已经发生了某些改变的结果，我所必须作出的这些修订的性质和范围，还有些顾虑。

但是，在我最后又一次阅读这本书的时候，上述的后一种顾虑有了相当大的缓解。我发现确实是这样：我倾向于把劳动价值学说看作似乎是英国国教三十九教规中的一条，这就导致了一种不妥当的，现在看来有点离奇而又过时的辩解和说教。但是，我确曾认为，受这一点影响的是这本书的态度，而远非书的内容。至于说到现在需要订正或详述的大多数主要论点为什么需要订正或详述,这和政治简直没有什么直接关系。

基于这一切,我高兴地赞成一种次好的解决办法,即本书正文应根据 1956 年原版照相复制,不作任何修改,但书前应冠以新的导言,导言中将指出我觉得此书需要入时和修订的一些主要方法,书后应附上关于马克思的经济学方法的一篇文章(以较早的 1959 年的文稿为基础而于 1966 年写成),这篇文章总结了我对总的马克思主义经济学的态度。[①] 不论是好是歹,其结果就是现在的这本书。

这篇导言使用了本书末尾所附论文中的几个主题,并对其中一两个主题作了进一步的探讨。导言比较详尽地逐次探讨了本书的各章,旨在指出那些我现在觉得需要澄清、发展或者变更的主要论点。我恐怕在这篇导言中我将提出的问题的数目会超出我所能作出解答的数目,但是,不论怎样我希望这些问题都是正确的问题,而且希望,我提出的这些问题,将能够在这一重要的、引人入胜的领域中引起进一步的辩论。

在大多数情况下,我在导言中和在书末论文中引用的著作的版本与我在本书原版中所引用的版本是相同的。最重要的一个例外是马克思的《资本论》:在原版中我用的第一卷是 Allen and Unwin 版,第二卷和第三卷是 Ker 版,而在导言中和在书末论文中我用的是莫斯科外文出版社分别在 1954 年、1957 年和 1959 年出版的英文版第一卷、第二卷和第三卷。

---

① 在本书这一版中印出的这篇文章是为拙著《经济学和意识形态以及其他论文》(1967 年,洽普曼和豪尔,伦敦)一书而写。洽普曼和豪尔先生允许我将此文重印入本书,特此致谢。

1. 马克思以前的劳动价值学说

就本书的前三章而言，如果我从头到尾重新再写本书的话，我想只有几个个别的论点需要加以发展或改动，但是，另外有一个相当重要的主题我很想同其他主题一道详加论述。我先来略微谈一下那几个个别论点，然后再来概述一下这个另外的主题。

在论述亚当·斯密以前的价值学说的第一章里，我在“圣典学者”对价值问题的研究与“重商学派”的研究之间，作出了相当严格的区别。作为对熊彼特在其所著《经济分析史》(1954 年)一书中所表达的某些观点的让步，我现在宁愿将这两个阶段分别叫做“亚里士多德—经院学派”和“新经院学派—重商主义学派”，以便更清楚地说明，后来的经院学派的某些学者对我在本书称作“重商主义学派”的学说作出过重要的积极的贡献。但是，作为反对熊彼特我仍然想断言，这两个阶段的价值学说之间，有一种基本的差别。[①] 关于第一章中仅有的另一论点是，在我写这本书的时候，如果我对早期法兰西和意大利的经济思想知道得更多一些的话，我一定会强调，在第三节、第四节和第五节中所描述的发展，基本上是英国的，并强调在接近十八世纪末时，亚当·斯密在法兰西和意大利的反对者们所接受的传统，在某些十分重要的方面是不相同的。

关于论述亚当·斯密的价值学说的第二章，第一点要说的是，

① 我在拙著《经济学和意识形态以及其他论文》第 200—201 页发挥了这一论点。

自从我写出了这本书，关于亚当·斯密的《格拉斯哥讲义》的新的一套学生笔记被发现了。[①] 这一套笔记比坎南在1896年出版的那一套要更完整得多。根据对手稿的初步查阅，我的感觉是，我在本书第二章第一节中的某些判断现在可能成了问题，[②]尽管我不认为那些主要的结论将会受到严重的影响。第二，如果我要重写这本书的话，我将发挥并更加突出强调关于亚当·斯密应用历史的唯物主义观念的一节，尤其要论述他那通过狩猎、畜牧、农耕和商业诸阶段的社会发展的学说。正如我现在所认为的那样，这种"四个阶段"的学说是十八世纪下半叶在英国同样也在法国显露头角的新社会科学发展的主要因素之一。[③] 第三，我现在觉得，在我叙述亚当·斯密关于价值尺度的论述时，我可能低估了他这项论述的范围，他的这项论述不但代表他那价值决定学说的发展的一个阶段，而且也表示他解决指数问题的企图。我不认为这对我的说明的本质会发生实际影响，但这确实意味着，我的说明也许是过于简单化了。

在论述李嘉图的价值学说的第三章中，我很幸运地能够着重引述了斯拉法先生在其编印的《李嘉图全集》中所写的出色的导言，我并不以为这一章需要有多少修改之处。但是，如果我重写这

① 新的讲义笔记正由斯坦因教授、拉菲尔教授和我本人编辑，可望在今后三四年内发表（作为亚当·斯密的著作和通信集新版的一卷出版）。

② 尤其是我可能多少低估了亚当·斯密在他的讲义中预含自然利润率概念的程度，这个自然利润率后来在他的《国民财富的性质和原因的研究》中成为突出的特点。

③ 参见拙著《亚当·斯密、杜阁和"四个阶段"学说》，载《政治经济学史》第三卷第一期，1971年春。

本书的话，我将试对第三章第三节中的图表稍作澄清，[①]另外，在我叙述李嘉图的学说的时候，我将更加强调这样一个事实：李嘉图想的是粗放的农业利润，同样也是集约的农业利润。此外，由于现在能够从斯拉法先生的《用商品生产商品》(1960 年)一书的有利地位来观察李嘉图关于不变价值尺度的讨论，我可能更加强调第三章第五节所列两个“理由”中的第一个。最后，我将不仅仅提到李嘉图的这一假说：储蓄几乎无例外地都来自利润，而且，我觉得有必要提出某种对这一假说的说明。

现在，我想跟其他的主题一道把上面提到的另外一个主题加以论述。这另外一主题是从我在第一章中对资本的自然利润率古典概念的出现的讨论中产生出来的，它关系到亚当·斯密解释经济机构作用的方法与他的伟大的同时代人杜阁的解释方法之间的一个重要的方法论方面的区别。在十七世纪和十八世纪早期资本主义的发展时期，“被动地”使用的货币(为利息而借出，或用钱购买一块田地)与“主动地”使用的货币(或在农业方面或在“商业”方面)之间开始形成一种重要的区别。在十八世纪向前推进的过程中，商业和制造业这两种不同的活动之间，在总的“商业”范畴内，

① 如果人们想象，在我的例子中 A 企业是生产黄金的企业，那么，这个问题就可以看得更清楚了。由于一定产量的黄金或金币的价格是不能改变的，所以，如果工资增长 10%，A 企业资本的损失量就将正好与劳动者收入的增加量相等。这就使利润率降低到 $9\frac{1}{11}\%$，而且，B 企业和 C 企业的价格也必须作相应的调整，以便在这两个企业中生产出 $9\frac{1}{11}\%$的利润。

逐渐形成了进一步的区别。于是,一笔款项在这里可以有五种方法用来产生收益:按一定利息借出;购买一块土地;使用这块土地以便变成农业方面的企业家;做买卖;从事制造。人们逐渐认识到这样一点:从某种意义上来说,正是通过对货币的这些使用方法,尤其是通过货币的主人为了追求最高的报酬而把货币从这一用途转向另一用途,资本主义的经济制度在起着作用。

现在,所有这些使用货币的方法都有一个共同的重要特色:它们都以获得一种收益为结果,这种收益以这种或那种方式与所使用货币的数量相关联。这样一种共同特色似乎(至少对马克思以前的作家来说)使得有理由使用一个共同的术语,即把任何一种作这样用途的货币都称作“资本”。但是,从“被动的”和“主动的”使用货币所可能分别获得的报酬之间,也还有一种不但在质的方面,同时也在量的方面的基本差别。可以肯定,“主动的”应用货币所得的报酬与工资劳动的雇用是基本相关联的,而其余的则不然;而且,对货币“主动”应用所得的报酬正常地高于“被动”应用之所得。重要的问题是如何把所有这些事实和这些区别结合起来说明正在出现的新社会形式怎样起作用的模式。

从很广泛的意义来说,亚当·斯密解决这个问题的方法就是这个。他认为,三个基本的社会阶级包括:“主动”应用资本并靠利润维持生活的人;被他们雇用并靠工资维持生活的人;其资本体现在土地上并靠地租维持生活的人。利润、工资和地租是收入的三种基本形式,其他一切收入形式,最终都由此三者而来。资本在其两种“被动”应用之间的流动性,最终在利息水平和地租水平之间建立起了“自然的”关系；①而更重要的是，资本在其三种“主动”应用之间的流动性，最终对于在这些应用中使用的资本形成一种“自然的”或者平均的利润率。② 当接触到一方面是地租和利息，另一方面是利润的两者之间的关系问题时，亚当·斯密的说明并不是基于资本在其“被动”和“主动”应用之间的流动性，而是基于这样的事实：(a)利息是“来自”或者“偿自”利润的；③(b)地租基本上就是土地纯生产把给资本家农场主的正常利润扣除之后所剩下的。④

杜阁在其所著《关于财富的形成和分配的考察》中解决这一问题的方式在一个关键的方面与此基本不同。在杜阁的模式中，正像亚当·斯密的一样，这一制度是通过资本为了追求最高的报酬从这一种用途向另一种用途的转化而起作用的。但是，在亚当·斯密的模式中，“主动”应用领域与“被动”应用领域之间的转化(不同于每一个这种领域内部的转化)所起的作用很小，而在杜阁的模式中，这便是事物的本质。杜阁强调了所有这五个用途中相互之间的资本的流动性，并且根据这样的方式来说明制度所起的作用：在这种方式中，由于资本会根据市场变化情况从一种用途转移到另一种用途，资本从这些不同应用中所得的报酬仍然会保持“某种均衡”，虽说资本各种用途所得报酬不相等是一种正常情况。这所产

① 坎南编《国民财富的性质和原因的研究》，1904 年，伦敦，第一卷，第 339 页。

② 当然要服从于“不同商业的利润”的差别，这种差别是起于“商业的一致或不一致，是冒险还是安全”的差别(《国民财富的性质和原因的研究》，第一卷，第 113 页)。

③ 同上书，第一卷，第 97—99 页。

④ 同上书，第一卷，第 145 页。

生的重要结果之一就如下述。在杜阁的模式中，毛利润是由将其资本应用于三个“主动”用途之一的企业家所取得，而且，毛利润也是企业家的商品的供应价格的组成部分。这种毛利润通常固定在一个水平上，这个水平恰好是供补偿他把他的资本使用于有关企业（而不是把资本用来购买土地或者把资本以某种利率放出去）时所花费的机会成本，再加上那样一个额外的数额——这个数额可以补偿他的额外冒险、他在“主动地”而非“被动地”应用他的资本时所引起的麻烦，又可以补偿他可能具有的任何一种特殊才能。①

杜阁和亚当·斯密二人都同样注意到了在资本主义经济制度下，经济集团之间互相依赖的重要性。但不能够说，杜阁对这种相互依赖的分析方法，本质上就比亚当·斯密的方法“优越”，也不能反过来说，亚当·斯密的“优越”于杜阁的。就这两种模式而言，亚当·斯密的模式更加准确、直接地反映了体现资本主义社会特点的核心的社会经济关系，而且，可能更适合于分析这样一个社会的发展过程。在另一方面，杜阁的模式更加强调了这样一个重要的事实：各个阶级的收入水平是互相地、同时地决定的。他的模式更适合于说明（例如）为什么从资本的“主动”应用所获得的利润，由于有关资本家之间的相互竞争，不会低于利息率或土地地租的水平。②

① 参见拙著《杜阁论进步、社会学和经济学》，1973年，第23—25页。

② 关于这一问题，我们所能在亚当·斯密的著作中找到的两三处简短而又模糊的说明，多少有点顺笔作出的，大意谓：毛利润超过利息的数额是“应用这笔款项”所包含的“冒险”与“麻烦”的补偿（参见《国民财富的性质和原因的研究》第一卷，第54页和第99页）。

联系到本书的主题，所有上述这些之所以重要，是因为马克思倾向于采用的不是杜阁的方法，而是亚当·斯密的方法。当然，马克思这样做是最有道理的：他认为头等重要的事是抵制这样一种观念：即认为阶级的收入是以这种或那种方式由竞争来创造或决定。杜阁的方法乍看起来助长了这种观念。但是，杜阁的总的方法论门径实际上还是与特殊制度资料的细节和亚当·斯密所关心并加以强调的阶级关系相适合的，而问题是，今日的马克思主义者是否就没有什么可以从中学习的了。这一个问题在这篇导言的结尾处我还将简略地再次谈到。

2. 马克思的价值学说(一)：方法论和疏远化

这本书的其余部分中的大部分(第四—七章)是围绕着这样一个观念进行论证的：照马克思看来，劳动价值学说在本质上是产品的交换方式取决于生产力的交换方式的另外一种说法，所以，这一学说乃是他在经济分析中所使用的方法论的一种结晶或具体化。第四章企图从马克思的早期著作中追踪这一观念的逐渐出现，并且企图描绘马克思的基本的经济学方法论，因此，这一章在全书占据了一个重要的地位。

这一章的第二节具体论述了马克思经济思想的早期发展，叙述了马克思在 1844 年写的论政治经济学和哲学的著名手稿(近来，有时称之为《巴黎手稿》。即中译本《经济学-哲学手稿》)。就像我就过的那样，在我看来，这些手稿总结了马克思的思想发展中一个极端重要的阶段。正像现在人人都知道的那样，正是在这些手稿里，马克思（特别是）阐述了一组很有趣的——如果不常是很容易理解的——有关劳动“疏远化”的观念。我在我的这本书中以相当长的篇幅讨论了这些观念之后，我提出，尽管马克思在《资本论》中的研究方法与1844年的手稿中的很不相同，“但是这两种方法的距离并没有乍一看来那么大”。特别是，“劳动产品作为外在的实体而与生产者相对立这一思想，在商品拜物教这个重要的概念里仍然保持着”，——这个概念我在第五章中比较详尽地讨论了（第五章）。

对马克思关于疏远化的观念的兴趣，近些年来已经提高了。这是由于人们不仅对他的1844年手稿的注意而且（尤其）对他的所谓《政治经济学批判大纲》的兴趣日渐高涨的结果。《政治经济学批判大纲》是1857—1858年写的一套政治经济学笔记，这套笔记由于种种原因一直到二十世纪五十年代在西方还没有普遍为人所接触到，直到现在也还没有完整的英译本。但是，相当明显的是，从已经翻译成英文的某些片断中——特别是从达维·麦克利兰先生在新近所写的一本书中所刊载的那些片断中[①]——和从几年以前马丁·尼古劳斯先生对整个这一著作的有趣的叙述[②]中可以看出，这个疏远化概念在其中起着一种比我们中的许多人可能想象的要更广泛的作用，而且，《政治经济学批判大纲》是1844年手稿中的观念与马克思在《政治经济学批判》（1859年）和《资本论》（第一卷，1867年；第二卷，1885年；第三卷，1894年）中的经济学

① 《马克思的〈政治经济学批判大纲〉》，1971年。

② 《新左翼评论》，第48期，1968年3月。

说两者之间的一个重要环节。结果，我们对马克思的成熟的经济著作中有关“疏远化”所起作用的某些传统观念，可以很好地加以修订了。

我在下文还要谈到这一点，但是，首先讨论一下一件尽管密切关联但又相当不同的事情，将是合宜的——即，马克思是否“改变了计划”的那个老问题。这项计划是他在十九世纪五十年代晚期为他拟议中的经济著作所精心制定的。在这里，最好的起点是1858年4月2日马克思给恩格斯的一封信，在这封信里，他为他的拟议中的著作所作的计划是很明显地制订出来了。马克思粗俗地写道：“整个这一泡粪将分成六本书：1. 资本；2. 地产；3. 工资劳动；4. 国家；5. 国际贸易；6. 世界市场。”这六本“书”（亦即整个著作的六个主要部分）的第一卷研究资本，它将包括以下四节：

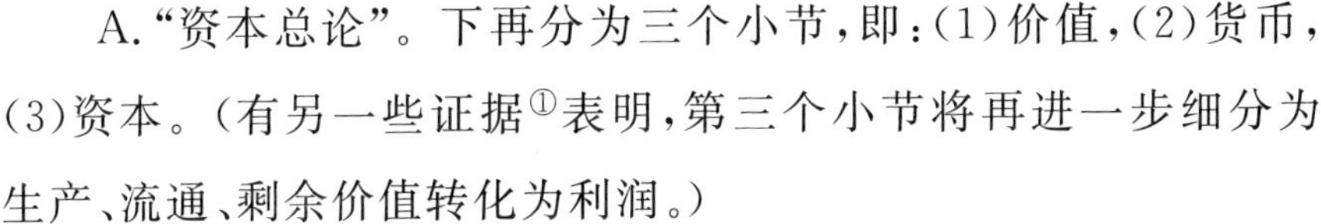

A.“资本总论”。下再分为三个小节，即：(1)价值，(2)货币，(3)资本。（有另一些证据[①]表明，第三个小节将再进一步细分为生产、流通、剩余价值转化为利润。）

B.“竞争，或许多资本互相之间的作用”。

C.“信贷，在这里资本以一般的因素出现，而不是特殊的资本”。

D.“股份资本连同其一切矛盾，作为最完善的形式（过渡到共产主义）”。

第一本“书”之后是论述地产的第二“卷”；然后是论述工资劳动的第三“卷”；最后是其余的三“卷”：论述国家、国际贸易和世界

---

① 为麦克利兰所总结。见上引书第8—11页。

市场。争论的问题是马克思是否随后变更了这项计划——或者，由于对这项计划事实上作了某些更动，这是一清二楚的，那么，是不是马克思彻底地改变了这项计划。

麦克利兰先生在他那论述《政治经济学批判大纲》一书中实际主张：(a)马克思未曾"改变他的计划"；(b)《资本论》只是这六本"书"中第一"卷"；(c)在《政治经济学批判大纲》中，"马克思只是在某种程度上大致描绘出了其余五卷的基本面貌"；所以(d)由于《政治经济学批判大纲》包含的内容超出了第一部"书"的范围，这部著作是"马克思所写出的最基本的著作"[①]。换句话说，如果马克思活到了把他的著作都完成的时候的话，那么，如果我们要知道究竟马克思关于地产、工资劳动等等将会说些什么，我们能够——并且应该——看的唯一地方就是《政治经济学批判大纲》，而它的主要重要性正在于这一点。

让我们集中来论述一下这一论辩链条中的关键的一环——(b)点。现在再明确不过的一点是：《资本论》事实上包含了关于地产和工资劳动的大量的内容，而这些内容在马克思原计划中是要组成整个这部著作的第二和第三"卷"的主题的。而且，就《资本论》的有利地位来看的话，乍一看来，的确没有什么再比这项原计划更奇怪了：马克思怎么会打算从资本这一主题(包括剩余价值的生产及其向利润的转化)来着手写，而这一章节都是从对地产尤其是对工资劳动的研究中抽象出来的？可以肯定，答案要从马克思的观点来找，从他的原计划中来找，即从拟议中的第一"卷"与继之

① 麦克利兰上引书第 8—11 页。

而来的两"卷"之间的关系中来找。事实上,就是在上面我刚刚引用过的给恩格斯的那封信中,这一层关系已经概括地说得相当清楚了。在马克思对拟议中的"资本总论"(上述的 A 项)一节的总结的开头,出现了下面这样一段话:

> "在整个这一节中,假定劳动者的工资永远等于维持他们最低生活水平的工资。工资的变动和最小量的涨落只受工资劳动者这一因素的影响。此外,把地产假设等于零;也就是,至今还不把地产作为一种特殊的经济关系加以考虑进去。这种方法是唯一能避免在每一种特殊关系中不得不去研究一切问题的办法。"

我认为从所有这一切中可以合理地得出这样的结论:马克思原本计划在写他的著作时以这样一本书开始,在该书中,分析资本主义基本的经济过程是以两个具体的假设为前提——即:(i)地产(因而也包括地租)是不存在的;(ii)劳动力是以其价值进行买或卖的。紧跟着这本书之后的是关于地产的第二本"书"。在这第二本"书"中,上列假设(i)被抛弃,而把地租提了出来;在关于工资劳动的第三本"书"中,上列假设(ii)被抛弃,而对"工资的变动和微小的涨落"则提出来加以研究。

在最后的结果中,马克思的这一项计划肯定是"改变了",尽管不像某些评论家所说的那样作了根本性的改变。《资本论》的总的结构确实与他在拟议中的第一本"书"中所设想的十分相像;但是,在他进行分析的过程中,他最终决定在《资本论》的结构内,而不是在随后的两"书"内删除这两个假设。这样一来,《资本论》第一卷的前一部分是以劳动力以其价值进行买卖的这一假设为基础的;

但是，在同一卷的后一部分中，这一假设被删去了，“工资的波动和微小的涨落”这一问题则被提了出来。此外，《资本论》的整个第一卷和第二卷是以“地产＝0”这一假设为基础的；但是，在第三卷的结尾之前这一假设又被删去了，地租被提了出来。至此至少就地产而言，没有理由不注意这种“计划的改变”了。因为，马克思在1862年8月2日给恩格斯的一封信中特别提到，他现在无论如何打算“把地租问题放在这一卷里”；另外，马克思在1868年3月6日给库格曼的一封信中说，地产问题将是“第二卷”中所讨论的主题之一。[①] 1863年8月15日当马克思在给恩格斯的一封信中说，他必须要“把一切重新来过”的时候，他主要指的就是这些改变，那么，这实际上还有很多疑问吗？

如果我的解释是正确的，那么，《政治经济学批判大纲》的重要性必须从很不相同的方向来寻求。我怀疑，我们最终会发现它的重要性在于这样一点：即按照这部著作的安排——用尼古拉斯先生的话来说——“《资本论》中常见的、显然是‘技术上的’含混不清，将会透露出更为广泛的意义”；[②]或者，我宁可这样说，马克思在十九世纪五十年代之后[③]发展起来的某些“技术上的”论据的社会学上的基础，将会变得更清楚了。很显然，这也是很重要的，因为，它将是马克思阐明他的剩余价值学说的第一部著

① 在那个时候，即在《资本论》第一卷出版之后不久，马克思仍然觉得，最终在第二卷和第三卷中出版的那些全部材料，事实上可以在一卷——即第二卷中发表。

② 尼古拉斯上引书，第60页。

③ 在这里，我特别想到了有关剩余价值转化为利润和那个著名的再生产图示的某些论点。马克思分别在1862年8月2日和1863年7月6日写给恩格斯的两封信中，曾经谈到这些论点。

作(以劳动与劳动力之间的重要区别为基础);最后,但并非不重要的是因为,正如我上面已经说过的那样,疏远化概念在其中所起的作用比我们也许可以设想在马克思写作当时所起的作用要更大。[①]

谈到最后这一点,从麦克利兰先生翻译《政治经济学批判大纲》的某些段落,来看马克思是怎样运用疏远化这一概念,的确是很有兴趣的。并且,在这些段落的启发之下,如果我今天要重写我这本书的话,我肯定会希望修正并扩大第四章中的一段话,这段话是述说 1844 年手稿中的概念与《资本论》中的理论之间的联系的。在这里,尤其令人感兴趣的是马克思在《政治经济学批判大纲》中分析商品生产本身的态度,他把商品生产说成是社会的“第二种伟大形式”,按照他的叙述,这种形式是出自并最终取代了以“个人依赖关系”为基础的第一种形式。马克思写道,商品生产的“普遍性质”,“创造了个人与他自己和与其他人的疏远化,但是也破天荒第一次创造出了他的各种关系和能力的一般的、普遍的性质”。换句话说,商品生产给社会的第三种形式的到来,创造了条件,这种第三种形式将“以个人的全面发展和对他们公共的和社会的生产能力的支配为基础”。[②] 在《政治经济学批判大纲》中的这些(以及其他的)段落的启发之下,我觉得我现在主张,就一种十分真实而又重要的意义而言,《资本论》事实上是关于“疏远化”的一部书——或者,说得更精确一些,是关

① 如果《政治经济学批判大纲》包含的有关“国家”、“国际贸易”,或者“世界市场”的内容,竟然比《资本论》所包含的多,那么,在这一论点上它当然也是重要的。

② 麦克利兰上引书第 67—71 页。

于两种不同的但又紧密相关联的疏远化类型的一部书。区分这两种类型是很重要的。

第一种类型的疏远化已如上述,它是与商品生产本身相关联的。从很广泛的意义来说,马克思在这里的基本观念是,由于劳动的社会分工发展了,也由于商品生产发展了,个人的依赖关系逐渐被消除并最终被取代了,人的劳动具备了双重的性质:具体的(或效用生产)劳动和抽象的(或价值生产)劳动。这后一种能力只是在社会进入了一个特殊的历史阶段时,它才具有。在这一能力中,劳动变成了"创造一般财富的手段",不再作为"一个特殊个人的一种属性而被束缚"。[①] 正像马克思在《政治经济学批判大纲》中所说的那样,所有的产品和活动于是就分解成为交换价值,[②]并且,"作为一种命运,个人从属于在他们之外存在的社会生产"。[③] 在这样一种情况之下,马克思写道:

> "社会活动的性质、产品的社会形式以及个人在生产中的份额,都在这里作为某种疏远的、物质的东西而与个人相对立;这并不存在于某些人对其他人的行为之中,而存在于他们对独立于他们而存在并从不同个人互相之间的冲突中产生出来的关系的从属之中。产品和活动的普遍交换已经变成每一个个人的生活条件和他们之间的连接,这种交换对他们说来似乎像一种疏远的、独立的东西。"[④]

① 《政治经济学批判》(劳伦斯和维沙特,伦敦,1971年)第210页。

② 麦克利兰上引书第65页。也见《政治经济学批判》第73页。

③ 《政治经济学批判》第68页。

④ 同上书第66页。

所以，“个人的社会关系……在事物之间社会关系的颠倒的形式中出现”，[①]并且，生产者的社会活动“就具有了物品的运动的形式。不是统制它们，而是受它们统制”。[②] 在《资本论》中，与在《政治经济学批判大纲》中不相同，马克思在他对这种情况的分析中确实没有特别地使用“疏远化”这一术语——或者说，无论如何我未能发现有任何段落，其中这样使用了这一术语。但是有一点是很清楚的，即在他对“商品拜物教”的论述中——这一论述在有关商品的最初一章的结尾占有非常重要的地位，并且，从某种意义上说总结了这一章——事实上他所讨论的就是这一“疏远化”的第一种类型。

第二种类型的疏远化是与资本主义商品生产的特有的社会经济制度相关联的。这一种类型的疏远化最终是由第一种类型产生而又加以深化，并且似乎变得超出在第一种类型之上。在这里，没有必要再回到《政治经济学批判大纲》中去找证明材料了——《资本论》本身就有足够的资料。正如马克思所说的，在资本主义的商品生产之下，工人的劳动“由于出卖他的劳动力而与他本人疏远了”，并且“实现为别人所有的产品”[③]；资本变成了一种“站在他外面，统治他，榨取他的权力”[④]；资本和土地都“和劳动独立分离，并

① 《政治经济学批判》第 34 页。

② 《资本论》，第一卷，人民出版社 1975 年版，第 51 页。又见《政治经济学批判》第 57—58 页。“这各种公式虽然在额门上写着，它们是属于一个由生产过程支配人，而不是由人支配生产过程的社会形态……”

③ 《资本论》，第一卷，人民出版社 1975 年版，第 624—625 页。

④ 同上书，第一卷，第 625 页。

且在劳动面前独立……”[①]；所有生产发展的一切手段都“使他们〔工人〕失去运用智力的机会”。[②] 在《资本论》中，马克思再一次把他对疏远化的第二种类型的主要的、一般的讨论置于一个十分重要的位置上——在第三卷的末尾，紧接着的是最后未完成的有关阶级的一章；而且，他对这一问题的分析又一次地与拜物教观念紧密地关联在一起——这一次不是与商品拜物教本身，而是与资本和土地的拜物教联系在一起。[③]

但是，《资本论》的整个论点就是，马克思在那里所关心的并不是悲伤这些疏远化类型的存在，[④]而是要揭开妨碍对这些类型的存在(和重要性)进行充分认识的“神秘的幕”。[⑤] 马克思相信，为了暴露这样一种拜物教，必须透过“各种经济关系的疏远的现象形态”[⑥]来揭示藏在后面的基本的经济关系本身。但是，看来只从质的方面或者从社会学方面来这样做是不够的：因为在商品生产制度之下，“事物之间的社会关系”反映了它后面的“个人间的社会关系”，它采取的是一种价格或价值关系的形式，因此还必须从量的方面来进行分析。当然，正是从这里，马克思的劳动价值学说才作为传统意义上的价格学说出现。在商品生产制度下，这种学说实际上是说物与物之间的价格关系所反映的是人与人之间的生产关

① 《资本论》，第三卷，第 968 页。

② 同上书，第一卷，第 710 页。

③ 特别参见《资本论》，第三卷，第 967—976 页。

④ “……在历史必然性的面前，悲伤又有什么用处呢？”(《资本论》，第一卷，第 652 页)

⑤ 同上书，第三卷，第 959 页。

⑥ 同上。

系，因为后者是以人们在他们的商品中所具体化的不同的劳动量表达出来的。在资本主义的商品生产制度下，事物之间的这些价格关系是经过修改的，但是这种修改本身就是人与人之间生产关系中所发生的变化的一种反映，它在量方面也是确定的。在劳动价值学说的帮助之下，马克思相信，人们可以表明正是通过价格机制、竞争和“价值规律”的作用，这两种基本类型的疏远化才得产生出来并继续下去。

那么，在马克思的价值学说与他的疏远化观念之间，确实是有一个重要的环节。说一个东西有交换价值，与说它是在商品生产社会中某个人的劳动产品是一样的；也与说它的生产者因此是“与他本人和其他人”疏远化了是一样的。说一个东西的平均价格是以《资本论》第三卷中所描述的方式与它的价值相背离，这与说它是在资本主义的商品生产社会中的一种劳动产品以及说它的直接生产者面临着作为一种“疏远力量”的资本是一样的。但是我认为，以上这些“伦理的”含义并没有使马克思的价值学说，就其作为决定商品相对价格的一种学说而言，更不客观一些，或更不“科学”一些，如果人们愿意使用我自己的那个颇有争议的术语的话。如果我现在重写本书第四章第一节结尾的一段的话，我肯定要把以下一点说得更清楚一些：即马克思的“眼光”不仅包括一种“因果关系原理”，而且也包括对待所引起的某些现象的一种“伦理”态度；但是，此外我想修改的就没有很多了。我仍然想否认，在强调马克思价值学说与唯物主义的历史观——以及，我现在想特别加一点，与疏远化的观念的密切关系的同时，说马克思的价值学说实际上体现了任何特别的伦理的或政治的观点。

至于说到第四章的最后一节——这一节论述的是马克思的经济学方法——我实际上想删掉的也很少，尽管在本书后面所附的论文中，有些论点的写法颇为不同，而这篇论文是代表较晚近的观点的。假如读者从本书第四章第三节开头几段中还不能理解说马克思写《资本论》只是为了检验一种假说的话——这是很有可能的——我并不认为读者将会过分严重地被这一节现在的这种写法所误。在这本书中关于“生产关系”一词两种含义的区分在我看来仍然是一个被忽略了的极端重要的问题。而且，我仍然觉得，我特别强调马克思的逻辑的、历史的方法，这样做是很正确的：的确，如果我觉得我低估了什么的话，那就是马克思的经济学著作被这种方法所指导的程度。[①] 另外还有一个有关的问题，也许我可以在这里更说得清楚一些。马克思把《资本论》中的逻辑过渡（从商品关系本身过渡到这一关系的“经资本主义修改的”形式）看作是历史过渡（从“简单的”商品生产到资本主义的商品生产）的一种镜像，就这点而论，马克思的程序就变得在形式上与亚当·斯密和李嘉图的很相像。亚当·斯密和李嘉图也都相信，资本主义的真实本质可以用对资本主义一旦突然碰上了某种抽象的、前资本主义的社会时将要发生的那些变化的分析中揭示出来。马克思在这一方面的分析与亚当·斯密和李嘉图的分析之间的主要区别——这个区别我现在感觉到我未曾给予足够的注意——是这样：对亚当·斯密和李嘉图来说，他们所假定的“早期蒙昧的社会状态”不但是前

① 如果我在那时读了列宁的《哲学笔记》，那我会更加认识这种方法的重要性和复杂性的。见《列宁全集》第 36 卷，1961 年版，第 178—180 页和第 319—320 页。

资本主义的，而且从某种意义来说，也是史前的，而对马克思来说，他所假定的“简单商品生产”是社会发展中历史上居于一确定阶段之前的形式——一般商品生产阶段。所以，资本主义的到来必然要引起“资本主义的”生产关系代替“简单的”生产关系。它做到这一点是在商品生产本身总的骨架内进行的。诚如马克思在《资本论》中所说的，“……商品形态是资产阶级生产最一般最不发展的形态”[①]。所以，马克思实际上是在说，为了了解资本主义，特别是为了消除古典政治经济学中关于资本主义性质的错觉，人们必须首先理解，资本主义是商品生产社会的一种特殊类型。如果我们要寻求马克思为什么“从价值开始”的主要理由，以及为什么已把价值“转化”成生产价格之后，马克思仍然坚持认为“价值”起着决定性的作用的主要理由，那么，肯定说这种理由将在这里发现。

3. 马克思的价值学说(二)：“转化问题”

马克思的劳动价值学说基本上包括一组或者一系列原因命题，这些命题是有关在一般的商品生产以及在资本主义特殊商品生产关系之下，生产关系与交换关系之间的质和量的联系的。在我这部书的第五章，我试图说明这些命题事实上是什么，以及构成这些命题之下的推论是什么。在我看来，这一章里并没有很多地方实际上是错误的，但是，如果我现在再写这本书的话，我将作一些修改和增订。

---

① 《资本论》，第一卷，人民出版社1975年版，第59页。

第一点是关于本章的总安排，我现在感觉到这种安排可能有碍于某些读者的理解，使他们只见树木不见森林。如果我重写这一章，我将采用一些办法，这些办法与本书附录的论文所用的处理顺序更为相像。在那里对马克思的价值学说的总结的论述有点过于刻板和公式化，但是，马克思分析的那三个连续的、逻辑的、历史的阶段比本书第五章中描写得更清楚、更突出。尤其是马克思对资本主义商品生产两个阶段的区别的分析，写得更清楚了。在这里，重要的问题是，在这两个阶段的头一个阶段中，即当资本家之间的竞争还假设存在于每个行业内部而不是存在于不同的行业之间，并且商品还假定仍然是“按其价值”出售的时候，不同行业中资本有机构成的区别必然与利润率的区别相关联。我认为，情况并不像有人有时提出来的那样，马克思在这一阶段的分析中他曾经假定资本的有机构成（因而利润率）到处都一样。

第二点，马克思对价值问题的量的一面所作处理的某些方面，我现在持以比较批评的态度。如果马克思实际的意思就是我认为的是指往下第五章开头引语中的意思，那么，他肯定会谈得更具体些。他对熟练和非熟练劳动的处理，虽然颇富有启发性，但都是相当零碎而不完整，并且，说他低估了这一问题的重要性，这似乎也没有什么疑问。同样，他在三次直接接近了“转化问题”之后，并没有安下心来研究这个问题，这也不能全部推诿到这一个事实上：他没有活到写完第三卷。我现在认为，其部分解释大概又是由于他没有充分认识这一问题的重要性质。说马克思对质的一面更为关心（并更有兴趣），并不能回答这些批评。也可能他是这样，但是这即使可能能够解释他为什么没有紧扣量的问题，也并不能完全为之辩解掉。任何一种价值理论，不论在同时还要求它另外再干什么，都肯定必须对商品的相对平衡价格作出个明确的解释，如果它做不到这点，它就必然要受到批评。

第三点，关于马克思把价值学说应用到劳动力价值的确定这一问题上，我还想多说几句。马克思分析的这一部分如果应用到竞争阶段的资本主义（马克思本人对这一阶段当然是很关心的），那完全是可以讲得通的，但是如果应用到当代的资本主义，在我看来就很难讲得通了，尤其在这样的局面之下；在这里，一个强有力的工会能够强使工资提高，另外，强有力的垄断雇主能够以提高价格的方式，把这种工资的提高，转嫁到消费者身上。某些现代的马克思主义者为了解决这一问题而企图给“劳动力的价值”再下定义，以便使它与工人碰巧所拿的任何工资实际上变成都相等，这种企图不能把我说服。[1]

第四点，关于就整个行业讲，报酬不随其规模之增减而改变这一古典的假设（在特定的技术条件之下），我还想多说几句话。这一种假设显然奠定了马克思的这样的观点的基础：价格是不由需要来决定的。他直率地承认，商品的单位价格将由“社会必要劳动”来决定——即由在通常的技术条件下生产一个单位的商品所必要的劳动量来决定——这只有在供献给这一商品生产的劳动总量，因而这一商品的总产量，与“社会需要”相适应的时候才是如

① 见拙著《经济学和意识形态以及其他论文》，第 118—119 页。

此。但是，用他的观点来看，由此并不能得出如下的推论：即"社会需要"（或社会要求或社会效用）参与了单位价格的决定，因为，他假设，当"社会需要"发生变化的时候，并且产量也作了相应的调整的时候，"社会必要劳动"将不发生变化，如上文所说的因而单位价格也就不发生什么变化。问题只是在于后面这一假设是不是与现实密切相符。如果它符合实际，那好极了；但是，如果它不相符，那么应该怎么办呢？应该这么辩解吗？说尽管"社会必要劳动"在事实上可以因需求而不同，但是，仍然有某种基本意义，在这种意义中，可以说它能决定任何已知需求水平的价格？或者是不回避问题，索性把需求问题提出来？下面我将对这一问题多说几句。

第五点，关于所谓"转化问题"，我想详细地谈一下。这一部分原因是因为（像马克思本人一样）我过去倾向于低估它的重要性，另一部分原因是自从我写了我这本书以来，在这一领域内出现了一些有趣的、新的著作。由于在新近的一些讨论的过程中出现的某些论点与当今马克思主义者对于劳动价值学说应该作些什么这一问题是息息相关的，如果我试图将一些基本问题加以总结以便使非数学的读者尽可能地易于接近这些问题，这可能是有用的。①

① 下面我将假定读者已经阅读了第五章第三节的叙述，因而已经了解了转化问题的一般性质以及在其解法中常常使用的一些主要符号的含义。但是，在这篇导言中的新的说明中，为了方便起见，价格-价值的符号用 p_1、p_2、p_3 以代替（本书原文中的）x、y、z。

那么，多少有点是从头来，让我们再一次从下面三个部门的很简单的价值图表开始吧：

	c	v	s	a
Ⅰ	20	+80	+80	=180
Ⅱ	50	+50	+50	=150
Ⅲ	80	+20	+20	=120

在这里，c，v 和 s 仍表其通常的含意；而 a 只是表示 $c+v+s$——亦即，体现在有关部门或行业的产量中的过去和现在的劳动总额。像通常一样，假定每个行业的剥削率$\frac{s}{v}$相同（在本表中等于一）；但是，资本的有机构成假定是各不相同的，在行业Ⅰ、Ⅱ和Ⅲ中，分别是低于、等于和高于“社会平均”数。

马克思将价值转化为价格的方法是，按照用于每一种行业的资本$(c+v)$在用于整个经济总资本中$[\Sigma(c+v)]$所占的比率，在三个行业中分配产生于整个经济中的剩余价值总额（在我们的例子中是150）。在上表中，由于这个比率$\frac{c+v}{\Sigma(c+v)}$都等于$\frac{1}{3}$，作为利润形式，每个行业获得剩余价值总额的$\frac{1}{3}$——即50。这50的利润被加在用于每个行业的资本100之中，在每个例子中都形成一种150的“生产价格”。这样一来，行业Ⅰ的产品的平衡价格是其价值的$\frac{5}{6}$；行业Ⅱ的产品的平衡价格等于其价值；行业Ⅲ的产品的平衡价格是其价值的$1\frac{1}{4}$倍。这些价格给每个行业带来$\frac{1}{2}$的利润率（即50%）。

为了把这与后面我们将要讨论的连接起来，让我们以一种相当不同的方式来描述这种运算。也许我们可以说，马克思实际上所作的，就是要建立并解决下列一般形式的一种联立方程系统：

$$c_1+v_1+r(c_1+v_1)=a_1p_1\cdots\cdots(1)$$

$$c_2+v_2+r(c_2+v_2)=a_2p_2\cdots\cdots(2)$$

$$c_3+v_3+r(c_3+v_3)=a_3p_3\cdots\cdots(3)$$

$$r[\Sigma(c+v)]=E(\Sigma v)\cdots\cdots(4)$$

在这里，写在下面的小 1、2、3，分别指行业Ⅰ、Ⅱ、Ⅲ；p_1、p_2、p_3 是系数，a_1、a_2、a_3 必须分别与之相乘，以便把它们转化成适当的生产价格；r是假定在每一个行业中都相同的利润率；E是同一的剥削率 $\frac{s}{v}$。方程(1)、(2)和(3)是用“被转化的”价格形式来表示的原来价值图表；方程(4)表示利润额应该与剩余价值额相等的条件。有四个未知量——p_1、p_2、p_3 和 r；在我们的四个方程的基础上，我们可以根据已知量——那么 c、v、a 和 E，很方便地求解未知量。根据方程(4)，利润率 r 很明显是等于$\frac{E(\Sigma v)}{\Sigma(c+v)}$；在任一个个别企业中——我们称之为企业“$j$”——

$$p_j=\frac{(c_j+v_j)[1+\frac{E(\Sigma v)}{\Sigma(c+v)}]}{a_j}$$

将我们原来数字表中各个c、v、a和E的数值代入，我们可以很自然地得到与我们以前得到的相同的结果：p_1 被算出来为$\frac{5}{6}$，p_2 为 1，p_3 为 $1\frac{1}{4}$，r 为$\frac{1}{2}$(即：50%)。

如果我们只有方程(1)、(2)、(3)可以由我们任意处理，我们所能作到的最好的就是获得三个 p——p_1、p_2、p_3——的比值，即 $p_1:p_2:p_3$。为了获得 p_1、p_2 和 p_3 在绝对项中而非相对项中的解，

并为了求得 r 的解,很显然,我们需要第四个方程。马克思的方程(4)表达了利润额应当与剩余价值额相等这样的一个条件,无论如何,从形式上看,它完全可以满足我们的要求了。在现在这个例子中,如果我们不用这个方程而用另一个方程,要它表示价格额应与价值额相等这一条件的话,结果也完全一样,因为这只是意味着给方程(4)的两端加上相同的量——$\Sigma(c+v)$。

为了把这种解法的含意说得更清楚一些,并为了给下文铺平道路,在现阶段把货币提出来可能是有好处的。说行业I的生产品的价格为其"价值"的$\frac{5}{6}$——即体现在其中的劳动时间的总额的$\frac{5}{6}$——这乍看起来,似乎是没有什么意义的,因为价格通常都是以货币表示的,不是以劳动时间来表示。为了给它赋与意义,让我们这样开始,即假定在转化之前,当所有商品都是严格地按照体现在其中的劳动量来进行交换的时候,商品的买和卖按生产商品的每单位劳动时间假设值2英镑进行。根据这一已知货币量,把那三个系数$\frac{5}{6}$、1和$1\frac{1}{4}$分别应用到我们的三种产品的价值上,就会得出它们的价格。这样,产品Ⅰ的货币价格将是$\frac{5}{6}\cdot 180\cdot$ £2(=£300);产品Ⅱ的货币价格将是$1\cdot 150\cdot$ £2(=£300);产品Ⅲ的货币价格将是$1\frac{1}{4}\cdot 120\cdot$ £2(=£300)。[①]

这样一种方法是够简单的,但由于这种方法本身还很成问题,最好是以一种不同的方式把货币提出来——即假定货币是我们的

① 如果我们没有第四个方程,因而只知道三个系数的比率是$\frac{5}{6}:1:1\frac{1}{4}$,那么,这三种价格将显然是无解的。

基本图表所包括的商品之一。例如,我们假定商品黄金——我们假设它是唯一的货币媒介物——是由行业Ⅲ来生产的,并且,用在这一行业的每一个单位劳动时间(过去的和现在的)生产三个金镑。行业Ⅲ的总产量的货币价格将是£360,而这个价格不论与转化之前相比还是与转化之后相比都显然是一样的。那么,在我们的体系中,假如代之以

$$p_3=1$$

这一体系将再一次是有解的,r、p_1和p_2的解,可以很不费事地取得。在我们的例子中,r 将等于$\frac{1}{5}$(即 20%),p_1 将等于$\frac{2}{3}$,p_2 将等于$\frac{4}{5}$。将这三个系数$\frac{2}{3}$、$\frac{4}{5}$和 1 分别应用到三种产品的价值上,我们就可以依据黄金生产业中一个劳动时间单位的产品所代表的货币额而知道这三种产品的价格。这样,产品Ⅰ的货币价格将等于$\frac{2}{3}\cdot180\cdot$£3(=£360);产品Ⅱ的货币价格将等于$\frac{4}{5}\cdot150\cdot$£3(=£360);产品Ⅲ的货币价格将等于 $1\cdot120\cdot$£3(=£360)。①

把这一点放在心上了,现在,让我们转向"转化问题"本身,这个问题的产生是由于马克思的方法只是把产出的价值转化成了价格,而把投入因素作为不变的价值项。这显然是不恰当的。举例说吧,我们假定行业Ⅰ生产资本货物,行业Ⅱ生产工人消费品,而行业Ⅲ生产资本家消费品。这就意味着,在马克思的方法中只应用于产品 a_1 的系数 p_1 也将应用于 c_1、c_2 和 c_3;另外,在马克思的

① 如果我们假定行业Ⅱ(有机构成等于社会平均数的一个行业)是黄金生产行业,使 $p_2=1$,以代 p_3,当然这三个系数将分别计算为$\frac{5}{6}$、1、和 $1\frac{1}{4}$,与前面的相同,而其货币价格将计算为£450。

方法中只是应用于产品 a_2 的系数 p_2，也将应用于 v_1、v_2 和 v_3。关于这一点，马克思的某些批评者原来提出的主要问题就是，在这样的环境之下，必要的转化事实上是否能实现——就是说，有关的关系和条件是否能够以一种在数学上是有解的方程式系统的形式表达出来。

表明它们在事实上能够这样表达的最简单的方法是以包括下列三个方程式的“转化”图表开始：

$$c_1p_1+v_1p_2+r(c_1p_1+v_1p_2)=a_1p_1\cdots\cdots(1A)$$

$$c_2p_1+v_2p_2+r(c_2p_1+v_2p_2)=a_2p_2\cdots\cdots(2A)$$

$$c_3p_1+v_3p_2+r(c_3p_1+v_3p_2)=a_3p_3\cdots\cdots(3A)$$

将这些方程式与上文第 23 页的方程(1)、(2)和(3)加以比较，我们可以看出，系数 p_1 现在不但已适当地应用于 a_1，而且也可以适当地应用于三个 c 项，而系数 p_2 也同样不但应用于 a_2，而且也应用于三个 v 项。[①] 由于有四个未知项(p_1、p_2、p_3 和 r)，单单这三个方程式不能使我们得到更多答案：不难看出，它们能使我们得到 r 的解和 $p_1:p_2$ 的比率，此外再没有别的。要使这个系统完全有解，像前面的一样，我们需要第四个方程。现在，像我们已经看到的那样，这里有三个可能的候选者：

(i) $r[\Sigma(c+v)]=E(\Sigma v)$

① 第一个懂得这些基本方程可以这种相对简单的形式编制的是温德尼茨(在《经济学杂志》1948 年 6 月号上他的一篇文章中)。见第五章第四节，在那里(我应当解释得更清楚一些)，温德尼茨在价格图表中的 s_1、s_2 和 s_3 代表利润。温德尼茨的贡献如果没有布尔基维克斯最初的探索，将是不可能的。在叙述中，我对布尔基维克斯也许倾向于过于持批判态度了。

（表达了这样的条件：利润总额应该与剩余价值总额相等）①

$$\text{(ii)}\quad a_1p_1+a_2p_2+a_3p_3=a_1+a_2+a_3$$

（表达了这样的条件：价格总数额应该与价值总数额相等）②

$$\text{(iii)}\quad p_j=1$$

（表达了这样的事实：行业中的一个——行业"j"——被假定为黄金生产业）

我们到底是用(i)或是用(ii)，有相当明显的理由可以说这不再是一个无关宏旨的问题了：除了一些特殊的例外，我们得到的答案将根据我们选取这两个中的哪一个而有所不同。③ 我自己的感觉是这样：在(i)、(ii)和(iii)中，马克思本人所愿意选取的一个是(ii)；但无论如何，从形式上看，这三个中的任何一个都和另外的两个同样地好。不论我们选取哪一个，我们都将能够为那些未知数取得明确的解，尽管有关的那些公式当然会比上文的那些复杂得多。

一旦这个解法提出来了，其普遍性问题就势必要出现。在我们的图表中，行业数为什么要限制为三呢？为什么要假定每一种产品在经济活动中的主要用途是不变的并且是由生产这一产品的行业预先规定了的呢？弗朗西斯·塞顿在《经济研究评论》杂志1957年6月号的一篇颇负盛名的文章中表示，"全部经济最一般的 n 次细分——在这种细分中每一种产品可以分配在几种或者一

① 方程左侧的诸 c 项和 v 项现在当然必须以价格来表示。

② 这是温德尼茨在他的解法中使用的那一个。

③ 或者，用另一种方法来说，现在有可能（一些特殊的例子除外）获得一种解法，在这一解法中，利润额等于剩余价值额，并且（同时），价格额等于价值额。

切可能的用途上，作为求证的一种前提，同样是可以接受的——并且也是容易处理的”（上引《经济研究评论》杂志第150页）。塞顿是在一个与著名的列昂惕夫投入产出模式相类似的、巧妙的图表（以价值表示）里以描述经济结构开始的，然后，他实际指出，这一种价值量可以单独地转化成价格项——当然要假设进入每一产品的生产的每一种投入的物资总量为已知，也要假设（如果人们想确定绝对价格以与价格比率相区别）选取了某种“不变的条件”。后面这个条件就是说对转化成价格保持不变的价值系统的某种集合或特点必须加以选择。这种“不变的条件”在塞顿的解法中所起的那种作用与“第四方程”在我们已经讨论过的另外两个解法中所起的作用完全相同，并像以前的那样可以从那三个同样的候选者中加以选用。根据塞顿的意见，由于在这些候选者中选取其中任何一个而不选取任何别的一个并无客观的理由，所以在这个程度上讲解法不是完全确切的，但是不论怎么说，给马克思的批评者最初提出来的那个特殊问题提供了一个明确的答案，这它是十分胜任的。

但是很不幸，这不是这件事的终结，正像在塞顿以后出现的一系列文章所清楚地表明的那样（特别是萨缪尔森教授在《经济文献杂志》1971年6月号上所发表的那篇文章）。[①] 就广泛的意义而言，现在这一问题是这样：当劳动价值学说以温德尼茨和塞顿所详述的方式已经被“营救”过来的时候，这一学说到底出了什么问题？现代的马克思主义者如果像马克思曾经作过的那样，去应用以价

① 这篇文章附有一个完备的参考节目，书目中包括了有关这一论辩的所有文章。

值和剩余价值为起点的一个模式，是不是仍然合理合法呢？并且，即使它在形式上合理合法的，那么，实际上是必要的吗？他能不能同样地用一种模式，这种模式是以价格和利润为起点——当然要假定他能找到这么一个模式，这个模式允许他来适当地强调作为一个马克思主义者，他认为是重要的那些社会和经济关系？或者说，他是不是也许可以用一种模式，这种模式既不以价格为起点，也不以价值为起点，而是以物质的商品为起点？

为了讨论这些问题，首先我们先来问问我们自己，马克思以价值和剩余价值为起点，然后又把这些(在他的分析的第三阶段)“转化”成价格和利润，这到底是为了什么。对一位非马克思主义的经济学家来说——他不习惯于一种价值学说可以赋予质方面的、同样还有量方面的任务来完成这样的概念——马克思的程序必然会以十分不合理的面目出现。由于从形式上的观点出发，人们可以同样方便地从价格和利润出发并把它们“转化”回到马克思主义的价值和剩余价值，以相反的方向这样来作有什么正当的理由——或者说，确实就这么办了，有什么正当的理由？[①]

马克思以他所作的方式处理了这一问题，由于两点紧密相关的理由使他认为他自己是正确的。首先一点，正如我们上文已经说过的，他相信，强调资本主义生产是一种商品生产形式是很重要的。马克思写道，资本主义头一个与众不同的特点就是“使它和其他生产方式互相区别的事情是，变为商品，已经是它的产品的支配

① 见萨缪尔森上引书第416—417页。

的、决定的性质”[1]。因此，人们的分析应该从商品本身开始，然后从这里进到“资本主义式限定的”商品——这样一种逻辑过渡被认为是从简单商品生产到资本主义的商品生产的历史性过渡的“正确的镜像”。这样一来，由于劳动学说的质方面的任务是要表明交换关系是怎样被生产关系所决定的，人们应当以表明人与商品生产者之间的广泛关系，在简单的商品生产关系（阶段 1——价值）之下是怎样决定交换关系为起点。然后，人们应该进而表明这一决定过程是怎样被说成是资本主义生产关系的出现的结果。由于这些关系的出现最初是依赖作为一种商品的劳动力的出现，并且，由于劳动资本关系继续是资本主义制度的要素，人们应当继续分析后面这种关系本身（阶段 2——价值和剩余价值），从某些市场现象转移开，这些市场现象从历史上看是属于一个较晚近时期的，它们弄迷糊了这种劳动资本关系的基本剥削性质。但是到最后，这些市场现象很显然必须提到日程上来，人们在这时（只有在这时）进到了阶段 3——价格和利润。

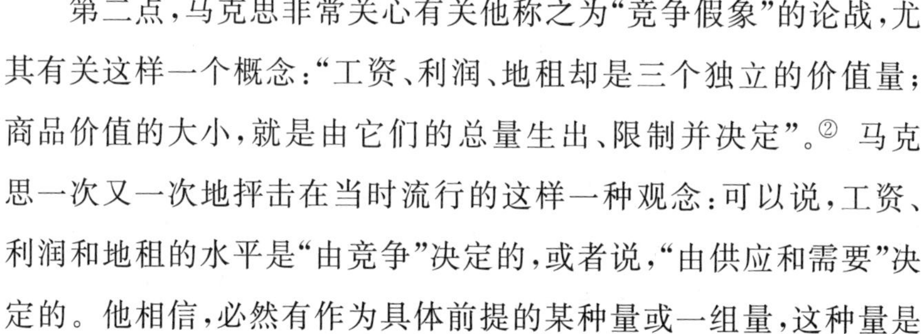

第二点，马克思非常关心有关他称之为“竞争假象”的论战，尤其有关这样一个概念：“工资、利润、地租却是三个独立的价值量；商品价值的大小，就是由它们的总量生出、限制并决定”。[2] 马克思一次又一次地抨击在当时流行的这样一种观念：可以说，工资、利润和地租的水平是“由竞争”决定的，或者说，“由供应和需要”决定的。他相信，必然有作为具体前提的某种量或一组量，这种量是

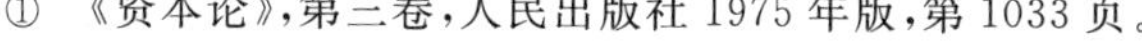

① 《资本论》，第三卷，人民出版社 1975 年版，第 1033 页。

② 同上，第 1012—1013 页。

这些阶级收入的前提并限制了这些收入的总量。他争辩说，这个具体的前提量只能是由商品的价值构成的。[①] 假定经济活动中生产出来的商品成品的价值为已知，假定因用作生产商品的生产手段而消耗掉的商品的价值为已知，那么，阶级收入额的限制是由这两种已知价值量之间的区别来决定的。如果平均工资水平就像所假定的那样，那么，其余一切阶级收入的总额的限制，因而就必然会被确定下来。这样，尽管竞争确实产生了一种资本的平均利润率，但竞争并没有创造利润：平均额必须是“某种东西”的平均额，而这个“某种东西”——剩余价值总额——的大小，却与竞争无关。因此，适当的处理顺序再一次出现了：从阶段 1（价值）过渡到阶段 2（价值和剩余价值），再进而过渡到阶段 3（价格和利润）。

我们知道马克思的特殊偏见，他对于价值学说应该具备的作用的观点，和对他来说方便的经济学上的和数学上的技术，在我看来，这样一种处理问题的方法仍然完全是可以辩解的。但是，有关转化问题的最后解法以及马克思在《资本论》第三卷中所提出的一些特殊意见，变得比从前更容易受到抨击了，与此同时，另一种途径的某种新的远景开始出现了。

问题是，在转化过程结尾我们结束了的那个价格（和收入）决定论，与我们所开始的那个理论在某些十分重要的方面是不相同的。在阶段 2 的价值图表中，商品 A 和 B 的任何一对之间的交换关系，都以分别是 A 和 B 的生产者之间生产关系的直接反映的面

① 见《资本论》第三卷，人民出版社 1975 年版，第 1012 页：“商品价值实际是一个作为前提的量。不管工资、利润、地租的相对量如何，它总是它们的总价值的一个整体”。

目出现，并且在量方面是按照这些生产者分别体现到他们的商品上的劳动量来决定的。这两种商品的相对价格只是由这两种有关行业的生产条件来决定：即由已知的工资水平和剥削率来决定，此外经济活动中发生的任何事情都根本不影响它们的价格，并且很有理由地可以认为每个行业的利润水平是受其产品的价格所限制——就某种意义而言，是继产品的价格之后决定。但是，随着阶段 3 中转化问题的解决，我们到达了这样一种局面：任何一对商品的相对价格都能够并将要受这项经济活动中所发生的一些事情的影响，而且往往是实质的影响，并且，相对价格和平均利润率也相互地、同时被决定了。如果人们愿意的话，马克思主义的“价值”仍然可以被说成是价格的“最终决定因素”，但只能在这样的一种意义下：方程中的已知量都是按照已体现的劳动来表达的（或可以这么表达的）——这一层意义比马克思下面这些话的实际含义要冲淡得多：“……商品的生产价格，不只是由任何一个特殊商品的价值决定，而是由一切商品的总价值决定”。[①] 而马克思的这句话：“……利润的水准，也是一个要保持在一个确定的、由商品价值决定的限界以内的量”，[②]现在也必须非常谨慎地加以限制：尤其不能认为这句话的含义是说利润额与剩余价值额势必相等（当然，除非我们决定把这一等量用作我们的“第四方程”），或者说可以理解为价格和利润在事实上是互相决定并同时决定的。

所以，问题就出现了：马克思在他的分析的这一部分中试图要

① 《资本论》第三卷，人民出版社 1975 年版，第 219 页。

② 同上书，第 1009 页。

说的真正重要的东西，是不是事实上可以通过采用另外一种不同的途径，用一种不太可能反对的方式来表达呢。比如说，假定我们接受了马克思的基本概念，即我们应该从我在上文称作“某种前提的、具体的量”入手，但是，我们为此一目的所选用的不是有关的商品价值，而是这种商品本身。举一个十分简单的例子，让我们假定，我们有一种两个行业（小麦和布匹）的资本主义经济，其中雇用工人总数为 100 名。在小麦行业中，投入 10 个单位的小麦加上 20 个单位的布匹再加上 50 个工人的直接劳动，生产出 100 单位的小麦。在布匹行业中，投入 20 个单位的小麦加上 30 个单位的布匹再加上 50 个工人的直接劳动，生产出 100 个单位布匹。于是，我们从说明生产条件的下列简单的一个图表入手：

10 小麦＋20 布匹＋50 劳动力⟶100 小麦

20 小麦＋30 布匹＋50 劳动力⟶100 布匹

我们假定实际工资（以商品计）每个人是一个小麦单位的$\frac{2}{5}$加上一个布匹单位的$\frac{2}{5}$。因而，实际工资总额是 40 小麦加上 40 布匹。由于商品的投入总额是 30 小麦加上 50 布匹，这就意味着，在总产量 100 小麦和 100 布匹中，给资本家留下了 30 小麦和 10 布匹的剩余。①

现在，让我们把这个物质的图表换成用价格表示。使 p_w 为一个单位小麦的价格，p_c 为一个单位布匹的价格，以价格计的每

① 如果我们采用这种表达生产条件的方法，那就会看到，只是整个经济中所生产的剩余（而不是每个行业中所生产的剩余）可以在这个阶段毫不含糊地加以确定。

人工资则为$\frac{2}{5}(p_w+p_c)$。假定两个行业的利润率相等，仍使利润率为 r。价格图表将如下示：

$$[10p_w+20p_c+50\cdot\frac{2}{5}(p_w+p_c)](1+r)=100p_w$$

$$[20p_w+30p_c+50\cdot\frac{2}{5}(p_w+p_c)](1+r)=100p_c$$

为要决定这三个未知数 p_w、p_c、r，很明显，我们需要第三个方程。所以，我们简捷地假定以布匹为标准，其价格为：

$$p_c=1$$

那么，上式立刻可简化成：

$$(30p_w+40)(1+r)=100p_w$$

$$(40p_w+50)(1+r)=100$$

计算后得出这样的解：

$$p_w=0.781$$

$$r=0.231 \text{ 或 } 23.1\%$$

如果读者愿意的话，就可以这些未知数的值查核出：一切“加起来”都是正确的；付给工人的工资正好够他们购买我们上述那 40 小麦和 40 布匹；资本家所获得的利润正好够他们购买那剩余的 30 小麦和 10 布匹。[①]

可以看出，即使像我刚刚举出的很简单形式的这样一种模式，也同我们上述的“马克思主义的”转化模式有强烈的、家族制的类似。这两种类型的模式都是以一种概念为基础的，这种概念就是：

① 由于这些未知数的值只是取了三位小数，这些数当然不会计算得很精确。

人们的分析应从某种“前提的、具体的量”入手，而这种量以这种或那种方式限制了不同形式的阶级收入的水准。而且，这两种类型都体现了这样的观念：价格和收入的说明，基本上必须从生产条件中寻求，而不是从需要的条件中寻求。最后，这两种类型把对价格和利润的相互的、同时的决定包括在一组方程体系中，这个体系是以价格形式来说明这些生产条件的。在这篇导言的最后一节里，我将详细论述这些论点，特别要谈到1960年斯拉法提出的商品生产模式。

4. 马克思主义劳动学说的批判和“再应用”：斯拉法体系

本书的第六章是关于对马克思劳动学说的批评。我觉得这一章并不需要很多更新。如果人们要对像马克思这样的思想家提出批评的话，比通常在这些方面更为重要的是人们应该有正当的理由这么作；但是我仍然认为，在这一章中曾经加以讨论的那些批评家的著作，大多数基本上不是出于正当理由。就我所知道的，劳动学说的那些比较晚近的批评家中没有任何一个提出对他们的先驱的批评说来是真正的新东西——但某些涉及转化问题的批评家除外。因此，除了开头部分及以下的过分辩解的话和我的叙述中的某些似乎有点曲曲折折的部分之外，我确实打算进行实质上修订的地方并不多。但是，我还是想把某些段落重新论述一番，这些段落中提出，一种分配理论必须以一种价值学说“为基础”。这些论述的某些部分的言外之意就是，人们必须由某种价值学说入手（最好是马克思主义学说），然后从这里似乎就研究出一种分配论。我不再相信这是正确的。如果一个人要论述一种分配理论的话，他必须从某个地方得到有关的价格，这肯定是正确的；一个人应该正确地以限制阶级收入水准的某种“前提的、具体的量”入手，我相信这也是正确的。但是，正如上文已经提出过而下文将比较详尽说明的那样，“前提的、具体的量”可能包孕在以商品表示的项中而不是在以价值表示的项中；而且，在这个基础上树立起一种理论体系是可能的，这种体系与马克思的体系没有本质的区别，在这种体系中，价格和收入是同时互相决定的。

与第六章有关的唯一的另一个主要论点是关于我对兰格和施勒辛格的批评的评论，这在现在看来有点过于粗糙了。不论对他们的文章还可以说什么，他们无论怎样还是提出了某些重要的问题，这些问题当代的马克思主义者必须以这种或那种方式加以回答。例如，兰格的批评是以特别尖锐的方式提出了这样一个问题：“制度上的资料”在事实上是不是能够“追加”到一种更普遍的理论上去。施勒辛格的批评，除了正确地指出了马克思主义的劳动学说所固有的主要困难之外，也同样以尖锐的方式提出了这样的问题：马克思主义者在今天是不是还必须用“假定的经济关系实质”来直接解释价格的类型。

本书的最后一章我很乐观地把标题标成“马克思劳动价值学说的再应用”。这一章开头一节讨论了所谓的“边际革命”，其中包括了一个相当重要的解释上的错误。在这里，我指的并不是叙述中纯历史那一部分，这一部分我觉得并不需要作很多修改——尽管我不再认为“边际效用”经济学的创建者们对稀缺问题的强调，事实上会达到像我所写的那种程度，我也不再认为这个问题可以那样容易地加以解释；今天我希望能更清楚地指出一些肯定的因素（尤其是有关现代福利经济学和社会主义的经济学的那些因素），这些因素已经包含在早期“边际学派”的许多阐述中。[①] 我现在提到的这个错误包含在本章中的一般均衡理论的划分中。在这里，我被一种误用所误，即我认为瓦尔拉在一系列的企图中把他的常说说成是一种与任何“制度上的资料”都毫不相干的形式，他已经用他的学说来处理一般方法，这种方法为他的学说的基础，就好像他的学说代表某种向科学前时代研讨的一种回复。换一句话来说，我倾向于这样辩解：似乎价值和分配学说有效原因的唯一可能的陈述法必须从某种“独立的、决定的常数”开始入手，并从那里进而以简单的单一方向的“连锁原因”得出最后结论。在本章中我提出，用数学上的有解方程体系的形式来表述经济数量互相依赖的条件，从而以这样的方式来解决价值问题，就只是在纯粹形式的意义上来解决它——也就是说，根本不去解决它。但是，按照我现在的看法，人们感兴趣的、诸未知数是互相同时决定的一个方程系统，可以以包括对顺序或决定方向加以清楚地论述的方式来构成，并可以以比在简单的“连锁原因”所体现的更高级的类型来实际体现一种因果原理。但是，这种承认错误肯定不应该被视为它表示，我愿意改换有关新古典派的价值和分配学说的总的观点，这种观点我在本书的这一节中已作表述，尽管表述得不完全。

① 参见拙文“马克思主义与边际学派”，载《政治经济学史》第四卷，第二部分及以下，1972 年。

下一节，关于在社会主义制度下“价值规律”的作用，这一节较之本书其他任何部分，都更带有本书写作时的那个特殊时期的明显标志，带有当时发生的那场特殊论战的标志。这次论战主要是围绕着斯大林的著作《苏联社会主义经济问题》而进行的。在1952年，这部著作的出现产生了一种解放的效果，这种效果的性质和规模，年轻的读者可能是很难领会的。而且，正如在本书第七章第二节末那个奇怪的、悲哀地过分乐观的“追加新闻式”段落将要指明的那样，这一节的写作，正好终结在苏联共产党召开二十大的时期。在这次党代会上，赫鲁晓夫作了著名的指责斯大林的报告。这次党代会是以开辟一系列的充满希望的新的远景的面貌出现。因此，这一节是一个非常奇怪的历史时期的产物。对马克思主义者来说，在这个历史时期内，盖子似乎是半开半关的。

情况虽然如此，但我觉得本节实际上没有很多实质性的错误，尽管本节对争论问题的选择及其写作风格在今天来看是多么与当时的历史“相关”。我不打算修改本书第七章第二节中对马克思学说的说明；并且，我敢说，在其下几页所描述的思想和事件中，关于这一时期经济思想在未来的历史学家们的眼中，是同样重要的。但是，它们在一种新的角度下也可能被视为同等重要的，这点在我的论述中仅仅偶尔有过暗示——即社会主义经济计划的理论正逐步摆脱马克思主义原来的价值学说。在这里，有三个或多或少分开的问题，这三个问题在本书所描述的论战中有些混淆不清，并且，在今天类似的论战中，仍然有些混淆。

第一个问题是：在一个计划的、完全社会主义化了的经济中，马克思主义的(以及古典的)“经济规律”的观念是适用还是不适用的问题。在马克思看来,正像亚当·斯密和李嘉图的看法,一种“经济规律”体现了似乎是从本质上自发地加给社会的某种客观必然性——它是数以百万计的个别经济活动者的有意识的行动必然要产生的副产品,但不是任何人们预先设计的结果。在这里我自己觉得,由于在社会主义经济中中央计划的发展,这种“经济规律”的观念的适用性范围,必然要变得一天比一天小。比如,要把计划人员为了不使自己陷入困境,必须要加以适当考虑的那些经济条件和经济关系都一律描写为“经济规律”,肯定会变得越来越不能自圆其说。即使现在,要把计划人员为寻求在不同的经济部门之间的某种(未具体提出的)平衡或比例所应遵循的必然性,描述为“经济规律”,似乎也是无益的。

第二个问题是:在社会主义经济中,价格事实上受市场的基本规律或某种类似的规律(广义地说,也即被马克思意义的“价值规律”)所制约的程度。在这里,我仍然觉得斯大林对这个问题的研究方法——通过原来马克思主义的“商品生产”观念和存在一种集体农庄部分这一事实——是很有意义的。不管怎么说,可以肯定,斯大林的研究方法的意义要大于那些更晚近的作家所采用的研究方法,这些更晚近的作家实际上只是说,凡是进行买和卖的货物,都是“商品”,因此“价值规律”必然适用于它们。

第三个问题是:“价值规律”在社会主义经济中作为一种行动指南来固定价格时,它在某种意义上是不是还是有用的。在这里,我自己的感觉是,马克思所概括出来的“有用效果与劳动花费的平衡”,肯定是作为讨论价格问题的框框而与社会主义制度下确定价格的问题相关联。但这一概括就像他本人常常强调的那样，与他的“价值规律”没有什么关系。所以，有一些经济学家，例如诺克日罗夫，试图把马克思的价值学说一般化，以便使之不仅能说明在简单的、资本主义的商品生产中价格是怎样被自动决定的，并且能说明在社会主义制度下，应该有意识地被确定价格。这些经济学家在我看来是找错了目标——不论他们的努力是多么巧妙，也不论他们多么有助于使制订的合理定价原则更合乎在马克思学说下成长起来的计划人员的胃口。

本书的最后一节——这一节直接论述价值规律“再应用”于资本主义的垄断阶段的问题——现在在我看来是得受批评的，其原因是（一两条偶然的意见除外）它处理确定价格问题或多或少是由收入确定问题抽象而来。尽管我仍然坚持认为，本节所概括的探讨类型并没有什么本质的错误，但是，我现在要力主，这种探讨应当在一种完全不同的概念体制中进行——即斯拉法在其所著《依靠商品的商品生产》中所提出的那种。所以，在本导言的剩下部分里，我将试述一下斯拉法体系的梗概——或者说，说明一下这个体系的某些基本因素是怎样能设想来为现代的马克思主义者加以修改和使用。我的陈述将采用斯拉法型五个模式序列的形式，而以一种类似于马克思所用的“逻辑的、历史的”分析作为联结。①

正像斯拉法所作的那样，我们以很简单的、维持生命的经济的一种模式入手，这种经济每年所生产的东西刚刚够维持其自身生

① 在这个解说之一开始我就要强调，正像在解说结尾处我也要强调那样，我自己的叙述从某种程度上说，不但在方向方面也在内容方面是与斯拉法本人所提出的有所区别的。特别是斯拉法实际上跳过了我的第二和第三模式。

存。比如，假定这种经济只包括三种行业，分别生产小麦、铁和猪仔。在小麦行业中，投入的是 240 夸脱的小麦、12 吨的铁和 18 只猪，以生产年产量为 450 夸脱的小麦。在铁业中，则投入 90 夸脱的小麦、6 吨铁和 12 只猪用以生产年产量为 21 吨的铁。在养猪业中，用 120 夸脱的小麦、3 吨的铁和 30 只猪的投入以生产年产量为 60 只的猪。[①] 我们假设，投入的商品中不但包括了生产手段，也包括了每个行业雇用工人维持生活的货物。[②] 这样，以物质形式亦即以商品形式表示的投入-产出的全部情况如下：

$$240qt.\text{小麦}+12t.\text{铁}+18\text{猪}\longrightarrow 450qt.\text{小麦}$$

$$90qt.\text{小麦}+6t.\text{铁}+12\text{猪}\longrightarrow 21t.\text{铁}$$

$$120qt.\text{小麦}+3t.\text{铁}+30\text{猪}\longrightarrow 60\text{猪}$$

可以看到，商品的总投入与总产出恰恰相等：例如，总额为 450 夸脱的小麦在三种行业加在一起的生产过程中消耗光，而小麦行业每年所生产的小麦也是 450 夸脱。

当收获完毕交换开始的时候，小麦生产者手里将有 450 夸脱的小麦，其中 240 夸脱必须指定用于作下一年的投入之用。所以，如果下一年的小麦生产仍保持同样水平的话，小麦、铁和猪的价格必须是这样：210 夸脱的小麦将交换来其他需要的投入因素——即，12 吨铁加上 18 只猪。同样，在铁业方面：15 吨铁必须能交换来 90 夸脱的小麦加上 12 只猪；最后在养猪业方面：30 只猪必须能交换来 120 夸脱的小麦加上 3 吨的铁。这样，如果我们小麦一

① 这一模式引自斯拉法，见上引书第 3 页。

② 在这一方面，这一模式区别于后文所考虑的第五模式，在这两个模式中，使用于每个行业的直接劳动量是描述得很清楚的。

夸脱的价格叫作 p_w，铁一吨的价格叫作 p_i，一只猪的价格叫作 p_p，我们就可以轻而易举地将物质图表译成如下的价格项：

$$240p_w+12p_i+18p_p=450p_w$$

$$90p_w+6p_i+12p_i=21p_i$$

$$120p_w+3p_i+30p_p=60p_p$$

很明显，这些方程中的第一个方程实际上说明了这样的条件，即价格必须是这样：210 夸脱的小麦将交换到 12 吨铁加上 18 只猪；其他两个方程照此类推。这里，有三个未知数（p_w、p_i 和 p_p）和三个方程。但是，由于我们如果把这些方程加在一起的话，同样的量出现在等号两端，任一方程都可以从其他方程的数额中推演出来，因此，事实上我们只有两个独立的方程。那么，如果我们想得出绝对价格的话，我们还需要第四个方程。所以，让我们取商品之一——比如铁——为价值的标准，并令

$$p_i=1$$

然后，方程系统就变成有解，用初等代数方法可得出 p_w 和 p_p 之值分别为 0.1 和 0.5。

为了加以归纳，现在我们假定有 R 个行业，各行业的商品我们分别标为“a”、“b”……“k”；A 是“a”的年产量，B 是“b”的年产量，其余类推；A_a、B_a……K_a 是生产 A 的行业用作投入的“a”的量，A_b、B_b……K_b 是生产 B 的行业用作投入的“b”的量，其余类推；P_a、P_b……P_k 是“a”、“b”……“k”的单位价格，它使生产过程年复一年地以同样的水平继续进行。于是，我们将会得到下列 K 方程系统：

$$A_aP_a+B_aP_b+\cdots\cdots+K_aP_k=AP_a$$

$$A_b P_a + B_b P_b + \cdots\cdots + K_b P_k = BP_b$$

$$\cdots\cdots\cdots\cdots\cdots\cdots\cdots\cdots\cdots\cdots\cdots\cdots\cdots$$

$$A_k P_a + B_k P_b + \cdots\cdots + K_b P_k = KP_k$$

在这里，虽然我们有 k 个方程，但很明显我们只有 k—1 个独立的方程，所以，为了解得这 k 个未知数（P_a、P_b……P_k），我们又一次需要另一个方程。跟前面一样，我们取一种商品——比如 j——作为价值标准，并令

$$P_j = 1$$

很显然，这些方程都变得有解了。

如果人们愿意的话，这第一个模式可以用来代表马克思的“简单商品生产”的一种初步形式。而且，可以很容易地表明，在假定的情况之下，不同商品的价格，像在马克思的模式中那样，与直接或间接用来生产它们的那些不同的劳动量将成比例。因为，像我们在这里假定的那样，如果除了发给直接生产者的“工资”以外，再没有其他的收入形式的话，那么所有投入的成本最终都会降为“工资”成本。这就意味着每个终极产品的价格将相当于投入额的“工资”成本，它意味着，如果假定每人的工资在整个经济中都是一致的，那么，价格比率将与具体化的劳动比率相等。①

在我们进而论述第二个模式之前，具有某种重要性的另外一点应当指出来。斯拉法在他的著作中主要关心的是经济制度的性质的分析，在这种经济制度下，生产年复一年地在进行，而任何行

① 简略的说明，见拙著《经济学和意识形态以及其他论文》第 167 页，脚注 20。比较精确的说明，见斯拉法上引书，第 12 页和第 89 页。

业的规模，或借以共同进行生产其产品的各种投入的比例都没有任何变化。[①] 所以，我们刚才研究的这一模式中的价格，可以被认为是直接地、全部从斯拉法称作“生产和生产消费的方法”，或者简言之，“生产方法”中产生出来的。[②] 但是，如果人们研究的是要对规模常常发生变化的、更有动力的经济进行分析的话，并且，如果在规模方面的这些变化是又与投入因素之间的比例的重大变化一起发生的话(即，如果赢利因规模增减而变化)，那当然就不再有可能以这种方式把需要抽掉了。

现在，我们转到了我们所分析的第二个“逻辑的、历史的”阶段，转到了第二个模式。假设我们正在研究的这种经济所生产的东西能够超过必须补偿的最低限度。例如，仍从我们在上文所考虑的三个行业入手，假定情况变成如下：

$$240qt.\text{小麦}+12t.\text{铁}+18\text{猪}\longrightarrow 600qt.\text{小麦}$$

$$90qt.\text{小麦}+6t.\text{铁}+12\text{猪}\longrightarrow 31t.\text{铁}$$

$$120qt.\text{小麦}+3t.\text{铁}+30\text{猪}\longrightarrow 80\text{猪}$$

现在，有 150 夸脱的小麦、10 吨的铁和 20 只猪的剩余超过李嘉图称作“绝对必需的生产消费”，可供分配。我们假定，在这时还没有资本家阶级存在，因之，这种剩余是在直接生产者中进行分配，现在，这些生产者的“工资”高过了我们在第一个模式中假定的维持最低生活的水准。比如说，如果有总数为 100 的直接生产者，每人除了以前的维持生活的“工资”之外，又额外得到了$1\frac{1}{2}$夸脱的小

① 《经济学和意识形态以及其他论文》，第 5 页。

② 同上书，第 3 页。

麦加上$\frac{1}{10}$吨的铁再加上$\frac{1}{5}$只猪。我们现在可以列出一个新的物质项的图表,把对实际"工资"的这种添加部分加在左侧的适当项目上。如果小麦业雇用了40个生产者,铁业雇用了30个,养猪业也雇用了30个,修订后的图表如下:

300*qt*.小麦+16*t*.铁+26猪⟶600*qt*.小麦

135*qt*.小麦+9*t*.铁+18猪⟶31*t*.铁

165*qt*.小麦+6*t*.铁+36猪⟶80猪

随着"生产方法"的这种变化,现在将出现一组新的价格。如果我们将物质图表译为价格图表,并且像上文那样,令$P_i=1$,[①]我们可以算得P_w和P_p的值分别为0.097和0.498。这新的价格比率仍将相等于(新的)凝固劳动比率,理由仍如前述。如果我们愿意的话,我们可以用这第二个模式作为表达马克思的"简单商品生产"的更为发展的形式,马克思本人在《资本论》第三卷的一段话中作为一种可能性提到了这一点,[②]他在那里说,工人生产了归他们自己的一种剩余。利润率——即这种剩余对所用"资本"的比率——在这种情况之下将会正常地因各个行业不同而有区别,但是,由于工人仍然以为他们的收入是他们的劳动的一种报酬,而不是他们偶尔使用"资本"的一种赚头,这种"利润率"的区别,正如马克思所说的,将是"非物质的",并且,这种"利润率"的差别也不会由于"资本"从一个行业挪动到另一个行业而趋于消失。

---

① 在这里,我们需要第四个方程,因为,像前边那样,当我们把这些方程加在一起的时候,同一量出现在两端,所以,事实上只有两个独立的方程。

② 《资本论》,第三卷,人民出版社1975年版,第184—186页。

由于这一模式的归纳并没有包括什么新东西，我们可以立刻进而讨论第三个模式，在这个模式中，我们假定一个资本家阶级第一次出现于历史舞台。让我们假设，分别有三组资本家出现，每一组掌管了那三个行业中的一个，把它作为一种资本主义事业来管理，把直接生产者的工资降低到以前的维持生活水平，并且把全部剩余作为利润都侵吞掉了。[①] 如果我们设想我们是在考察这种接办的即时效果——即在平均利润率发生之前的效果。而平均利润率的出现是由于三组资本家之间的竞争以及资本由一个行业向另一个行业的转移所造成的——很容易就可以看出，在我们的第二个模式中物质图表的有关量将没有什么修改。在左侧投入项中的工资因素肯定要降到其以前的水准，但是由于增添了新的利润因素而正好使这方面的减少得到平衡。所以，商品价格仍保持跟以前相同，价格之间的比例仍然与凝固劳动量的比例相等。但是，这个行业与另一行业的利润率将有所区别。如果我们愿意的话，我们可以认为这个模式类似于马克思在他的分析中的阶段 2 所用的那种模式，在那里，商品的出售假定是“按其价值”的，剥削率假定在每个行业都是相同的，但各个行业的利润率是不相同的（一个特殊例子除外：所有的资本的有机组成都相同）。

现在，我们可以马上来讨论第四个模式了。我们假定，由于三

---

① 像马克思在他的分析中的相应之处所作的那样，我们假定，资本是在现有的技术条件的基础上，使劳动服从于自己，并不直接变更生产方式（参见《资本论》第一卷，人民出版社 1975 年版，第 179 页和第 323 页）。我们也很不现实地假定，首先，每个行业的资本家要把他们使工人在那个行业中所失去的一切统统作为实际利润算作他们的收入。比如在小麦行业中，他们指望能获得足够的利润使他们能购买 60 夸脱小麦加上 4 吨铁再加上 8 只猪。

组资本家之间的竞争结果以及继之而来的、资本从这一行业向另一行业的挪移，利润率在整个经济中已等同化了。现在，我们必须还回到上文的物质图表方面。如果我们还是把利润率叫做 r，这一图表如用价格表示将如下式：

$$(240p_w+12p_i+18p_p)(1+r)=600p_w$$
$$(90p_w+6p_i+12p_p)(1+r)=31p_i$$
$$(120p_w+3p_i+30p_p)(1+r)=80p_p$$

这三个方程现在都是独立的方程，但是，由于我们需求解四个未知数（p_w、p_i、p_p 和 r），而不是像前面那样只有三个未知数，我们又一次需要一个第四方程。像我们以前作过的那样，使 $p_i=1$，这个体系立刻就变得有解，我们可以相当不费事地求出 p_w、p_p 和 r 的值分别是 0.11、0.56 和 0.36（=36%）。当然，新的价格比率与凝固劳动比率有分歧，但是，仍然可以说，这些价格比率是由生产的基本方法或条件来决定的。

为了归纳这一点，我们使用以前的观念并得到下列的 k 方程系统：[1]

$$(A_aP_a+B_aP_b+\cdots\cdots+K_aP_k)(1+r)=AP_a$$
$$(A_bP_a+B_bP_b+\cdots\cdots+K_bP_k)(1+r)=BP_b$$
$$\cdots\cdots\cdots\cdots\cdots\cdots\cdots\cdots\cdots\cdots\cdots\cdots\cdots\cdots$$
$$(A_kP_a+B_kP_b+\cdots\cdots+K_kP_k)(1+r)=KP_k$$

所有 k 方程都是独立方程，如果我们取一种商品（“j”）作为价值标准并像前边那样，使 $P_j=1$，我们就有足够的方程来确定 $k-1$ 个

① 斯拉法上引书，第 6—7 页。

未知的价格和利润率 r。很清楚，从前一模式到这一模式的过渡，类似于马克思主义“转化问题”的解法中所包括的那种过渡。

现在，我最后该谈第五个模式了，在这个模式中，我们假定工人已经联合起来并强迫资本家归还他们一些剩余。现在，工资不仅将包括斯拉法所谓的“常在的维持生活因素”[①]（这是不变的），而且也包括了剩余产品中的一部分（这是可变的）。[②] 就分析的角度而言，人们对此一问题应该怎么办呢？斯拉法提出，[③]最适当的作法是把工资分割为它的两个组成部分，继续把工人维持生活所需要的商品连同种子、铁等作为生产手段，并把工资中的可变因素作为这一体系剩余产品的一部分。但是，斯拉法主要是为了方便的缘故，[④]他把整个工资都看作是可变的——即，作为剩余产品的一部分。这就意味着使用于每一个行业的劳动量必须在我们对生产条件的陈述中明白地加以说明，[⑤]取代了在我们以前陈述中维持生活货物的相应的量，还意味着利润必须作为不包括工资在内生产手段的价格总额的一个比额。[⑥] 如果我们用符号 L_a、L_b……

① 斯拉法上引书，第 9 页。

② 在《资本论》第一卷中讨论“资本主义积累的一般规律”的时候，马克思在一个地方设想了一种情况，在这种情况下对劳动者的需求超过供应，以至于“在工人自己……的剩余产品中，将会有较大一部分在支付手段的形式上流回到他们自己手中……”（人民出版社 1975 年版，第 679 页）

③ 斯拉法上引书，第 9—10 页。

④ 如他所说的（第 10 页）是为了“避免……混淆传统的工资概念”——即“价值增殖”中作为可变部分的工资概念。

⑤ 如在上文所述的模式中。

⑥ 斯拉法强调指出（上引书第 10 页）：“接下去的讨论，能够很容易地适应于对上文提出的工资的更适当的，如果不是因袭的说明。”

L_k 代表用于生产 A、B……K 的行业中的年直接劳动量，用符号 w 表示单位劳动的工资（假定所有行业都是相同的），那么，综合形式的方程体系将如下示：①

$$(A_aP_a+B_aP_b+\cdots\cdots+K_aP_k)(1+r)+L_aw=AP_a$$

$$(A_bP_a+B_bP_b+\cdots\cdots+K_bP_k)(1+r)+L_bw=BP_b$$

$$(A_kP_a+B_kP_b+\cdots\cdots+K_kP_k)(1+r)+L_kw=KP_k$$

在这里，有 k 个独立方程，有 $k+2$ 个未知数（k 的各种价格、r 和 w）。不是像前面那样取一种商品作为价值标准，并使其价格等于 1，斯拉法（又是为了方便起见）取其剩余总额或这一体系的净产品为标准，并使其价格等于 1，所以，代替了我们所熟悉的另加方程 $P_j=1$ 的，是我们取下式：

$$\begin{aligned}&[A-(A_a+A_b+\cdots\cdots+A_k)]P_a+\\&+[B-(B_a+B_b+\cdots\cdots+B_k)]P_b+\cdots\cdots\\&+[K-(K_a+K_b+\cdots\cdots+K_k)]P_k=1\end{aligned}$$

现在，我们有 $k+1$ 个方程，但是，由于未知数是 $k+2$ 个，所以，这个方程仍然是无解。然而，重要的问题是，如果 w 为已知或者 r 为已知，那么，这个体系立刻就可以变为有解。尤其是如果我们知道了工资（w）是什么，那么，利润率以及所有的价格便都可以确定出来。

在讨论这五个方程序列的含义之前，我要像我已经在上文作过的那样，再一次说明，这个叙述与斯拉法的是有些区别的。我的

① 斯拉法上引书，第 11 页。

“逻辑的、历史的”分析的历史的一面，是对斯拉法的某种润饰；我把第二模式和第三模式（这两个模式不曾出现于斯拉法的分析中）包括进去，目的只是为了表明，斯拉法型模式的一种序列可以用来多么细致地反映马克思自己的序列。当然，马克思没有研究过第五个模式所表述的情况（偶然论及的除外）；但是，把第一个和第二个模式合在一起，可以看作与马克思对简单商品生产的分析（阶段1）相对应，第三个模式与他对剩余价值的起源及其被掠夺的初步分析（阶段2）相对应，而第四个模式则与他对价格和利润的分析（阶段3）相对应。实际上我试图要作的是表明，一个现代的马克思主义者可以怎样把马克思的原来的学说，再加以公式化并加以发展，取作他的“前提的、具体的量”的不是有关商品的“价值”，而是商品本身。

斯拉法本人是在上述第五个模式的基础上进行分析的，其方法是从1到0给予工资（w）一系列的值——使工资等于1所表示的情况是，一切净产品统统归于劳动者（即，没有资本家阶级、没有利润的一种状况）；而使工资等于0则表示另一极端：所有净产品统统不归劳动者（即，有一个资本家阶级，这个阶级设法以利润形式把全部净产品收归它自己）。[①] 在这里，斯拉法的主要任务是要表明，在工资从1降到0的时候，价格和利润率发生了什么事情。正如李嘉图首先说明的那样，物价波动的关键在于“各种行业使用

① 这两种极端情况的意义来源于这样的事实：现在净产品的价值是用作标准的，在这种标准之下来表述工资以及k的各种价格。

的劳动和生产手段的比例是不相等的”。[①] 作为这一分析的不可分的一部分，斯拉法用公式表明了一种“标准商品”的观念（以代替迄今那种任意取一个作为标准的作法），这种标准商品当工资上升或下降的时候，它相对于其他任何商品的价值都不发生变化，因而它能够“隔离任何其他产品的价格波动，这样，就可以使价格的变动像在真空里一样得到观察”。[②] 这一巧妙的结构的详细情况，我们不必在这里多谈，但是，在这方面斯拉法的程序与马克思的程序之间的一种有趣的类似，却是值得注意的。马克思所得出的结论之一就是，当工资为已知时，在整个这一体系中，平均利润率以及随之价格比例与凝固劳动的比例的偏离，是受这一“平均”行业的直接劳动对间接劳动的比率所制约的。马克思这一结论是以一种模式为基础的，这种模式类似于上文中的模式，在这里，一个行业的资本有机构成等于“社会平均”数。但是，马克思的结论充其量只能是暂时的、近似的，因为，在得出这一结论时，他已经把工资的变化对于这一“平均”行业中生产资料价格的影响抽象掉了。在斯拉法的分析的这一部分中，他实际上要作的是要表明，如果我们用他的“标准”行业以取代马克思的平均资本有机构成的行业，那么，我们也可以得出同样的结果，根本用不着把上述影响抽象掉。[③]

斯拉法的分析中还有许多其他的方面对马克思主义者来说应

① 斯拉法的上引书第 12 页。

② 同上书，第 18 页。

③ 有关整个这一问题，参见拙著《经济学和意识形态以及其他论文》，第 175—178 页。

该感到有相当兴趣的——例如，他将土地和地租的并入于总体系中；他对“基本的”和“非基本的”产品的处理，这一处理又一次提出了特别是被布尔基维克斯所讨论的一个重要问题：奢侈品的生产条件是否也决定其他产品的价格关系和利润率；最重要的也许是，他把迄今一直是用物质条件表示的生产手段，化成了劳动的量。关于后面这一点，他实际上表示，如果劳动是过去劳动的话，这种转化过程事实上就可完成，因为时期可以对利润率因而对有关商品的价格将发生明显的影响——如果我们愿意的话，这使得我们可以从劳动入手，而不必从商品入手。另外，至少说令人同样感兴趣的是对新古典派的价值和分配学说的批评，这包含在整个这一体系之中。[①]

马克思的体系与我们刚刚概述的体系之间的主要区别在于，他们分别用来求得他们的解的方法不同。马克思在《资本论》第一卷中的那些模式（大致相当于上述第一、第二和第三个模式）之所以是有解的，是因为那是借助于劳动价值学说从每个行业中分别求得的。马克思《资本论》第三卷的模式（相当于上述第四个模式）是有解的，因为它只是把每个个别行业预先决定的某些量加进去，而这些量的总和按比例在各个不同行业之间的再分配也是预先决定好了的。马克思当然知道，在整个经济中投入因素与产出因素之间有重要的互相关系——这可以从他对魁奈的《经济表》的兴趣看出来，也可以他的《资本论》第二卷的再生产图示为证。这个再

① 关于后面这一方面，参见毛里斯·多布：《斯拉法体系和对新古典派的分配学说的批评》（《经济学家》杂志，118，NR. 4、1970 年，第 347—362 页）。

生产图示在某种意义上说就是他在这个《经济表》中的解释。但是，他没有想起这样的概念：特定的投入产出相互关系的假定，可以帮助使价格和收入为有解。的确，他在《资本论》第三卷中的模式似乎是以这样的假设为基础的：任何一种有关的商品都不作为投入而进入其他任何种商品的生产中去。但是，像我们已经看到的那样，马克思主义的"转化问题"如果没有对特定的投入产出相互关系的这种或那种形式的假设，是不可能适当地解决的。并且，一旦"转化问题"在这个基础上得到了解决，那么，这样一种概念就必然会出现：帮助获得求解的这种方法不但能应用于这种分析的最后阶段，而且也同样能应用于更早的阶段。所有上述这五种斯拉法型模式，都假设了某种特殊的、技术上固定的投入产出相互关系，而且，所有这五种模式都包括了在这些相互关系的基础上对未知数那种互相的、同时的确定。

确实，在整个这一方面，马克思主义的"劳动价值学说"本身就其如下意义而言被推到了一种不甚重要的地位：它那特殊的、量方面的前提似乎只是作为主要分析的一种副产品而出现。但是，我们的斯拉法型模式基本上作了与马克思主义的劳动学说预定要作的同样的一套工作；同马克思的体系所作的一样，它从限制阶级收入水准的"前提的、具体的量"入手；它的基本观点，即关于决定变量的顺序和方向的观点，与马克思的体系是一致的；它恰恰同样适合于"逻辑的、历史的"研究方法的应用；而且，它另外还有一个很大的优点，即它内含对"转化问题"的解法。在质量方面，至少说可以争辩的是，斯拉法的程序所反映的基本观点正是马克思试图用他的劳动学说来表达的这种观点：价格和收入最终是由生产关系来决定的。但斯拉法的程序比马克思的程序更为清楚和有效。

关于后面这一点，斯拉法的体系还有一个特殊的方面，这一点毫无疑问会打动读者，而这一点是需要加以说明的。这一点提到了这一事实：第五个模式是假定工资不仅包括“维持生活的常在的因素”，而且也包括剩余产品中可变的一部分，在这个模式中，这个体系是不确定的。至于说到更早一些的模式，有关阶级收入的解，没有什么真正的、严重的困难会出现。在第一个模式中，由于假设的是相对的原始的经济条件，“工资”势必局限于维持生活的水准。在第二个模式中，“工资”势必将剩余全部吸收，因为假定的是没有资本家阶级来侵吞它。在第三个和第四个模式中，由于运用了某种“马克思主义”的机制，工资可以合理地假定是保持在维持生活的水准上的，而“剩余价值”（或利润）的根源在那个基础上加以解释，也是讲得通的。但是，在第五个模式中，至少如斯拉法的体系中所表现的，各阶级收入的分配是不确定的——有些人可以认为这是一个缺陷，但是我觉得，更适当的是认为这一点提供了一种机会和一种挑战。为了完成这一体系，现在需要的是在资本主义的垄断阶段，对决定各阶级收入分配的那些因素，有某种合理的解释。在这里，大量的难题涌现出来，这些难题我连系统地叙述一下都不胜任，更不用说加以解决了。但是，我觉得牵涉到的主要的方法论上的问题，是与下述三点有关的：(a)在工资和利润中选取一个作为独立的变量；(b)解释的范围——也就是，把它当作本身就是完整的事物呢，还是只当作一种添加在马克思的学说上的东西；(c)这种解释的方式可以用来反映——像马克思本人所坚持的——作为新阶段特征的社会经济关系。

最后，也许有某种重要性的另外两点应当提到。第一点是前面已经谈到的有关亚当·斯密的经济体系模式与杜阁的模式之间的区别——我在那里说，问题是马克思在这方面的程序是导源于亚当·斯密的，而不是导源于杜阁的。当人们读到马克思在《资本论》中关于一方面是利润而另一方面是地租和利息这两方面之间的关系时所说的话的时候，人们对他甚至直接谈到资本在其“积极”用途与“消极”用途之间的流动性时所提到的机会之稀少，印象很深。利润、地租和利息的那种相互、同时决定的观念，实际上是不存在的，而且，人们从来就不太清楚，利润率通过竞争为什么不降到利息率的水准（或者降到投资到土地买卖的资本的收益水准）。如果这一点可以作为一个重要问题的话，那么，解决这个问题的唯一有效办法，从形式上看，将是扩大方程系统，从而进一步移向瓦尔拉型的一种总的平衡体系。[①]

第二点是关于赢利是否随生产规模的增减而变化或不变化的问题。我们已经看到，斯拉法体系能提供一个很好的体制来分析“一种经济制度的这样一些特性，这些特性不取决于生产规模的变化或‘因素’比例的变化”。[②] 但是，如果我们碰巧对于依赖这些变化的一种资本主义制度的那些特性也感兴趣的话，那么，我们似乎将没有其他选择，只能进一步扩大这一方程体系，以便包括一组需求的方程。这样一种程序并不意味着背叛，如果很清楚地假设“马克思主义的”因素构成了需求方程的基础，并且，如果整个这一体

① 也许可以说斯拉法以把级差地租（但并非马克思所谓的“绝对”地租）用进他的体系中而开辟了道路。

② 斯拉法上引书，第5页。

系是用来使变量确定次序的适当指示物具体化。对于那些急于要用“马克思主义的”范畴和分析方法以帮助说明资本主义的垄断阶段的人，那么，这又是另一个难题了。这里是罗得岛，就在这里跳吧！

第一版序

这本书的写作，实际上是起因于1951年我同罗宾逊夫人关于某些经济理论问题的长期通信。在我们的讨论过程中，我们一再谈到劳动价值学说的确实性问题，不久我们就明白，我们对这个问题的观点上的巨大分歧，是限制我们相互了解的主要障碍。后来我们彼此都觉得对方多少有点绝望了，于是停止了通信，然而我觉得不安的是，我不能使罗宾逊夫人信服劳动价值学说的真实意义和真实科学性，其错误在我而不在她。我认为，肯定能够在马克思主义经济学家与非马克思主义经济学家之间建立某种桥梁，从而使后者至少可以看到前者所努力追求的目标。

这本书的原意就在于试图提供这样的桥梁。我觉得遵循历史发展的道路来叙述劳动价值学说，是有好处的。如果我们弄清楚这一学说是怎样演进的——不仅是在一定历史时期内演进的，而且是在亚当·斯密、李嘉图和马克思等经济学家思想中演进的——那么，它要努力完成的任务的一般特征和性质，岂不更昭然若揭了么？我的目的是要劝使那些真诚而又怀疑的非马克思主义经济学家相信：劳动价值学说以及马克思的全部经济教导的合理性，严重地被一些人所贬低了，而他们就是在这些人的著作里熏陶出来的。

可是，在本书的写作过程中，另一不同的但又互相联系的目的显得很突出了。我要是正确执行我的任务的话，显然有必要表明，劳动价值学说不仅在马克思时代是真正的科学，就是在今天来讲也是真正的科学。然而这又不免引起一些重大的困难的争论。问题是：在马克思写作的时代以后，资本主义并不是静止不动的，它已发展到马克思主义者所说的帝国主义或垄断资本主义阶段，在这一阶段，经济进程的某些重要方面与马克思所了解和分析的旧资本主义不一样了。在新的历史条件下，一些久已公认的马克思经济规律不再起作用了，至少作用的形式不同了。虽然如此，马克思主义者仍可争辩说，尽管垄断资本主义与一百年前的制度有这样一些差别，但它依然是资本主义，因而马克思经济分析的基本范畴，既是正确理解旧的形势又是正确理解新的形势的关键。然而，除非我们真正做点工作，使这些基本范畴能够适应新的形势，并论证现阶段资本主义的运动规律，像马克思论证他自己经历的那一历史阶段一样的有力，否则我们就很难希望别人信服我们是正确的。我们一直迟迟未能认识到这一工作的重要性，无疑地主要是因为我们对于垄断资本主义可能延续的时期，倾向于过分乐观的看法。

在我自行划定的范围内，在这方面必须做些什么，是很清楚的。马克思针对资本主义发展的一定阶段和某一系列的问题发展了劳动价值学说。现在他的论述的实质内容，需要摆脱当时的历史条件和问题，使之适应今天的形势，并考虑到一切新的事物。在我看来，如果我们在劳动价值学说方面——马克思理论中极为重要的部分——做到这一点的话，那么使其他范畴适应新的情况的工作，就容易了。我认为，这仍然是不错的，即使我个人只不过是、事实上也只是为便于研究价值规律在不同历史时期（包括垄断资本主义)的作用提供一个新的概念体系而已。

因此,这样一本书,不只是为了我的非马克思主义的同行写的,而且也为了那些关心发展马克思的基本经济范畴使之适应新情况的马克思主义者写的。当然,我也担心同时写给两种不同的对象,将不能满足任何一方的要求。不过,我的希望是,本书可能有助于开辟一个两派共存的时代,在这个时代里,马克思主义者与非马克思主义者将由互相攻击对方的虚伪性和不学无术,而转变为互相了解和评价对方的观点,双方进行和平的竞赛,看看谁能对经济现实给予更正确和更有用的分析。

这本书的写作花了一些时间,很多朋友和同事跟我讨论这些问题,我需要表示谢意,但难于在此一一列举。我要特别感谢麦克菲教授,在以往八年中,我同他关于经济思想史某些方面的交谈,帮助我克服了许多困难;我也特别感谢伯恩、康福思、多布和伊顿各位先生,他们阅读了本书的原稿并提出了宝贵的修改意见。我对于多布先生的感谢远不止此,这本书能够写成功,主要得力于他的经常关切和鼓舞,以及他在这方面的研究所给予的启发。当然,他们对这本书所提出的论点和存在的任何错误和曲解,都是完全没有责任的。

《经济季刊》、《经济学研究》、《经济研究评论》和《苏格兰政治经济学杂志》的编者,允许我引用在这些刊物上发表过的文章的某些部分,我也表示谢意。

最后,从教学相长来讲,我还要感谢格拉斯哥大学及其他学校里的学生所给予我的帮助。

米　克

1955 年 11 月 12 日

第一章　亚当·斯密以前的价值学说

依据古典经济学家①的说法，价值学说的主要任务在于说明，一种商品的所有者通常由于占有该商品而获得的“购买他物的能力”是由什么来决定的。所谓“通常”是指竞争盛行的状态而言的。古典经济学家主张，在竞争状态下，商品在长时期内“通常”都是趋向于按照大体相当于生产成本（包括普通利润在内）的价格出卖，虽然供求的波动会造成市场价格同这种“正常”价格或“自然”价格的暂时偏离。这个等于生产成本的“正常”价格被认为是商品**价值**的货币表现。

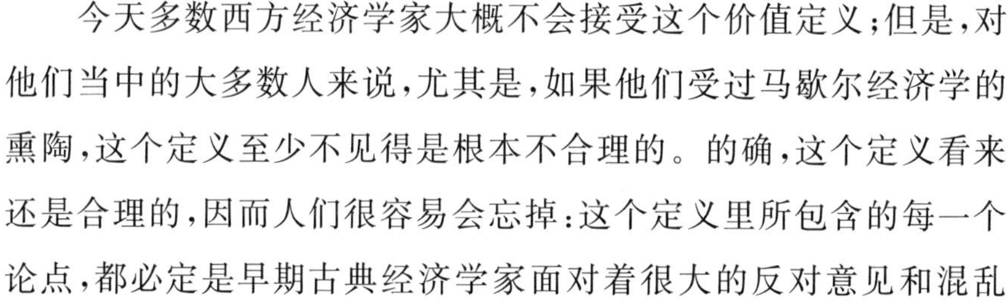

今天多数西方经济学家大概不会接受这个价值定义；但是，对他们当中的大多数人来说，尤其是，如果他们受过马歇尔经济学的熏陶，这个定义至少不见得是根本不合理的。的确，这个定义看来还是合理的，因而人们很容易会忘掉：这个定义里所包含的每一个论点，都必定是早期古典经济学家面对着很大的反对意见和混乱

① “古典经济学家”这个名词，似乎是马克思首先采用的，现在经济思想史学者也广泛使用它，但其含义很少和马克思的原意相同。本书对这一名词的用法，和马克思一样，是指英国从配第到李嘉图为止，法国从布瓦岐尔培尔到西斯蒙第为止的那一派政治经济学，“它曾研究资产阶级生产关系的内部的联系”。参看马克思：《资本论》第1卷，人民出版社1958年版，第64—65页脚注；又马克思：《政治经济学批判》，人民出版社1957年版，第25页。

思想赢来的。本章的目的首先就是要叙述这种价值观的逐渐发展过程,特别着重于亚当·斯密的《国民财富的性质和原因的研究》出版前的那一百年时期。

西方许多经济学家认为不合理的是,古典派政治经济学过于强调劳动在决定价值中的作用,而坚不承认需求和效用是价值的决定要素。但是,劳动价值学说不是自外成长的,它是同我方才所讲的概念联袂发展起来的。本章的第二个目的,在于叙述促使劳动价值学说产生的客观形势的发展,并说明它同上述概念之间的历史联系。

第一节　圣典学者对价值问题的研究

虽然本章主要是讨论十七世纪和十八世纪的价值学说,但最好还是先从阿奎那讲起。在早期圣典学者关于公平价格的大多数著作中所表现的对价值问题的特殊研究,反倒比重商学派的一般研究更接近于古典学派。这自然是因为,圣典学者和古典学派一样,是从人们作为商品生产者而进行活动的观点出发去分析价值问题,而重商学派通常是从人们作为商品交换者而进行活动的观点出发去分析价值问题的。

阿奎那所特别重视的特定生产方式是独立小生产者的生产方式,独立小生产者在市场上出售自己的产品,并用所得价款去买进供自己使用的商品。早期圣典学者关心的主要问题,乃是对依照这种方式生产和交换的商品的“价值”这样来下定义,从而使实际支付的价格同这一价值之间的任何背离,都可以明白地被揭发为在道德上对卖者或买者全是不公平的。由于出售商品所得价款通常是先归它的直接生产者所有,所以报酬应相当于生产时的费用和劳动(但报酬要照顾到等级地位,劳动要使用得当)的观念,为给公平价格下定义的工作提供了一个自然基础。中世纪公平价格的组成因素主要是生产者的各项成本——特别是所耗费的劳动,此外还有担负的风险,为购买原料而支出的款项以及运输费等,如果要讲公平,这些生产成本都应该获得适当的补偿。这些因素合起来就构成商品的价值或实际价值,它可能不同于交换双方对于商品价值的主观评价。一般讲来,对成本与报酬间的平衡点的判断,被认为只是社会的共同协议或评价。在阿奎那的时代,这个标准或许足够作为公平分配的一个大致不差的尺度,因为在一个相对自给自足的、小而停滞的社会里,各个生产者付出的劳动和费用通常是能够直接进行比较的[①]。

但在阿奎那的时代,另外一种交换方式已日见重要。阿奎那所作关于"买卖中的欺骗行为"那一著名论著中共有四部分,前三个部分似乎主要是讨论卖者的种种义务,这些卖者同时也是独立的生产者。可是第四部分讨论的却是那些致力于"出卖物品以换取多于所付的代价"的人即商人的问题。[②] 商人的动机和独立小生产者不同;商人是一种新型经济的先驱者,尽管他们起初并不认

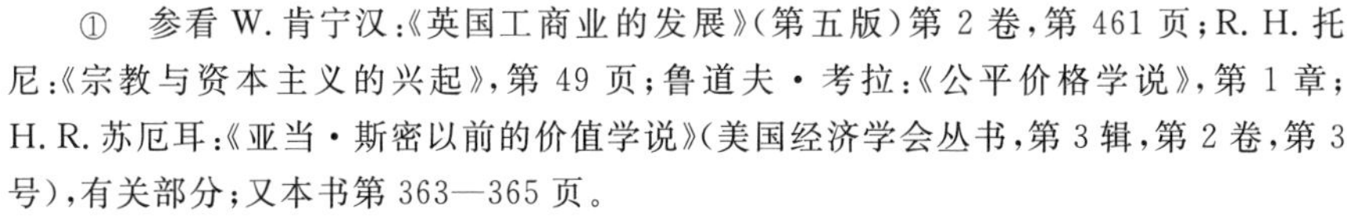

① 参看 W. 肯宁汉:《英国工商业的发展》(第五版)第 2 卷,第 461 页;R. H. 托尼:《宗教与资本主义的兴起》,第 49 页;鲁道夫·考拉:《公平价格学说》,第 1 章;H. R. 苏厄耳:《亚当·斯密以前的价值学说》(美国经济学会丛书,第 3 辑,第 2 卷,第 3 号),有关部分;又本书第 363—365 页。

② 参看 H. R. 苏厄耳:《亚当·斯密以前的价值学说》,第 18 页。

为自己是革命派。[①] 即便是圣典学者，也很难公开谴责这种极为有用的社会活动方式。阿奎那讨论这个棘手的问题时，是从追述亚里士多德对两种交换所作的区别开始的，这就是：一种是"自然"交换，通过这种交换"一种东西换成另一种东西，或一些东西换成货币来满足生活的需要"；另一种交换是将东西换成货币，但"不是为了满足生活的需要，而是为了获利"。第二种交换也就是买卖，它本身就被认为是"有点不光彩的"。但是，一个人贱买贵卖至少有两种方法可以逃避道义的谴责。第一，他可以把收益用于某种必需的或正当的用途，例如"一个人把从商业中获取的微利用来维持他的家庭生活，或者帮助穷人"。第二，他可以合法地以高于买进时的费用来出卖一样东西，如果他原来买进时并无转手卖出的意图，而只是后来才希望卖掉他，并且在这期间，"他曾经对这件东西作了一些改进"，或者"由于时间地点的变化，价格有了变动"，又或者担负了从一地运往另一地的风险。[②] 换句话说，如果商人的行为尽可能同一个独立小生产者一样，那么他就可以逃避道义的谴责了。阿奎那的议论表明，在他那个时代，商人的活动已被承认是经济生活中不可避免的现象了，尽管这种承认很勉强。但它也说明，商人的收益还不曾被看作是收入中的一个完全独立的特殊范畴，因为把商人的所得等同于农民和手工业者的所得，在表面上

① "现在，商人在这个世界出现了。这个世界的变革，就是从他那里出发，不过他不是当作自觉的革命者；反之，他是当作普通的人，当作它们肉中的肉，它们骨头中的骨头。中世纪的商人决不是个人主义者；他像同时代的人一样，本质上是结合主义者。"（恩格斯：《〈资本论〉第三卷的增补与跋文》，见《资本论》第3卷，人民出版社1958年版，第1177页。）

② 以上引文均引自A. E. 门罗：《早期经济思想》，第62—64页。

还是讲得通的。

总之，在阿奎那的理论体系中勉强得到承认的商人的活动，终于摧毁了那一理论体系。阿奎那的《神学大全》中的基本经济概念，在中世纪后期国内外贸易的巨大发展下没有希望保持下去了。如果一件商品的卖主是来自远方，因而商品的生产成本是无法知道的，那就不能依照阿奎那的原理去合理地评定它的公平价格。[①]早期经院哲学的经济学说逐渐没落的故事是大家所熟悉的，用不着重复地讲，只有一点似乎需要在这里强调一下，那就是，一旦非个人的和无意识的市场接管了调节物价的任务之后，中世纪的公平价格概念便逐渐丧失了控制人们思想的能力。然而用生产成本来考虑"价值"的习惯，还是根深蒂固地存在于直接生产者的意识中，后来事实证明，在经院哲学家的经济思想中，这个习惯也是最有影响的遗物之一。

第二节　重商学派的价值学说

当经院哲学趋于没落时，有些人渴望发展公平价格的学说，以便适应不断扩大的商业的需要（特别是适应被认为是公平的商人收益的需要），可是他们感到，对价值的研究必须放弃生产成本的观点，而改用所谓"惯常价格"的解释。由于商人收益和阿奎那的原来公式无法协调的情形越来越普遍，在这种情形下，证明通常支付的价格——即所谓"惯常价格"——为公平价格，是适当的。只

① 参看 H. R. 苏厄耳：《亚当·斯密以前的价值学说》，第 122 页。

要论证商品“价值”在这种程度内决定于它对买者的效用就行了，这种解释不会过于损害阿奎那的基本前提。如果一种特定商品的买者情愿按照高于生产成本的价格去买它的话，这一价格就可用来代表这个商品对于他们的所值或“真实价值”。于是个别消费者的主观评价开始受到人们的适当注意，而旧学说主要依据的“正常需要”概念就渐渐过时了。[①] 所以向早期重商主义所特有的价值学说过渡，是相当容易的。晚期教会学者们已经为这种思想体系打下了基础，而重商主义时代的世俗政论家终于建立起来这一思想体系。

自从1492年以后，随着“市场范围”急剧扩大而来的，是各种价值观念笼统地处于十六世纪和十七世纪早期的严重考验中，要想从那里边作出任何有用的概括来，确实很难。这种概括势必要相当广泛，不仅足以包罗为数很多的作家（其中直接从事阐述价值学说的却寥寥无几），并且还要包罗处于各种不同的社会和经济发展阶段的许多不同的国家。虽然如此，我们还是可以把当时开始流行的价格与价值概念划分为三种重要的看法。第一，广泛地把商品的“价值”（有时称为“自然价值”）和商品的实际市场价格等同起来 。第二，这个“价值”的水平被认作是决定于市场的力量，也就是决定于供给和需求。第三，与“价值”或市场价格相区别的“内在价值”或效用的概念开始出现了，并且时常认为这二者间存在着某种类乎因果关系的东西。不妨参看尼古拉斯·尼责写的一本小

① 考拉（《公平价格学说》，第64页）讲道：“经院哲学家的严肃观点必定会使他们认为主观主义的倾向是颓废的象征。”

册子——《论商业》中的几段引文：

(1)“商品的价格就是它的现在价值……市场是价值的最好的公断人；通过买卖双方的集合，商品的数量以及对商品的需要都知道得很清楚：商品能够卖得的价格恰等于这些商品的所值，照古典的说法，东西能卖出多大价钱，它就只能值多少。”

(2)“商品的价格就是它的现在价值；它决定于对商品供需情况的估计。……当商人买进商品以后，他不可能知道他将卖得多少钱，因为商品价值是决定于供需之间的差额；尽管这是商人首先要注意的事情，但由于它决定于这么多的情况，因而是无法知晓的。所以，如果商品充斥，价格降低，这时商人将它们贮藏起来，一直到商品消费到一定数量，价格就又上涨了。”

(3)“一切商品的价值都决定于它们的用途；没有用处的东西就没有价值，正好像英国俗语所说的：毫无裨益。各种东西的用处，就是满足人们的欲望和需要：人类生来就有两种普遍的欲望，一是肉体的欲望，一是精神的欲望，天下的一切东西能满足这两种需要，就有用处，从而才有价值。……一切商品的价值都决定于它们的用处，而它们的贵贱则决定于它们数量的多少。”

我所要划分的关于价值问题的三种观念，好像是相当明显地包含在这三种说法当中了。[①]

① 本节各段引文摘录自 J. H. 霍兰德编的巴贲《论商业》重印本，第 13—16 页及 39，41 页。

巴贲的《论商业》发表在1690年，那时节，重商主义的价值分析已经开始让位给古典学派的价值分析了。巴贲的小册子显然是过渡性的：他承先启后，一方面是亚当·斯密的先驱，另一方面又继承早期重商主义者的余绪。他对于价值的阐释，由于强调效用而获得现代一些评论家的赞扬，然而对他的一些同时代人来说，毕竟还是保守的，而不是革命的，因为他的阐释显然是依据重商学派的传统观点。配第曾说过："商人的长处"，在于"机智地预见和计算"市场价格；[①]因而商人考虑商品的"价值"时，应当依据它的市场价格，而不是依据它的生产成本，这是十分自然的事情（尤其在发生物价革命的那个世纪）。同时，问题的重点应当放在需求（从而效用）对于商品"价值"的影响上面，这也是自然的事情。商人对于生产过程和生产成本比较还是无法控制的，因而他认为他的利润水平，主要决定于他所经营的商品适应买者需要的程度。

应当注意的是，商人的利润不但通常被认为是由消费者支付的，而在早期重商主义时代，实际上也确实是由消费者支付的。这里，问题的关键在于生产资料一般还是掌握在直接生产者的手里。利润可以通过"剥削"消费者来获得，很少来自剥削直接生产者。恩格斯说过：

> "那时，生产主要还是在自有生产资料的劳动者手里，他们的劳动不对任何资本提供剩余价值。他们不过要无代价，把生产物的一部分给予第三者；那是在对封建主的贡物的形态上给予的。所以，商人资本至少在当初，只能由本国生产物

① 配第：《经济论文集》第1卷，第90页。

> 的外国购买者，或外国生产物的本国购买者，取得它的利润；到这个时期之末……外国的竞争和困难的销路，才强迫输出品的手工生产者，在商品价值以下，售卖商品给输出商人。”[①]

换句话说：工业资本(不同于商人资本)还不是经济生活中的真正重要因素，唯一引起重视的利润形态，是商业中所获得的“让渡利润”。巴贲所举的例子表明，甚至到1690年那样晚的时期，那些研究生产过程和交换过程的人们，还很难想象“资本利润”是构成“手工业者”收入的一个因素。值得注意的是，巴贲对“贸易”所下的定义，不仅指货物的售卖，而且包括货物的制造，有时他用“利润”这个字笼统地包括手工业者和商人的纯收益。但巴贲所谓手工业者，正如他自己明白指出的，假定是完全根据时间因素来“计算利润和亏损”。只有商人才根据利息因素来“计算利润和亏损”。[②] 工业资本和工业资本的利润率现象，在那时都还是相当隐约难辨的，因而可以撇开不谈。可是工业资本的迅速发展(工业资本在中世纪已开始萌芽，恩格斯曾指出这一点)，必然要带来巨大的变化，不仅在经济现实方面而且在反映这个现实的经济学家的思想方面。本章下余部分实际上就是要说明这一发展对于政治经济学的形式和内容的影响，特别是对于价值学说的形成的影响。

---

① 恩格斯：《〈资本论〉第3卷的增补与跋文》，见《资本论》第3卷，人民出版社1958年版，第1182页。又参看M. H. 多布：《资本主义发展的研究》，第199—200页。

② “利息是商人交易所用的尺度；而时间则是手工业者用来计算利润和亏损的尺度；如果他们的商品的价格由于商品充斥或用途改变而发生了变动，结果商人得不到利息的补偿，手工业者得不到时间的补偿，那么他们在交易中就都算作遭到了损失。”

第三节　向古典学派价值学说的过渡

十七世纪的晚期，尤其在英国，早先的生产成本价值分析显然又开始流行起来了。生产成本，特别是制造业的生产成本，愈来愈受人们重视。有时候我们看到这样一种倾向，即把“价值”这个名词（并在字前加“真正的”或“真实的”这些形容词）专门用来说明生产成本，例如凯里（和更晚些时候的J.斯图亚特）偶尔就有这种情形。依照这一观点，商品的“真正的”或“真实的”价值小于售卖的价格，其差额等于利润。凯里写道：“手工业者运用各种工具和机械制成各种东西，使旁观者感到很难依据人类劳动的所值来决定价格。”他又说：“制造品提供的价格，不仅等于原料和劳动的真正价值，而且还根据购买者的需要和爱好而提供一个剩余部分。”①但那时多数经济学家仍旧把“价值”认作是市场价格；不过对于市场价格和生产成本之间的关系开始表现一定兴趣的人却愈来愈多了。

经济思想上的这种革命，反映了经济实践方面的革命。概括说来，当时的作家都是商人工厂主和新兴的城市工业资本家的代言人，他们对于生产成本愈来愈关怀，这意味着生产组织正在发生深刻的变化。当时的生产方式正处在变革当中，这种变革是同时来自内部和外部。来自外部的破坏，是由于一部分商人阶级开始

① 约翰·凯里：《论英国的贸易管制和穷人雇用问题》（第2版，1719年），第98—99页及11—12页。

对生产实行直接控制。竞争的加剧（如果国外贸易还没达到这种地步，在国内贸易范围却是这样），使得商人愈来愈难于利用差价的传统的剥削方法来赚取足够的利润。所以对生产本身实行某种形式的控制，就渐渐地被认为是必要的了。控制的方式是多种多样的，从“委托加工”制度（这通常是和对直接生产者施加不同程度的压力相联系的）到生产组织比较巨大的改变，后者的目的是利用劳动分工和（在更小得多的程度上）利用新的技术发明所能产生的经济利益，来提高生产力。然而后一种破坏方式多半是来自内部而不是来自外部，正如多布所说：“从生产者行列中产生出资本家的成分，他们一半是工厂主，一半是商人，他们开始把他们新近才从中兴起的那一群生产者统治和组织起来了。”[①]这种种不同的破坏方式往往包含着向建立资本主义生产关系[②]的巨大进展，使资本主义生产关系在遭受这种破坏的工业部门里成为典型。

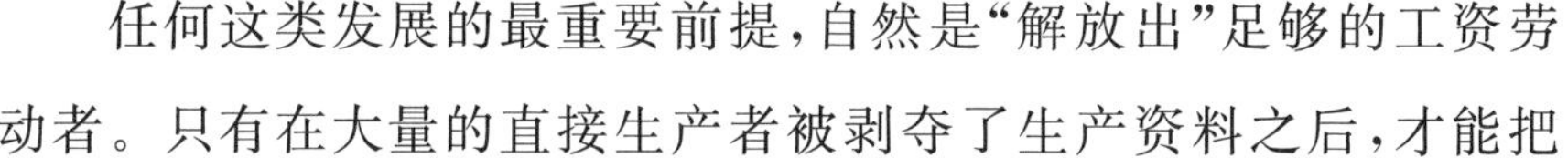

任何这类发展的最重要前提，自然是“解放出”足够的工资劳动者。只有在大量的直接生产者被剥夺了生产资料之后，才能把

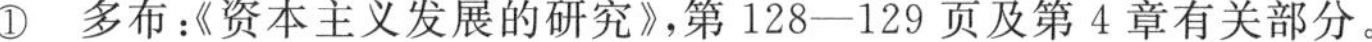

① 多布：《资本主义发展的研究》，第128—129页及第4章有关部分。

② 在马克思的著作中，“生产关系”这个名词一般是指人与人在生产中所结成的关系，这在一定历史时期内法律上的表现就是财产关系。当我们将资本主义的“生产关系”跟封建主义的“生产关系”或者跟社会主义的“生产关系”相对比时，就是按照上述意义来使用这个名词的。不过马克思和恩格斯也使用这个名词来包括（或单纯是指）作为生产者的人们之间的广泛的关系，这是一切社会所共同的，在一切社会，不同的个人（或集团）都是直接或间接分配担任不同的工作。当我们说，以商品生产为基础的社会所特有的“生产关系”时，我们是指后一种意义。本节使用“生产关系”这个名词时，两种意义都有，但是从上下文可以看出在该处使用这个名词是指的哪一种意义。将再详加讨论。

他们的劳动在资本主义的基础上组织起来。从十七世纪最后二十五年的经济文献里可以很清楚地看到这一点:即使这一过程进行得还不很显著,至少人们已经广泛地认识到它的重要性和必要性了。文献里充满了这样的意见,那就是,借鼓励移民和允许归化来劝诱外国人到英国来;为"穷人安排工作",除了最严重的罪犯外一律废除死刑等等。在一些文章里,"贸易"不再被看成是最有价值的经济活动形式了。《衰弱的英国》一书的作者写道:"人实在是最主要的、最基本的和最宝贵的商品,从人身上可以榨取各种制造品、轮船、财富、征服地和牢靠的领地。"①

依照资本主义方式组织起来的"自由的"工资劳动者提供了巨大的生产潜力,正是由于这个划时代的发现,古典派政治经济学从而古典派价值学说的时代就真正到来了。古典派政治经济学的出发点,就是亚当·斯密在《国民财富的性质和原因的研究》一书里开宗明义第一句话所表述的思想:"一国国民每年的劳动,原来就是供给国民每年消费一切生活必需品、方便品的资源"。应当注意斯密所说的劳动,不是指商人的劳动、农民的劳动或手工业者的劳动,而是指一般的劳动。这个新概念所体现的态度,在我们正要考察的那个时期里开始形成了。劳动力,一种宝贵的新商品,被抛到市场上来了,这个商品,如果组织得好(尤其在制造业),不但能替国家生产出大量的物质财富,并且还能为它的购买者提供可观的利润。对于开辟这个新财源感到兴趣的人们,开始把"劳动"看作是相对同质的、没有区别的商品。《衰弱的英国》一书的作者写道:

① 《衰弱的英国》(1680年),第238页。

“这样使用人们的劳动（在制造业里），必定将使世界上的财富滚滚而来，并将把任何一个国家都变成奇富。”波勒克斯芬在1700年讲道：“我们所有的动产财富，无论就它的来源或它的增长来讲，都是来自我们人民的劳动和勤勉。”[①]一般的、抽象的人类劳动，渐渐被认为是生产中主要的和普遍的成本要素了，也是出货和进货间的价值差别的根本原因，而国家的繁荣（以及个人的利润），归根到底，就是决定于这一价值差别的。经济学家们开始从一国劳动力的安排来考察这个国家的全部生产活动。这就为区别生产性劳动和非生产性劳动打下了基础，这个根本区别在后来的经济思想中是居于中心地位的。

然而，我们说代表那个时代的经济学家们已经给予劳动以这样重要的地位，并不等于说他们还是主张“劳动价值学说”。我们将会看到，古典学派的劳动价值学说要比十七世纪最卓越的学者的笼统讲法深刻渊博得多，——其实后者很少是要直接从事建立一套关于经济活动的学说。不错，那时确有不少这样的说法，如同劳动是“构成世界上我们所享受的一切东西的价值的最主要部分”[②]，劳动是“财富的原因”，是“价值的源泉”等等。但是，除了本章下面所要介绍的一两个显著的例子以外，说这些话的人们并不打算提出一种学说，把劳动时间作为商品价值的决定因素。他们的意思有时只是说，按照资本主义方式组织起来的“自由”劳动（尤其在制造业中）会使“世界上的财富滚滚而来”。即使这类的话含

① 本段引文同另外一些例子见E. S. 弗尼斯：《劳动者在国家主义制度中的地位》，第2章，第17—19页及有关部分。

② 洛克：《政府论》，第137页。

有更深刻的意义，他们通常是指两个完全不同的东西，或者是其中的一个，把这两者加以区别是很重要的。

首先，他们有时是说，商品的使用价值或效用主要是劳动创造的。洛克在讨论劳动如何“使得各种东西价值不同”时，他的著名论点大概属于这一范畴。他说：“我认为世界上对人类生活有用的产品，十之九是劳动的成果，这样说毫不过分。而且，如果我们正确地估计我们所使用的东西，并计算出它们的各种费用——哪些纯粹是属于自然的，哪些是属于劳动的，那就可以看到，就大多数东西来说，百分之九十九应完全归功于劳动。”在这里，洛克的意思大概不是指能够使商品具有与其他商品相交换的能力的一般劳动，而是指能够创造各种使用价值的特殊形式的劳动（也就是后来马克思所说的不同于抽象的或无差别的劳动的具体劳动）。洛克说，如果你考察任何一种普通商品，抽去劳动所给予它的影响，那么剩下来的只不过是一堆几乎没有用的原料罢了。“面包的所值大于小麦，酒的所值大于水，棉布或丝绸的所值大于树叶、兽皮或苔藓，这完全是由于劳动和勤勉的关系”。[①] 当然，要在劳动创造使用价值和劳动创造交换价值这两种说法之间划分一条鲜明的界限，是不容易的，因为在商品生产中劳动的耗费一般是创造两重价

① 洛克：《政府论》，第136—137页。洛克对早期古典经济学家的影响，可能是政治方面大于经济方面。《论文集》反映了英国查理二世复辟协议的基本条件，这就是君主政体复辟以后不得恢复封建束缚的那个不成文协定。该书关于财产的那一章（本书引文即摘自那一章），就是要替农场主、行会手工业主和商人工厂主的财产权（当时这些成分构成英国资产阶级的核心），提供道德上的根据。不言而喻，洛克认为这些阶级有不受干扰地享受他们的“劳动”果实的权利，这一权利同过去受封建法规保护的那些阶级的财产权利，至少有着同样的根据。

值。但在我现在考察的这一类说法中，暗含提到的交换价值的创造，实际上几乎都是讲具体劳动能够增加商品的使用价值，从而间接增加它们的交换价值，而不是讲抽象劳动能够直接创造交换价值。[①] 值得注意的是，洛克在他的《论文集》出版之后紧跟着又写了另外一本著作，这就是《论降低利息和提高货币价值的后果》，在那本书里，他对于价格的决定因素的叙述，和他的同时代的重商主义者很少有什么不同之处。他写道："任何商品的价格，是随着**买者**和**卖者**的人数的比例而涨落的……任何东西的销路都决定于它的必要性或有用性，而这种必要性或有用性是为人们的爱好或风尚所决定的。"[②]

其次，当时认为劳动是价值和财富的源泉的人们往往只是说，**工资成本**通常是一切制造品的生产成本中最重要的因素。劳动者把至少相等于"他们的劳动的价值"——也就是他们的工资——的价值量，加到他们进行加工的原料上面，这一部分增加的价值，相对于原料本身的价值来讲，往往是很大的。《衰弱的英国》一书的作者曾经写道："多数工业原料，在它还没有经过加工制造的时候，所值甚微，至少和制造品相比较时是这样的；因为经过加工以后，它的价值将根据**技巧**一跃而为原来价值的五倍、十倍或二十倍。"[③]劳动的贡献是如此重要，因而常有一种倾向，即认为制成品的价值几乎完全是由生产时所耗费的"劳动的价值"构成的。但

① 关于马克思对"抽象"劳动和"具体"劳动的区别，详见本书第五章第一节。

② 洛克：《论降低利息和提高货币价值的后果》，商务印书馆 1962 年版，第 28 页。

③ 《衰弱的英国》，第 23—24 页。

是，把这说成是“被广泛接受的工资成本价值说”，那也并不十分正确。[1] 当时大多数作家的主要目的，不是要创立一个价值学说，而是要强调获得充足的廉价劳动力的重要性。他们主要努力的是降低工资成本。有些人主张增加人口，利用贫穷来刺激工业，并对劳动者加强纪律措施，很明显，他们的思想深处就是降低工资成本问题，他们自己也往往坦白承认这一点。不过，当时人们倾向于把制成品的价值看作实际上决定于它的工资成本，还有加以说明的必要。乍一看，这种观点为什么好像是合理的，倒不大容易理解。对于现代经济学家说来，如果要继续生产，那么商品的卖价必须包括利润和工资两项，这似乎是不言自明的。但对一个十七世纪的商人来说，由于他“拿出”原料交给多少是独立的直接生产者去加工，所以在他看来，商品的成本价格几乎完全是由工资构成的。商品最后出售的实际价格，无论是在国外或国内，显然不可能只等于它的工资成本，但通常还是要和它保持一定的比例，当商业资本的利润由于竞争关系而下降到普通水平时，价格和工资成本就愈接近于这一比例了。对那些出身于普通帮工而从事贸易的行会手工业主来说，商品的卖价似乎也可完全归结为工资成本，因为他很可能把他的“利润”看作是他自己劳动所得的一种超级工资。总之，在一个社会里，依靠劳动分工而不是依靠推广机器的使用来获得大部分经济的时候，工资水平对于商品售价总是具有决定性的影响，这一点是显而易见的。

归结起来说，在我们所考察的时期中所发生的巨大经济变革，

---

① 弗尼斯：《劳动者在国家主义制度中的地位》，第159页。

使得经济学家们把注意力从交换领域转向生产领域，并且促进了劳动在一定程度上是财富或价值的"源泉"或"原因"这种思想的成长。但是，真正像古典学派那样的"劳动价值学说"的根苗，那时还是很少的。当经济学家说劳动是价值的"源泉"或"原因"时，他们通常只是说，交换价值主要是决定于工资成本（其中包括行会手工业主的"工资"），或者是说，劳动增加了商品的使用价值，由于这种关系，它创造了交换价值。无论就前一种意思或后一种意思来讲，都不能算是真正的"劳动价值学说"。这些思想的产生仅仅表明：经济学家们正在开始朝着劳动价值学说的方向前进。

第四节　古典学派的"自然价格"概念

十八世纪古典学派劳动价值学说得到发展的主要关键，在于资本利润的逐渐出现，并被认作是阶级收入的一般范畴，这一收入是由那些人使用"资本"去雇用"生产的"工资劳动者而获得的，它在性质上与货币利息、地租和工资是不同的。

运用"资本"去从事商业活动的人们通常获得的纯收益，与他们所耗费的劳动不成比例——如果有任何劳动的话，而是与他们所用"资本"的价值成正比，这一点自然是很早就被承认了的。到十八世纪，随着资本主义的发展和它的影响范围的扩大，人们又逐渐认识到，运用资本从事其他经济活动，如从事农业和制造业，现在也同样获得类似商业利润的纯收益。人们看到，不论在哪一个领域里，这种纯收益都多少是与所使用的资本数额成一定的比例。更重要的是，人们还承认现在这种收益的来源跟以前大不相同。

一般讲来，在以前的时代，利润都表现为“让渡利润”，也就是贱买贵卖的收益。但十八世纪以后，利润终于变成与使用资本雇用工资劳动者相联系的一种特殊收入了。

在古典学派意义上的资本利润，作为一个新范畴的阶级收入而出现，就不仅是概念问题，而且是历史现象。关于这个问题恩格斯曾指出：“……这里研究的，不仅是一个纯粹逻辑的过程，并且是一个历史的过程和它在思想上的说明的反映，它的内部联系的逻辑研究”①。资本利润和取得这种收入的社会阶级，自然是几个世纪以来经济发展的最后产物。但是，不到十八世纪后期，资本利润，作为一般新型的阶级收入，就不能这样明显地同其他类型的收入分别开来，从而使经济学家们能理解它的全部意义并能表述它的基本特征。可是在这样做之前，是有很多障碍需要加以克服的。

首先，把利润同货币利息和地租区分开来，是有一定困难的。从形式上说，利润同货币利息和地租很相似，因为所有这类收入都是与资本数额成一定的比例——地租与投资购置土地的货币数额成正比，利息与贷出的货币数额成正比，利润与直接用于雇用工资劳动者的货币数额成正比。在《国民财富的性质和原因的研究》出版以前的一百年，一些经济学家已经开始认识到货币（作为贮藏手段的货币）和资本（用来获取收益的货币）之间的根本区别。诺斯在 1691 年写道：“一个人把他的财产全部以货币、银器等形式放在自己身边，不会因此更富有起来；相反的，他会因此而更贫乏。最

① 恩格斯：《〈资本论〉第三卷的增补与跋文》，见《资本论》第 3 卷，人民出版社 1958 年版，第 1170 页。

富有的是这样的人，他的财产是处于不断增长的状态，如同农场里的土地、生息的货币或是贸易中的货物。"[①]约在同时，对于资本又产生了更重大的区别：一种资本多少是消极加以利用的（例如"农场里的土地"或"生息的货币"），另一种资本是积极加以利用的（例如"贸易中的货物"）。显而易见，消极地利用资本的人通常是获得普通利息或等于普通利率的收益，而积极地把资本用于"贸易"的人，通常能获得高于普通利率的纯收益，或"利润"。这就为古典学派利息概念的发展开辟了道路，根据古典学派的概念，利息是派生形式的收入，它是由总利润（毛利）里边支出的，而且是由总利润来调节的。斯密像他的前辈洛克、坎梯隆、休谟一样，曾强调这样的事实："使用货币所获较多的地方，通常对于货币使用权，皆支给多额的报酬；在使用货币所获较少的地方，通常对于货币使用权，亦支给少额的报酬。"[②]只有在商人这个特殊阶级出现以后，才能在"贸易"范围把利润同利息区分开来，同样，也只有在农业资本家这个特殊阶级出现以后，才能在农业中把利润和地租清楚地区别开来。在农业中资本主义经营方法还没有十分广泛发展以前，要相当明显地区别投资购置土地以收取地租的资本同实际经营土地以赚取利润的资本，是办不到的（除非比照其他的生产领域加以推算）。

其次，要把利润同工资区分开来，也有一定的困难。随着资本主义在工业和农业中的发展，就为承认下述事实而逐渐创造了一

① 诺斯：《贸易论》，第 11 页。又参看马克思：《剩余价值学说史》第 1 卷，三联书店 1957 年版，第 24 页。

② 亚当·斯密：《国民财富的性质和原因的研究》（坎南版）第 1 卷，第 90 页。

些客观条件，即，雇用工资劳动者，是资本的一切积极用途的共同的主要特点，从而认为利润是一种新型的阶级收入，它反映着资本和劳动的关系。不过，当时经常还有这样的情况，即劳动雇主来自直接生产者的行列，还多少积极参加实际的生产过程。这帮雇主自然就坚决认为，他们出售商品的价格与付出的成本之间的差额，是他们个人劳动应得的超级"工资"，而不是他们所提供的、往往为数甚微的资本的"利润"。甚至当这帮雇主后来仅仅做些生产管理工作的时候，他们的纯收益似乎仍然可以合理地说成是"管理工资"，像当时很多经济学家实际上所说的那样。一直到十八世纪七十年代那样晚的时期，利润和工资区别的性质是多么难以理解，从斯密显然感到不得不强调这一点就足以表明了。斯密很清楚，他在某种程度上正在开辟一个新的园地，所以他才有意坚持：利润事实上不是什么"生产监督或指挥之类的特殊劳动的工资"，它同工资是"完全不同的"，它是受"完全不同的原则来调节的"。斯密讲道，资本所有者尽管"不从事任何劳动"，但他照样以为"他的利润应当同他的资本保持一定的比例"。①

最后，采用平均利润率这个概念也有一定的障碍。为了使利润无论在什么场合都能够与资本的数额保持一定比例，显然先要具备以下诸条件：资本主义的经营方法必须有了巨大的扩展，国内和国外贸易必须有相当的竞争自由，资本在各个地区和各个生产部门间要比较容易移转等。只有这样，才能像斯密所说的：一宗商品的价格超过支出的成本的数额，等于正常的利润率，那么这商品

---

① 亚当·斯密：《国民财富的性质和原因的研究》第1卷，第50—51页。

才算是：

> "完全按照它的所值，也就是说，是真正按照贩卖商人的成本卖出的。因为，照通常讲法所谓商品的原始成本，并不包括贩卖者的利润，但是，如果他真的按照这样的价格卖出商品，而得不到邻近他的人所获得的普通利润的话，他显然是做亏本生意，因为他如果把自己的资本投在其他方面，他是可以获得这样利润的。"①

资本利润是阶级收入的新范畴，与其他类型的收入有着严格的区别，正是这种利润的出现，替古典派经济学的充分发展扫清了道路。由于我在前面提出的那几个条件在实际生活中都已逐渐实现，于是早期关于"利润"的解释必然显得愈来愈不适用了。"利润"不能再像配第暗中设想的那样包括在地租以内。也不能像坎梯隆和赫契森那样把它跟工资混同起来。最后，也不可能再把利润简单地看成是发生于流通领域的"让渡利润"，它的水平是"随情况"而变动的（这主要是J.斯图亚特的观点）。愈来愈清楚，在竞争条件下，资本不论用在什么场合，总是能够赚得合理的正常利润，这种利润必须看作是来自生产领域，而不是来自流通领域。

这些新情况所产生的理论上的首要产物，我想谈谈的，就是古典学派的"自然价格"概念。人们逐渐认识到，在竞争条件下，商品总是趋向于按照"自然"价格出卖，在这"自然"价格里边则包括着正常利润或"自然"利润。但是，对这个事实的充分认识过程是很缓慢的。亚当·斯密纵然不是看出这个问题的第一个人，至少他

① 亚当·斯密：《国民财富的性质和原因的研究》第1卷，第57页。

是首先重视并强调这一问题的意义的。他的前辈在这方面有过贡献的，似乎只有三个人值得在这里提出来说明一下，就是理查德·坎梯隆、约瑟夫·哈里斯和威廉·坦普尔。

配第曾经区别“自然”价格和“政治”价格，他在一定程度上为古典学派概念的形成铺平了道路；然而坎梯隆写作于1730年左右，他比配第更接近于古典学派的概念。坎梯隆区分商品的市场价格和他所谓商品的“内在价值”。他讲道，内在价值“是依据商品生产时必要的土地和劳动数量来计算的，并考虑到土地的肥沃程度或土地的生产物和劳动的质量”。在他看来，商品的内在价值的构成部分，不外是制造商品所需的“土地的价值”和“劳动的价值”。但是，“实际上具有这种内在价值的许多物品，往往不是按照这个价值在市场上出售，这要依人们的心情爱好和他们的消费状况来决定。”他举了这样一个例子：“假设一个绅士在他的花园中挖掘了一条沟，并且建筑了一座坪台，这些东西的内在价值与所用的土地和劳动成正比；可是它的价格实际上却不一定符合于这一比例。”市场价格可能远远大于或远远小于“他所用的土地价值和他所支付的费用”。一宗商品“供应过于充足”，会造成它的市场价格低于它的“内在价值”，而在供应缺乏时期，则会发生相反的情形。不过坎梯隆认为，“在组织得很好的社会中，一些东西的消费是相当稳定一律的，因而它们的市场价格不会同它们的内在价值相差悬殊”。①

当然，在以上的引证当中，坎梯隆只不过是说市场价格趋向于和生产成本相等而已。他这时还不曾说明，是什么力量**造成**商品

① 坎梯隆：《论一般贸易的性质》，第29—31页。

的市场价格跟它的“内在价值”趋向一致，并且资本利润也还不是明确地作为一个单独的构成部分，包括于“内在价值”之中。可是在其他部分，坎梯隆就更接近于古典学派的“自然”均衡价格的观念，这一“自然”均衡价格中包括正常的利润，作为一个单独的构成部分。例如他在下面一段引文里谈到企业家如何“使自己适应顾客们和消费的状态”时，他写道：

> “假使在一个城市里或者在一条街道上，帽子商人的人数相对于在那里买帽子的人们来说太多了，那么顾客最少的那些帽商就一定会破产；反之，如果帽子商人太少，那么卖帽子将成为好生意，从而鼓励新的帽商在那里开设帽店，这样，各色各样的生意人都在不断地自行调整，来适应某一种情况下的种种风险。”①

我们已经看到，坎梯隆所谓“内在价值”，并不曾明确地包括资本利润，作为它的一个单独的构成部分，不过他也许已经观察到“利润”——或者他在别处称作企业家的“劳动或管理的价值”——是包括在“劳动的价值”这个项目以内的。他讲道：“所有生意人好像都是领取不固定的工资。”②但资本利润作为一个特殊范畴的收入，同所用资本的价值保持一定的比例，并且明显地表现为企业家支付借贷利息和“管理工资”后所得的剩余，这种观念，坎梯隆即使谈到的话，也是讲得含糊其词。看来资本家还不曾和独立的劳动者明显地区别开来，因而这两个阶级各自得到的报酬，仍然被看作

① 坎梯隆：《论一般贸易的性质》，第 53 页，又参看第 117—121 页。

② 同上书，第 55 页。

是同样性质的。坎梯隆所说的“生意人”不仅包括那些“纠合资本去经营企业的人”,并且还包括那些“并无资本只靠自己的劳动的生意人”。①

哈里斯大概继承了坎梯隆的衣钵,他争辩道:

> “物品的价值,一般说来,不是依据它们满足人们需要的真实用处,而是与生产它们所必需的土地、劳动和技能成正比,物品或商品的交换大致就是按照这个比例进行的,大多数物品的内在价值也主要是用这个尺度来衡量的。……人们的需要和嗜好各有不同,这就使得他们要拿自己的商品去交换别人的东西,而交换的比率就是生产这些东西所耗费的劳动和技能。如果他们不依照市场行情,那么他们就无法卖出他们的货物;如果考虑到技能、劳动和一切风险,某一行业起初格外有利,这势必会吸引更多的人来参加这一行业,彼此贬价竞争,一直到它的高额利润降低到同其他行业相等时为止。”②

比起坎梯隆来,哈里斯的解说肯定更接近于比较成熟的古典学派的概念,虽然它也不免于受到同样根本性的批评。然而哈里斯对于需求影响的论述表明,他距离这个问题的解决还相当远。他写道:“对特定商品需求的缓急,常会降低或提高它的价格,尽管它的内在价值或原始成本没有改变。人们总是要相互利用对方的爱好、兴致或需要。买者与卖者的人数比例,或对特定商品的供给

① 坎梯隆:《论一般贸易的性质》,第53页。

② J.哈里斯:《论货币和铸币》(1757年),第5、9页。另参看第8页:“经营贸易的重大奥妙,是对外隐瞒利润以避免新的竞争;这样做后,收益就会很大。”

与需求的情形，总是要对市场产生一定的影响。”[1]这种影响对于“自然”产品一定要比对于“人造”产品更强大些，因而“前者的价值变动也大过于”后者。[2] 虽然在哈里斯的思想深处，显然已经有了“自然”均衡价格的观念，但是他似乎没有清楚地意识到，“自然价格”是市场价格波动所环绕的中心，经常吸引市场价格趋向于它。“原始成本”和“买者与卖者人数的比例”这两个因素却被认作是几乎同等的决定因素，两者是并驾齐驱的。直到资本主义竞争进一步的发展，以及自由再生产的商品占了更大的比例之后，古典学派的价值学说才能完全摆脱这种二元论的束缚。

1758年坦普尔发表的一本名为《为贸易和技艺辩护》的小册子，也有趣地显露出古典学派的见解。他写道：“我能够很清楚地看到：一切商品的价值或价格，是由以下这些因素构成的：生产这些商品所必需的土地的价值和劳动的价值，以及商品供应和流通所需的经纪费的价值等。”[3]这段引文的下面一节表明，他所说的“经纪费”，跟斯密所用的“利润”这两个字的意义十分相近。坦普尔继续写道：“如果经纪人的收益不能使他满足，他就会拒绝出售。农场主将放弃耕耘，制造商将放弃他们的行业，如果他们的经营给他们带来了损失而不是利润的话。”在这本小册子的一个附录中，他计算1600年和1757年的英国国民收入时，经纪费是其中的一个重要项目。由于他假定“商业收益”和当前的利率有一定的比例

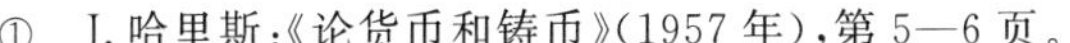

① J.哈里斯：《论货币和铸币》(1957年)，第5—6页。

② 同上书，第7页。

③ 《贸易问题论文精华录》(1859年)，第522页。下面所指附录，不曾包括在这本重印版中，本书系参考派顿著《英国思想的发展》，第237—238页。

关系，[①]所以他能够从英国"对外贸易"和"国内消费"一年营业额推算出这两方面"经纪费的价值"来。[②]

把正常的利润包括到长期竞争价格中作为它的一个构成部分，其重要意义在于使得古典经济学家能够论证，这一价格水平不是决定于一些"任意"的因素，而是受"规律支配"的。只要所获利润的数量与所用资本的数额间没有保持相当固定比例的显著趋势的话，那就很难对一宗商品的市场价格水平作一概括的说明，而只能说，价格通常会超过斯密所说的"原始成本"，这一超过部分便是"利润"或"收益"，它的多寡依各个具体事例中的供求情形而定。这样的说法显然用处不大，因为很难以此为基础来对价格作出极一般性的论断。然而当正常利润或"自然"利润开始成为相当普遍的现象时，对于商品的价格水平作出一个有用得多的概括说明，就不成问题了。这时就能够说：在竞争状态下，商品的出售价格倾向等于"原始成本"加"自然"利润之和。在赚得"自然"利润的情形下，原有的企业将继续维持，新的也不会参加进来，这便叫作均衡状态，在这种均衡状态下供求是"平衡"的或"相等"的，而这时商品的出售价格也就可以认为是它的"自然"价格了。实际的市场价格有时不一定等于"自然"价格（可能由于垄断关系，也可能由于供求暂时脱节），尽管这样，市场价格将"不断地受到'自然'价格的吸

① 亚当·斯密：《国民财富的性质和原因的研究》第 1 卷，第 99 页："在英国相当于一倍利息的利润，一般商人公认是不少的、适当的、合理的利润。我所理解的条件，是不超过一个普通的和通常的利润。"

② 坦普尔的小册子，即令斯密不曾看到过，至少斯密周围的某些人是看过的。作者自己说明是用来纪念查尔斯·唐森的父亲。由于约西亚·塔克的推荐，凯谟斯爵士才晓得这一本书（参看伍德豪斯里：《凯谟斯爵士回忆录》第 2 卷，附录第 6 页）。

引”或“一直要趋向于”同它一致。[①] 这一发展足以表明，过去的“供求”原理是把价格的决定归之于任意的因素，而新的“生产成本”原理则把价格看成是受规律支配的。

第五节 古典学派的劳动成本概念

我们可以提出这样一个问题，就是古典学派经济学家为什么不能满足于“生产成本”价值论呢？既然证明了长期的竞争价格等于包括正常利润在内的生产成本，为什么还要进一步去探讨生产成本自身的决定要素呢？

我认为，其中的原因基本上是由于这样一个事实，那就是，生产成本论不得不把“自然价格”的构成部分——特别是工资水平和利润率——假定为已知的、独立的因素。但是，如果所要研究的经济问题已经是广泛的世界性的问题，像古典经济学家不断加强研究的那些问题，那么前边所讲的假定显然是不合理的。一个特定因素是否可以作为一个独立的变数看待，自然要依所要解决的问题的性质来决定。[②] 对十六或十七世纪时的一个商人来讲，他所关心的主要是品种极为有限的一些货物的日常价格，因而一个简单的“供求”价值论就足够了；因为在这个特定问题的范围内，供给和需求可以合理地看成是独立的因素。对十八世纪早期的经济学家来说，他们所关心的主要是比较少数几种货物的平均价格，这些

① 亚当·斯密：《国民财富的性质和原因的研究》第1卷，第60页。

② 关于这点，多布的论述是有启发性的，参看他著的《政治经济学与资本主义》，第8—10页。

货物是按照资本主义方式生产出来并在竞争的条件下出售的，所以生产成本价值论也就足够了，因为把“自然”价格的各个构成部分看作是独立的因素，还是讲得通的。但是，当资本主义商品生产的活动范围扩大时，愈来愈多的商品的价格显得是受“规律支配”的，于是“自然价格”的各个构成部分就不能够合理地当作这些货物价值的独立的决定因素了，因为这些构成部分本身显然是部分地决定于货物的价值。经济学家从事研究广泛的根本问题，如同“国民财富的性质和原因”这类的问题，就必须寻求一个新的价值原理，依据这一新原理，不但能够说明商品价值的决定问题，而且还能够说明生产要素价值的决定问题，这些生产要素的报酬便构成商品的“自然”价格。古典经济学家渐渐地认识到——至少是直觉地意识到——经济学要发展成为一门真正的科学，就得先确立这样一条价值原理。他们这样想，自然是完全正确的。

另外还有一个比较特殊的原因，也说明为什么古典学派经济学家不愿把“自然价格”的构成部分看作独立的因素。我们已经看到，“自然价格”的最重要的一个构成部分，资本家的利润，已经开始表现为比例于所用资本数额的剩余，而不是经营生产的酬劳。并且，利润也已经开始表现为一种剩余，而不是在交换过程中总得“加”在成本上边的部分，它实际上产生于生产过程，只不过是在流通过程中**实现**而已。由此可见，利润是超过成本的剩余，它的来源是在生产领域。一般讲来，利润（至少就它的“纯粹”形态说）不是对生产商品时的物质消耗或牺牲的补偿。当所有这些消耗或牺牲已经从“自然价格”里得到补偿以后，利润就是一部分明显的剩余了，享有它的人尽管以任何方式随意使用它，也无损于一国原有生产水平的保持。古典经济学家特别重视利润的这个特点,因为他们认为利润是资本的极其重要的来源,而资本积累又是一国财富增殖和物资富饶的关键。所以,价值学说必须能够说明利润水平是如何决定的。利润水平自身不能看作是价值的一个决定因素;倒是应该建立这样一个新的价值原理,它能够解释生产中进货与出货间价值数量差别的根源及其经常存在的原因,这一数量差别是表现为利润的。对现代经济学家来说,这个问题看来似乎不很现实。因为,现在研究分配问题的方法是根据无差别的"生产要素",在竞争条件下,那些"生产要素"的报酬都是从制成品的价值一色一样来推算的,所以在对经济现象的讨论中根本不再有什么剩余的问题(至少按照古典学派对剩余的解释)。可是对古典经济学家来说,这个问题仍然是一个非常现实的问题。

倘使亚当·斯密仅仅继承了十七世纪经济学家所遗留下来的一些不成熟的理论资料,他就很难着手解决这些新的问题,像他曾经解决的那样好。我们已经看到,这个世纪发展的是这样的一般观念,即在某种重要意义上劳动是财富和价值的"源泉"或"原因"。但是从大多数文章的语气来看,这类说法的用意只不过是表示赞同资本主义的生产组织形式以及它所带来的经济后果而已;即使有些经济学家意不在此,他们也不曾澄清这里边所包含的一些概念。他们并不曾认真地试图区别"财富"和"价值",也没有一个人能够很清楚地说明劳动究竟是怎样创造了或增加了商品的价值。某些经济学家企图把劳动的作用说成是这样,即价值主要是由"工资成本"来决定的。现在这个说法站不住了。一部分原因是由于越来越多的劳动者转化为"工资劳动者",因此这个说法必定是兜圈子的说法。另一部分原因是，现在价值学说需要说明的商品的均衡价格里还包括一个很重要的构成要素——即利润，可是利润却不能完全归结为工资。于是另一些经济学家主张，由于劳动提供了原料的使用价值，从而创造了商品的交换价值，所以买者愿以更多的别种商品去和它交换。但是，用使用价值来解释交换价值，看来也是讲不通的。虽然商品没有效用就卖不掉，可是商品所卖得的“自然价格”却和它的效用无甚关系，这一点是越来越明显了。赫契森写道：“商业中的价值或价格，根本不是决定于货物的真实用途或它对于维持生活或人生自然乐趣的重要性。”[①]赫契森在这里所用的效用概念，暗含是指一般的“正常需要”，这一概念后来自然被比较通俗的概念所代替了，这就是把效用解释为消费者个人的主观评价。尽管如此，在竞争条件下商品所卖得的实际价格好像同它的“效用”没有多大关系。古典经济学家认为，下面的事实充分证明了这一点，这就是，单单买者对商品所值的估计，从而对商品的需求，偶尔增加或减少，不会改变（至少不会永久改变）商品的均衡价格。假定就整个工业来说，报酬大致不随生产规模的增减而改变，那么只有生产成本的变化才会引起均衡价格的变动。

幸而斯密所继承的知识比这多得多。在十八世纪斯密的先驱者，由于不满意当时关于价值决定的说法，逐渐创立一套新的思想，这种新思想不知不觉地成为斯密进行研究工作时学术潮流的一部分。就像思想发展史里经常发生的情况一样，当一个新的理论问题出现时，随之而来的是一套新原理和新概念，它们足以解决

① 赫契森：《道德哲学体系》第 2 卷，1755 年版，第 53 页。

这个问题。紧随着“自然价格”观念的发展，就产生了这样一个看法，那就是，归根到底，使商品具有价值的是社会劳动的耗费。社会劳动是价值的决定因素，劳动时间是衡量价值的适当尺度，这种概念是一种非常微妙而又难以捉摸的说法。下面概略地叙述一下它的发展史，也许有助于说明这一点。

配第关于价值问题写了一篇十分出色的《随笔》，成为后来许多著作的出发点。他十分接近于这种观念，即商品的交换价值决定于生产这一商品所必需的劳动量。他写道：“假设有一个人，他从秘鲁地里取得一盎司银带到伦敦来所费的时间，恰好和他生产一蒲式耳小麦所要的时间相等，前者便成了后者的自然价格。现在假设有新的更丰饶的矿坑发现了，以致二盎司银的获得和以前一盎司银的获得是同样便易，则在其他情形相等的情形下，现在小麦一蒲式耳十先令的价格和以前一蒲式耳五先令的价格是一样便宜。”在另一有名的章节中，配第甚至还企图应用这一理论来解释，为什么在生产过程中进货与出货两者间会出现一个差价的问题：

> “我们假设，一个人用他自己的手，可以把一定面积的土地耕耘种植收获好，把谷物搬进打脱簸净，把种种必要的工作做好，并且有充分的种子，可以播在田里。这个人在收获中扣下他的谷种，以及他所消费的东西，他为交换衣着物和他种自然需要品而给予他人的东西，其余额便形成这一年的自然的真正的地租。七年的平均，或许多年的平均，形成普通的谷物地租，因为在许多年内，歉收与丰收可以归于均衡。”①

①　摘自配第：《经济论文集》第1卷，第50—51页及43页。

接着配第又问道:“这‘谷物或地租’究竟值多少英国货币呢?”我答道:“它能值多少货币,就看在相等时间内别一个完全从事银生产的人能够在费用之上剩下多少货币来。”在这里,配第就像晚期古典派经济学家一样,是将进货和出货两者之间的差价归结为剩余劳动了。但是,配第的解释,作为正体来看,则又和古典学派至少有两点重大的不同。第一,应该注意到,在配第的例证中,剩余只是采取地租的形态,他并没有提到利润。这可能因为对配第来说,按照古典学派解释的“利润”还没有形成一个独立范畴的收入,所以不妨把它归结到地租的范畴。第二,在配第的思想中,关于劳动在创造价值过程中所起的作用,似乎还相当地模糊不清。举例来说,几乎紧接前面引证的那一段话的后边,配第在讨论价值的“自然标准和尺度”时曾这样说过:

> “一切东西都是按照两个自然的单位来评计价值,这两个单位就是土地和劳动;所以我们有时说,一只船或一套服装值多少土地加上多少劳动;这是因为无论船或服装都是土地和劳动的产物。既然这是不错的,我们必须找出土地和劳动间的自然等价,以便使价值既可单独表现于土地,又可单独表现于劳动,这要比表现于两者更好,并且它们彼此之间也能容易地、确实地互相换算,如同我们把便士换算为英镑一样。”[①]

这里他对于劳动的作用大概是采取另一种眼光来观察的,的确是从另一角度来看价值决定的整个问题。[②]

① 配第:《经济论文集》第1卷,第44—45页。

② 另一方面又可以这样说,配第在这里所采用的方法,为后来李嘉图“摆脱地租”的计划提供了逻辑上的先例。

从配第的这几段话当中可以十分清楚地看出，早期古典学派的价值理论家所面对的一个主要困难是什么性质了。在他们的思想深处隐伏着这样一个观念，那就是，从某种基本的和重大的意义上讲，使商品具有交换价值的是劳动的耗费。但同时一宗商品通常可以卖得的价格，显然不仅足够补偿生产所消耗的劳动，而且还足够支付“土地的价值”。那么，为什么又说商品的价值完全是由劳动决定的呢？配第和后来的坎梯隆想找到“土地和劳动间的自然等价”来突破这个困难。别的人，特别是洛克和哈里斯，则尽力夸大劳动在这方面较之土地有更多的重要性。可是，他们在解决这一问题方面所作的种种努力，就其历史意义来说，仅仅为构成生产成本的两个因素——即土地的使用和劳动的耗费——进行质的划分打下基础罢了。除非土地的保持需要耗费一定的社会劳动，否则成熟的劳动学说所依据的成本概念，必须排除土地作为价值的一个决定因素。

我们已经看到，十七世纪时“劳动是价值的源泉”这样的观念，通常不过是换一个讲法来鼓吹资本主义的经济组织形式，由于它能够促进分工，因而比所有以往的形式具有更大的生产力。换句话说，这种观念本来是和承认资本主义的“手工制造业”（按照马克思的解释）[①]具有分工的潜力相联系的。到了十八世纪，“劳动是价值的源泉”这个概念，开始同马克思所讲的社会内部的分工相联系，而不是同手工制造业内部的分工相联系，[②]古典学派的劳动价

① 参看马克思：《资本论》第 1 卷，人民出版社 1958 年版，第 12 章。

② 关于这一区别的讨论，参看马克思：《资本论》第 1 卷，人民出版社 1958 年版，第 12 章，第 4 节。

值学说最后主要就是在这种联系上产生的。这一点相当重要，所以需要作进一步的说明。

如果手工制造业内部的分工是一种特别与资本主义相联系的现象，那么社会内部的分工自然是和社会本身同样悠久的了。不论在什么社会里，一切个人和集团都是分别从事各种生产活动，并以某种方式相互“交换”他们的活动。不过，只要在比较晚近的时期，这类活动的相互“交换”才采取货物交换的方式，这些货物是由或多或少分散地进行生产活动的个人或集团为着某一市场需要而生产的。[①] 只有在资本主义制度下，后一种形式的生产和交换才开始支配了整个经济生活。随着资本主义的发展，单独的个人越来越难自给自足，而只有通过供应别人的需要才能够满足自己的需要。于是绝大多数人，不管愿意或不愿意，都得为市场生产货物，也就是为别人而生产。这样，劳动的社会分工，差不多变成了为市场而生产货物的独立生产者间的分工了。

以上所讲的两种类型的劳动分工，在它们的发展过程中自然是互相起作用的。手工制造业内部分工的确立，是以社会内部分工已经发展到一定程度作前提的；反过来，手工制造业的分工“又会发生反应作用，使社会的分工发展并且增加”。[②] 后一种作用对于目前的讨论有特别重要的意义。马克思叙述这一过程如下：

> “一种职业，从前当作主要职业，或辅助职业，与他种职业相联合，而由同一生产者经营的，只要由手工制造业经营的方

① 根据马克思的术语，这类货物叫做“商品”，大多数非马克思主义者使用这个名词是依照普通字典的意义。

② 马克思：《资本论》第1卷，人民出版社1958年版，第425页。

法掌握了，就会与他种职业脱离，而成为互相独立的。并且，在一种商品的诸生产阶段中，只要有一个特殊的阶段由手工制造业经营的方法掌握了，其他不同诸生产阶段，也就会变成不同的独立的职业。……把特殊生产部门限在一国某特殊区域经营的地方分工，也由利用着各种特殊性的手工制造业经营，取得了新的刺激。世界市场的扩大与殖民地制度（那是包括在手工制造业的一般存在条件内的），又在手工制造业时期，给了社会内部的分工以丰富的材料。"①

如果这些发展过程在一个社会中进行得十分迅速，一切旧的封建束缚都硬被挣脱了，那么，使得人们作为向市场提供不同商品的生产者而互相结合起来的经济联系的极端重要性，不可避免地要反映到人们的思想上面。人们开始认为，这个经济联系把一国的人们结合在一起，正如同一位作家所说的那样，事实上它成为"主要的水门汀"了。② 这样，现代最有影响的抽象概念之一，出现的时机就成熟了。这个抽象概念是，互相依赖的商品生产者之间的关系，构成他们之间所有其他社会关系的基础。古典学派的劳动价值学说就是与这个抽象概念密切地结合着的。如果我们把社会看作实质上是由独立的生产者联合组成的，他们都是依靠互相交换他们的不同劳动的产品来生活，那么我们就要认为，这些产品的交换实质上就是社会劳动量的交换。一旦我们开始用这样一些名词来思考问题，那

① 马克思：《资本论》第1卷，人民出版社1958年版，第425—426页。

② 哈里斯：《论货币和铸币》，第15页脚注："由于每个人专于一种职业而得到的共同便利，或许是主要的水门汀，把人们联系在一起；这种共同便利也是商业产生的主要原因和巨大政治区域形成的基础。"

就很容易得出这样的结论：商品的价值（即这商品在交换中能购得或支配其他商品的能力）也就是它所具有的一种性质，这种性质是由于一部分社会劳动力用于它的生产而产生的。

古典学派所强调的生产者的互相依赖性，在配第的著作里边已经开始有了相当充分的表现。配第对于劳动分工的重要性是完全了解的；他在书中一节里写了一点关于手工制造业内部的分工，然后就直接进而讨论社会内部的分工（这里他所讲的是地区间的分工）。[①] 另外还有别的著作，大约都是写在十七世纪和十八世纪交替的时期，在那些著作中，劳动的社会分工的观念是和这样一种观念十分密切地结合在一起的，即贸易实质上就是劳动与劳动的交换。[②] 但是，在英国关于社会内部分工和价值现象之间的关系的讨论[③]，实在有启发性的首先要属曼迪维尔"所谓社会"，他说，"据我的理解是一个政治团体，在这里，人……成为有纪律的动物，觉悟到必须是一人为大家，大家为一人，这里，在一个领袖或在其他统治形式下，个人必须服从整体……"[④]。所以，货币制度对人类社会说来是完全必要的，没有其他的办法。曼迪维尔写道：

"（货币）对于秩序、对于经济、甚至对于文明社会的存在

① 《经济论文集》第2卷，第473—474页；又参看第1卷，第260页。

② 参看西蒙·克莱门特：《货币、贸易与交换问题概论》（1695年），第3—4页；又《东印度贸易研究》（1701年），重印于《早期英国商业问题论丛》（1856年），第591—593页。

③ 这方面重要的法文文献，参看布瓦歧尔培尔的著作，这些著作重印于E.德尔编：《十八世纪的财政经济学家》。布瓦歧尔培尔的《论财富的性质》一书特别有参考价值。并参考马克思对布瓦歧尔培尔的有趣批评，见《政治经济学批判》，人民出版社1957年版，第25—28页。

④ 曼迪维尔：《蜜蜂寓言》（F.B.凯编）第1卷，第347页；又参看第1卷，第356—358页有关分工部分及第2卷，第284页等。

来说，都是绝对必要的；因为社会完全是建立在我们的欲望的多样性的基础上，所以它的整个上层建筑是由人们相互之间的服务所构成的。在生活中每个人经常密切关心的事情是，当自己需要别人的服务时，怎样才能使别人提供这种服务。希望别人无偿地来替自己服务当然是不合理的；因此人们能够共同参加的一切交易，必定是继续不断的物物交换。……倘使我提供交换的服务，是别人所不需要的，或是别人所不喜欢的，那么，我怎样才能劝说他来为我服务呢？……只有货币能解除这一切困难，因为它是人们相互服务所愿意接受的报酬。……非常的幸福常常发生于生活的需要；每个人都要吃、要喝，这便是建成文明社会的水门汀。不管一个人喜欢把自己估计得多么高，而多数人都能从事的劳动，终将是最便宜的。一件东西不论对人类如何有用，只要多了就一定贵不起来；许多东西的涨价，多半是由于稀少的缘故，而不是由于它们的用处……”①

《蜜蜂寓言》第二卷发表于1729年(上边引文在此卷中)，同年，本

① 曼迪维尔：《蜜蜂寓言》第2卷，第349—350页。亚当·斯密在1755年写给《爱丁堡评论》编辑的著名书信里，断定《蜜蜂寓言》第2卷“引起卢梭体系的产生”。好像是为了证实这一说法，所以斯密在摘译卢梭的文章时还包括有下面的一段，使《爱丁堡评论》的读者“可以由此看出他的多才善辩”。以下就是那段译文：

“所以，人不是自由的、独立的，由于大量新的需要关系，他多少要隶属于自然，尤其隶属于自己的同胞。纵然他成为他们的主人，而在某一种意义上，他仍然是他们的奴隶。他富了则需要别人的服务，穷了又要别人的救济；他甚至离开那些平庸的人也无法生存下去。因此他不得不致力于使别人关怀他的处境，使别人在实际上或是表面上都感到为他服务对他们自己也是有好处的。”见1755年《爱丁堡评论》，1818年再版，第130—133页。

杰明·富兰克林著的《简论纸币的性质与需要》在美国费城发表了。富兰克林在这本小册子里对于社会中各个生产者的互相依赖性以及货币的必要性的解释，很像曼迪维尔，然而从这种分析中很自然地引申出劳动价值论的一个重要解说：

> "好像上帝安排的一样，不同的国家有其独特的最适宜的生产，即使一国里边的不同地区也是如此。同样，不同的人具有不同的才智，适合于各种不同的工艺和生产。因此，商业——即一种商品或制造品与另一种相交换——对于人类是十分便利和有益的事情。……为了便于交换，人类发明了货币，它也可以适当地叫作交换的媒介，因为通过货币，劳动得与劳动相交换，或一种商品得与别种商品相交换。……一般讲来，贸易不是别的，不过是劳动与劳动的交换而已，一切东西的价值……都可以十分正确地用劳动来衡量。"[①]

富兰克林的这个见解，即劳动比起货币来"更适宜于作价值的尺度"，是靠着借自(他自己不曾承认)配第的一个论点来证明的。富兰克林补充说："一国的财富，是用它的居民所能购买的劳动量来评价的。"[②]——这对斯密所谓"所能支配的劳动量"的概念来说，是一个有趣的开端。

商品的交换实质上是生产这些商品的人们的劳动的交换，这个观念在十八世纪的发展过程中已经成为普遍的见解了。像休谟、哲尔维斯和塔克这些学者都宣扬过这种思想，即为交换而生产

---

① 《本杰明·富兰克林全集》(1836年)第2卷，第263—264页及267页。

② 同上书第2卷，第265页。参看富兰克林致凯谟斯爵士的书信，重印于《凯谟斯爵士回忆录》第2卷，第85页。

的商品，主要是由凝固了的或结晶了的社会劳动构成的[①]，其他像赫契森等人，又发展了社会劳动分工的概念[②]，哈里斯等进一步把这个思想同价值学说密切地联系起来了，这一价值学说是非常强调劳动的。人们渐渐地都这样主张：一宗商品所以具有交换价值，只不过因为有一部分社会劳动用于它的生产。但是，仅仅在它上面支出劳动是不够的，还要像马克思后来所指出的，这劳动"应该服从于社会内部的分工"。[③] 于是社会劳动的耗费逐渐被认作是唯一的生产成本，只有它才能赋予商品以交换价值。商品之间的价值关系反映出了人们之间的社会关系。

然而仅仅这样说还不足以消除旧有的反对意见，这就是，土地也和劳动一样对商品的价值有所贡献。只有弄清楚财富和价值的根本区别以后，才能澄清土地的作用问题。当然，人们在相当早的时期就知道商品的使用价值和它的交换价值是不同的。在斯密以前就已经有一些作家用过钻石与水的有名例证，而在赫契森以前也有一些经济学家指出过商品的交换价值往往同它的效用没有多大关系。但是李嘉图一直强调的财富（由土地和劳动两者共同创造的一定数量的使用价值）与价值（完全由劳动决定的）之间的区别，还要经过相当时期才能确切地表述出来，尽管早先有些经济学家讨论过这个区别，却没有充分意识到这个区别的意义。一旦土

① 休谟：《论文集》(1889年)，第1卷，第293—294页及315页等；哲尔维斯：《世界贸易的组织与理论》(1720年)，有关各节；斯凯勒：《约西亚·塔克传》，第146页。

② 斯考特：《佛朗西斯·赫契森传》，第235—237页。

③ 《工资、价格和利润》，参看《马克思恩格斯文选》(两卷集)第1卷，外国文书籍出版局出版，1954年，莫斯科，第396页。

地不算作决定价值的一个因素，那么剩下来的问题就仅只是说明：劳动赋予商品的价值，不是通过对劳动的报酬，而是通过劳动本身的耗费。

在斯密的《国民财富的性质和原因的研究》问世以前，关于劳动价值论的最高明的说法，见之于1738年匿名发表的一本令人注意的小册子，名叫《关于货币利息一般问题的几点意见》。马克思曾几次引证它，奇怪的是，以后讲经济思想史的人却把它忽视了。虽然它对于劳动报酬和劳动自身作为价值的决定要素，还没有完全摆脱刚才提到的那种混乱思想，但整个说法表现了一种巨大的成就。请看下面一段引文：

"各种生活必需品之真正的和实际的价值，是比例于它们对维持人类生活所做出的贡献；它们互相交换时所依据的价值，是由生产它们所必要的和通常耗费的劳动数量决定的；它们用来进行买卖，并用来和一个共同的交换媒介物进行比较的价值和价格，是受生产时所使用的劳动数量支配的，但同时也受交换媒介物或共同尺度的数量多少的支配。水是生活必需品，不亚于面包或酒，但上帝赐予人类的水是那样多，每一个人都可以得到足够的水而不会有任何困难，因而一般说来它是没有价格的。可是，假设某时某地必须花费劳动来取水供应某些人需要的话，那么为供应水所花费的劳动就必须得到补偿，虽然水本身是不要代价的。因为这个道理，一吨水在某些时候或某些地方也可能和一吨酒一样的贵重。"①

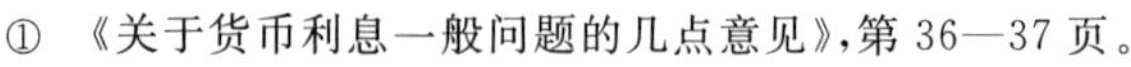

① 《关于货币利息一般问题的几点意见》，第36—37页。

这短短的一段话，一下子接连在我们面前摆出了好几个问题：(1)关于商品使用价值的定义；(2)关于商品交换价值的决定方法的叙述，这实际上是马克思的“社会必要劳动”这个概念的征兆；(3)关于商品的货币价格(不同于商品的交换价值)的决定方法的叙述；以及(4)用实例说明一宗商品尽管具有使用价值，但除非为它的生产投入了劳动，否则它通常是没有交换价值的。随后还有一段，至少是同样的重要，看来斯密不会不知道。

> “在远古时代，当贸易还只是物物交换时，我很难设想，除各自生产时所必要的劳动数量之外，还能采用什么别的尺度作为两种东西交换的标准。假设一个人为了生产生活必需品而花费了一周时间，那么他这一周的辛劳就应该得到维持一周生活那么多的必需品。如果他拿去和别人交换，那么计算适当比价的最好方法就是比照他所花费的劳动和时间；实际上，这不过是一个人在一定时间内为了生产一件东西所花费的劳动，去交换另一个人在同样时间内为生产另一件东西所花费的劳动。一宗商品和另一宗商品相交换，总是意味着换出的人除了满足他自己的目前需要外还有剩余，而换进的人却又感到不足。假设这种东西一方面数量比较多，或另一方面需要比较大，这时交换是会发生出入的，但仅仅限于当时；交换虽有出入，只要交换双方站在平等地位，支配交换的一般规律依然在起作用。”[①]

① 《关于货币利息一般问题的几点意见》，第39页。

看来这是对斯密认为支配人类社会早期商品交换的“规律”[①]一个最早的清楚说明。不但如此，这本书还明白承认一个事实，即只有在“交换双方站在平等地位”时，这个“规律”才适用于决定商品交换的比率。[②]

古典经济学家逐渐摸索出来的价值学说是根据这样一个观念，就是劳动赋予商品的价值，是通过劳动本身的耗费，也就是，通过生产商品所必要的劳动在社会总劳动中所占的比例来决定的。当一部分有组织的社会劳动（根据需要调度的）用于生产一宗商品时，这一商品在交换中就具有了支配其他商品的力量。自然虽然给了人类以有价值的帮助，但它是无偿的，因而没有花费人们的成本。[③] 对整个社会来说，生产的唯一真实成本，就是人类劳动的耗费。在财富的创造中，劳动必定要和土地结合起来，即使在这里，劳动也被看作是财富之“父”或“积极因素”，而土地则被认作是顺从的“母亲”。但创造价值却是劳动独有的特权。建立在这种观念上面的劳动价值学说，除了比其他各种生产成本价值学说具有一定的技术上的优点以外，还能以特别动人的形式阐明一个问题，就是进货与出货间价值差别的起源和经常存在的问题，我们知道，古典经济学家对这个问题一直是极为重视的。

① 亚当·斯密：《国民财富的性质和原因的研究》第 1 卷，第 49 页。

② 值得我们注意的是，“交换虽有出入，但支配交换的规律依然在起作用”，这一点，马克思曾经一再强调过。

③ 参看《关于货币利息一般问题的几点意见》，第 37—38 页。“耕种和收割一亩土地所需要的劳动总是一样的，不管这一亩土地生产的小麦是两个还是四个夸脱。假定普通年景的收获量是两个夸脱，而每一蒲式耳的普通价格是五先令，那么超产的那两个夸脱的收获就和水的性质一样，是上帝和丰年的赠与，应当无偿卖出，换个讲法，全部收获应当按每一蒲式耳二先令六便士的价格出售”。

第二章　亚当·斯密与劳动价值学说的发展

第一节　《格拉斯哥讲义》中的价值学说

亚当·斯密所最欣赏的道德哲学体系，要求研究这样一个问题，那就是，“人不仅作为个人，同时还作为一个家庭、一个国家甚至整个人类社会的成员来说，他的幸福和优良品质究竟在什么地方呢？”[①]正是由于斯密如此看重人与人的社会关系，他的著作——不仅在道德哲学方面，而且在政治经济学方面，——才不同于并且远胜于他的许多前辈和同时代人的著作。斯密及其周围的有才华的思想家们首先注意的，是“市民社会”的性质和发展问题；对他说来，政治经济学就是进行马克思所谓“解剖”这个市民社会的主要领域。[②] 这种研究实质上是一门新的学问。斯密似乎已经认识到，如果不对哲学思想和经济思想进行切实的改造，那么市民社会的研究就不可能有效地进行。新的工作需要新的工具。《国民财富的性质和原因的研究》第一篇所提出的价值学说就是这些

① 亚当·斯密：《国民财富的性质和原因的研究》第2卷，第259页。

② 马克思：《政治经济学批判》，人民出版社1957年版，序言第2页。

最重要的新工具之一，斯密特意提出来，以便分析当时正在发展着的新型社会经济关系。

本章先从斯密在《格拉斯哥讲义》①中的价值阐述开始，而不从《国民财富的性质和原因的研究》中比较成熟的理论开始，因为要正确领会后者，就得先研究一下它的产生过程。我认为，对斯密在价值问题方面的思想发展做一番研究，是有帮助的，这将使他最后叙述的理论比一般设想的要更一贯些，更易理解些。

首先应当指出，《格拉斯歌讲义》有两个重要特点，使得它在某种程度上不同于《国民财富的性质和原因的研究》。第一个特点是关于斯密如何对待资本积累的问题。在《讲义》里，资本积累还不曾像在《国民财富的性质和原因的研究》中那样起着主要的作用。不错，在《讲义》里他已经十分清楚地认识到资本积累是富裕的关键。他讲道，在社会充分获得社会分工的巨大利益以前，"一定程度的资本积累是必要的"②。他在《讲义》里还认为，要使资本积累以及社会分工能够大规模的进行，一些政治障碍须先铲除。

> "在封建制度下，考虑到构成整个社会的农民、地主和商人三个阶级的情况，显然资本积累是很少的。农民靠租佃恣意掠夺的地主的土地为生，他们从来不能增加财富，因为地主随时要将他们榨取得一净二光，所以农民没有积累财富的念头。地主也不能增加财富，因为他们过着好吃懒做的生活，还

① 这是斯密在格拉斯哥大学当教授时开设的一门功课，即"关于司法、公安、岁入与军备的讲演"。一个学生在 1763 年听课时所写的笔记，在一百年以后发现了，并于 1896 年由坎南将它整理出版。

② 亚当·斯密：《格拉斯哥讲义》，第 222 页。

> 要进行连年不断的战争。至于商人,也是身受重重的压迫,巧取豪夺使得他们不能享有自己经营的成果。这样,财富就根本难以积累。等到封建统治被摧毁后,积累的障碍被扫除了,资财也就渐渐增长起来了。"①

不过,从整体来看《格拉斯哥讲义》,积累问题好像是居于相对次要的地位。虽然当时斯密对资本积累的论述远远超过他的同时代人,但他还不曾看出资本积累的冲动是经济发展的主要关键和推动力量。下面就要讲到,这时斯密对于经济发展的动力,是从另一不同的角度来考察的。

与这个问题相联系的是《格拉斯哥讲义》的第二个特点,这就是,讲义里边还找不出"自然利润"概念的痕迹,我认为这个特点是值得注意的。在《讲义》里,某些形态的"利润"有时确也偶尔提到过,例如参加"劳氏计划"的投资人所预期的"利润"②,银行家在证券交易中所能捞到的"利润"③,以及西印度甘蔗种植园主所获得的"利润"④。还有,在《讲义》的早先修正部分里边,也就是在它的发现者称作《国民财富的性质和原因的研究的原始草稿》里边,斯密提到富裕商人从事贸易所得的"利润"⑤,有名的制针工厂厂主的"利润和生产费用"⑥,以及必须包括在针价中的"商人利润"⑦

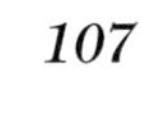

① 《格拉斯哥讲义》,第220页。

② 同上书,第215页。

③ 同上书,第221页。

④ 同上书,第225页。

⑤ W. R. 斯考特:《求学与教授时期的亚当·斯密》,第327页。

⑥ 同上书,第331页。

⑦ 同上书,第328页。

等。但是就我所知道的,他从来没有明确指出这些“利润”是同所投资本的数额保持一定比例的。“利润”只不过是“收益”罢了。至于所得“利润”的数量大小,他有时认为是决定于承担风险的程度,有时又认为是决定于运气的好坏,垄断地位的强弱,或劳动的数量和质量等,但他从来不曾明确地把“利润”数量看作是随所投资本的数额而变化的。《国民财富的性质和原因的研究》中关于资本家雇主所得的“资本利润”和他的雇工所得的“劳动工资”间的根本区别,在《格拉斯哥讲义》里边还不曾强调指出过。我们从全部《讲义》(尤其是论述价格和价值的部分)所得到的一般印象是这样的:当时斯密仍然认为,把生产看作是由那些多少还是独立的并还占有生产资料的小手工业者和劳动者担任的事情,是有用的,至少是作为一个初步近似情况——这批小手工业者和劳动者包括铁匠、织布匠、成衣匠、钟表匠、木匠这一类人,他们在《讲义》里边时常作为典型的生产者。雇用着几个工匠的生产单位,好像被看成为一个合作企业,由一些还保持着一定独立地位的工人和一个“师傅”组成的,这个师傅其实也只是工人当中的一分子。当一个人用这样一种眼光去看待工业的生产组织时,自然不会把“师傅”所赚得的纯收益看作同他偶然投下的资本有什么固定的关系。当然,《讲义》的许多地方(特别是讨论资本积累的那一部分)表明,即使斯密还没有了解到当时经济组织正在发生的变化的确切意义,他已经认识到这种变化的重要性了。但是,一般说来,斯密在《讲义》里边所采用的经济模型,更接近于赫契森、休谟、坎梯隆所采用的,而不同于他自己后来在《国民财富的性质和原因的研究》里边所采用的。

斯密比起他的大多数前辈来似乎更清楚地认识到，在现代条件下，社会分工的发展必定意味着，先前许多经济机构所发挥的一些经济作用正由市场取而代之。在这新的市场经济中，人与人的基本社会关系反映在这样的事实里边，就是人们生产的商品在市场上按照一定的价格互相交换，而理解"什么情况在支配着商品价格"的问题[1]，开始显得异常重要了。在分析这个问题时，斯密也和他的几个同时代人一样，显然得到这样一个印象，就是，许多商品的价格尽管由于供求的变动而天天不同，季季不同，但它似乎是环绕一种平均价格或中心价格而变动的。如果实际市场价格一时高于或低于这一中心价格，它将会自动地趋向跟它一致。斯密认为这个中心价格就是"自然"价格，而价值学说的首要任务在于说明它的水平是怎样决定的。因此，在斯密看来(当他编写《格拉斯哥讲义》时)，"什么情况在支配着商品价格"的问题，又可分为两个问题：第一，什么是自然价格的构成因素？第二，为何市场价格趋向于同自然价格一致？

关于第一个问题，我们应还记得，坎梯隆曾经区别商品的"市场价格"和它的"内在价值"，而后者是由生产时所用"土地的价值"和"劳动的价值"所构成的。斯密在《讲义》中对自然价格构成因素的解释跟坎梯隆对于"内在价值"的论述至少有一点大不相同，那就是关于"劳动的价值"。斯密不是把一宗商品的自然价格同生产这商品所使用的劳动的实际价格联系起来(这就是说，不是去同支付给直接生产者的实际报酬相联系，不论这报酬在某种具体情况

① 《格拉斯哥讲义》，第 173 页。

下是多少),而是去同他所谓劳动的自然价格相联系的。斯密讲道:“一个人所得的工资,足够用来维持自己在劳动期间的生活,支付教育上的费用,补偿自己短命而死以及经营失败的风险等,那么他就算获得他的劳动的‘自然’价格了。倘使一个人得到这个价格,他也就得到了足够的鼓励,因而商品将比照需求而不断地制造出来。”[①]初看起来这好像是说,一宗商品的自然价格等于生产这商品所需劳动的自然价格,其实斯密的意思并非如此。他只是说,商品的价格必须高到足以“鼓励劳动者”,也就是说,商品的价格除了补偿直接生产者支出的一切费用外,还必须提供一种报酬,至少等于他的劳动的自然价格(照他那样解释的)。斯密讲道,如果一宗商品恰恰是按照这样高的价格卖出,不多不少,那它就是按照自然价格出售的。斯密在《讲义》里边很少提到自然价格的其他构成要素,当时他可能把那些构成要素都看成是已知数。只要直接生产者的劳动的自然价格水平确定了,他的生产物的自然价格水平也就确定了。这种分析的局限性及其理由是显而易见的。斯密暗中假定,生产不是操在那些希望从他们的投资赚得自然利润的资本家雇主手中,而是操在多少还是独立的劳动者的手中,他们只希望得到他们自己的劳动的自然价格。作为一般范畴的收入并和劳动工资不同的资本利润,那时还不曾出现,至少斯密还没有认识到它的出现。这等于说,在现实世界中,资本家和直接生产者之间的那些社会经济区别,还被认为同商品价格和收入的决定问题无

① 《格拉斯哥讲义》,第 176 页;又参看赫契森:《道德哲学体系》(1755 年)第 2 卷,第 63—64 页。

关。这两个阶级简单地被作为“劳动者”而混同起来了，从而假定：“足以鼓励”前一阶级的价格，也是按照“足以鼓励”后一阶级的价格的同一原理来决定的。所以，自然利润还没有表现为自然价格的一个独立构成要素。

关于第二个问题，即为何市场价格趋向于同自然价格一致的问题，斯密的回答是从讨论支配市场价格的各种情况开始的。斯密认为，商品的市场价格是受三种情况支配的。第一是“需求或对商品的需要”。第二是“相对于需要来讲，商品数量的多寡”。第三是“需求商品的人们的贫富情形”。换句话说，市场价格决定于现有供给和有效需求之间的关系。因此，市场价格和自然价格虽然是按照完全不同的原理决定的，它们之间却有着“必然的联系”如下：

> “假设某一商品的市场价格很高，生产这种商品的劳动所得报酬很大，于是这种商品的产量大为增加，因而市场充斥，连下层居民都能够购买了。如果原来的十颗钻石增加到一万，成了人人可以购买的东西，因为它的价格非常便宜，而且还要降低到它的自然价格的水平。一旦市场上存货过多，市场价格跌落到自然价格以下，那么从事这种生产的劳动得不到足够的收入，他们就都不肯继续干下去了。”

正是斯密所谓“不同劳动者的同时存在”，使得市场价格趋向于自然价格。[①] 我再重复一遍，这种分析的局限性是十分明显的。据斯密观察，在现实世界中，各个生产者的劳力和资源，自然要转向

① 这一段引文录自《格拉斯哥讲义》，第176—179页。

那些报酬最高的职业，这样不断运动的结果，在竞争的条件下，商品价格将会调节到这样的水平，从而消除“额外的”收益或损失。至于导致这个运动从而导致价格调整的那个机构的真实性质，当时斯密还不十分了解。在《讲义》里，他把那个机构的主要动力说成是各个“劳动者”尽可能替自己的劳动争取最高报酬的愿望。过了相当时候，他才觉得这样分析太空泛了，没有多大用处。最后他终于发现，真正的主要动力，是各个资本家尽可能替自己的资本赚取最大利润的愿望。

在讨论《国民财富的性质和原因的研究》以前，我们要先对斯密在《格拉斯哥讲义》里论述这些问题所表现的另外两个特点加以评论。第一，斯密在考察“什么情况在支配着商品价格”这个问题以后，紧接着就去研究“货币是价值的尺度和交换的媒介”问题。[①]现在，当我们谈到价值“尺度”时，总是指下面两种意义或其中的一个。我们可能在这种意义上使用“尺度”这两个字，就像米达尺是长度的尺度或天平是重量的尺度一样。我们所说的“价值尺度”也可能是指一种内在的“尺度”，它不仅衡量价值的大小，而且在某种意义上也体现着价值的实体。[②] 斯密在《讲义》的一节里论及“货币是价值尺度”时，他是把货币当作前一种意义上的尺度。可是在下一节的开头他又说：“我们已经表明，什么东西使货币成为价值的尺度。然而应当注意，价值的真实尺度是劳动而不是货币。”[③]

① 《格拉斯哥讲义》，第182页以下（重点是我加的）。

② 参考马克思：《剩余价值学说史》第1卷，三联书店1957年版，第137页。

③ 《格拉斯哥讲义》，第190页。

人们有时认为，斯密在这里所说的“尺度”，是指的上述第二种意义，在这句话里已可看到《国民财富的性质和原因的研究》中“劳动价值学说”的萌芽了。这种说法可能有一部分是正确的，但是并没有真正的事实可以证明：斯密在格拉斯哥讲演的时候，除了利用劳动是真正尺度的思想（这种思想在十八世纪学者的著作中很是流行），作为一种适当的武器来驳斥重商主义者所谓财富就是货币的说法外，[①]还含有什么更深远的意思。在《讲义》里，斯密用了很多篇幅去解释商品的“自然价格”，他最后认为“自然价格”就是商品价值的货币表现。不过，这时斯密所看到的只是市场外部的表面现象，他还没有足够深入地钻研到里层，找出最后决定“自然价格”的根本力量来。

另外还有一点。斯密在《讲义》里讨论“贱与多”的问题以前，先用两节的篇幅讲了实际上是关于消费的理论。他在第二节里讲道：“一切技艺都有助于人类的自然需要”。在讨论这一问题时他还写了下面一段：

> “各色各样技艺的产生，是由于改进和扩充我们生活必需品中的主要物质资料，……这些技艺又转而促进了次要的〔技艺〕。例如为了记录大量的交易而有文书，为了许多有益的用途而发明几何。法律和政府也无非是为了保障那些积累大量财产的人们，以便他可以安享它的果实。有了法律和政府，一切技艺都繁荣起来了，由于技艺发达所造成的财产不平等，也

① 劳动价值学说可以用来达到这个目的，这无疑是这个学说在十八世纪日益流行的原因之一（虽然我认为这是一个次要的原因）。

能得到充分的保障。有了法律和政府，人们才能享受内部的和平而免于外部的侵略。这些需要的满足又使得道德和智慧发出灿烂的光芒。法律和政府的建立既是人类智虑的最高成就，那么前者（原因）所产生的影响，自然不会有异于后者（结果）。”[①]

斯密这一段值得注意的话实际上是说，一个社会获取生活资料的方式，大部分决定了它的社会制度和伦理规范的性质。斯密同所谓“苏格兰历史学派”[②]的其他人一样，在研究人类社会时，常常采取一种唯物主义的方法，这在上面一段话里反映出来了。这一学派的人们认为，要了解一定时期的社会一般结构，就得先注意他们所说的“生存方法”；特别是，要了解一国法律和政府的体制，就得先注意它的“财产状况”。斯密和约翰·米拉尔这些人采取这种分析方法，对劳动价值学说的发展来说，的确是一个极端重要的因素。因为劳动价值学说实质上意味着，将这种唯物主义方法所包含的基本观点应用于交换关系这个特殊领域的研究当中。劳动价值学说实际上主张：为了理解交换关系，就得先注意人们在获取生活资料的过程中彼此间所结成的基本生产关系。无论十八世纪亚当·斯密所论述的劳动价值学说，或十九世纪马克思所发展的劳动价值学说，都是同历史唯物主义的观点密切联系在一起的。[③]

① 《格拉斯哥讲义》，第 160 页。

② 参看帕斯克尔：《财产与社会：十八世纪的苏格兰历史学派》，载《现代季刊》1938 年 3 月第 1 卷，第 2 期；又利曼：《约翰·米拉尔——历史社会学家》，载《英国社会学杂志》1952 年 3 月第 3 卷，第 1 期。

③ 我在一篇题为《苏格兰学者对马克思主义社会学的贡献》论文里，曾将这个论点加以发挥。见《民主与工人运动》（约翰·萨维尔编），伦敦，1954 年版。

第二节　向《国民财富的性质和原因的研究》过渡

我们都熟悉那些奇妙的图形。图中许多方块像叠罗汉似的叠在一起，要我们数出它的数目。我们第一次数时好像是六个方块。然后我们再看这个图形时，它的整个式样和景象似乎有了神秘的变化，我们再数方块，发现它现在不是六个而是七个了。在社会科学领域中有时也会发生这种变形，不过它是质的性质而不是量的性质。假设一个人在一定时期观察自己周围的社会，看到某些特定类型的关系和范畴，可能这种类型就是他原来准备看到的。然后，先前的类型往往十分突然地消失了，取而代之的是另一种完全不同的新类型。于是他觉得，至少在某一点上，他过去观察的东西搞错了。这是一个类比，可是它在某一重要方面会引起误解。因为，就前一个比喻来说，变形完全发生在看图人的精神方面。图形本身丝毫没有改变，只是它的组成部分所造成的印象有所转变而已。但就人类社会来说，我们观察的实体并非保持不变，而是一直在变化与发展当中。时常发生这样的情况，虽然观察者可能没有意识到这一点，这就是，他注意到新型的社会关系实际上正从旧有的社会关系发展出来，他由于料到这些新型社会关系的最后发展，于是把它们放在一个新的理论体系的基础上面。

我们已经看到，在《格拉斯哥讲义》里，斯密还是采用传统的经济组织模型，这种传统模型把社会上劳力和资源的主要平衡运动看作是或多或少“独立的”生产者所引起的，他们希图替自己的劳动获得最大的报酬。而在《国民财富的性质和原因的研究》中，虽

然仍有许多旧观点的显著痕迹，可是这种平衡运动主要看作是由希图赚取最大利润的资本家所引起的。无论在哪个文明社会，斯密说，地主、劳动者和资本家是“构成社会的三大基本阶段”，它们的相应收入，就是“土地地租、劳动工资和资本利润”[①]，这合成为全部国民收入。斯密认为，在这样的社会里，经济发展的真正动力是上述第三个阶级赚取最大利润和积累资本的冲动。斯密实际上是说：我们想要了解我们社会的组织结构，一定要从生产不同商品的分离而又互相倚赖的人们之间的简单关系开始；但是我们也应看到，在社会发展的每一阶段，从事生产的人们互相结成某种重要的阶级关系，而这一阶段的基本经济过程总是要从上述阶级关系的角度来加以分析。斯密并且设想，英国在十八世纪后半叶的主要阶级关系，是地主、劳动者和资本家之间的阶级关系。

斯密对劳资关系和资本积累现象的深刻分析（这种分析远远超过了他的同时代人），主要得力于他对当时英国城市（例如格拉斯哥）正在发生的实际情况的研究，这是毫无疑问的。[②] 在格拉斯哥，十八世纪五十年代和六十年代生产技术和经济关系的发展和变化异常迅速（大部分因为烟草贸易关系），新的经济组织形式产生了，人们很容易把它和旧的经济形式进行对比，这些旧的形式在苏格兰高地、封建的法国或北美的印第安人部落中依然存在。大概斯密在注视这些现象的过程的某一阶段，渐渐放弃他先前在《格拉斯哥讲义》里所采用的那个经济模型，一个由新机构推动的新经济组织体系的轮廓在他的思想中开始形成了。某一些过去不曾注

① 亚当·斯密：《国民财富的性质和原因的研究》第1卷，第248页。

② 参看我的一篇论文：《亚当·斯密和古典学派的利润概念》，见《苏格兰政治经济学杂志》第1卷，第2期。

意到或抽象掉的区别，现在变得非常重要了——主要是关于资财和资本的区别，利润和工资的区别，以及靠利润为生和靠工资为生的两个社会阶级的区别。“无论在欧洲什么地方，到处都是二十个工人替一个独立的雇主服务”[①]，这种情况是极端重要的。《国民财富的性质和原因的研究》所描述的“构成社会的三个阶级”的典型关系的要素，现在开始出现了。结果，资本的自然利润或平均利润，也开始被当作商品自然价格的一个单独构成部分了。

杜格尔德·斯图亚特在讨论斯密关于商品价格分解为地租、工资和利润三部分时，曾经指出：“从我个人现在收藏的斯密的一份手稿看来，斯密的上述分析，是由于奥斯华德先生的启示。”[②]这个说法也许是不错的，但奥斯华德的见解又可能是得之于休谟，他们二人时常通信讨论经济问题。[③] 不过，在这里真正重要的问题是，斯密在1764年访问法国之前是否已经有了这种想法(不管是否他自己所独创)[④]。司考特教授认为，斯密的《早年手稿》里边

① 参看《苏格兰政治经济学杂志》第1卷，第68页；又参看《格拉斯哥讲义》第9页及155—156页，关于“独立”的说明。

② 杜格尔德·斯图亚特：《全集》第9卷，第6页；又参看第10卷，第81页。

③ 参看《詹姆士·奥斯华德记事录》(1825年)，第65—71页及122—123页；又《大卫·休谟书信集》(J. Y. T. 格雷格编)第2卷，第94页。

④ 对不是专攻经济思想史的读者来说，这里有一个问题可能搞不清楚，就是，斯密的一些学说和十八世纪五十—七十年代在法国盛行一时的所谓重农学派的思想有若干重要的共同点。因为斯密在他的《国民财富的性质和原因的研究》出版的前十年曾去法国并和重农主义者有过接触，所以重农主义者对斯密发生了多大影响的问题，曾经引起重大的争论。关于重农学派最好的简要叙述，要算马克思的《剩余价值学说史》第1卷第1编和他为恩格斯的《反杜林论》所写的“批判史论述”那一章。关于重农学派更详细的介绍，参看G. 魏勒斯的名著《1756—1770年法国的重农主义运动》(巴黎，1910年版)。

“很明显地”说明商品价格分解为地租、工资和利润三种收入，这篇手稿写作的日期，他暂定为1763年。[①] 不错，那篇《早年手稿》确有一段讨论到分配问题——据我所看到的只有这一段，而在格拉斯哥学生听课的笔记里却完全找不到这种迹象。在这一段里边，斯密相当清楚地阐明生产物之分解为企业主的“利润”和他所雇用的手工业者的工资。[②] 不过，若就《早年手稿》的全文来看，斯密在撰写的时候显然还不曾采取《国民财富的性质和原因的研究》的基本观点。这可从《早年手稿》的一节概要里合理地推断出来，这一节是论述决定商品价格的一些情况，它几乎同《讲义》里设想的完全一样。在那里，商品的自然价格仍然是“足够鼓励劳动者的一个价格”[③]，并且，《早年手稿》里边并无一处提示平均利润应当看作是自然价格的一个构成部分。

但这并不是说，我们要完全回到过去那种想法，即强调法国重农学派对斯密的影响。有许多问题斯密是不需要向重农学派讨教的，例如他自己关于放任主义和自由贸易的好处的基本观点，最迟不过1749年显然就形成了。[④] 如果说斯密曾经从重农主义者，像梅尔西埃·德·利维埃尔斯和尼古拉斯·鲍都等人那里学到一些东西(无论是由于访问巴黎时同他们当面讨论，或者是通过他们后

---

① 司考特：《求学与教授时期的亚当·斯密》，第117—118页及319—320页。

② 这一段见司考特教授的书，第331页。即使在这里，我们也还可以说，听讲的学生打算把《讲义》第164页的最后四行作为某一段的提要，这一段见司考特教授那本书第331页的头十三行，只不过那个学生将数学例证省略不记罢了。

③ 司考特：《求学与教授时期的亚当·斯密》，第346页。

④ 同上书，第53—54页。

来发表的著作)，他们很可能也曾从斯密那里学到同样多的东西。[①] 斯密从杜阁学到的东西可能多些。杜阁著《关于财富的形成和分配的考察》一书，也许是在斯密访问巴黎时写成的。杜阁这本著作后半部的主题思想是："土地的耕种、各种制造工业以及一切商业部门是怎样地依靠着大量的资本或大量可动的积累起来的财富；这种资本或可动的财富先由这些不同劳动部门中任何一部门的企业家垫支出来以后，每年必须加上一笔稳定的利润而由他们收回。"[②]我们已经看到，斯密在去法国以前已经认识到"资本积累"的重要性，但是他也许还没有充分理解到，他在《讲义》里所谓"工业的自然均衡"[③]在多大程度上决定于资本家的行动，资本家抱着尽量积累的愿望，所以经常是将他们的资本投入能够提供最大利润的部门。1760 年他在巴黎同杜阁进行的讨论，可能有助于他对这个问题的观点的进一步发展。特别是，重农主义关于"垫支资本"的概念——杜阁非常强调这一点，可能帮助斯密更清楚地认

① 1766 年大部分时间斯密都在巴黎。那时梅尔西埃·德·利维埃尔斯正在写他的《政治社会是自然的根本的秩序》，这本书在翌年出版。1766 年，尼古拉斯·鲍都在惊人的情况下归附于重农学派，随即开始写作他的《经济哲学绪论》一书，这本书也是在 1767 年出版的。不难看出，这两部著作强调的重点有显著的变化，从而与早期的魁奈和米拉波著作有所不同。利维埃尔斯和鲍都固然还保持着重农主义的外部轮廓，但是他们特别强调资本家及其雇用的工资劳动者之间的区别，并且也更倾向于接受这样的观点，即资本家的收入通常包括着一个"净余的"或"可自由支配的"部分。这些变化很可能是由于法国学者在同斯密当面争论时得到了启发。像休谟一样，斯密无疑地曾经对重农主义公认的学说进行了批判，因为它否定或忽视了这些观点。

② 杜阁：《关于财富的形成和分配的考察》，商务印书馆 1961 年版，第 60 页。杜阁接着强调说："正是这种资本的垫支和这种资本的不断收回，构成……货币流通……这种有益而效果好的流通，为社会一切劳动提供生机；它维持政治机构的活动和元气。"

③ 《格拉斯哥讲义》，第 180 页。

识资本积累的新作用，以及区别“垫支资本”的资本家和“得到垫款”的劳动者的意义。斯密一定觉得重农主义有积极的一面，可是他至少也同样感到重农主义思想的局限性。当时大多数重农主义者还认为，工厂主、农业资本家和商人通常获得的报酬并不包含“可自由支配的”部分，事实果然是这样么？无论如何，就格拉斯哥及其附近的城市来说，资本家所得的报酬当中，确实有很大一部分属于“可自由支配的”（在重农主义的意义上）。从事实来看，很明显，上述那些阶级积累资本的速度远比依照重农主义的“剥夺说”[①]所能积累的要大得多。在斯密看来，重农主义者对待这个问题的态度，是十分武断的和教条主义的，这种态度着实促使斯密愈加重视他们所企图否定的一种现象。重农主义的经济学说似乎是同资本积累的事实相矛盾的，因而必须探求一种新的理论。

这样，资本积累就成了《国民财富的性质和原因的研究》分析的中心论题。在这部著作里，资本积累被说成是财富增殖的根本前提和基本原因。斯密写道：

> “增加国民土地劳动年产物的方法有二：(1)增加生产工人的数目；(2)增进受雇工人的生产力。但要增加生产工人的数目，必先增加资本，增加维持生产劳动的基金。要增加同数受雇工人的生产力，又得先增加那便利劳动、节约劳动的机械工具，或者把它们改良。不然，就是使工作的分配更为适当。

---

① 关于重农学派的“剥夺说”，参看杜阁：《关于财富的形成和分配的考察》，商务印书馆1961年版，第46—47页。

但无论怎样，都有追加资本的必要。”①

因此，积累的冲动是经济机构的主要动力和调节力量；事实上那只有名的“看不见的手”，只有通过这个重要媒介才能发挥它的有利于人类社会的作用。积累的主要作用有三方面：第一，也是最主要的，积累将使实际收入随着时间的进展而有巨大的增长。斯密写道，现在英国土地和劳动的年产品，不论是与复辟时代或革命时代比较，都大大增加了。② 他说，因此，现在英国每年用于经营土地和维持劳动的资本，也必定大得多了。他写道：

“尽管受到政府种种的横征暴敛，人们却在那里一般的不断的努力来改进自己的境况，节省，慎重，他们是不声不响的，一步一步的，把资本积蓄了起来。这种努力，因为受着法律保障，得在最有利的情况下自由发展，因而英格兰几乎在过去一切时代，都能日趋富裕，日趋改良。并且，将来永远照样进行下去，也不是没有希望的事情。”③

第二，积累导致资本在各种用途中得到最适当的分配（从社会观点看）：

“每个人都不断努力为他自己所能支配的资本寻求最有利的用途。他心中考虑的一定是他自身的利益，而不是社会的利益。但是他为自己的利益打算时，他自然或者说必然要

① 亚当·斯密：《国民财富的性质和原因的研究》第1卷，第325页，又第2页及第259页。

② 斯密把复辟以后的时代看作“英国历史上最幸福、最富裕的时代”（同上书第1卷，第386页）。

③ 亚当·斯密：《国民财富的性质和原因的研究》第1卷，第327—328页。

选择对社会最有利的用途。”①

第三，积累也导致资源在特定的用途中得到最适当的分配：

“一个人投资雇用劳动力，必定希望投资的方法尽可能提供最大量的产品。所以，他要努力使工人的工作得到最适当的安排，并且用他所能发明的或购置的最好的机器来装备他们。但在这两方面他的能力怎样，往往要看他能有多少资财，要看他能雇多少工人。”②

当然，资本积累过程是不能孤立地来考察的。积累之前先得有生产和分配。斯密在分析生产、分配和积累的基本经济过程时，特别要同他在当时社会观察到的新型阶级关系紧密地结合起来。由于“构成社会的三大基本阶级”对社会经济资源保持着一定的关系，从而他们相互间也保持着一定的关系；只有充分考虑到这些社会关系的性质，才能够对基本经济过程给予充分的说明。例如，让我们考察一下国民收入在地主、资本家和劳动者之间的分配问题。地主的收入（即地租），“完全不是比例于地主改良土地所支出的费用”，他“既不需要劳动，又不需要操心”。地租“自然是一种垄断价格”，由于地主对于现有土地享有法律保障的垄断地位，所以他能够榨取到地租。他的佃户们，即农业资本家，为了使用土地不得不支付地租；他们所以能够支付地租，因为他们的产品的卖价，一般足够补偿一切支出的费用，并获得像“毗邻地区农业资本的普通利润”③。资本家的收入（即利润），不是比例于他们偶尔担负的“劳

① 亚当·斯密：《国民财富的性质和原因的研究》第1卷，第419页；又参看第2卷，第127—129页。

② 同上书第1卷，第259页。

③ 同上书第1卷，第145—146页及248页。

动”。最后分析起来，利润体现着资本和劳动的关系。利润的来源是这样的，资本家所雇用的工人的劳动，能够在原料上增加新价值，这一部分价值不仅足够补偿工资，而且还能“支付雇主的利润，来报酬他垫付原料代价和工资的那全部资本”。[①] 资本家所以能占有这一部分剩余价值，是因为劳动者一般“在作业完成以前，需要雇主为他们垫支材料、工资与生活费”[②]。劳动者的收入（即工资），总是少于他们生产的全部产品的价值，这完全是因为，他们既无资本又无土地，所以“需要雇主”[③]等等。斯密在论述基本经济过程时这样重视生产关系，是很自然的，因为他的主要目的之一，在于分析当时社会里显然正在发生的生产关系变化的影响。我在这里所以要强调这一点，是由于古典学派以后的正统派经济学倾向于抽象掉这些关系，并把这些关系说成是与分析的目的无关，我们以后将会看到，这便是它的基本特征。

第三节　《国民财富的性质和原因的研究》中的价值学说

(1)价值的“真实尺度”

斯密在《国民财富的性质和原因的研究》中关于价值的讨论，

① 亚当·斯密：《国民财富的性质和原因的研究》第1卷，第50页。

② 同上书第1卷，第67页。

③ 斯密还强调过这个事实，就是，当雇主“和他们的工人发生争议时，一般总是雇主占便宜”。他写道：雇主们“无论何时何地都有一种默契，保持经常一致的团结，不使工资超过它的实际标准”。（同上书第1卷，第68—69页。）

自然是从社会分工的讨论开始的。他写道：

> “一旦劳动分工完全确立起来后，每个人就只有极小一部分的欲望能由自己的劳动产品来满足。而绝大部分欲望的满足，要靠自己的劳动产品用于自己消费后的剩余，拿去交换自己所需要的别人劳动的产品。所以，每个人都是靠交换而生活，在某种程度上也可以说，每个人都变成了商人，而整个社会当然也就成为一个商业社会了。”①

《国民财富的性质和原因的研究》里关于“货币的起源及其用途”一章，就是从上边一段话开始的。下边就是那有名的一章，题为《论商品的真实价格与名义价格或其劳动价格与货币价格》，这一章一开始也讲的是社会内部的分工。

分工是斯密早就注意到的问题。所谓《早年手稿》和司考特教授所发现的两篇更早的遗稿②，都是以分工作为主要的论题。斯密使用“分工”一词，一般是包括社会内部的分工和企业内部的分工，虽然在某些地方他对这两种分工也曾加以区别。例如他说：“农业的性质，不容许像手工制造业那样进行那么细的分工，也不

---

① 亚当·斯密：《国民财富的性质和原因的研究》第1卷，第24页；又参考斯密著《道德情操论》中的一段（D. 斯图亚特：《全集》第1卷，第145—146页）：“人类社会全体成员需要互相帮助，但同时也能互相危害。凡由于爱情、感恩、友谊与尊敬关系而互相提供必要的帮助时，社会就会繁荣幸福。社会上所有各个成员通过爱情与感情而团结一致，由于互相效劳而抱有共同的目标。但即使社会各个成员刻薄寡恩，自私自利，既不能守望相助，又不能相亲相爱，这样的社会固然不如前者之幸福，也不如前者之可亲，然并不因此即土崩瓦解。尽管人们像商人那样并不相亲相爱，一个社会只靠其本身的功用，还是可以生存下去；尽管人们相互间并无感恩图报的情形，还是可以根据共同的估价标准，单独依靠经济交换行为，维持一个社会的生存。”

② 司考特：《求学与教授时期的亚当·斯密》，第379—385页。

容许一种行业同另一种行业实行那么彻底的分离。”[①]在《国民财富的性质和原因的研究》第一章中，他首先考察“某些特定制造业”的分工状况，来说明他所谓的“社会一般业务分工”的影响。他接着说，人们通常以为分工最彻底的是极不重要的制造业（如同那有名的制针厂所采取的）。可是，在斯密看来，这种设想只不过是一种观察的错觉而已。在一些“大制造业中”，实际上工作“比那些较不重要的制造业分得更多更细”，只因雇用的工人太多，“不可能将他们全都集中在一个工厂里”，因而分工“更不为人所知”[②]。正如马克思所指出的，在这里，斯密实际上认为“社会内部分工和制造业内部分工的区别，只是主观性质”。事实上，这两种分工之间虽有许多类似处和关联处，但两者在本质上是不同的。例如把染布业者、纺纱业者和织布业者这三种人的独立的劳动联系在一起的，是“他们各自的生产物都是当作商品存在的事实”，而制造业内部分工的特征是“部分劳动者不生产商品”[③]。《国民财富的性质和原因的研究》的第二章和第三章，是分别论述“产生分工的原理”以及分工和“市场范围”的关系，这里斯密几乎集中在社会内部的分工问题，然后他从这种分析转到价值的讨论。在任何一个文明社会中，每个劳动者都是为其他劳动者而工作，并且是互相依赖的。照斯密的说法，“别人所需的物品，他能予以充分供给；他自身所

① 司考特：《求学与教授时期的亚当·斯密》，第329—330页。

② 亚当·斯密：《国民财富的性质和原因的研究》第1卷，第5—6页。曼迪维尔也曾用某一特定制造业的例子（他举的是钟表业），来说明分工的一般影响（见《蜜蜂寓言》第2卷，第284页。）

③ 马克思：《资本论》第1卷，人民出版社1958年版，第427—428页。

需，别人亦能予以充分供给”。[①] 在这种情形下，占有劳动所生产的有用物品，通常使其所有者具有“购买其他货物的能力”，或者说，这一物品取得了交换价值。斯密的论证意味着，它所以取得交换价值，由于它是社会上一个人或一群人的劳动的生产物，个人劳动产品的相互交换构成社会的特征，并保证社会的存在。商品的交换实质上是社会活动的交换。表现在交换行为上的商品价值关系，实质上反映出作为生产者的人们之间的关系。正如马克思后来所说的，价值是一种社会关系。

《国民财富的性质和原因的研究》所讲的这一切，从马克思的《资本论》的卓越成就来看，不难一目了然。但这不等于说，《国民财富的性质和原因的研究》里实际上并不含有这种论点。我认为，斯密确实打算把价值看作是赋予商品的一种属性，因为商品乃是社会劳动的产物。在这个意义上，也只有在这个意义上，斯密才把劳动看成是价值的“源泉”或“原因”。

可是，价值原理的本质，在于它必须具有量的性质，换句话说，价值原理不仅使我们能够说明为什么一宗商品具有“购买其他货物的能力”，而且还能够说明它为什么具有那么多的购买能力。[②] 倘使我们只是说，商品具有价值，因为它是社会劳动的产物，那么我们还不曾得出一条量的价值原理，能以完成它应担负的一切任务。我们只是说明商品具有交换其他商品的能力的根源；然而我

① 亚当·斯密：《国民财富的性质和原因的研究》第 1 卷，第 13 页。

② 只有少数经济思想史学者能辨别出，这两件事“严格地讲不是完全一样的”，熊彼特是其中之一（《经济分析史》，第 590 页）。但是他好像没有认识到，这对于阐释斯密的价值学说是多么重要。

们还需要进一步解释,它的交换能力大小是怎样决定的。

自然,如果我们决定认为生产商品所花费的劳动不但是它的价值的来源,而且是构成它的价值的实体,从而把商品看作是一定量"凝结的"或"结晶的"交换能力,那么,我们就更接近了问题的解决。这样我们可以得出结论说,一宗商品不仅因为它是社会劳动的生产物所以具有价值,而且因为它是社会劳动的生产物所以具有那么多的价值。我们也可说,商品的交换能力大小是同生产它时所花费的社会劳动数量成正比例的。换句话说,我们能从商品自身的生产条件找出它的交换能力的决定要素,用不着再向别处去探索了。

不过,斯密通常并不是这样来看待这个问题的。他认为商品所以具有价值是由于生产时花费了社会劳动,这确实是不错的。但他没有把劳动看作是构成商品价值的实体。在他看来,商品是社会劳动的生产物,只决定了它具有价值,却没有决定它必然具有那么多的价值。他认为,要知道商品价值大小是怎样决定的,就得先寻求一个衡量价值的尺度。照他的意见,商品价值的尺度不能从他的生产条件来确定。价值尺度绝不能从商品的生产条件里边求得,而必须从它的交换条件里边求得。正如同我们要衡量一块磁铁的吸引力量,不是去研究它受磁的多少,而是去称量它实际上能够吸引的物体的重量。斯密讲道,一宗商品的交换价值的"真实尺度",必须由它通常在市场上购买其他货物的实际能力来确定。商品价值的"真实尺度"这样确定之后,我们才可以进一步去探讨最后一个问题,也就是价值到底是什么决定的问题。

在一个以劳动分工为特征的社会里，商品的交换实质上就是社会劳动的交换。这是一个简单的抽象，斯密就是以这个简单的抽象作为出发点。人们可能这样想，斯密也许由此得出结论说，商品价值的“真实尺度”是这一商品在市场上所能交换的其他货物所包含的劳动量。可是事实上他的结论是，商品价值的“真实尺度”是这一商品在市场上所能换得的劳动量。[①] 斯密决定以所能支配的劳动量、而不是以所能支配的商品所包含的劳动量作为价值的“真实尺度”，这正是他的价值学说里大多数困难产生的根源。

斯密要探求的自然是关于价值的“真实尺度”的一个抽象概括，它可应用于一切社会的一切商品交换。马克思曾经指出，斯密所描绘的最发达、最复杂的社会特别容易产生抽象的范畴，它不仅可以表述这个社会的生产条件，“同时对于一切已经毁灭了的社会形态

① 在这里，根本问题是：当你在市场上卖出一宗商品并用卖得款项去购买其他物品的时候，你实际上是用劳动去交换劳动，因而无妨说，对你来讲，你的商品的“真实所值”或“真实价值”可以用你在交换中所能支配的“劳动”量去衡量。但是你用出卖商品所得价款去购买的“其他物品”，可能是一定数量劳动的现在服务，也可能是过去花费的一定数量劳动所生产出来的另一种商品。斯密知道得很清楚，这两个数量的劳动不一定相等。事实上，只有在自己占有生产资料的独立小生产者进行生产的社会里，这两个数量的劳动才是相等的。既然如此，如果你要衡量你的商品的“真实价值”（也就是你能够支配的“劳动”量），你是按照你用卖货所得价款能够雇用的现在劳动量来衡量呢？还是按照你用这些货款能够购买的其他商品所包含的过去劳动量来衡量呢？在我看来，你要是像斯密那样从这种观点开始你的价值分析的话，这就是，各种商品的交换实质上就是它们所包含的不同劳动的交换，那么依照逻辑，你应当采取上述两种选择中的第二种。可是斯密由于种种原因，却采取了第一种，关于这一点，我打算在下边加以论断。

的结构和生产关系提供了透彻理解的可能性”。[1] 社会内部分工的概念是一个很好的例子。然而马克思又着重指出，这些最抽象的范畴“虽然……适用于一切时代，但是，就抽象性这个规定的本身而论，它们同样是历史关系的产物，它们的完全适用性，仅限于对这些关系并在这些关系之内”。[2] 况且某一些抽象，从表面看，好像完全适用于一切时代，实际上，它们既然是一定社会的特殊产物，那么，要把它们应用于早期社会形态的任何企图，一定会造成错误和混乱。“利润”的范畴就是一个例子。据我看来，把所能支配的劳动当作价值的“真实尺度”这一概念，又是一个例子。它具有产生它的那个社会(资本主义社会)的显著特征，在那里，劳动力变成了商品。只有在这样的社会里，人们才会把商品的“真实所值”同它购买**劳动本身**的能力联系在一起，而同它购买劳动**产品**的能力区别开来。

斯密也许是从相当发达的资本主义社会所特有的基本经济过程这个角度着手考察价值问题的。我们已经看到，他特别注意资本主义积累过程的分析。他相信，只有从资本家在连续的生产时期雇用“生产的”工资劳动者这方面来考察，才能正确理解这个过程。在前一生产时期，一个资本家雇用一定数目的劳动者，从事生产他认为社会需要的商品。结果商品生产出来并拿到市场上去出售，通常售价不仅足够补偿工资开支及原料费用等，而且还提供一种“自然”利润和“自然”地租。这样，假设在这种“自然”价格的实现过程中不发生任何障碍，在工资率方面也没有多大增长，那么，

① 马克思:《政治经济学批判》，人民出版社 1957 年版，第 167 页。

② 同上。

资本家在下一生产时期就能够雇用比前一时期更多的“生产的”劳动者。他雇用工人总数的可能增加额，可以作为他（和他的地主）在这个新的生产时期内能够积累的尺度。凡适用于个别资本家的，自然也适用于整个国家。

斯密显然已经知道，为了正确地分析这一过程，需要一条价值原理，来将有关的种种物质产品，化为共同的因素，从而使生产中进货与出货间不断出现的差额能够具有量的意义。一个人如果这样看待资本积累过程并且像我上面所讲的那样去考察价值的一般问题，那么他一定马上想到价值的可能的“真实尺度”。从一个资本家雇主的观点来看，他生产商品不是为了自己消费，也不是为了交换他所需要的生活用品，而是希望商品卖掉后赚得利润并积累资本。[①] 这些商品的“真实价值”的最适当尺度，好像是资本家在下一生产时期用卖货的钱所能购买的劳动量。商品所能支配的劳动量愈大，资本家能够增雇的劳动人数越多，他能够积累的数额也越大。因此，在资本家看来，“劳动”似乎就是商品价值的“真实尺度”——假设我们这里所说的“劳动”，系指资本家用卖货的钱在市场上可以雇用的劳动人数[②]。

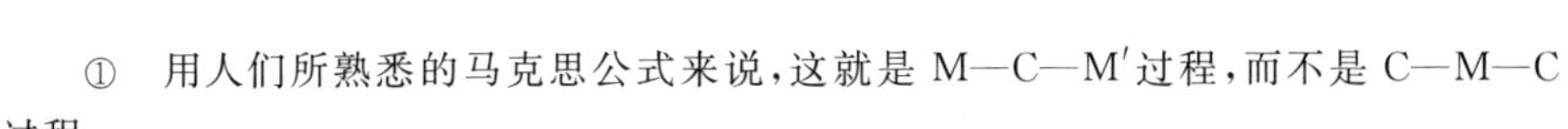

① 用人们所熟悉的马克思公式来说，这就是 M—C—M′过程，而不是 C—M—C 过程。

② 如果事实上商品与劳动相交换的比例增大，而不是与其他商品相交换的比例增大，这大致是说，资本主义商品生产越来越代替了独立的小生产者的商品生产，劳动力越来越多地变成了商品，那么这样的概念显然就更合理了。这当然不等于说，斯密用这个概念作为他的“真实尺度”的基础，就是正确的。其实，他使用这一概念也不免于批评，就像李嘉图遭到马克思的批评一样。马克思批评李嘉图说：“在他只要说明价值，从而只要说明商品自体的地方，居然把……一切由比较发展的资本主义生产关系出来的前提，引进来。”（见马克思：《剩余价值学说史》第 2 卷，三联书店 1957 年版，第 58 页。）

斯密认为，这样的价值尺度就可以把生产中的进货与出货化为一个共同的因素（“劳动”），从而揭示出两者间价值的数量差额，这一差额似可用作衡量资本主义生产过程中提供的剩余或“纯收益”的一个尺度。一国产品所能购买或支配的劳动量（即这些产品的价值），一般总是大于生产这些商品所需要的劳动量（即这些产品的成本），这两个劳动量间的差额，就是这个社会在下一生产时期所能积累的数量的尺度。[①]

所以从概念的来由看，斯密把所能支配的劳动作为商品价值的“真实尺度”，这大部分是由于他着重分析资本主义积累这个特殊问题而产生的。可是，在《国民财富的性质和原因的研究》里，这个概念是当作适用于一切社会的一般形式来表述的，只要那里的社会分工“是充分发达的”。我认为，斯密关于“真实尺度”的说法，主要是企图把这一基本概念一般化，除非我们领会这一点，否则无法正确理解斯密的价值学说。这个一般化过程分成两个主要步骤。第一，斯密抽象掉经济组织的一切特殊形态，然后试图表明，在以分工为特征的社会中（不仅是资本主义社会），一宗商品的“真实所值”或“真实价值”，对其所有人来说，决定于他所能支配的其他人的劳动量：

> “一个人的贫富，要看他享有人生必需品、安适品和娱乐品的多少。可是一旦分工充分发达以后，一个人自己的劳动只能供应这些东西当中的极小一部分。绝大部分须仰给于别人的劳动，所以他是贫是富，就要看他所能支配或购买的其他

---

① 亚当·斯密：《国民财富的性质和原因的研究》第1卷，第56页。

人的劳动量。因此,任何一宗商品的价值,对于占有、但不想使用或消费之、而想以之交换其他商品的人来说,等于他用该商品所能购买或支配的劳动量。劳动是一切商品的交换价值的真实尺度。"①

第二,他试图用概括的说法来阐释上述商品的成本与其"真实所值"或"真实价值"间的基本区别,以便它能应用于任何社会(不仅是资本主义社会)生产出来的商品:

"任何东西的真实价格,即任何东西对于要获得它的人的真正费用,等于取得此物的辛苦勤劳。任何东西对于已获得它并且要用它交换其他物品的人来说,它的真实所值等于他自己能够节省而转嫁给别人的辛苦勤劳。"②

斯密接着说,他所提出的尺度就下述意义讲实际上就是真实的尺度,这就是,它透过货币的外罩来观察隐蔽在交换外部现象里面的某种基本社会关系:

"用货币或货物购得的东西,也就是用劳动购买的,正如同靠我们本身的劳苦取得的一样。这些货币或货物包含着一定数量劳动的价值,我们用来交换当时认为含有同等价值的

---

① 亚当·斯密:《国民财富的性质和原因的研究》第1卷,第32页。

② 同上书第1卷,第32页。引文的重点自然是我加的。这段话有很多争论,这些重点足以表明我所认为的正确解释。斯密把"自己能够节省的"劳动量同"能够转嫁给别人的"劳动量混为一谈,这里边的假定有必要加以澄清,因为这一点曾经引起一些评论(参看坎南:《经济学说史》,第165页)。假设商品的所有者决定将它卖出去,他用所得价款能够雇用二十天的劳动。这便是他的商品能够"转嫁给别人的"劳动量。在这二十天中,他所雇用的劳动者能为他生产五十双鞋。于是斯密就简单地假定:如果他必须自己去做这五十双鞋的话,他也得花二十天的时间,同劳动者花费的时间是一样的。因此他的商品能够"转嫁给别人"从而"为自己节省"二十天的劳动。

东西。劳动是第一价格，是原始的购买货币，用来支付一切物品的代价。世界上一切财富，原来都是用劳动而不是用金银购买的。它的价值，对于占有之但愿以之交换新物品的人说来，恰等于它所能购买或支配的劳动量。”①

最后，显然因为“商品本身的价值不断地在变动，它绝不能作为其他商品价值的准确尺度”，所以斯密竭力表明，“劳动”具有不变的性质。为了表明这一点，他不得不争辩说，假设一般付给劳动者作为一定数量劳动代价的商品数量，偶尔改变了，实际上改变的是那些商品的价值，而不是劳动的价值。他写道：

“同等数量的劳动，无论在什么时候，什么地方，对于劳动者都有同等的价值。在通常的健康、体力和精力情形之下，在通常的技巧和熟练程度之下，劳动者必须牺牲同量的安适、自由和幸福。不论他所得的酬劳品数量多少，他所支付的代价总归是一样的。他的劳动，有时能购得多量货物，有时只能购得少量货物；但这是货物价值发生变动，而不是购买货物的劳动价值发生变动。……所以，只有劳动本身的价值绝不变动，只有劳动是根本的、真实的标准，可以随时随地较量一切商品的价值。劳动是商品的真实价格；货币只是商品的名义价格。”②

① 亚当·斯密：《国民财富的性质和原因的研究》第 1 卷，第 32—33 页；又参看休谟：《论文集》(1889 年)第 1 卷，第 293 页。

② 同上书第 1 卷，第 35 页。

(2)价值的"调节器"

斯密选定所能支配的劳动作为交换价值的"真实尺度"之后，接着在下一章就转向他所谓价值的"调节"问题。商品的"真实价值"是由它所能支配的劳动量来衡量的。但是，这一"真实价值"是怎样"调节"的呢？换句话说，什么东西决定商品恰恰能够支配那么多的劳动量，不多也不少？

我已经说过，斯密认为，一宗商品之所以有价值，因为它是社会劳动的生产物。那么，用于生产商品的社会劳动量，究竟在多大程度上决定这一商品所能购买或支配的劳动量呢？这是斯密提出的头一个问题。他讲得很对，一宗商品所能购买或支配的劳动量(从而它的价值)的大小，依生产该商品所必需的劳动量的大小而定。例如他说：

> "因为把那些金属从矿山运到市场所需要的劳动已较少，所以那些金属上市后所能购买或支配的劳动也比较少。"①
>
> "在一个土地天然肥沃而绝大部分区域又全未开发的国家里，牲畜、家禽、各种猎获品等等，都不难用很少量劳动来获得，所以它们能够购买或支配的劳动，遂极为有限。它们出卖的货币价格低，那不是证明银子的真实价值很高，而是证明那些商品的真实价值很低。"②
>
> "考虑到这些情况以后，或许多少可以说明，为什么粗的

---

① 亚当·斯密：《国民财富的性质和原因的研究》第1卷，第34页。
② 同上书第1卷，第246页。

或细的毛织品的真实价格，在古代要比现在高得那样多。在古代，把这些东西送到市场，须耗费较大量的劳动，所以上市后，必须交换多量劳动价格。”①

但是，在斯密看来，这还不够使物化劳动成为价值的“调节器”。他在研究这种“调节器”时要探讨的，是“产生〔商品〕交换规律的那种条件”②。如果在这样严格的意义上，物化劳动被认作是交换价值的“调节器”，那就要表明，所能支酬的劳动量不仅是在同一方向依物化的劳动量而变动，而且这两个劳动量总是恰恰相等的。所以斯密接着就提出一个问题：这在事实上是否能够得到证明，首先是在“资本积累和土地私有权发生前的初期蒙昧社会”，这里，“劳动的全部产品都属于劳动者”。③ 的确，在这种情形下，物化的劳动量势必等于所能支配的劳动量。于是“通常用来生产或获取一宗商品的劳动量”，就是“唯一的条件，它决定着这一商品通常应可购得、支配或交换的劳动量”。在这样的社会里：

“获取各种物品所必要的各种劳动量间的比例，就是制约各种物品相互交换的唯一条件。例如，狩猎民族捕杀海狸一头所需的劳动，若二倍于捕杀野鹿一头所需的劳动，那么海狸一头当然要换野鹿二头，或值野鹿二头。通例，两天劳动生产物的价值，当然二倍于一天劳动生产物的价值，二小时劳动生产物的价值，当然二倍于一小时劳动生产物的价值。”④

① 亚当·斯密：《国民财富的性质和原因的研究》第1卷，第186—187页。

② 同上书第1卷，第49页。

③ 同上。

④ 同上书第1卷，第49—50页。

举个例子,假设捕杀一头野鹿需要一天劳动,并假设当前市场交换率是一头海狸等于二头野鹿。在这种情况下,若捕杀一头海狸需要两天多的时间,对捕海狸的猎户来说,按照当前价格去和野鹿交换显然是不上算的。这样,很可能捕海狸的猎户转业去捕野鹿,人们的转业将一直继续到价格比例大致相等于物化劳动的比例时为止。

斯密接着说,但是在今天我们所研究的社会里,生产通常不是由海狸和野鹿猎户那样的独立小生产者进行的,而是由非独立的劳动者在资本家雇主指挥之下进行的。这里,劳动的生产物不再全部属于劳动者了。“一旦在某些特殊人的手里积累了资本,他们自然要利用它来迫使勤劳的人们替自己作工,供给这些人以原料和生活资料,以便从出卖劳动生产物或劳动在原料价值上的附加物来赚取利润”。[①] 在这种情形下,商品的卖价显然不仅要足够抵偿劳动者的工资和原料的成本,而且还应当包括有资本家的利润。一旦劳动者不得不放弃他的这一部分劳动成果给资本家,那么生产商品所需要的劳动量就不再等于它所能购买或支配的劳动量了。

> “在这种情形下,劳动的全部产品不单属于劳动者了。他们大都须和雇用他们的资本家分享。于是,通常用来获取或生产一宗商品的劳动量,也不再是制约这一商品通常应可购买、支配或交换的劳动量的唯一条件了。显然还要添上一个追加量,作为垫付工资和供给原料的资本家的利润。”[②]

① 亚当·斯密:《国民财富的性质和原因的研究》第1卷,第50页。

② 同上书第1卷,第51页。

同样，“任何一国的土地一旦都变成私有财产时”，地主“甚至对于土地的自然生产物也要求地租”，因而劳动者又要放弃一部分劳动产品。“这一部分，或者说，这一部分的代价，就是土地的地租，它在大多数商品的价格中是第三个构成部分”。[①] 于是斯密认为，在现代社会中，价值的“调节器”不再是商品的物化劳动了；价值的“调节器”应当从工资、利润和地租的均衡水平的决定情形中去寻求，商品的“自然价格”就是由这三部分构成的。斯密对这个问题的探讨似乎是根据一个假定，就是，自然价格的构成部分可以合理地看作是价值的独立决定因素。总之，看来这是对于他的这一说法之唯一可能的解释，他说：工资、利润和地租是“一切交换价值的……三个本源”。[②]

(3)效用和需求的作用

斯密在下面有名的一段话里，为古典学派关于使用价值和交换价值的根本区别打下了基础。他说：

> “应当看到，价值一词，有二种不同的意义：它有时表示特定物品的效用，有时又表示因占有其物而取得的对于其他货物的购买力。前者叫做‘使用价值’，后者叫做‘交换价值’。使用价值极大的东西，其交换价值往往很小，甚至没有。相反

① 亚当·斯密：《国民财富的性质和原因的研究》第1卷，第51页。

② 同上书第1卷，第54页。由此看来，某一些评论家的意见是不正确的，他们认为，斯密想用“所能支配的劳动”这一尺度来代替物化劳动这一调节器。其实斯密只是说：在古代社会里，物化的劳动量决定所能支配的劳动量（从而决定价值）；在现代社会里，自然价格的构成部分决定所能支配的劳动量。斯密显然想把“所能支配的劳动量”这一尺度应用于古代社会，也应用于现代社会。

> 的，交换价值极大的东西，其使用价值往往很小，甚至没有。水的用途最大，但是它几乎买不到任何东西，也不会有任何东西拿来与水交换。另一方面，金刚钻几乎没有什么使用价值，却往往要用大量的其他货物才能与之交换。”①

在这个水和金刚钻的例证中，斯密关于“使用价值”这个概念的含义，同赫契森所说的基本相同。赫契森说，“商业中的价值或价格，根本不是决定于货物的真实用途或它对于维持生活或人生自然乐趣的重要性”。商品的用处是按照“正常需要”的抽象标准来衡量的，根据这一标准，像金刚钻等昂贵的货物，就评价很低，像水这样的自然财货，就评价很高。在这种意义上的使用价值，显然不是交换价值的必要条件，更说不上是它的决定因素了。

我们现在比较熟悉的“使用价值”概念，是根据商品满足人类欲望或需要（不管是不是正常的）的能力来衡量它的用处。在这种意义上的使用价值，就是交换价值的必要条件：一宗商品要具有“购买其他货物的能力”，显然必须具有满足某些人的欲望的能力。此外，需要这种货物的人，当然要能够或愿意支付它的代价。这是十分明白的事情，斯密讲道：

> “任一特定商品的市场价格，决定于实际上市的数量和愿意支付这一商品自然价格的人们的需求间的比例。那些愿支付商品自然价格的人们，即愿支付商品上市所必须支付的地租、劳动和利润的全部价值的人们，可以叫做有效需求者，他

① 亚当·斯密：《国民财富的性质和原因的研究》第1卷，第30页。

们的需求可以叫做有效需求；因为这种需求足够有效地使得商品上市。这与绝对需求不同。一个极贫穷的人在某种意义上也可以说需要一辆六辔马车；他也许想要一辆，但是他的需求不能说是有效需求，因为绝不会有商品为了满足他的需要而运往市场。”①

讲明这一点后，斯密就打住了。他在格拉斯哥关于“贱与多”的讲演，实际上是从消费论开始的，可是经过深思熟虑以后，他似乎得出这样的结论：深入考察人们对于所买物品的心理态度，更适合于道德情操论的研究，而不适合于国民财富的性质和原因的研究。

有时人们认为，斯密若注意到价值的边际效用学说，他会感到高兴的，以便把它作为解决水与金刚钻的例证中所谓“价值矛盾”的基础。但是，我们除了不能证明，斯密曾把“使用价值”和“交换价值”的表面差异看作是需要解决的矛盾以外，也不能过分强调这一点，即凡从效用和需求方面（其反面为成本和供给）探讨价值的决定问题，必定被斯密认为是同《国民财富的性质和原因的研究》的一般观点完全不相容的。斯密讲得很清楚，在他看来，需求对交换价值的决定并无直接关系。他当然也承认，需求对经济生活确有很大的影响，他并且从三方面来描述它的影响。第一，需求的范围制约着分工的范围。② 第二，消费者的需求，决定着每一商品的

① 亚当·斯密：《国民财富的性质和原因的研究》第1卷，第58页。

② 同上书第1卷，第19—23页。

生产量，也就是决定着社会总劳动量在不同生产部门间的经常分配。[①] 第三，有效需求（与现有供给相结合）决定着每一商品的市场价格，从而决定市场价格和自然价格间可能产生的差距。可是，斯密坚决认为，自然价格（不同于市场价格）的水平不受有效需求变动的影响。如果某一商品的有效需求增加了，那么它的市场价格将会高于它的自然价格。但在没有垄断或国家干涉的情形下，市场价格的上涨，将吸引新的资源投入这一生产部门（主要通过它对利润的影响），结果由于产量增加，市场价格终于要回到自然价格的水平。先前有效需求的增加，一定会引起商品产量的增长，但商品的自然价格却不会发生变化（设其他条件不变，并且依据古典学派的通常假定，整个工业的报酬不随其规模的增减而改变）[②]。因为需求同自然价格的决定没有直接关系（自然价格是价值的货币表现），所以同价值本身的决定也没有直接关系。[③] 有人认为，斯密曾经明白地表述了这种思想，即产量决定于劳动在各生产部门间的分配（从而决定于需求），以及价值决定于劳动生产力。这是一种错误的看法。可是，斯密至少能够而且应当看作是这一思想的最重要先驱者之一，这一点，人们已经讲得不少了。

---

① 亚当·斯密：《国民财富的性质和原因的研究》第 1 卷，第 402 页："在各个国家中，人类勤劳所能购买或生产的各种商品，自然都决定于有效需求，也就是决定于愿支付地租、劳动和利润全部价值的人们的需求，这些价值必须支付，才能生产商品并使之上市。又参看第 1 卷，第 60 页和 117 页。"

② 这一假定后来被马歇尔、庇古和其他新古典学派经济学家放弃了，但在我们这个时代，它在一定程度上又被人们重新采用。可参考斯拉法发表在《经济季刊》1926 年 12 月号的一篇著名文章，并参考 E. 张伯伦：《垄断竞争理论》，第 85—87 页。

③ 不过斯密的确讲过：对劳动、土地和资本的需求，在决定工资、地租和利润的均衡水准方面起着重要作用，这三者是自然价格的构成部分。

(4)熟练劳动化为简单劳动问题

要用劳动时间作为相对"价值"的标准,应先把不同种类或等级的劳动进行适当的换算,这个想法自然是在《国民财富的性质和原因的研究》以前早就有了。例如在圣典学者的体系里,就时常以为直接生产者的社会地位,他的技能和劳动强度,在决定他的生产物的"公平价格"时,有很大关系。随着资本主义的发展,社会地位问题愈来愈不重要了,虽然到了十八世纪,斯密的一些前辈还认为,一宗商品的价格在某种程度上往往依其直接生产者的地位而变化。例如赫契森便说过:

> 商品价值"也由于那些供应货物或工艺品的人们的崇高地位而提高,根据一国的习惯,他们必须享有这样崇高的地位。能够过着这样优越生活的人,同过着普通生活的人比起来,自然要少些。可是他们的崇高地位和巨额开销应靠他们的货物和服务的较高价格来维持。"①

不过,等到依靠利润为生和依靠工资为生的两个基本阶级一旦划分以后,后一阶级内部的"地位"不同,除了单纯反映各个人的技术差别以外,对价格的决定就没有多大关系了。

以往从事生产的广大阶层内部的其他"地位"差别,大都归结为资本家阶级和工资劳动者阶级间的基本社会差别。一般说来,一旦劳动力变成了商品,并在适当竞争的条件下出卖,那么,在价

① 赫契森:《道德哲学体系》第2卷,第55页。

值问题上真正需要考虑的劳动质量的差别，就只有熟练程度和劳动强度方面了。

虽然如此，只要劳动的熟练程度和强度不同，评定商品的相对价值毕竟还是相当困难的问题。斯密在价值尺度这一章的开头，首先就讨论到这个问题：

> “要确定两个不同劳动量的比例，时常感到困难。两种不同工作所花费的时间，往往不能单独决定那个比例。操作的困难程度和技能的高低不等，都必须估计在内。一小时的艰苦工作比起二小时的轻易工作来，可以包含更多的劳动；需要十年学习的工作一小时，比起普通的简单工作一个月，也可包含更多的劳动。但是，困难程度和技能高低，都不易找到准确的尺度。不同劳动的不同生产物相互进行交换时，一般对于上述两种情形，又不得不有相当的斟酌。然而调节这种交换的，不是任何准确的尺度，而是市场上环绕等价交换所进行的讨价还价。这种约略的等价虽不很准确，但对日常交易的进行来说是足够的了。”①

他在下面一章讨论“早期的蒙昧社会”中价值的决定问题时，又回到这个问题上来：

> “假设一种劳动比他种劳动更繁重些，我们对于这种艰苦情形自然要加以斟酌；一小时艰苦劳动的生产物，往往可以交换二小时轻便劳动的生产物。”

> “假设一种劳动需要特别的技巧和才能，人们对于这种技

① 亚当·斯密：《国民财富的性质和原因的研究》第1卷，第33页。

能的重视，自然要使他们的生产物的价值高于按一般劳动时间计算的价值。这种技能的获得，往往是由于长期的经验，因而他们生产物的较高价值，只不过是对学习技能所必需花费的时间和劳动给以合理的报酬罢了。在进步的社会里，对于特别艰苦和需要特别技巧的劳动，都是在工资里边进行这种补偿的；在早期蒙昧时代，大概也有过类似的补偿情形。”①

斯密在这几段话里无疑地有用词不当之处，但整个说来，他的论证并不真像有些人所指责的那样，是一种循环论证。斯密并没有主张，在理论上熟练劳动化为简单劳动，或劳动强度高的化为劳动强度低的，应当依据劳动者在市场上实际得到的报酬来计算。他只是说：(1)在理论上必须进行换算；(2)在实际上换算“不是根据准确的尺度，而是市场上的讨价还价”。斯密无意于详细论述理论上的换算方法，他不过提出一些线索，如果他认为这个问题相当重要，必须进一步分析的话，他可能根据这些线索来进行(至少是关于熟练劳动化为简单劳动的问题)②。他也许会强调，在大多数

① 亚当·斯密：《国民财富的性质和原因的研究》第1卷，第49页。

② 这是斯密比较重视的问题。把劳动强度高的化为劳动强度低的，比较把熟练劳动化为简单劳动容易解决得多。首先，一国各种行业间平均劳动强度的差别，不像一般熟练程度的差别那样大；而遇有这种差别时，在一定程度上似乎可以按照斯密在《国民财富的性质和原因的研究》第10章中分析工资差别时所考虑的一些情况予以补偿。还有一些劳动强度的不同或者可以这样处理(如果需要做得那样细致的话)，就是把某一行业中的一个普通工人调到另一行业，让他在那里仍照原来的强度去工作。于是劳动强度高的化为劳动强度低的，就可以根据相对的物质生产力的简单比较计算出来。若考虑到不同国家的一般劳动强度的差别，这个问题就显得更加重要了。参看马克思：《资本论》第1卷，人民出版社1958年版，第13章，Ⅲ(特别是第497页脚注)，C；Ⅳ。

情形下，技巧上的差别几乎都是由于教育和训练方面的差别。他认为，多数的技巧和才能都不是天生的，而是学来的：

> "人们天赋资质的差异，实际上并不像我们所想象的那么大。人们到了壮年，分别选择不同的职业，好像是由于不同的天资，但在多数场合，人们天资的差异，与其说是分工的原因，倒不如说是分工的结果。例如两个性格极不相同的人，一个是哲学家，一个是街上的普通挑夫，他们间的差异，主要是由于习惯、风俗和教育，而不是由于天性。"①

既然如此，由于天才关系的特殊技巧，是比较罕见的，这种情形可以略而不论。因而熟练劳动化为简单劳动，可以简单地参照训练时的劳动费用。这好像就是斯密的想法。他在上面一段引文里说，具有高超技能的人们的生产物价值较高，"只不过是对学习技能所必需花费的时间和劳动给以合理的报酬罢了"。②

第四节　斯密在价值学说史上的地位

假如我们对斯密的价值学说的解释是正确的话，那么，他的学说同现代一些价值学说就很少有共同之处，现代价值学说主要是从需求方面来探讨这个问题的。斯密的价值学说，必须作为成本

---

① 亚当·斯密：《国民财富的性质和原因的研究》第1卷，第17页。参考第108—109页关于歌剧演员等的天才问题的讨论；又参看第124—125页。

② 同上书第1卷，第103页中的一段，在那里，斯密比较了对贵重机器的投资同对教育的投资。

价值论来估计它在价值学说史上的地位。[①] 这一类的学说显然有一些重大的缺点，而这些缺点产生的根源，完全由于斯密采取所能支配的劳动作为价值的“真实尺度”。

第一，斯密的“真实尺度”把不必要的二重论法搞到价值学说里面来。一个论法是用于出货的价值，另一个论法是用于进货的价值。出货的价值是用它所能购买或支配的劳动量计算的；而进货的价值实际上是用生产这一货物所必需的劳动量计算的。我们已经看到，斯密把这两个劳动量间的差额当作资本可能积累的适当尺度。其实，另有一个更好的方法可以把进货与出货归结为“劳动”，从而揭露出生产过程中的价值增殖。那就是马克思的方法（在某种程度上也是李嘉图的方法）。根据这个方法，出货的价值是用生产这一货物所必需的劳动总量来计算，而进货的价值则用生产资本财、原料所必需的劳动量以及在生产中所耗费的劳动来计算。当然，我们可以合理地说，如果马克思不曾看到斯密（和李嘉图）的著作并从他们的错误中吸取教训，他也许不会找到这个方法。

第二，我们已经看到，斯密的学说要求我们把劳动的价值说成是不变的，因而一宗商品所能支配的劳动量的变动，总归是由于那一商品的价值的变化，即使商品的生产条件毫无改变，只有当前的工资率不同了。没有人真正会对这个说法表示同意。李嘉图曾经

① 我所用的“成本价值论”这个名词，包括任何学说，只要它是从“成本”（包括利润在内）的角度去考察商品价格问题，要使生产者认为生产值得继续进行的话，这些成本就得算在商品价格以内。有些“成本价值论”只是说，商品的均衡价格决定于生产成本；还有一些进一步探讨了生产成本的根本决定因素。

指出:说劳动“本身的价值绝不改变”,这至少也是一种奇怪的说法。事实上,劳动的价值是会改变的,“它不仅像所有其他物品一样受供求比例的影响,这一比例是紧随社会情况而改变的,它还受劳动工资用来购买的食品及其他生活必需品价格变动的影响”。[①]

第三,斯密的学说要求我们把生产物的价值说成是随其分配的变动而改变,即一方面分配为工资和另一方面分配为利润与地租,而不问它的生产条件有无变化。我们知道,这是斯密学说中最遭李嘉图反对的一点。[②] 假设在斯密所说的“早期蒙昧社会”里(那时劳动还不曾变为工资劳动),一种商品需要十小时生产出来。那么它所能购买或支配的劳动量也是十小时。又假设现在资本积累起来了,土地变成私有了,可是那种商品仍旧需要十小时生产出来。但因为现在须向有权分享劳动产品的新兴阶级支付利润和地租,所以那一商品所能购买或支配的劳动量要多于十小时。尽管商品生产的技术条件不变,可是就斯密的意义来说的商品“价值”却增多了。李嘉图坚持斯密那个说法是十分错误的,“好像遇有支付利润和地租的场合,它们就会影响商品的相对价值,而不问其生产所必需的劳动量”。[③]

我们怎样确定斯密在价值学说史上的地位,大部分要看他的学说的这些特点,在多大程度上被我们认作是劳动价值学说的“否定”。许多经济思想史学家特别注意斯密的这个结论:在现代条件下,商品所能购买或支配的劳动量不再决定于商品的物化劳动了,

① 《李嘉图全集》(斯拉法编)第1卷,第15页。

② 《李嘉图全集》第1卷,第xxxv—xxxvii页。

③ 同上书第1卷,第23页脚注。

于是他们断言——看来好像放下了心，斯密事实上确实“放弃”了劳动价值学说。我认为，这样的论断，不仅曲解了劳动价值学说，而且也低估了斯密的贡献的重要性。

劳动价值学说实质上是表述这样一种思想，那就是，人们在生产领域中所结成的基本关系，最终决定人们在流通领域中所结成的关系。[①] 正如马克思在他的一本早期著作中所指出的：“在原则上，没有产品的交换，只有参加生产的各种劳动的交换。产品的交换方式取决于生产力的交换方式。”[②]当马克思阐述和发展劳动价值学说时，他认为他的主要任务是论证现实世界中这种依存关系的作用。换句话说，他要尽力表明“价值规律是怎样地在起作用”，也就是说，在不同的历史时期，人与人在生产领域中的基本关系怎样反映于他们在交换领域中的关系。他断言，在一定的情况下和在一定的历史时期，“价值规律”是直接地在发生作用，因而物化劳动的比例趋向与商品均衡价格的比例相一致。但在其他情况下和在其他历史时期，它是间接地在发生作用（按照马克思在《资本论》第三卷中所分析的情形），因而体现在不同商品中的劳动的相对量，虽然不是恰等于它们的相对均衡价格，却仍旧可以说是决定着它们的相对均衡价格。

我们不可能期望斯密恰恰也是这样看问题。马克思知道，斯密的历史任务事实上是双重的。一方面，“他要尝试去研究资产阶

① 参看多布：《政治经济学与资本主义》，第 39 页；又参看本书第四章结尾对于这一点的详细阐述。

② 马克思：《哲学的贫困》，人民出版社 1961 年版，第 60 页（多布也引用了这一句）。

级社会的内部生理”；另一方面，“他又一部分只要叙述这种社会在外表上显出的生活现象，只要叙述它在外表上显出的关联，一部分又只要为这些现象找寻一个词汇和相应的概念”。[①] 第一个任务很难在第二个任务之先全部完成。令人惊奇的倒不是斯密没有像马克思那样去阐述价值问题，而是他实际上尽量依照马克思研究的方向去进行分析。

既然实际上斯密对劳动价值学说有这么大的功绩，那么有人认为(至少是不加保留地)他“放弃”了那个学说，岂不是很荒谬吗？他的出发点是正确而合乎逻辑的，因为他把价值现象跟这样一个事实联系起来，那就是，在以劳动分工为特征的现代社会里，各个人都是作为独立的商品生产者而发生关系，通过一定的市场而互相交换他们的劳动生产物。从这一点出发，他进一步探求价值的“真实尺度”。不幸的是，他挑选的尺度不适合于它所要完成的任务。但是他认识到不变尺度的必要性，并提出了(而且部分地解决了)熟练劳动化为简单劳动的问题，无论如何，他的这些功绩是不能抹杀的。当他作进一步的分析时，他又为自己提出一个问题：用来生产一宗商品的劳动量，在多大程度上(如果有的话)决定着这一商品的价值(按照“真实尺度”衡量的)。看来他是提出这个问题的第一个人。他提出这个问题，比他不曾圆满地解决这个问题更重要得多。他的结论(实质上这个结论后来为李嘉图和马克思接受了)是：在资本主义以前的社会中，物化的劳动量直接决定商品的价值，并且在一切形态的社会中，物化的劳动量的变化，将会引

① 马克思：《剩余价值学说史》第2卷，三联书店1957年版，第5页。

起商品价值的变动。然而在现代社会中，所能支配的劳动量必定大于物化的劳动量，于是斯密断言，商品的价值不再决定于物化劳动[①]，而是决定于构成商品“自然”价格的工资、利润和地租。斯密是提出这个问题的第一个人，以上便是他的最后答案，如果说这表现了他的敏锐观察力的话；那么，他满足于这个答案，进而探讨工资、利润和地租的“自然”水平的决定因素，竟不曾发觉，他实际上等于放弃了他原来探求的价值原理，这又说明了斯密的朴素天真，马克思认为这种朴素天真给与他的《国民财富的性质和原因的研究》以“大的魔力”。[②]

① 但不妨参看《国民财富的性质和原因的研究》第1卷，第311—312页。那里明白指出：在现代社会中，物化劳动的比例，制约着“金银的价值与其他任何货物的价值间的比例”。

② 马克思：《剩余价值学说史》第2卷，三联书店1957年版，第71页。

第三章　李嘉图与劳动价值学说的发展

第一节　概述

我们已经看到,《国民财富的性质和原因的研究》提出的那种不成熟的劳动价值学说,就其根源讲,乃是社会内部分工相当发达和扩大后的资本主义社会的产物。[①] 然而这个学说一旦产生,它的继续发展,在某种程度上,又必然不依赖于这个社会了。换句话说,它像其他这一类的学说一样,已经成为一般所谓"内部发展"的问题了。

不过,这样一种学说在其"内部发展"过程中所具有的独立性,在很大程度上又必然是相对的,有限的。《国民财富的性质和原因的研究》发表后劳动价值学说发展的特殊道路,完全用以后经济学家对原来学说的智力思考和逻辑分析来解释,是很困难的。

① 这里我自然只是说,这种社会的出现是劳动价值学说产生的一个前提,并且对它的形成和发展方式有着强大的影响。我在第一章中已交代清楚,劳动价值学说不单纯是看来似系导源于一个新社会形态的"另一种"价值学说。它的产生是由于这样的意图,即能够对经济现实比旧学说提供更好得多的说明。事实上,它的确是一种了不起的科学成就。

的确，这种发展离开了智力思考和逻辑分析就不可能出现，但人们总不能在真空中进行思考和分析。不论思想家怎样设想他完全是在纯粹思维和纯粹逻辑的精神世界内进行活动，他一定难免外部世界的影响，这个外部世界披着形形色色的意想不到的伪装。

举个例子，一种不成熟的学说的“内部发展”，往往需要一些补充修正，这些补充修正的目的在于使它显得前后一贯。在提出修正的学者们看来，它们只不过是逻辑分析过程的最终结果，而同客观现实很少有什么关系。但在大多数情形下，学者们实际上所做的，只不过是去掉某些残存的、反映旧时代的陈旧概念罢了，这些陈旧概念仍然同那个学说夹杂在一起。从来没有一个新学说完全是新的，它在某种程度上必然是从前几世代遗留下来的理论知识产生的。因此，在其萌芽时期，它总不免夹杂一些旧概念的残余。这些旧概念较适合于早期的社会状况，可是对后来的思想家来说，它的继续存在，就可能使这个学说显得不合逻辑和自相矛盾了。在这些思想家看来，清除这些矛盾的分析过程，在性质上纯粹是逻辑过程，可是事实上却可能是朝着正确叙述理论和反映当代现实的方向前进了一大步。所以，当李嘉图指责斯密采取两个互相矛盾的“价值的标准尺度”因而放弃其中一个时，他无疑认为，他仅仅是纠正了一个逻辑错误，然而事实上，他也从古典学派的价值学说里边去掉一个陈旧的观念——以往几个世纪的产物，那就是，价值决定于工资成本。

而且，像我们现在考察的那样一种不成熟的学说的发展，在很大的程度上，显然决定于学者们所要研究的主要问题的性质。选

择这个学说而不选择那个学说来发展提高，这在学者们自己看来，好像纯粹是抽象逻辑或普通常识的问题，其实这个事实本身可能反映这样一种认识（直觉的或不直觉的），那就是，这个学说的进一步发展，可能对他所要集中研究的问题有很大帮助。同样，这一学说在发展中所遵循的具体道路，也好像纯粹是一种逻辑过程的结果，但事实上却可能受到它所要解决的有关问题的性质的重大影响。工具的构造形式自然是决定于它所要完成的任务。当然，在一定时期人们可能选择的问题的范围（如果不是实际选择本身的话），归根结底，也是决定于学者们进行研究时所处的社会环境。

古典政治经济学的主要目的在于帮助那些打算增加国民财富的决策的人们。[①] 它的主要任务是探索有关财富的起源和增殖的规律，并且要阐明这些规律，以便为那些决策的人们划定一个“决策的范围”。[②] 十八世纪末和十九世纪初期，多数经济学家都认为资本积累是财富增殖的根本原因，这是很自然的。所以他们的理论体系也主要是企图阐明资本积累过程的性质和后果。然而，斯密和李嘉图看待这个主要问题的角度却完全两样。斯密特别是要攻击那些还在妨害资本积累的一些社会制度，以及还在阻碍资本积累的社会观点（如同花钱有利于贸易的旧观念）。为了这个目的，真正需要的只是关于积累过程的一般理论分析，以及积累和财

① 参看亚当·斯密：《国民财富的性质和原因的研究》（坎南版）第 1 卷，第 395 页；又参看《李嘉图全集》（斯拉法编）第 4 卷，第 41 页。

② 参看 B. S. 基尔斯特德：《经济变迁论》，第 32 页；又《李嘉图全集》第 1 卷，第 106 页脚注。

富增殖间的密切关系的叙述。至于积累对于财富分配的影响问题，可以看作是一个次要的附带的问题。但对李嘉图说来，积累对于财富分配的影响，特别是对于社会剩余产品在地主和资本家间的分配比例的影响，是更重要得多的问题。因为到了李嘉图时代，正如霍兰德教授所指出的，人们普遍认为“英国的对外防御力量，有赖于她的工业的繁荣程度和工业利润的保持不减”。这种“充满在整个贸易、金融界并真正笼罩着经济思想界”的情感[①]，是基于这样的假定，即利润是资本积累的最为重要的来源。[②] 在其他条件相等的情形下，社会剩余产品最好是由利润构成，而不是由地租构成。所以，为了划定一个适当的“决策的范围”，就需要比斯密更细致得多地论述有关的规律，用来表明，随着资本积累的进行和社会财富与繁荣的增进，地租和利润在“自然发展情况”[③]下的动态是怎样的。这个问题在当时具有很大的政治意义，因为地主和工业资本家环绕谷物条例和议会改革那一类根本问题所进行的斗争，越来越尖锐了。这个问题的解决，显然需要一种价值学说。随后我们还要说明，李嘉图在价值学说方面思想的发展同他要适当地解决这个问题的意图，是多么密切地联系在一起。

最后，这种学说的发展，还显示有这样一些修正，这些修正是为了使它更符合于实际。不仅不合逻辑的地方需要处理，不仅理论的发展需特别注意它打算解决的特定问题，而且还得消除理论与实际间可能产生的矛盾现象。在这里，它又必定要受到外部世

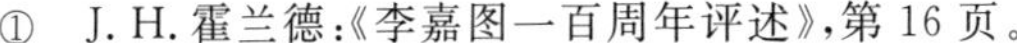

① J. H. 霍兰德：《李嘉图一百周年评述》，第 16 页。

② 参看《李嘉图全集》第 4 卷，第 37、234 页。

③ 同上书，第 21 页。

界的影响，因为事实本身是变化无常的。当事实发生变化时，理论就得适应事实的发展，如果可能的话。所以理论发展到一定阶段，就有必要把它的实质同它原来表述的特殊问题和事实分解开来，使之适应新的情况。[①] 我这里所说的，当然是存在于旧理论和新事实之间的真正矛盾。至于消除理论与它所要解释的事实之间的表面矛盾的过程，就完全不同了。例如，李嘉图看到，在现实世界中多数商品的均衡价格比例，事实上并不恰等于它们的物化劳动的比例，他也把这叫做“矛盾”[②]，并试图解决它，然而没有成功。可是马克思依据李嘉图的著述，却能够圆满地解决这个特殊问题。如果说，他所以具有这种能力直接地或主要地是由于李嘉图以后客观世界的发展，那就错了。

还有一点，在考察李嘉图对劳动价值学说的发展时也具有重要意义，不妨在这里提一下。在古典学派时代，劳动价值学说的发展，同政治经济学所用新方法的发展有很密切的关系。十七世纪大多数经济学家总是从考察马克思所谓“活生生的总体如人口、民族、国家、许多国家等等着手”。当他们把这个总体分裂为“越来越浅显的抽象”时，最后往往发现“一些有决定意义的抽象一般关系，如分工、货币、价值之类”。正如马克思所说的：

> “这些个别的要素一旦多少确定了并且抽象出来了之后，从劳动、分工、需要、交换价值等简单的东西上升到国家、国际交换和世界市场的经济学体系就开始了。”[③]

---

① 参看本书序言。

② 参看本书第四章末。

③ 马克思：《政治经济学批判》，人民出版社 1957 年版，第 163 页。

例如在《国民财富的性质和原因的研究》的前几章里，我们可以看到，斯密有意识地想从“劳动、分工、需要、交换价值等简单的东西”上升到“活生生的总体”。斯密的古典派继承者，尤其李嘉图，也走的是这条道路。我们不难设想，价值的新概念（恩格斯所谓“最一般的、因之也是包含最广的、商品生产经济条件的表现”[①]）的发展，大大地促进了政治经济学这个新方法的发展，反过来政治经济学这个新方法的发展，也促进了价值的新概念的发展。

第二节　1817 年以前李嘉图的价值学说

在李嘉图写作经济方面文章的头几年里，他好像主要是研究通货问题，不过偶然涉及一般理论问题。英格兰银行于 1797 年停止兑付黄金以后，他自然特别注意分析通货和外汇现象。他既然集中研究这一类的问题，因而对于商品相对价值的变动的一般原因问题，只能偶尔加以注意了。尽管如此，还是可以依据他在那一时期所写的材料，把他早先对后一问题的观点重新整理一番。

在他那本《金块高价论》的小册子（1810 年）第一页上，他提出了一个粗浅的劳动价值学说：

> “金银，像其他商品一样，具有内在价值，它不是任意规定的，而是决定于它们的稀有程度，为生产它们而支出的劳动量和投在金银矿中的资本的价值。”[②]

① 恩格斯：《反杜林论》，人民出版社 1957 年版，第 327 页。

② 《李嘉图全集》第 3 卷，第 52 页。

但是，在那一时期他主要研究的自然不是“内在价值”问题。那时他关心的是研讨纸币贬值的原因。可是，纸币又的确是(或者应当是)“价值的标准尺度”的代表，“只有同这个标准进行比较，才能算出纸币的常价或它的贬值”。所以在这里，他是从一个特殊问题开始的，然后转入“价值的不变尺度”这个麻烦的问题。李嘉图在一个脚注中写道：

> “价值尺度本身应当是不变的；可是金或银就不同了，它们同其他商品一样是会有涨落的。经验告诉我们，金或银的价值就长时期说来可能发生剧烈的变化，但在短时期内它们的价值是相当稳定的。除了其他优点之外，金银的这种性质也使得它们比其他商品都更适合于货币的功用。所以，从我们所考虑的观点来看，不论金或银都可以叫作价值的尺度。”①

这里，李嘉图做了几个暗含的假定，这对以后论证李嘉图对于劳动价值学说的发展有很大关系。他要是同斯密一样，把一宗商品的交换价值解释作赋予其所有者以购买其他货物的能力，那么，说一宗商品的价值用作交换价值的尺度时，它是“相当稳定”的，这句话的确切意义又是什么呢？那只能这样解释了，即一宗商品作为尺度来衡量另一宗商品的交换价值，如果它们在市场上的交换比例发生变动，那么变动的原因只能在被衡量的商品方面。要这样解释，我们就必须能够假定：“价值”不仅是一种关系(如同贝利后来所指出的)，而且是每一商品原有的或附带的一种性质，它可以完

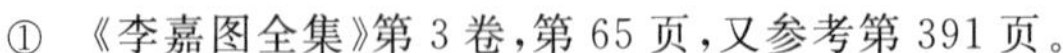

① 《李嘉图全集》第3卷，第65页，又参考第391页。

全不问其他商品的价值而独立地发生变化。这样，当两种商品的相对价值(或“交换”价值)发生了变化，我们必须能够假定：这一变化纯粹由于其中一种商品或分别考察的两种商品各自的“价值”发生了变动，并且每一商品都是孤立地来进行考察的。

那时李嘉图主要研究的性质，并不需要他在这方面作很深入的考察，而且从他的著作里，也看不出他当时以为斯密的价值学说有什么真正的缺点。可是他在某些地方的早期讲法，已经显示出他以后研究的方向了。例如，在他的《边沁杂记》(1810—1811 年)里，有一处提到边沁认为一切价值都根据于效用，他批评说：

> “我同意斯密所做的关于使用价值和交换价值的区别。根据那一见解，效用不是价值的尺度。”[①]

在另一些地方，我们看到李嘉图后来所做的关于财富和价值间的重大区别的开端。他讲道：“价格的上涨和财富的增长之间没有必要的联系。机器增加了社会的真正财富，但同时价格却下跌了。”[②]但李嘉图毫不怀疑地接受了斯密的教条，就是，工资的上升将引起物价的上涨[③]，同时他还接受了斯密关于资本的竞争将会降低利润[④]的观点。从后来的事实发展来看，1815 年以前的年代，在李嘉图的思想当中比较突出的问题，是关于收入分配的根本问题，而不是价值学说的发展问题，当然价值学说对这个问题的解决，肯定是要起重大作用的。

① 《李嘉图全集》第 3 卷，第 284 页，在手稿中“尺度”代替了“本源”。

② 同上书第 3 卷，第 334 页，又参考第 308 页。

③ 同上书第 3 卷，第 270 页。

④ 同上书第 3 卷，第 92 页。

李嘉图的《答波桑葵君》一文发表于1811年1月。其次发表的是《资本利润论》，直到1815年2月才问世。除了1811年的头四、五个月李嘉图显然是在写《金块高价论》第四版的附录和一些关于金融问题的手稿外，其中还有一段时间是他的通信时期——特别是1811年6月起他和马尔萨斯的通信。二年多的通信，差不多都是关于马尔萨斯批评（见《爱丁堡评论》1811年2月号）李嘉图两本讨论通货的小册子而直接引起的一些问题。争论的主要问题是：除了通货"过多"或"不足"的情形外，是不是还有其他东西足以影响对外的汇率。李嘉图说，"相对过多的通货"是造成对外贸易逆差的"必然原因"[①]。马尔萨斯也认为"通货过多无疑地会影响对外的汇率"，但是他坚持，"这种影响比起与通货问题无关的商业或政治事件的影响来，就缓慢得多了"。[②] 到后来，他们的通信（无疑还有当面的讨论）忽然改换了题目，另外一个重要的新问题产生了。不幸的是，有许多封信已经散失了，其中有两封马尔萨斯写的很重要的书信，是关于他们讨论的关键性问题的。[③] 可是根据李嘉图的复信推断，好像马尔萨斯提出了一个新问题，就是：自从1793年以来，资本和利润率都在增长，而依照李嘉图和马尔萨斯当时全都接受的正统的斯密学说，资本的增长将引起利润率的下降。马尔萨斯可能说：这个事实只能这样来解释，就是对英国商品的需求（尤其海外的需求）增长了，这就提高了那些商品的价值，

① 《李嘉图全集》第6卷，第26页。

② 同上书第6卷，第82页。

③ 即李嘉图于1813年8月10日及17日进行答复的两封信，参看《李嘉图全集》，第92—95页。

从而提高了利润。假使那样，则当时货币数量的增加（从而“相对过多的通货”），很可能不是商品价值增长的原因，像李嘉图实际上主张的那样，而是它的结果。[①] 总之，这时李嘉图显然感觉到不得不为利润随同资本增加的事实另找一种解释。他写道：

> “我不否认，在你所说的那一段长时期内，利润率确实是增长了，但同时国内外的农业也有了决定性的发展（法国大革命非常有利于农业的增产），所以这与我的学说完全符合一致。我的结论是：过去资本的迅速增长，不曾引起利息率的下跌，这是粮食生产设备革新的结果。”[②]

在这里，斯密关于利润率由于资本的竞争而趋于下降的观点，同当时工商界极为流行的想法（谷物价格的跌落〔通过它对工资的影响〕意味着利润的增长[③]）结合起来了。从此以后，资本增长对于利润率的影响问题，注定要成为李嘉图所最关心的一个问题。

李嘉图同马尔萨斯继续对这个问题进行交谈（他们二人直接有关这个问题的通信，直到1814年6月才恢复），到1814年2月时，李嘉图的见解已经相当成熟，可以动手写作了。虽然他写的《关于资本利润的一些论文》[④]的手稿至今尚未发现，但从李嘉图给特娄尔的一篇关于他同马尔萨斯间的“争论问题”的说明书中，显然可以看到，这些论文已经包含有他的利润学说的基本论点，这

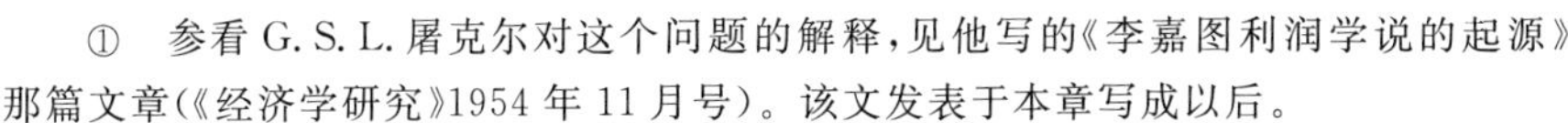

① 参看G. S. L. 屠克尔对这个问题的解释，见他写的《李嘉图利润学说的起源》那篇文章（《经济学研究》1954年11月号）。该文发表于本章写成以后。

② 《李嘉图全集》第4卷，第94—95页。

③ 如果这个解释不错的话，那么这时李嘉图还不曾有他自己的利润学说，但通向这个学说的思路肯定是已经打开了。

④ 《李嘉图全集》第4卷，第3页。

一学说后来成为他的《利润论》的第一部分。李嘉图在 1814 年 3 月 8 日写道：

> “我认为，除非从农业抽出资本，除非改进农业耕作——或者对从国外输入粮食提供便利，否则一国新资本的投资范围的扩充就不可能比例于或更大于资本本身的增长；总之，农业家的利润支配着其他一切行业的利润，而农业家的利润，在农业耕作没有改进的条件下，必然随着每一次土地投资的增加而趋于下降，因而其他一切行业的利润必定要降落，利息率也必定下跌。……我不妨说，在资本数量不变或者增加的情形下，除非有获得真正更便宜的粮食的方法，否则不可能长久地提高企业利润。”[①]

在这里，李嘉图根据土地报酬递减律[②]解释利润率的下降趋势，他第一次用这个新解释来代替他一直信而不疑的斯密学说。

于是这时李嘉图断言：通常随着资本积累而来的土地报酬递减（当“农业耕作没有改进”时），一定使农业资本家的利润下降，从而使一般利润率下降，因为“农业家的利润支配着其他一切行业的利润”。照斯拉法的意见，农业利润的决定性作用原理的“合理基础”，在于李嘉图的这个假定，即农业中的进货和出货都是谷物这宗商品，因而农业的利润率不受价格变动的影响。因此，要是一切行业的利润都应相等，“那就必须调整其他行业产品的交换价值（相对于它们自己的资本，也就是相对于谷物），以便获得谷物生产

① 《李嘉图全集》第 4 卷，第 103—104 页。

② 李嘉图早就熟悉报酬递减的概念，参看《李嘉图全集》第 3 卷，第 287 页。

的同等利润率”。[1] 看来很可能李嘉图当时确有这样一些想法。如果把农业利润的“谷物比例”说作为出发点，那么谈到一般利润率的长期下降原因时，无疑地会有这样一种倾向，即把农业利润说成是这种下降趋势的主要的或决定的因素。[2]

这时利润学说的应用范围，由于英国公众对谷物条例问题的日益关切而大大地推广了，所以 1814 年 6 月李嘉图和马尔萨斯恢复通信时，他们最注意的也就是这个问题。马尔萨斯在一封已经散失的书信中争辩道，很难说限制谷物进口将会降低利润率。李嘉图在复信中提出了下述一般定理(还有其他问题)：

> “利润率和利息率必然决定于生产和生产所必需的消费两者间的比例——生产所必需的消费实质上又决定于粮食的价格，而粮食价格(无论我们考虑多么长短的时间)总归是劳动工资的主要决定因素。”[3]

马尔萨斯又反驳说：“生产的这个比例，讲得更确切些，即生产和生产所必需的消费两者间的比例，看来是决定于相对资本生产物的需求来说的资本积累数量，而不是单单决定于生产谷物的困难程度和费用。”[4]这样，谷物进口的限制(马尔萨斯这样想)“必定使资本减少”[5]，于是谷物进口限制有引起利润上升的趋势。对此李嘉图回答说：第一，“有效需求在资本减少的情况下不可能增加或长

① 《李嘉图全集》第 1 卷，第 xxxi 页。

② 这一命题的合理性还要依据另一个假定，就是谷物生产的利润决定于一定时期内人口总数和它的生活需要情形。参看《李嘉图全集》第 4 卷，第 24 页脚注。

③ 《李嘉图全集》第 6 卷，第 108 页。

④ 同上书第 6 卷，第 111 页。

⑤ 同上书第 6 卷，第 116 页。

期维持不变”[①](这就掀起了对“萨伊定理”[②]的著名论战);第二,资本的减少事实上是通过它对“土地耕作情况”[③]的影响而影响到利润,而不是通过马尔萨斯所设想的那种机构。这一阶段的争论(结束于1815年2月马尔萨斯关于地租和谷物条例的两本小册子和李嘉图的《利润论》的出版),在李嘉图发表下述看法后达到了最高峰,他在下面叙述了资本积累和报酬递减对利润的影响情形:

> “资本积累倾向于降低利润。为什么?因为资本的每次积累,都增加获得粮食的困难,除非农业也有所改进,才会抵制利润的下降趋势。如果获得粮食的困难并未增加,那么利润就永远不会降低,因为除了工资增长外,没有什么东西会限制制造业的利润。倘若随着资本每一次的积累,我们能够扩充这个岛国的肥沃土地,那么利润也永远不会下降。”[④]

意味深长的是,在同一封信里李嘉图承认:“货币价值的考虑”可能是造成他和马尔萨斯在“萨伊定理”问题上意见分歧的原因。[⑤]

一直到这时为止,李嘉图只是把土地报酬递减律同利润学说联系起来,据我们所知道的,他还不曾把它应用于地租学说上面。[⑥] 就现有的李嘉图和马尔萨斯的通信来看,1815年1月以前他们都不曾明确地谈到地租问题,仅仅在1814年8月30日的一封信里,李嘉图提到,新近发表的英国上议院谷物问题委员会的报告“揭露出来一

---

① 《李嘉图全集》第6卷,第114页。
② 这种思想大致是说,“供给能创造它本身的需求”。
③ 《李嘉图全集》第6卷,第133页,又参看第119页。
④ 同上书第6卷,第162页。
⑤ 同上书第6卷,第164页。
⑥ 参看斯拉法的论述,见《李嘉图全集》第4卷,第7—8页。

些重要的事实”[①]，又 1815 年 2 月 6 日的一封信表明，他们至少曾经讨论过这个问题的某一方面。[②] 无论如何，李嘉图读到马尔萨斯的《地租论》以后很快就把他自己的意见写下来，他的《利润论》在《地租论》以后三个星期就发表了，在这本书里，李嘉图将他自己的利润学说和一种变相的马尔萨斯地租学说合而为一了。

《利润论》的主要论点，在于阐明资本积累对社会剩余产品分解为地租和利润的比例的影响问题，它的发展经过了两个阶段。在第一阶段里，他是依据谷物价格和劳动工资不变的假定进行分析的。随着资本的积累和人口的繁殖，人们不得不开垦肥沃程度较低和地位较差的土地（或在已耕地上追加资本）来增加粮食的供应。于是报酬递减律开始发生作用。随着劣等土地的不断开发，在边际土地上生产一单位原料，就需要投下越来越多的资本。根据我们所熟悉的论证，这时非边际土地的地租将上涨（并且逐渐增加），农业利润则将下降。由于“农业家的利润支配着其他一切行业的利润”，这将造成**一般**利润率的下降。在第二阶段论证里，他放弃了谷物价格和劳动工资不变的假定，开始考虑资本积累和报酬递减如何通过对工资的影响而影响利润的问题。李嘉图说，“财富增加对价格的唯一影响（撇开农业或制造业中的一切改进不谈），看来是要提高原料和劳动的价格，而其他一切商品的价格则将保持不变，由于一般工资增长，因而一般利润下降”。[③] 事实上，资本积累必然引起价格与工资的变动，如果将这一点考虑在内的

① 《李嘉图全集》，第 6 卷，第 130 页。

② 同上书第 6 卷，第 173 页。

③ 同上书第 4 卷，第 20 页。

话,则依据价格和工资不变的假定所得出的资本积累的影响,就更加强了。

作为他的第二阶段论证的不可分割的部分,李嘉图提出了一个粗浅的交换价值学说,这一学说将商品的价值同生产这一商品的难易程度直接联系起来了。

> "一切商品的交换价值随着它们生产困难的增加而提高。假如谷物生产由于需要更多的劳动而遇到了新的困难,而生产金、银、布、麻等等却不需要更多的劳动,那么谷物的交换价值比起那些东西来必定要上涨。相反的,如果谷物或其他任何商品的生产条件改善了,使用较少的劳动可以提供同样的产量,那么它的交换价值将会下降。由此可见,农业的改进或者农具的改革,会降低谷物的交换价值;棉纺织机器的革新,会降低棉制品的交换价值;同样,采矿业的改进,或更富饶的新的贵金属矿山的发现,会降低金银的价值,换个讲法,就是提高其他一切商品的价格。凡是竞争可以充分发挥作用的地方,而且商品的生产像某些种酒那样不受自然的限制,那么它们生产的难易程度将最后决定商品的交换价值。"①

这种基本思想在李嘉图的著作里还是第一次提出,后来它在《政治经济学及赋税原理》一书里进一步发展成为比较成熟的价值学说。虽然《利润论》中这一思想的阐述还有点模糊不清,但他已经信而不疑,因而放弃了他原来的观点,那就是,"谷物的价格支配着其他

① 《李嘉图全集》第 4 卷,第 19—20 页;又参看《国民财富的性质和原因的研究》第 1 卷,第 35 页:"不论何时何地,凡是难以得到的或需要多量劳动的东西都是贵的;凡是容易得到的或需要少量劳动的东西都是便宜的。"

一切东西的价格”[①]（他至少保持这个观点到1814年7月）[②]。他放弃了这个旧观点，对《利润论》来说自然是关系到理论基础的问题，因为谷物的价格若当真是支配其他一切东西的价格的话，利润就不会因一般工资的增长而趋于下降了。

在《原理》一书里，“农业家的利润支配着其他一切行业的利润”的论点被放弃了，不过，正如斯拉法所说的，“在不提供地租的土地上耕作的劳动的生产力是决定一般利润的根本因素，这个比较概括的命题，还继续占据中心的地位”。[③] 他假定资本积累和报酬递减是通过对一般工资水平的影响而影响到利润的。李嘉图讲道：“在一切国家和一切时代，利润决定于为供应劳动者生活必需品所需要的劳动量，这些劳动者被使用于不产生地租的土地，即被雇用于不提供地租的资本”。[④] 或者，用他早些时候的话来说，利润决定于“一国一年劳动用于维持劳动者生活的那一比例”。[⑤] 在这里，李嘉图其实不过把他那旧的命题——利润决定于“生产和生产所必需的消费”两者间的比例[⑥]——依劳动价值学说重新加以表述罢了，现在消费是用生产“劳动者生活必需品”所需要的劳动量表示，生产是用生产一国总产品所需要的劳动量来表示的。[⑦]

从1815年2月到李嘉图认真从事写作《原理》一书的时期（即

---

① 《李嘉图全集》第4卷，第21页脚注。
② 同上书第6卷，第114页。
③ 同上书第1卷，第xxxiii页。
④ 同上书第1卷，第126页。
⑤ 同上书第1卷，第49页，又参看第2卷，第61—62页。
⑥ 同上书第6卷，第108页。
⑦ 参考斯拉法的论述，见《李嘉图全集》第1卷，第xxxii页。

1815 年终)，他的价值学说又有了相当的发展。在他同马尔萨斯的不断通信中，他们愈来愈多地涉及价值问题的各个方面，在 8、9 月间他还同萨伊交换过关于价值和效用的关系的意见。① 也是在 8、9 月间，他写了一篇题为《建议一个经济而稳定的通货》的论文，在那篇论文里，他分析价值问题，要比他在以前的货币著作中详尽得多。他把价值决定于“生产的难易程度”那个观念包括进去了；他清楚地区分价格和价值，并明确否定效用作为价值的尺度；他还强调指出这样的困难，就是，遇到两种商品的相对价值发生变动时，变动的起因究竟是在两种商品中的哪一个。②

但更重要得多的发展，自然是发生在李嘉图着手写作《原理》一书的时候，他是在詹姆士·穆勒的教导下写这本书的。在 12 月底他写信给穆勒说：

> “我知道我将要遇到价格这两个字的障碍了，那时节我一定要请求你的指导和帮助。要使我的读者理解我所要提出的论证，他们得先懂得些货币和价格的理论。他们需要知道，商品的价格受到两方面的影响：一方面是货币的相对价值的变动，它几乎是同时影响一切商品的价格；另一方面是某一特定商品的价值的变动，它只影响以它作为一个组成部分的那种东西的价值，而与其他一切商品的价值无关。贵金属的价值，除非由于它本身的特殊原因，例如供求关系，是不会发生变动的，它的价值的稳定性，就是我的一切定理所依据的基础。有

① 《李嘉图全集》第 6 卷，第 245—249 页及 270—273 页。

② 同上书第 4 卷，第 59—62 页。

> 人主张，谷物价值的变动，将引起其他一切物品的价值的变动，而不管谷物价值的变动对于它们所用原料的价值有何影响，这些人事实上否定了金银价值是造成物价变动原因的那个学说。”[1]

可是，对这一类的理论问题，穆勒似乎并没有给与多大的“指导和帮助”，他的作用主要限于体裁和安排问题[2]，甚至还有工作时间和社会访问多么长久的问题[3]。穆勒仅只同意李嘉图的意见，“这个问题的解决，在于说明有关事件究竟怎样影响交换的商品的相对比例”[4]，此外他就多少是让李嘉图自己去摸索了。在1816年4月里，李嘉图写信给马尔萨斯说：“在我前进的道路上遇到了几乎不可克服的障碍”[5]；马尔萨斯用鼓励的口气回答说，其所以如此，是因为他“有点走错了路”。马尔萨斯又解释道：“一切价格都决定于劳动，供求这一重大原理不适用于资本，在这些问题上，我认为你有点离开正轨了。”[6]尽管有这些相当广泛的启示，李嘉图还是依照他原来的思路前进，可是不久他就碰到一个问题，即“工资增长对于主要依靠机器和固定资本来生产的商品的价格所产生的特殊影响”[7]，这个问题一时“大大妨碍了”他对于“价格和价值问题”的研究。[8] 然而到了

---

① 《李嘉图全集》第6卷，第348—349页；又参看第7卷，第3页。

② 参考斯拉法的论述，见《李嘉图全集》第1卷，第xix—xxii页。

③ 同上书第6卷，第340页。

④ 同上书第7卷，第7页。

⑤ 同上书第7卷，第28页。

⑥ 同上书第7卷，第30页。

⑦ 同上书第7卷，第82页。

⑧ 同上书第7卷，第71页。

11 月的时候，穆勒对李嘉图在“一般原理”方面的研究结果表示满意。李嘉图也终于掌握一个必要的基本工具，足以解决他认为是“政治经济学中最困难也许是最重要的问题，这就是一国财富的增长和日益丰富的产品的分配规律问题”。[①]

第三节 《政治经济学及赋税原理》第一版[②]中的价值学说

我想最好从批判亚当·斯密的角度来考察李嘉图《政治经济学及赋税原理》第一版关于价值的一章，实际上那一章主要是批判亚当·斯密的。在《原理》一书出版前，李嘉图在《利润论》中反对“谷物的价格支配着其他一切东西的价格”那个观点，除了这里所暗含的反对意见外，他还不曾对斯密的价值学说公开表示异议。不过，可能在李嘉图对价值问题考虑比较成熟的早期阶段，他就已理解到他所谓斯密“关于价值问题的根本错误”的性质了。无论如何，他在 1816 年底肯定已经认识到，斯密对手工业奖励制度和对外贸易等问题的“错误”意见，在多大程度上是由于那一“根本错误”而引起的。[③] 从《原理》第一章的结构显然可以看到，李嘉图的价值学说的发展和提高，多少是同他对斯密论点的分析批判同时进行的。

① 《李嘉图全集》第 7 卷，第 24 页。

② 《政治经济学及赋税原理》第 1 版是在 1817 年，第 2 版在 1819 年，第 3 版在 1821 年。

③ 《李嘉图全集》第 7 卷，第 100 页；又参看《政治经济学及赋税原理》第 22、25 章。

《原理》第一章第一节的标题(第二版及第三版)是:

> “一宗商品的价值,或它所能交换的其他任何商品的数量,是决定于生产它所必需的相对劳动量,而不是决定于劳动报酬的多寡。”[1]

这就是第一阶段李嘉图对斯密的批评的提要。李嘉图在上述标题下的论证,是从引用斯密关于使用价值和交换价值的区分那一段有名的话开始的。他讲道:“效用虽是交换价值绝对必需的,但它不是交换价值的尺度。”[2]他接着说明,他要表述的价值规律,只适用于“这样的商品,……它可以通过人们的勤劳来增加它的产量,而在生产上是实行无限制的自由竞争”。[3] “其他一切商品的价值仅仅决定于它们的稀少性”,而且它们“只占市场上日常交换的大量商品中的极小部分”[4];这些商品虽不受价值规律的制约,也不会大量增加的。那么,前一种商品的价值是怎样决定的呢?[5] 李

① 《李嘉图全集》第1章,第11页。这一节的标题在第一版是没有的(第一版不曾将第一章分成节),但是这个标题也确切地总结了《政治经济学及赋税原理》第一版第一章第一部分的主要内容。(即《李嘉图全集》截至第17页止的那一部分。)

② 同上书第1章,第11页。值得注意的是,李嘉图关于效用是交换价值所必需的这个结论,系根据他对效用所下的这个定义:效用指一宗商品以某种方式“满足”我们的欲望的能力。然而他否定效用作为“交换价值的尺度”,却是针对斯密的一段话,在这段话里,效用是就“正常需要”的标准讲的。参看《政治经济学及赋税原理》第20章的详细说明。

③ 同上书第1章,第12页。

④ 同上。

⑤ 我在这里要提醒读者注意,李嘉图接受了传统的古典思想,就是:当商品按“自然价格”(即它们的生产成本,其中包括正常的或“自然的”利润)出售时,那就是按照它们的“价值”出卖。在自由竞争的条件下,可以自由再生产的商品倾向于按“自然价格”出售,这种“自然价格”被认为是它们的“价值”的货币表现。根据李嘉图(和马克思)的观点,价值学说的主要任务在于阐明什么东西最后决定或调节商品的“自然价格”。

嘉图从斯密的《国民财富的性质和原因的研究》里引用了好几段话来支持这个观点，就是，至少在“早期蒙昧社会”，“体现在商品中的劳动量”调节着他们的交换价值。[①] 这个“规律”事实上是否像斯密所认为的那样只适用于“早期蒙昧社会”，李嘉图暂时撇开这个问题不谈，他先对斯密的“所能支配的劳动”那个尺度，展开了论战。他讲道：

> “斯密如此确切地说明了价值的本源，所以他不得不一贯地主张，一切东西的价值大小是同生产时所耗费的劳动多少成比例的。但他却又为价值树立了另一种标准尺度，说物品价值的大小，是同它所能交换的那种标准尺度的多少成比例的。他所谓标准尺度，有时是谷物，有时又是劳动。他所谓劳动是这一物品在市场上所能支配的劳动量，而不是生产该物品时所耗费的劳动量：好像这是两个相同的说法，好像一个人的劳动效率加倍，所以他能生产的商品量加倍，他也必定换得二倍于前的商品量。”[②]

---

① 《李嘉图全集》第 1 卷，第 12—13 页。在下边的一节里他说得很清楚：“影响商品价值的，不只是直接用于生产商品的劳动，还有生产劳动所依靠的工具和建筑物等所耗费的劳动。”体现在这些“工具和建筑物”（以及所用原料）中的过去劳动，就它们在生产中所消耗的部分来讲，也影响到最后产品的全部价值。同上书第 1 卷，第 22—25 页。

② 同上书第 1 卷，第 13—14 页。李嘉图在本节末所表明的只是：除非实际工资率（按被衡量的商品计算）总是依劳动生产率同比例的变化，则分别应用物化的劳动和所能支配的劳动作为尺度去衡量商品的价值变动，将会得到不同的结果。实际工资依劳动生产率同比例变化的情形自然是偶尔发生的，因为（正像李嘉图在 1816 年 8 月给马尔萨斯的一封信里所指出的）“用同等数量劳动多得的生产物，很少全部都归生产它的劳动者所有”（同上书第 7 卷，第 57 页）；又参看《国民财富的性质和原因的研究》第 1 卷，第 66—67 页。

这些话对斯密来说是不公平的，因为他从来没有混淆物化的劳动和所能支配的劳动，“好像这是两个相同的说法”。可是，这种夸大并不影响李嘉图对所能支配的劳动那个尺度的主要反对意见。他真正攻击的是斯密的一个假定，这就是，不妨把所能支配的劳动量看作是价值的“不变”尺度。然而事实上，劳动“同许多商品比较起来，显然是同样容易发生变动的”。[①] 他说，金银和谷物由于许多不同的原因而发生变动。于是他问道：

> “劳动的价值岂不是同样可变的；岂不是像其他一切东西一样，不仅受供求比例的影响（这一比例是随社会情况的每一变化而改变的），而且受食物和其他生活必需品（劳动者的工资就是花费在这上面的）的价格变动的影响？”[②]

如果斯密关于“劳动本身的价值绝不改变”的说法是错误的[③]，那么，所能支配的劳动就不能说是一个可靠的“价值的标准尺度”了。依照这一尺度计算的商品价值，就必须看作是随劳动报酬的每一变动而改变，尽管它在生产上的难易程度没有丝毫的变化。李嘉图的论证意味着，很少有人真正愿意接受这个看法。尤其是，如果商品生产的难易程度确已发生变化，把所能支配的劳动作为尺度是不会完全反映这个情况的，除非劳动者的实际工资同时随其劳动生产率而同比例的变动，然而这是极不可能的。

第二阶段李嘉图对斯密的批评，可以归结为下面这一段话：

> “虽然亚当·斯密完全承认了这个原理，就是：获取各种

① 《李嘉图全集》第1卷，第14页。

② 同上书第1卷，第15页。

③ 亚当·斯密：《国民财富的性质和原因的研究》第1卷，第35页。

> 物品所必需的劳动量间的比例，是支配它们相互交换的规律的唯一条件，他却又把这个原理的应用限于‘资本积累和土地私有以前的早期蒙昧社会’；仿佛一旦需要支付利润和地租的时候，这两者就对商品的相对价值有一定的影响，而与生产它们所必需的劳动量无关。”①

我们已经看到，的确，斯密往往这样讲，仿佛商品价值在现代和在“早期蒙昧社会”不同，在现代，它是由工资、利润和地租的总和来决定的，在他看来，商品的自然价格最后要分解成为这三部分。现在我们知道，李嘉图所以反对斯密的价值学说，主要就在这一点上。李嘉图在 1818 年 12 月写信给穆勒说：

> “亚当·斯密认为，在人类社会的早期阶段，劳动生产物全部都属于劳动者，等到资本积累以后，一部分才划作利润，所以积累必然要提高商品的价格或交换价值，不管资本的耐用程度不同和其他情况如何，结果，商品的价值就不再受生产它们所必需的劳动量的支配了。”②

姑且不谈别的，斯密的学说似乎意味着，一国生产物的价值可以仅仅由于分配不同而发生重大的变化，李嘉图自然难以同意这个说法，因为他是要探求一种价值学说，能够适用于一国生产物随着资本积累的增长而不断重新分配的问题。李嘉图认为，商品的售价在社会各个主要阶级间时时进行分配的情形，对商品价值说来是

① 《李嘉图全集》第 1 卷，第 22—23 页脚注。关于这一段，特别是它在第三版中被删去的原因，参看斯拉法在《全集》第 1 卷，第 xxxv—xxxix 页的解释。

② 同上书第 7 卷，第 377 页。

没有什么关系的，不管在现代还是古代，只有在生产所必需的劳动量发生变化时，商品价值才会变动。[①]

李嘉图的思想就是循着这条道路发展的，这在很大程度上决定了《原理》前几章的结构。斯密认为，对古代有效的价值"规律"，到了现代，因为支付利润和地租的关系，就不发生作用了。因此，李嘉图有必要清楚地表明，利润和地租事实上并不具有这种影响。他说：

> 亚当·斯密"不论在什么地方都没有分析过资本积累和土地私有对商品相对价值的影响。因此，要紧的是先弄清楚，一般认为的生产所耗费的相对劳动量对商品交换价值的影响，在多大程度上由于资本积累和支付地租而发生变化。"[②]

由此可见，李嘉图是把价值决定于劳动时间作为基础，然后有系统地进一步探讨：这个基础同支付资本所有者的利润和支付土地所有者的地租在多大程度上是符合一致的。[③] 1816 年 10 月李嘉图寄与穆勒的《原理》一书的初稿，关于这个问题的全部论证的逻辑形式一定比最后发表的讲法更为清楚明了，因为穆勒曾对李嘉图的分析评论如下：

> "关于劳动量是交换价值的原因和尺度这个一般原理，除了你所指出的例外情况，你讲解得很清楚，也很令人满意。"

> "你的解释和论证同斯密正相反，你明白地指出，资本利

---

① 这当然还要加以"修正"，李嘉图随后提出了这种"修正"，留待下面讨论。

② 《李嘉图全集》第 1 卷，第 23 页脚注。

③ 参看马克思：《剩余价值学说史》第 2 卷，三联书店 1957 年版，第 5—6 页。

润并不妨碍价值规律的作用。你的解释和论证同样清楚地表明,地租也不妨碍它的作用。"①

可惜这种简单的形式,由于在有关利润和地租这两部分的讨论当中夹杂了一些材料而弄得模糊起来,这些材料在初稿里可能是放在后边的一节。② 第三阶段李嘉图对斯密的批评,就反映在那些材料里边,我们现在需要谈谈这个问题。

我在上面曾经提到,斯密认为,谷物价格的上涨,通过它对工资的影响,将引起其他一切商品价格的增长。李嘉图在他的《利润论》一书中反对这个观点,随着他的价值学说的发展,他的辩驳就能够比《利润论》有更加科学的根据了。他自己的见解是,谷物价格的变动,固然会引起工资的变动,但并不因此而影响其他一切商品的价格。他不久也认识到,这个见解实际上就是利润的支付不妨害物化劳动决定商品价值那一原理的逻辑推论。当利润需要支付时,劳动生产物就在占有生产资料的阶级和提供劳动的阶级之间实行分割,但这并不意味着,从前在海狸和野鹿猎人的原始社会中一直发生作用的价值决定因素,现在自动消失了。

"捕杀海狸野鹿所必需的一切器具也许属于一个阶级,捕猎所必需的劳动也许属于另一个阶级。可是它们相互间的比

① 《李嘉图全集》第7卷,第98页。第一段所说的"例外",可能指的是(像稀有的雕塑、绘画、书籍、铸币等)那一类的商品。照李嘉图的意见,它们的价值"只决定于其稀有性"。(同上书第1卷,第12页)穆勒接着说,在这一点上,你的研究显然没有那种最容易犯的毛病,这就是,堆集论点并同时运用科学的一切原理来论证某一特殊问题。到目前为止,你的论述不仅令人信服,而且清楚易懂。

② 参看斯拉法的论述,见《李嘉图全集》第1卷,第xvi—xviii页,特别是第xvii页脚注2。

较价格，仍应同所耗费的实际劳动（即用于制造资本物及捕杀野兽的劳动）成正比例。在不同情况下……提供同等价值的资本于这种或那种用途的人们，也许得到生产物的1/2、1/4或1/8，其余作为工资付给劳动者。但这样的分割，并不能影响这些商品的相对价值，因为不论资本利润是多是少（它是50%、20%或10%），也不论劳动工资是高是低，它们在这两种用途中起着同样作用。”①

根据这一分析，看来好像生产物分解为利润和工资的比例的变化，对商品（包括货币商品在内）的相对价值不会发生影响。所以，谷物价格的变动，几乎一定会使工资发生变化，但并不因此而影响其他任何商品的价格。②

可是李嘉图随即发觉，他所谓工资（从而利润）的变动必定毫无例外地“在这两种用途中起着同样作用”的说法，是错误的。假设生产两种商品所必需的资本的构成不同——例如生产一种商品所用的资本当中固定资本大于流动资本，而生产另一种商品所用的资本当中固定资本小于流动资本——我们就可以证明，工资的增长（这将引起利润率的下降，反之亦然），事实上会影响到商品的相对价值。③ 然而在李嘉图看来，这并不意味着斯密关于工资增长将引起一般商品价格上涨的说法是正确的。李嘉图说，在现实

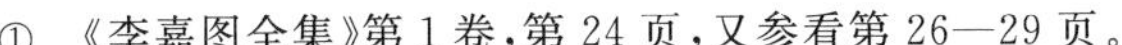

① 《李嘉图全集》第1卷，第24页，又参看第26—29页。

② 除非“土地提供的原料”构成商品的一部分。参看《李嘉图全集》第1卷，第117页，又参看第4卷，第20页脚注。

③ 李嘉图同时指出，如果固定资本的“耐久性”不同，也会产生同样的影响。由于托伦斯批评的结果，他在第二版中增加了流动资本的“耐久性”不同的例证（参看《李嘉图全集》第1卷，第xlii页及60—61页脚注）。

生活中，工资增长，不会促使任何商品的价格上涨，相反的，却会引起一切使用固定资本来生产的商品价格绝对下降，而且固定资本对流动资本的比例愈大，则其价格的下降也愈多。①

李嘉图论证的要点可以用一个简单数学例子来说明。假设有三种商品：A、B 和 C，生产每一种商品所使用的总资本为一百。在 A 例中，这一百资本完全是流动资本；在 B 例中，固定资本和流动资本各占半数；在 C 例中，八十为固定资本，二十为流动资本。我们假定：所有固定资本在我们所考察的一定生产时期内全部消耗掉；流动资本全部用作工资；资本的平均利润率为 20%。那么这三种商品各自的均衡价格（等于它的生产成本，包括平均利润在内）应为一百二十，如下表：

资本		利润	均衡价格
固定	流动	（20%）	
A……0	100	20	120
B……50	50	20	120
C……80	20	20	120

现在假设工资增长10%，因而利润率由20%降到$9\frac{1}{10}$②，

① 参看《李嘉图全集》第 1 卷，第 62—63 页。

② 其所以选择 $9\frac{1}{11}$%，是为了使不用固定资本生产的商品 A 的新均衡价格照旧不变。实际上，这正是李嘉图在他自己的一些更繁复的例子中所采取的方法（见《李嘉图全集》第 1 卷，第 59 页第 1 个例子）。这样处理并不像乍看起来那样是任意安排的。因为李嘉图在《原理》第一版和第二版中进行分析时，都“假设货币……总归是不依靠资本的同等数量劳动的生产物”——正如斯拉法所指出的，此外还有一个暗含的假定，就是将货币商品（及其他一切商品）生产出来并运到市场所需的时间为一年（同上书第 1 卷，第 xlii 页）。依据这一假定，凡“垫支资本完全用于工资并恰在一年内周转回来”的

则情况改变如下：

资本		利润	均衡价格
固定	流动	$(9\frac{1}{11}\%)$	
A……0	110	10	120
B……50	55	9.5	114.5
C……80	22	9.3	111.3

由此可以看到，三种商品的价格，一律没有上涨；两种使用固定资本来生产的商品(B和C)的价格下降了；商品C下降的程度较大，在它的生产中固定资本对流动资本的比例也较大。

李嘉图在《原理》第一版中进行这一分析的主要意义，在于揭露出斯密和"其他知名作家"[①]的一个十分错误的论断，他们断言：工资的增长必定引起一切商品价格的上涨。工资的增长绝没有引起一切商品价格的上涨，事实上，多数商品的价格降低了，而没有一种商品的价格上升。这个结论的矛盾性质似乎引起了李嘉图的重视，所以他在《原理》第一版中特别加以强调。这一点当然是不错的，就是，要达到这个结论就得承认，工资的变动可能引起商品相对价值的变化，尽管生产这些商品所必需的劳动量毫无改变。

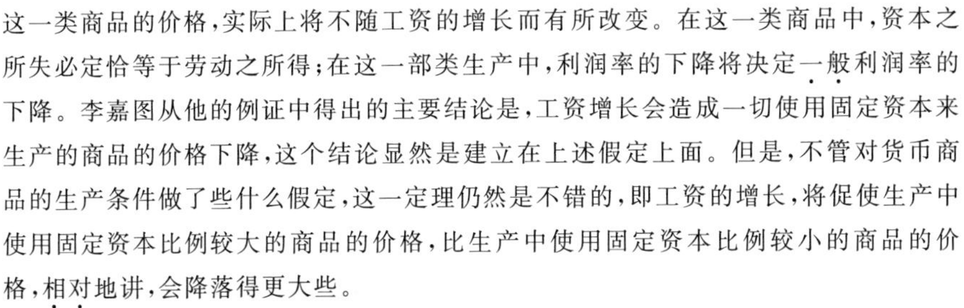

这一类商品的价格，实际上将不随工资的增长而有所改变。在这一类商品中，资本之所失必定恰等于劳动之所得；在这一部类生产中，利润率的下降将决定一般利润率的下降。李嘉图从他的例证中得出的主要结论是，工资增长会造成一切使用固定资本来生产的商品的价格下降，这个结论显然是建立在上述假定上面。但是，不管对货币商品的生产条件做了些什么假定，这一定理仍然是不错的，即工资的增长，将促使生产中使用固定资本比例较大的商品的价格，比生产中使用固定资本比例较小的商品的价格，相对地讲，会降落得更大些。

① 《李嘉图全集》第1卷，第63页。

现在看来，好像应用有机构成不同的资本所生产的商品，其相对价值不仅随劳动生产力的改变而改变，而且随劳动工资的改变而改变。这样，资本积累到底还是妨害了价值规律的作用。但是，对李嘉图说来重要的一点是，资本积累并不像斯密所设想的那样影响了价值规律。单单生产物由于资本积累而被分割为工资和利润的事实，并不足以影响价值规律。李嘉图对斯密反驳道："并非由于生产物分割为工资和利润的关系，也就是说，并非由于资本积累的关系，所以交换价值变动了。在人类社会的一切阶段，交换价值的变动只能由于两个原因：一个是生产所必需的劳动量的多少，另一个是资本耐久性的大小。前一个原因绝不可能为后一个原因所取消，只不过受到它的限制罢了。"[①]所以资本积累，就它造成"各种行业中固定资本对流动资本的比例不同"以及"固定资本耐久性的程度不同"来讲，肯定"使价值规律受到极大的限制，而这一规律在早期的社会里也是普遍发生作用的"。[②] 然而资本积累只不过是限制了价值规律的作用。亚当·斯密认为，劳动价值学说仅仅适用于原始蒙昧时代，等到资本积累以后，它就要为某种"生产成本"学说取而代之，李嘉图断然否认这个观点。

第四节　《政治经济学及赋税原理》第三版中的价值学说

当斯拉法编的《李嘉图著作及书信集》尚未出版时，人们普遍

① 《李嘉图全集》第 7 卷，第 377 页。

② 同上书第 1 卷，第 66 页；又参看马克思：《资本论》第 3 卷，人民出版社 1958 年版，第 11 章，关于这个问题的论述。

认为，李嘉图后来认识到劳动价值学说过于脆弱不可靠，不足以作为他提出的结构宏伟的分配论的基础。他于1820年6月13日写给麦卡洛克的一封有名的书信里，对这个学说表示了不满[①]，这封信几乎在所有经济思想史的著作里都成为重要的资料，而《原理》第二版和第三版的某些修改也常被用来证明李嘉图逐渐从他在第一版所提出的理论"倒退"了。然而斯拉法在他给《原理》所写的序言里却得出结论说，"根据新获得的证据来考察这部著作的修改，不能证实李嘉图在以后各版里从原来立场倒退的说法"。斯拉法写道，"不论在实质上和重点上，看来第三版的理论都和第一版的理论相同"。[②] 斯拉法所提供的确凿证据使人无法不相信。[③] 李嘉图除了在致麦卡洛克的信里有一处讲错以外，他始终坚决认为，"把体现在商品中的劳动量确定为制约商品相对价值的尺度，我们的方向是正确的"。[④] 经济学家如果愿意的话，仍然可以争辩说，李嘉图在价值问题的研究上被引入歧途了。这种辩解的主要根据，总是李嘉图自己终于承认被引入了歧途那个想法，但是这个根

① 《李嘉图全集》第8卷，第191—197页，特别是194页。

② 同上书第1卷，第xxxiii页。

③ 只有一处斯拉法的论证尚难令人信服。《原理》第一版和第二版都有这样的说法："在人类社会的早期阶段"，可以自由再生产的商品的交换价值"只决定于"物化的劳动量。在第三版里这个说法修改过了，"只决定于"改为"差不多完全决定于"。据斯拉法的解释，这种修改是因为前后两版所选择的标准不同。在我看来，这个解释未免有点太天真了。难道这种修改不是由于李嘉图在1820年认识到（因受到马尔萨斯在其《政治经济学原理》一书里所提出的批评的启发），使得价值规律遭受"重大限制"的原因，实际上"在人类社会的一切阶段"都存在的，也就是说，不仅存在于资本主义社会，也存在于"人类社会的早期阶段"。李嘉图曾经明白指出这一点。参看《政治经济学及赋税原理》第1卷，第xxxix页及第12页，第2卷，第59页。

④ 《李嘉图全集》第8卷，第344页。

据现在已经被彻底粉碎了。

李嘉图在《原理》第三版关于价值一章所作的主要修改，是由于他愈来愈注重价值的“不变”尺度的定义问题。李嘉图在第一版和第二版里对这个问题已经开始注意了，不过注意的还不多。他在那两版书里写道：

> “我们若能找到任何一种商品，它自古到今都恰是用同等数量劳动来生产的，那么这一商品的价值将是不变的，并可卓有成效地用作衡量其他商品价值变动的标准。但是，我们还不知道有这样一种商品，因而我们也还不能确定一个价值尺度。”①

李嘉图说，假如我们实际上能够找到这样性质的一种商品，我们将把它作为一个尺度用来断定下面的情况，即遇有同样有机构成的资本所生产的两种商品，其相对价值发生变动时，这一变动多少是由于影响第一种商品价值的原因，多少是由于影响第二种商品价值的原因。② 我们用这样一个“不变”尺度来衡量这些商品时，不难找出，它们的价值“可能长期增长的最高限度”，是要“同生产时所必需追加的劳动量成比例的；除非生产所必需的劳动量有所增加，它们的价值绝不会上涨”。③ 但若这些商品是用不同“比例”的及不同“耐久性”的资本来生产的话，那么情形就不同了，“所生产

① 《李嘉图全集》第1卷，第17页脚注。
② 同上书第1卷，第27—28页及54页。
③ 同上书第1卷，第29—30页及56页。

的商品的相对价值，将因工资的增长而改变”[①]，尽管生产这些商品的难易程度没有变化。李嘉图在《原理》第一版和第二版中对这个问题实际上就只钻研到这个程度。

马尔萨斯在他写的《政治经济学原理》一书(1820 年)中，批评过李嘉图所主张的工资增长会降低大多数商品价格的论点。但马尔萨斯也认为这是不错的，就是，在商品使用大量固定资本来生产而资本需要长时间才能周转回来的情形下，自然要假定：

> “由于利润下降而造成的商品价格的下跌，将在不同程度上胜过因工资上涨而必然引起的价格增长；因此，根据劳动的货币价格提高而利润率下降的假定，所有这些商品的价格自然要在不同程度上跌落。”[②]

但就其他“一大类商品”来说，由于它们仅用少量的固定资本或者根本没有固定资本，而且资本周转得很快，自然就不能这样假定了，因为这时商品价格下跌的趋势将不会“胜过”价格上涨的趋势。所以这一类商品的价格，实际上将随同工资增长而上涨。介于这两类商品之间的还有第三类商品，对这类商品说来，“工资的涨落恰恰被利润的涨落所抵消了”——李嘉图大胆地把这条界限划在“这一类商品上面，其垫支资本完全用于支付工资并恰在一年内周转回来”。[③] 马尔萨斯说，不论把界限划在哪里，这第三类商品“只能包括极少数的物品”，而“当劳动价格增长时，其余两类商品的价

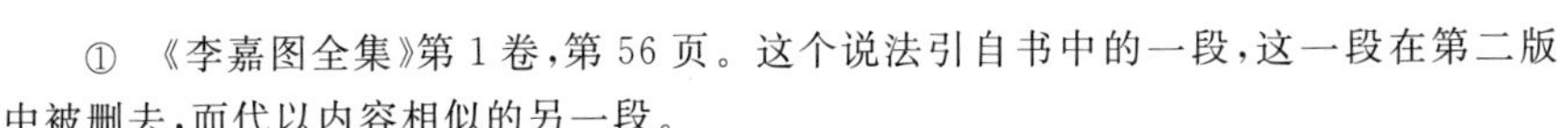

① 《李嘉图全集》第 1 卷，第 56 页。这个说法引自书中的一段，这一段在第二版中被删去，而代以内容相似的另一段。

② 同上书第 2 卷，第 62 页。

③ 同上书第 2 卷，第 62—65 页。

格或涨或跌，尽管生产时所耗费的劳动量完全一样”。①

李嘉图对于马尔萨斯所说的恶毒的话并不激动。他讲道：

> “马尔萨斯表明，事实上商品的交换价值并不是恰恰同生产这些商品所耗费的劳动成正比，这一点我不但现在承认，而且从来不曾否认过。”②

但是他也很同意马尔萨斯下面这个说法，即工资增长时，有些商品的价格实际上将上升。他自己表白道，“我无意中考察了我的第一个定理的反面命题”。③ 在一定条件下生产的商品，可以认作是划分其他商品的一条界线，在工资变动时，一类商品的价格将上升，而另一类商品的价格将下降，李嘉图对这个观念感到很大的兴趣。不久他就更清楚地看到，这同价值的“不变”尺度问题有关。他读过马尔萨斯的著作以后不久，显然觉得他在《原理》第一版和第二版中对于这个问题的分析，是有一些缺点的，那就是，“不变”的货币媒介物可能设想在“各种不同情况”下生产出来，他对于“各种不同情况”没有予以充分的、仔细的考虑。他在写给麦卡洛克的一封信里讨论到马尔萨斯的批评：

> “我讲得不够透彻，我本来应当说，如果媒介物是在某种情况下生产的，那么工资增长时，许多商品的价格将上涨，其他许多商品的价格将下跌，同时也有不少商品的价格变动得

① 《李嘉图全集》第2卷，第65页。

② 同上书第2卷，第66页。

③ 同上书第2卷，第64页。

很少。”[①]

从这里进到下述观点相差只有小小一步了，那就是，价值的“不变”尺度的不完善程度是可以减低的，如果我们不仅假设这个媒介物的生产总是需要同等数量的劳动，而且假设它应在两个极端之间的某种中等情况下生产出来，这两个极端就是资本的高“比例”和低“比例”、高度“耐久性”和低度“耐久性”。[②]

《原理》第三版的主要修改大部分是由于李嘉图发展了这个观点的结果。第一，李嘉图重新表述了工资变动对于相对价格的影响的学说：

> “看来情形是这样的，使用耐久资本所生产的那些商品的相对价格，是同工资依反比例而变化的：工资增长，它们的相对价格下降，工资跌落，它们的相对价格上涨。这种相对价格的变动同各种生产中所使用的资本的耐久性成正比。另一方面，那些用大量劳动而与计算价格的媒介物比较起来用较少的固定资本或较不耐久的固定资本来生产的商品正相反：工资增长，相对价格也增长，工资下降，相对价格也下降。”[③]

尽管李嘉图作了这样的修正，不消说，那些主张“劳动价格的增长将引起一切商品的价格普遍上涨”的人们还是错了，因为事实上只有某些商品的价格将上涨。[④] 也不消说，“造成商品价格变动的这

① 《李嘉图全集》第 8 卷，第 180 页。不过李嘉图坚持说，“这在我的书里都暗含谈到了。”

② 同上书第 8 卷，第 191—193 页；又参看第 343—344 页。

③ 同上书第 1 卷，第 43 页。其他一些不甚重要的修正从略。

④ 同上书第 1 卷，第 46 页。

个原因”，同“其他重大原因”（如“生产所必需的劳动量的增减”）对比起来看，“它的影响还是比较微小的”。李嘉图在第三版中似乎特别强调这一点。[①]

第二，在新增加的题为《论价值的不变尺度》这一节里，李嘉图试图确定一个适当的中数，它介于资本的高“比例”和低“比例”以及高度“耐久性”和低度“耐久性”两极端之间。他断言，没有一个尺度能够十全十美，因为，即使我们能够找到一种商品，它总是用同等数量的劳动来生产，然而“由于生产这一商品所需要的固定资本的比例，不同于生产那些我们要确定其价值变动的商品所需要的固定资本的比例，因而工资的增减还是会引起前一商品的相对价格的变动”。[②] 当然，资本的耐久性不同，和资本的比例不同一样，会影响到这一尺度的可靠性。这样，即使一种商品总是用同等数量劳动来生产的话，它也只能“对于所有在与它一模一样的情况下生产的商品说来是一个完善的价值尺度，但对其他商品说来就不行了”。[③] 所以，我们能够采取的最好办法，是在两极端之间找出一个中数来。李嘉图选择了黄金作为他的价值尺度，这意味着黄金可以看作是这样一种商品，它在“生产时所用固定资本与流动资本的比例，最接近于生产大多数商品所用的这两部分资本的比例的平均数”。李嘉图问道：“生产黄金的两部分资本的比例，会不会近乎介于两个极端之间，一个极端用极小量的固定资本，另一个极端则用极小量的劳动，黄金的生产条件恰介于两者之间而成为

① 《李嘉图全集》第1卷，第36页。

② 同上书第1卷，第44页。

③ 同上书第1卷，第44—45页。

一个适当的中数吗?”[1]这一分析所包含的一些更深远的意义,以及《原理》第三版发表后李嘉图在这方面的思想发展,将在下一节作进一步的考察。

第五节　最后阶段:绝对价值观念的发展

李嘉图在逝世前几周写成的《论绝对价值与交换价值》这些论文的发现,使人们对于他在《原理》第三版问世后关于价值的思想发展问题,更感兴趣、更加重视了。特别是可以从中发现他的思想发展的新倾向,这一思想倾向的产生,是由于他愈来愈注重“相对”(或“交换”)价值与“绝对”价值间的关系问题。

李嘉图在《原理》一书里讲道:“我想提醒读者注意的一种研究,是关于商品相对价值变动的影响,而不是它们的绝对价值变动的影响。”[2]我们已经看到,绝对价值观念的合理基础在于这样一个假定,就是:两种商品的相对价值的变动,最好看作是其中一种商品或分别考察的两种商品各自的“绝对”价值(或“真实”价值)发生变动的净结果。一种商品的“绝对”价值,就广义来说,实际上就是它依照一个“不变”标准来衡量的价值。

实际上一切商品(包括作为标准的商品)的相对价值都不免于发生变动,一方面是由于生产所必需的劳动量的变化,另一方面也

---

① 《李嘉图全集》第1卷,第45—46页。

② 同上书第1卷,第21页;又参看第8卷,第279页:“要是这一学说用来说明进行比较的一些商品时常发生的相对价值的变动,而不用来说明这些商品的全部绝对价值,它就不会遭受到那么多的反对了。”

因为“所用固定资本的价值不同或耐久性不同时，工资增长则利润下降。只有当我们认识到这一点后，绝对价值衡量问题所固有的困难才显而易见”。[①] 那么，在这种情况下，怎样才能衡量商品的绝对价值呢？换个讲法，一种尺度要具有怎样的性质才算得是“完善的”或“不变的”？我已经注意到李嘉图在《原理》第三版所提出的解决方法。李嘉图在那篇最后写的论文中，继续发挥他曾向麦卡洛克表示过的一个意见，就是，商品的价值决定于物化劳动，所有不符合这个一般规律的例外情形，都可以认为是由于商品生产和商品上市所花费的时间不同[②]，于是李嘉图决定“适当的中数”是“一年劳动时间所生产的商品”。[③] 他断言，这是“商品生产两个极端之间的中数，一个极端是劳动时间和垫支资本远远超过一年，另一个极端是劳动时间仅只一天而没有任何垫支资本”。他又说，由于一年时间的尺度恰与“生产谷物及日常消费中最为宝贵的大多数菜蔬等所需的时间相等”，所以他才决定“选择这样长的时间”。[④]

我们已经看到，据李嘉图对这个问题的看法，绝对价值的尺度只有这样才算是完善的（也就是完全不变的），那就是：生产所必需的劳动量总归是一样的，并且为生产它所需用的资本的构成和耐久性，同生产它所衡量的商品所需用的资本的构成和耐久性也是相同的。李嘉图最后之所以选择这样一个尺度，完全是因为它较之其他可能的尺度，看来是更接近于这个完善的标准。现在，如果

① 《李嘉图全集》第1卷，第53页。

② 同上书第8卷，第180页及191—193页。

③ 同上书第4卷，第405页；又参看斯拉法的论述，见第1卷，第xliv—xlv页。

④ 同上书第4卷，第405—406页。

这个尺度就这个意义来说是完善的话，那么，除非生产所必需的劳动量有所改变，否则就不可能有一种商品的价值用这个尺度来衡量时会发生变化。这个尺度根本不会反映工资变动的影响。它仿佛是一种筛子，可将工资变动所产生的影响从筛孔中清除出去，而只保留物化劳动量变动的影响；这个完善的绝对价值尺度概念极合李嘉图的心意，所以直到他去世时还是他关于价值问题的中心思想。

为什么李嘉图要选择这一特殊标准作为完善的绝对价值尺度并且如此坚持呢？他很重视的一个重要原因，大概是这个尺度不反映工资变动影响的方便性（就分配的中心问题来讲）。正如斯拉法所说的，“倘使工资涨落本身就会引起社会产品数量的变化，那就很难于确切地断定它对于利润的影响了”。[①] 可是，我认为更重要的原因是，在李嘉图的思想深处始终隐藏着这样一种想法，就是，人类劳动在价值的创造过程中起着一种特殊的重大的作用，它的作用是这样的特殊和重大，因而当生产所必需的劳动量既未增加也未减少时，要说它的“绝对价值发生变动”，这简直是无稽之谈。他在那篇最后写的关于价值的论文中，对这个观点给予了典型的说明。他写道：“要是一种物品仍然是在同过去完全一样的情况下生产的，还说它的自然价值提高了，在我看来，这是矛盾的。”[②]

李嘉图愈来愈倾向于把商品的绝对价值同体现在这商品中的劳动量等同起来，这就是我在本节一开始所说的李嘉图思想的新

① 《李嘉图全集》第 1 卷，第 xlviii 页。

② 同上书第 4 卷，第 375 页。在这里，“自然”显然是“绝对”的同义词。

倾向。甚至在《原理》第三版的新增材料中，特别是在《论价值与财富》那一章里，就有了这种思想倾向的迹象。例如下边这段话：

“除非法郎与它所衡量的物品都能归结为另一个共同的尺度，否则法郎只能测定制造法郎所用的一定数量金属的价值，而不能作为其他任何物品的价值尺度。我想它们可以归结为共同的尺度，因为它们都是劳动的产物；所以劳动是共同的尺度，可以用来计算它们的真实价值和相对价值。我还高兴说，这好像也是特斯杜·德·托拉西的意见。他讲道：‘这是一定的，即我们的原始财富只是我们的肉体和精神方面的能力，这种能力的运用（某种的劳动），是我们唯一的根本财源，我们所谓财富的一切东西，最需要的一切东西，最好享受的一切东西，总是由于这种能力的运用，才会生产出来。这也是一定的，即一切东西只代表生产它们的劳动，如果它们有价值，甚至有两种不同的价值，这些价值只能来自创造它们的劳动。’”①

《原理》第三版问世后一两个月，李嘉图向特娄尔解释道：

“我想，我的意思是说：商品生产所耗费的劳动不是它的交换价值的尺度，而是它的实在价值的尺度。我又补充说，交换价值决定于实在价值，从而决定于生产所耗费的劳动量。

“你说，没有商品的交换就不可能有价值；我同意这一点，如果你指的是交换价值的话。但是，如果我制一件衣服必需用一个月的劳动，制一顶帽子只需用一个星期的劳动，尽管我

① 《李嘉图全集》第1卷，第284—285页。

> 决不用这两件东西进行交换，衣服的价值还是四倍于帽子。倘使强盗闯进我的房子并拿走我的财物，我宁愿他拿去三顶帽子而不愿他拿去一件衣服。"①

在给特娄尔的第二封信里，他又同样写道：

> "当你嘴上说交换价值时，你思想里从来没有真实价值的观念——但我却一直有的。……这个错误与学说无关，只是因为我讲解的方法不对。我认为，一宗商品的交换价值是不会改变的，除非它的真实价值或它所交换的其他物品的真实价值发生了变动。这点是无可争辩的。如果一件衣服先前可以换四顶帽子，而后来可以换五顶帽子，我自然承认衣服和帽子的交换价值都改变了，但这种改变是由于衣服或帽子的真实价值的变动。"②

一个月后他在写给马尔萨斯的一封信里也表述了同样的思想：

> "对我来说，商品的货币价格的涨跌是最无关紧要的，我们应切实注意的大问题，是谷物、劳动和商品的真实价值的涨落，也就是说，是生产谷物和制造商品所必需的劳动量的增减。钻研真实价值的变动对货币价格的影响，也许有点奇怪，人类所真正关心的问题，是提高劳动的生产能力，享受丰富的产品，和资本与工业所生产的东西的适当分配。我总觉得，你考虑这一切时，过于密切地同货币价格联系在一起了。"③

① 《李嘉图全集》第9卷，第2页。

② 同上书第9卷，第38页。

③ 同上书第9卷，第83页；又参看第100页："你对货币太过重视了，其实便利生产才是有重大意义的问题。"

从下面两段话里边，也可以看出李嘉图实际上把生产一宗商品所耗费的劳动量和它的绝对价值等同起来了。第一段引自1822年4月出版的一本小册子，题为《论保护农业》，第二段引自1823年8月他致马尔萨斯的一封信。他说：

“当我使用谷物价值低这个术语的时候，我希望人们能够清楚地了解我的意思。我说谷物价值低，是指比较小量的劳动生产出大量的谷物。反之，如果一定数量的劳动生产出较小数量的谷物，那么谷物的价值将会提高。[①]

“我是按照体现在商品中的劳动量来计算价值的。……我们二人间的分歧是在这一点上：你说，一宗商品贵了，因为它能支配大量的劳动；而我说，只因生产所耗费的劳动量大，所以商品变贵了。”[②]

随着李嘉图越来越注意价值问题的这一方面，他就对提出其他价值学说的人们的观点愈来愈坚决反对（特别是萨伊的效用学说，马尔萨斯的所能支配的劳动尺度和他的肤浅的“供求论”）；同时他对自己的门徒所采取的极端学究式手法，即把劳动价值学说所带来的一些困难问题搪塞过去，也愈来愈感到不耐烦。[③] 在他写的《论绝对价值与交换价值》的最后几篇论文里，所有种种不同派别的思想都汇集在一起了。

李嘉图在这几篇最后写的论文中的大部分论证，都是以我方才叙述的那种思想为基础。例如，他批评马尔萨斯的“所能支配的

---

① 《李嘉图全集》第4卷，第235页。

② 同上书第9卷，第348页。

③ 同上书第9卷，有关部分。

劳动尺度"时，就是根据那种思想，他写道：

"就马尔萨斯的尺度来说，要是付给劳动者的劳动报酬总是同等数量的谷物，其价值也总归是一样的，尽管生产同一数量谷物所耗费的劳动和资本有时要比从前增加一倍。假设因耕作方法有了改进，生产同一数量谷物所耗费的劳动和资本减为一半，那么，照马尔萨斯的说法，只要付给劳动者作为工资的谷物量同原先一样而没有增加的话，其价值还是不变。马尔萨斯确也承认（这如何否认得了呢？），在这种情况下，谷物的货币价格将大大跌落，它相对于一切其他商品的交换价值也将同样跌落，然而马尔萨斯却仍旧说，它的绝对价值不会下跌，因为按照他的价值尺度计算并无变动。另一方面，在上述假定情况下，他却认为，一切其他商品以及货币按照这一尺度计算时都发生了变动，因而他说，它们的价值大大提高了。他还是坚持这个说法，尽管其中一种商品或许多商品的生产方法，由于应用机器或其他原因而有了很大改进，因此这些商品的价格便宜了，或者相对于谷物和劳动以外的其他一切商品来说，它们的交换价值跌落了。但依据李嘉图的尺度，任何一种东西的生产方法有了改进，它的价值就一定要跌落；并且，倘使作为货币标准的黄金仍旧是用同等数量的资本和劳动生产的，那么前一种东西的价格和价值就变成同义语了。"①

① 《李嘉图全集》第4卷，第372—373页，407—408页；又参看第1卷，第15—16页。

这种思想也包含在李嘉图对托伦斯观点的主要批评里，托伦斯认为，在现代社会里，商品价值是决定于生产所必需的资本量而非劳动量。李嘉图说：

> “假设一英尺布值五块糖。后来生产布和糖的困难程度一律增加一倍，或者是生产容易了一倍，在任一情况下，这两种商品的相对价值都不会改变，一英尺布仍然值五块糖。因为它们的交换价值没有改变，于是托伦斯就由此推论说，它们的真实价值也照旧不变。可是我要说：它们的真实价值肯定改变了，在前一情况下，一英尺布和五块糖的价值都增加了，在后一情况下，它们的价值都减少了。”①

这种思想，在另外一处要比在李嘉图以前所有著作里都表白得更清楚：

> “也许有人要问，我所说的价值是什么意思，我用什么标准来断定商品的价值有没有改变。我回答说，一件物品的贵贱，除了用生产它时所牺牲的劳动来断定外，我不知道还有什么别的标准。一切东西根本都是劳动创造的——任何有价值的东西不靠劳动就不能生产出来。所以，如果布这种商品原先需要十个人的劳动生产一年，而后来只需要五个人的劳动生产一年，那么布就要便宜一倍。或者，同样数量的布仍然需要十个人的劳动，但所需时间是六个月而不是一年，那么布的价值也将下跌。
>
> “只要我们承认，一切商品都是劳动的产物，除非花费了

① 《李嘉图全集》第 4 卷，第 394 页；又参看第 374—375 页。

劳动，否则就根本不会有价值，那就非常清楚，生产各种商品所费劳动量的增减，是它们的价值发生变动的唯一原因。”①

第六节　李嘉图在劳动价值学说史上的地位

我们已经看到，李嘉图开始研究价值问题，也是根据人所熟知的古典学派观点，那就是，当商品按照它的生产成本（包括资本的平均利润）出售时，它就算是“按照它的价值”出售了。它的生产成本或“自然价格”被认作是它的价值的货币表现。② 李嘉图说，“两种商品的相对生产成本”（这就是它们在市场上通常交换的比例），“接近于生产它们时一直耗费的劳动量的比例”。③ 为什么说“接近”那个比例而不说恰恰等于那个比例，自然是因为生产各种商品所用的资本构成不同，所以生产成本比例跟物化劳动比例之间一定要有出入。④

正如李嘉图自己所说的，他在《原理》一书里主要是研究“商品的相对价值变动的影响而不是它们的绝对价值变动的影响”。⑤ 但只论述其中一个而不暗含涉及到另一个，那是很困难的。要是

① 《李嘉图全集》第 4 卷，第 397 页。

② 同上书第 1 卷，第 47 页脚注。

③ 同上书第 2 卷，第 35 页。

④ 李嘉图经常是从“动态”来分析这一定理的。这种“动态”分析就是说，工资的涨落将引起商品生产成本比例的变化，而生产这些商品所必需的劳动量却丝毫没有改变。参看斯拉法的论述，同上书，第 1 卷，第 xlvii 页。

⑤ 同上书第 1 卷，第 21 页。

价值学说问题和“不变”价值尺度或标准价值问题在一个人的思想当中像在李嘉图的思想当中那样紧密联系在一起的话，那就更加困难了。李嘉图写道：“先弄明白一个标准的基本性质，使我们晓得商品相对价值变动的原因，并能够计算出它们可能发生的变动程度，这对于建立一个正确的理论是有很大用处的。”[①]确定一个“不变”价值尺度的性质问题（这是李嘉图在《原理》第二版发表以后异常重视的问题），实在不是一个新问题：实质上，李嘉图仍然在钻研他在1817年《原理》第一版第一节里所提出的简单价值学说的正确性问题。

虽然如此，到后期绝对价值概念就发挥得详尽得多了；并且，像我在前边曾经指出的，他将绝对价值和物化劳动等同起来的倾向，也愈来愈明显了。毫无疑问，这一倾向在某种程度上一直是存在的：人们要是不同时把价值看作实质上是由物化劳动创造的，就说不上物化劳动是价值的“本源”和“基础”，以及“体现”在商品中的物化劳动[②]。可是，只有到最后阶段，李嘉图才明白地有意识地表述和强调这种思想。李嘉图在强调这一点时，无疑是要系统地表明他的某种直觉，这就是，“把体现在商品中的劳动量确定为支配商品的相对价值的尺度，我们的方向是正确的”[③]。如果“创造价值的能力”当真“完全属于人类劳动”[④]；如果“一切商品都是劳

① 《李嘉图全集》第1卷，第17页。

② 同上书第1卷，第13页，在那里，这三种说法全都用过。

③ 同上书第8卷，第344页。

④ 同上书第1卷，第285页。

动的产物，除非花费了劳动，否则就根本不会有价值”[①]；因而体现在商品中的劳动构成商品价值的实体；那么，毫无疑问，我们企图把交换比例与物化劳动比例联系起来，“方向是正确的”。看来物化劳动比例应当是交换比例的唯一调节器[②]；倘使事实证明并非这样，那就是一个必须解决的“矛盾”。倘使这个矛盾变得非常难于解决，这并不意味着基本学说有何缺陷，而是意味着“试图解释这一矛盾的人能力不足”。[③]

关于李嘉图在劳动价值学说史上的地位问题，可以从两方面加以考察：第一，他在进一步发展斯密学说方面的贡献，第二，他在多大程度上替马克思扫清了道路。我们已经看到，李嘉图在《原理》一书里是从这样一个假定开始的，这就是，价值决定于劳动时间的命题是正确理解资本主义社会解剖原理的一个必要出发点。然后他进而探讨：“另一些经济关系，范畴，是否和价值的这种决定方法相矛盾，或者说，会在怎样的程度内修正它”。[④] 这样的研究方法比斯密是进步得多了，斯密一方面要叙述马克思所说的“资产阶级社会的内部生理”，另一方面要叙述“这种社会在外表上显出的生活现象”[⑤]，而这两方面的研究多少是孤立地进行的，他没有从因果关系上把两者圆满地结合起来，甚至还经常发生矛盾。马克思写道：

① 《李嘉图全集》第 4 卷，第 397 页。

② “应当”二字自然只是就这个意义来讲的，就是，这个结论似乎是既定前提的逻辑结果。

③ 同上书第 8 卷，第 142 页。

④ 马克思：《剩余价值学说史》第 2 卷，三联书店 1957 年版，第 4 页。

⑤ 同上书第 2 卷，第 5 页。

“但最后李嘉图出来了。他在这种科学面前，高声喊了一声立正！资产阶级体系的生理学即其内部有机关联和生理过程的理解之基础或出发点，是价值由劳动时间决定。李嘉图即由此出发，要使这种科学放弃它以前的老套，并要在这上面，清算一下另一些由它展开并且说明的范畴——生产关系和交换关系——是在什么程度以内，与这个基础，这个出发点相照应或矛盾，或者这种单是把过程的现象形态提示或再生产的科学，从而现象自身，是在什么程度以内，与这个基础（资产阶级社会的内部关系，它的现实生理，就是以这个基础作基础的，或者说，就是以这个基础作出发点的）相照应；这个体系的外表运动，和它的现实运动间，又存有怎样的矛盾。这是李嘉图对于这种科学所有的伟大的历史意义。”①

但是，在马克思看来，李嘉图在《原理》一书里所用的研究方法，虽然从历史上说是正确的，但从科学上说还不充分，因为“这种研究方法跳过了必要的中项，并用直接方法，去论证各种经济范畴相互间的一致”②。特别是他一开始就把“价值”同生产成本等同起来，他实际上不仅假定了商品自体的存在（“如果我们只要考察价值自体”，马克思说，“是只要假定这个的”），并且还假定了“工资、资本、利润、甚至一般的利润率”。③ 这样，李嘉图实在一开始就认为这是当然的，即使用不同有机构成的资本所生产的商品，其“价值”比例将与物化劳动比例发生背离，这种背离在数量上是不

① 马克思：《剩余价值学说史》第2卷，三联书店1957年版，第5—6页。
② 同上书第2卷，第4页。
③ 同上书第2卷，第8页。

确定的。由于二者必然要发生这样的背离，在李嘉图看来，这是没有办法的，只有承认原有的规律需要一定的“修正”，并寻求一个“不变”的价值尺度，尽可能地用来表明，商品的价值，只有在生产所必需的劳动量改变时，才会发生变动。

我在前面曾经指出，李嘉图所谓“不变”尺度的“完善”标准，主要反映出他的一个根深蒂固的感觉，那就是：尽管一切表象相反，物化劳动在某种重要的意义上仍然构成并决定商品的“价值”。事实上，在正常情形下，物化劳动比例并非严格地相当于交换比例，这在李嘉图看来是个“矛盾”——一个他不能解决的矛盾。他所以解决不了这个矛盾，基本上是因为(前已指出)，“在他只要说明价值，从而只要说明**商品**自体的地方，居然把**一般利润率**和一切由比较发展的资本主义生产关系生出来的前提，引进来”。[1] 马克思批评说：

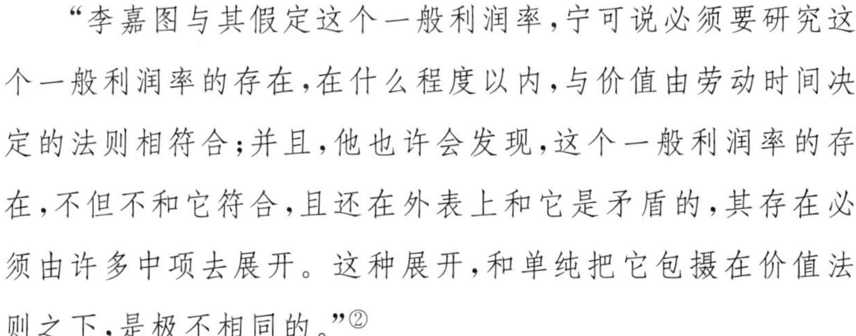

“李嘉图与其假定这个一般利润率，宁可说必须要研究这个一般利润率的存在，在什么程度以内，与价值由劳动时间决定的法则相符合；并且，他也许会发现，这个一般利润率的存在，不但不和它符合，且还在外表上和它是矛盾的，其存在必须由许多中项去展开。这种展开，和单纯把它包摄在价值法则之下，是极不相同的。”[2]

因此，照马克思的意见，这个“矛盾”问题，只有把均衡价格作为劳动所决定的“价值”的**派生物**来看待，才能适当地解决。马克

① 马克思：《剩余价值学说史》第 2 卷，三联书店 1957 年版，第 58 页。

② 同上书，第 2 卷，第 15 页。

思讲道:“李嘉图不承认生产价格〔即均衡价格〕和价值的差别是由价值决定法则自身发展出来的,却承认有种种与劳动时间无关的影响会决定价值自身。”马克思补充说:“其实,在这里,为李嘉图计,是应当在这里固执着‘绝对价值’或‘真实价值’或‘价值’一般。”[①]马克思自然不曾觉察到,事实上,李嘉图在他的晚年是愈来愈强调“‘绝对’价值或‘真实’价值的概念”,也不曾觉察到,他愈来愈倾向于把绝对价值和物化劳动等同起来。假使马克思知道这些,他将会认为,李嘉图已朝着正确解决那个“矛盾”的方向前进了一大步。的确,马克思的解决方法的主要部分(包括那个决不可少的观点,即利润决定于“一国每年的劳动中用于维持劳动者的比例”[②][③])李嘉图在临终前已将近完成了。李嘉图的重大缺点(同时正是马克思的绝大优点),是他不曾正确地认识到:经济理论问题,即使是像价值这样深奥的问题,不仅仅是逻辑的问题,而且也是历史的问题。

① 马克思:《剩余价值学说史》第2卷,第36—37页。

② 《李嘉图全集》第1卷,第49页。

③ 在删去的一段里(《李嘉图全集》第4卷,第312页),甚至包含有资本的划分,它在实质上极接近于后来马克思所做的关于不变资本和可变资本的区别。

第四章　马克思的价值学说(一)

第一节　价值学说从李嘉图到马克思的发展

在从 1823 年李嘉图逝世到 1844 年马克思写作他的《经济学——哲学手稿》的二十年中,价值学说有了一些重大的发展。一方面,李嘉图所提出的劳动价值学说,愈来愈被他的几个拥护者所削弱和庸俗化了,又被他的许多反对者所全部否定,他们创立了一些新的学说取而代之。另一方面,一些激进经济学家热情地接受了一切价值都是基于人类劳动耗费的思想,用来支持他们的要求,这就是,工人阶级应当得到其劳动产品的全部(至少是较大的部分)。事实上,这二十年代表那眼花缭乱的历史过程的第一阶段,在这一阶段,劳动价值学说实际上已被正统经济学家们所放弃而为劳工运动的代表们所接受。后来马克思把这一历史过程推进到第二阶段,一个无比重要的阶段。

正像一位当代评论家所指出的,李嘉图认为,"商品价值的观念,如果不同商品与人类以及人类劳动的关系这个观念联系起来,是不能想象的,因为商品最初总是要用一部分人类劳动来生产"。[①] 李嘉图死后,比较著名的经济学家从这一基本观点倒退得

① S. 李德:《关于权利的自然根据的研究》(1829 年),第 viii 页脚注。

非常快。1826年詹姆士·穆勒的《政治经济学概论》第三版发表后，实际上唯一有名的经济学家继续保卫李嘉图价值学说的是麦卡洛克（此外还有少数不很重要的通俗作家单纯作了一些解释），可是他的维护还包含有不少奇怪的说法，容易成为批评者攻击的目标。到1829年，李德就能够相当公正地宣称人们“几乎普遍拒绝把劳动作为标准”了[①]；1831年，柯特里耳说，他所以不得不一再重复反对劳动价值学说的一般论点，只是因为他怀疑“还有一些李嘉图派存在”。[②] 李嘉图的批评者着手创立新的价值学说来代替劳动价值学说，今天西方世界认为是正统的种种理论就是那些学说的直接继续。

对李嘉图的价值学说的反应，采取了各种不同的形式。第一，他的真实价值或绝对价值的概念遭受到托伦斯、贝利和《经济学中一些论战评述》一书的隐名作者的抨击，他们认为交换价值基本上是相对的东西。第二，他关于只从“供求”来说明价值是毫无意义的见解，则受到劳德代尔和马尔萨斯的追随者们的非难（自然还有马尔萨斯自己）。[③] 第三，他关于商品的价值事实上不是“同它的

① S.李德：《关于权利的自然根据的研究》(1829)年，第203页。

② C.F.柯特里耳：《价值学说的考察》，第8页。

③ 熊彼特在《经济分析史》第601页上说：李嘉图“完全不理解供求论在经济学说中的性质与逻辑意义，……竟把它当做与他自己的学说不同并且相反的一种价值学说”。然而实际问题是，马尔萨斯当时确实是把供求论作为与李嘉图的学说不同并且相反的一种价值学说而提出来的（参阅马尔萨斯：《政治经济学原理》，第2章，第2、3节）。我以为，从《李嘉图全集》第2卷，第38—53页；第7卷，第250—251页；第8卷，第276—277页及279页各处的明显说法来看，要是像熊彼特那样，说李嘉图不懂得“供求的概念适用于一种体系，这种体系与任何价值学说都是符合的，而且是一切价值学说所必需的”（第601页）；那是十分错误的。李嘉图不过指出，仅仅说供求决定价值是不够的。那等于“没有说什么”（第8卷，第279页）。在他看来，价值学说必须对于供求力量在“正常”情形下所决定的价格水平给予确切的说明。

效用成正比”[①]的论点(与萨伊相反),又受到一些作者的攻击,他们愈来愈强调效用在价值决定中所起的作用。这些作者多半相信某种供求的学说,他们之所以强调效用,不过意味着他们更加注意价值公式的“需求一端”罢了。但在少数十分有名的事例中,我们可以看到,经济学家们实际上提出了价值的效用说。对于效用的重新强调,往往是和一两个变相的分配的“生产力”说(通常是十分粗浅的)联系在一起的。有些作者开始主张,生产要素的“生产服务”价值,一定来自这些生产要素帮同生产出来的货物对于消费者的效用;他们(例如李德和西蒙·格雷)有时还从这里得出一个伦理观点,这就是,每一“要素”通常得到的报酬恰等于它对最后产品价值的贡献。第四,也是最后一点,李嘉图关于商品生产成本(它“决定一定价格下的供给”[②]从而决定价格本身)必须归结为劳动成本的论点,也受到许多经济学家的反驳。他们有些人认为这样说就足够了,即货币生产成本决定长期均衡价格,或像托伦斯所说的,相对价值决定于所用资本的相对数量[③]这就暗含意味着,寻求货币成本或商品成品后面的“真实”成本,是不必要的。其他像斯克鲁普和西尼尔等人确曾努力探讨供给后面的“真实”成本,但发现这个真实成本不只是劳动,而且还有节欲——这暗含意味着,价值学说可以合理地由两个或更多的决定要素构成,而无须将它们归结为一个共同的因素。[④]

① 《李嘉图全集》第 8 卷,第 276 页。

② 同上书第 2 卷,第 45 页。

③ 李嘉图对这个观点的评论,参看《李嘉图全集》第 4 卷,第 393 页以下。

④ 参看多布:《政治经济学与资本主义》,第 10—12 页。

李嘉图和他的门徒对于劳动价值学说的迅速衰落，当然要负一部分责任。我们已经看到，李嘉图对这个学说的阐述决不是无可指责的，而穆勒和麦卡洛克等人打算进行的维护，是好心好意的，但往往也是不幸的，只有把事情弄得更糟。特别是李嘉图自己承认，他最初提出的价值规律，在使用不同构成的资本生产商品的情形下，需要“重大的修正”，这就明白地给人以攻击的口实。[①] 有一个例子曾经使李嘉图大感烦恼[②]，同时也是他的门徒的一个绊脚石，就是，酒窖里的葡萄酒没有花费人类劳动而价值却一年一年在增加。穆勒认为，在这样的例子中，“蓄积劳动”（即资本）比照它的数量追加了价值，正如同在其他一些例子中“直接劳动”创造了价值一样[③]。麦卡洛克主张，自然的劳动增加了葡萄酒的价值[④]。批评者自然就抓住这些极端迂腐的解释来对劳动价值学说大肆嘲笑了（李嘉图自己总认为，这些解释只不过是玩弄字句逃避争点而已）。他们都不曾进行认真的尝试来解决李嘉图的分析中所暴露出来的“矛盾”。李嘉图学说中遭受批评者攻击的其他弱点是：他不能说明资本和劳动间明显的不等价交换如何能够和劳动价值学说调和一致；他关于相对价值和绝对价值以及价值的原因和价值

① 马尔萨斯在这里提出了一种论调，他相当合理地强调指出，随着文明的进展，资本构成的差别也倾向于扩大，在现代它已变得“异常悬殊”了（《政治经济学原理》，第2版，1836年，第88页）。

② 参看《李嘉图全集》第9卷，第330—331页。

③ 参看《政治经济学概论》（第2版），第98—99页。我认为，穆勒在这里真正要说明的是：不论直接劳动或蓄积劳动都创造价值，也创造剩余价值，其大小，同各自使用的劳动的数量成正比。

④ 参看《政治经济学原理》（第1版），第313页。需要注意的是，这一论点在该书第2版及其以后各版就被放弃了。

的尺度的区别不够清楚明了(至少在他已发表的著作里是这样);他关于劳动的价值怎样决定的一些说法有时模糊不清。

坚决否认或削弱劳动价值学说,已经成为这一时期许多作者的特点,这里边还有一个更重要的理由。一些激进作家以及和他们经常联系的工人组织,也已开始利用劳动价值学说——讲得更确切些,就是另一与之有关的概念:"劳动创造一切"——来支持他们关于各种经济和社会改革方案的要求。这些作者问道:如果劳动当真"创造一切"的话,为什么劳动不应当得到一切呢?或者至少要比现在更多得一些呢?这些要求自然遭到强烈的反对,例如托玛斯·哈季斯金[①]就是1824年联合法[②]废除以后用来吓唬小孩子们的名字。所以,许多比较保守的经济学家要把李嘉图的价值学说不仅看作是逻辑的错误而且看作是社会的危险,这也许是不可避免的。1832年约翰·卡泽诺写道:"说劳动是财富的唯一源泉,看来是一个错误而又危险的学说,因为它不幸给予某些人以口实,他们主张一切财产属于工人阶级,而其他人所获得的部分是对工人的掠夺和欺诈。"[③]毫无疑问,英国激进作家对古典价值学说的利用(或滥用),是加深反抗李嘉图的一个有力因素。李嘉图的一些反对者(例如斯克鲁普、李德和朗费尔德)似乎十分清楚地知道他们在做什么:他们关心的主要是李嘉图学说的危险性质,而不

① 托玛斯·哈季斯金(1787—1869年)是英国社会主义者,他主张,劳动创造财富,所以工人应得到他的全部产品,资本家只能作为企业的"积极筹划者"而获得其应得的工资。——译者

② 这是1799年与1800年英国政府通过的镇压工人运动的法令,禁止工人联合起来从事增加工资或减少工时的斗争。——译者

③ 《政治经济学大纲》,第22页脚注。

是他们所认为的这一学说的虚伪性。他们的想法说得异常明白,就是,政治经济学必须从另一角度来重新改定,以便使它适合于劳动阶级的消费。李嘉图的大多数批评者无疑是比较天真的,然而他们攻击李嘉图所产生的客观效果却没有两样——即对哈季斯金及其激进的同志所依据的那一部分李嘉图学说进行局部的消毒和修改,来个釜底抽薪。当时英国资产阶级方从对地主阶级的攻势改为对新兴工人运动的守势,如果把对李嘉图的这种反抗大部分看作是这一全面转变的反映,那就不只是异想天开了。①

大多数激进作家,像哈季斯金、格雷、雷文斯东、汤普森、埃德蒙兹等人,或多或少地都承认,"劳动"在某种重要意义上是财富与价值(他们很少适当注意到这两者之间的区别)的唯一源泉,非劳动阶级所获得的净收入,实质上是劳动的"全部产品"的扣除。在他们看来,从这样一些前提出发,自然就得到一个逻辑结论,就是,某种社会改革是必要的。劳动价值学说,就他们往往采取的那种有点模糊不清的说法来讲,是具有伦理和政治意义的,从那以后,在人民的意识中,这种伦理和政治意义就一直和那个学说密切联系起来了。这是一个相当重要的问题,也许在这里提出来谈谈最为合适。

那些认为劳动价值学说必然含有一定伦理或政治观点的人们,往往强调洛克在这一学说的初期发展中所起的作用。洛克倾向于把商品生产中的劳动耗费不仅看作是赋予商品以"价值"(这

① 参看我的一篇论文:《李嘉图经济学在英国的衰落》,《经济学研究》,1950年2月号;又参看屠能:《孤立国》(罗斯脱克,1842—1863年)第1卷,第2篇,第36—48页及62页。

里姑且不谈哪种价值的问题),而且看作是赋予花费劳动来生产商品的个人以对商品的所有权。这肯定是不错的。没有人会否认洛克的财产权学说大大有助于创造一种政治气氛,使得古典的劳动价值学说终于能够流行起来,也没有人会否认许多激进分子事实上是从洛克的角度来考虑劳动价值学说的。[①] 然而这绝不等于说,这个学说本身必然含有一定的伦理或政治观点。[②] 我在前面曾试图表明,古典的劳动价值学说的产生,与其说是同洛克的财产权学说直接有关,倒不如说是同社会劳动分工的概念直接有关。这实质上是说,商品交换范围所表现的物的关系,决定于商品生产范围所表现的人的关系。在我看来,这种观念本身并不含有任何十分确定的伦理或政治前提。关于这一点,肯定没有事实足以证明:斯密、李嘉图或马克思除了把劳动价值学说看作是个科学工具,用来探讨经济发展的客观规律外,还有什么其他想法。[③]

在这个问题上还存在着混乱,其主要原因之一,是劳动价值学说往往同某种剩余价值学说密切联系在一起。批评者经常指出,

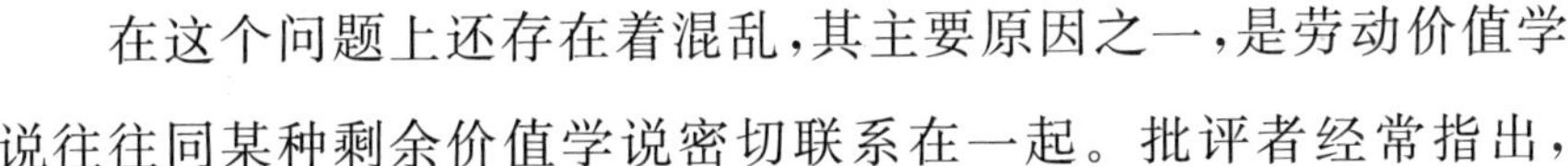

① 参看下面一段初期的讲法,引自查理·霍尔著《文明的后果》(1805 年),第 68 页:"无论一个人亲手把他自己那份土地生产出来的原料制成什么东西,必须承认属他所有;如果他自己不消费掉的话,就可以把它们积蓄起来;也可以拿去和别人生产和占有的价值相等的其他东西进行交换;但要严格依照这些进行交换的东西在生产时所耗费的劳动量来计算它们的价值。"

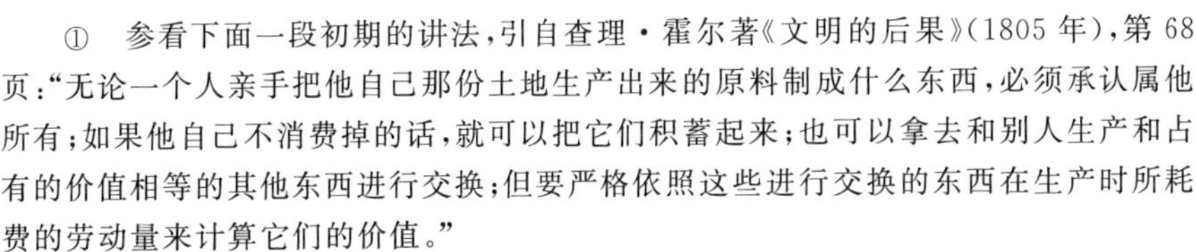

② 关于这方面的全部论点,参看多布的一篇评论,见《经济学研究》第 19 卷,第 73 期,第 94—95 页。

③ 参看多布:《政治经济学与资本主义》,第 95 页:"每一经济学说都不免有其道德的含义,实证主义者企图把这两者分割开来,也许做得太过分了。然而一种学说的某种含义要靠一定的道德假设,这个说法同学说本身是从一定的道德假设推论出来的命题,还是有区别的。"

在这种情形下，剩余价值的存在实际上是从劳动价值学说本身“论证出来”的，而不是从收入分配的事实的客观分析中论证出来的。如果“剩余价值”事实上并不存在，它只不过是劳动价值学说的一种逻辑推论，那么，说劳动价值学说本来就包含有一定的伦理与政治态度，一定是不错的了。然而从历史上讲，无论如何不能说：剩余价值的存在是从劳动价值学说推论出来的。事实上，这一学说恰是为了说明现实世界中剩余价值的明显事实而发展起来的。古典经济学家把进货与出货间所发生的价值差额看做是一个简单的事实，这一价值差额最后分解为地租和利润，而领受的人却显然不曾从事任何生产劳动。[①] 劳动价值学说要担负的一个主要任务，在于说明这一剩余价值的来源和持续并衡量它的数量大小。不错，当这一学说应用于经济过程的分析时，它就让剩余价值现象显现出来，其实的确也要对它进行揭露，而不像某些近代价值学说那样企图把它完全掩盖起来。[②] 但是，我们不能在比这更单纯的意义上说，剩余价值是从劳动价值学说“推论出来”的。

倘若我们决定要对这种现象进行判断时，伦理和政治就当真地插足进来了。不过劳动价值学说本身对于这种现象并不包含有一定的伦理或政治态度。举个例子，它一定不能用来暗示剩余价值应归劳动者而不应归地主和资本家所有。事实上，这是使主张劳动价值学说的人们往往发生严重分歧的问题。例如亚当·斯密

① 凯恩斯说：“在今日情形之下，利息与地租之性质相同，并不是真正牺牲之代价。”(《就业、利息和货币通论》，三联书店版，徐毓枏译，第 320 页。)实际上他这里关于利息地租所说的，就是古典经济学家关于这两种收入以及利润所要说的。

② 参看多布：《政治经济学与资本主义》，第 22 页及 30—33 页。

与威廉·汤普森都接受了某种劳动价值学说,他们都看到利润的来源在于资本家雇用的劳动者对原料进行加工制造时所创造的剩余价值。[①] 然而他们各自对这种情况所下的判断,自然是极不相同的。斯密大体上认为,建立在地主和资本家榨取剩余价值的基础上的经济制度,是一切*可能的*社会制度中最好的一种。另一方面,汤普森却断然谴责这样的制度。其实,只有当工人运动日益强大显著和人们对另一种可能的经济组织形式开始探讨的时候,剩余价值的榨取才遭受到广泛的非难。[②] 也只有到这个时候,工人运动的朋友和敌人才觉得运动价值学说具有一定的伦理与政治观点。

就汤普森、蒲鲁东和洛贝尔图这些作者对劳动价值学说所采取的这种态度来讲,他们的著作受到马克思的尖锐批评。马克思实际上认为,把劳动的全部产品应归劳动者所有从而应当建立社

① 参看《国民财富的性质和原因的研究》第 1 卷,第 67 页:"在一切工艺和制造业中,大部分工人,在作业完成以前,需要雇主为他们垫支材料、工资与生活费。雇主分享他们的劳动产品,或他们在加工制造的材料上面新增加的价值;他分享的这一部分构成他的利润。";又参看《李嘉图全集》第 4 卷,第 379—380 页;汤普森:《财富分配原理的研究》,第 166 页。

② 对于榨取剩余价值的一些更早的看法,可以用马茜夫人的不朽著作《经济学讲话》中的一段话来很好地说明:不可比拟的 B 夫人方才根据传统的斯密观点对她的学生卡罗琳解释了利润的来源。温柔的卡罗琳说,她"对于这种收入的取得方式有点怀疑"。要是劳动者事实上能创造比他所得工资更大的价值的话,为什么不让他享有他的全部所得呢? 照卡罗琳的想法,劳动者"不得不把一部分所得提供给他的雇主,肯定会大大打击他的积极性"。B 夫人答复这一热情的异端派的要旨只不过是,如果资本家被迫"让劳动者享有他的全部劳动收获",那么就没有人肯为劳动者提供工作了,"工业将陷于瘫痪"。于是她下结论说,"我决不认为资本家从劳动者身上获得的利润是罪恶,我总是这样想:雇用穷人应是增加阔老财富的一个必要步骤,这是上帝大慈大悲的意旨。"(引自第 6 版,1827 年,第 95—98 页。)

会主义制度这一点，看作是劳动价值学说本身推论的结果，这是十分错误的。这不过是乌托邦的空想，这是科学的否定。当然，把劳动价值学说应用于资本主义现实的研究时，就暴露出某些阶级取得“不劳而获”的收入的事实，这是完全不错的。然而恩格斯指出：“如果我们说：这是不公平的，不应该这样，但是这句话同经济原来毫无关系。我们不过是说，这些经济事实同我们的道德感情不合而已。”[①]劳动价值学说是分析资本主义现实的科学工具，要是认为它具有一定的伦理或政治观点，那只是把经济学和道德混为一谈了。社会主义的必然性，无疑是从劳动价值学说所揭示的资本主义发展规律引申出来的；但它肯定不是从劳动价值学说本身引申出来的逻辑结果。

不过在这里还要补充一点。劳动价值学说本身并不具有一定的伦理或政治观点，这是不错的；但就马克思来说（在某种程序内就斯密来说），它是同极其明确的伦理与政治观点相联系，这同样是不错的。当一个经济学家从事分析经济过程时，他一开始总不免对那一过程抱有一种“想象”（如熊彼特所说的）。[②] 这种“想象”通常包含有经济学家认为有助于解释经济过程的某种基本的因果关系原理，而这一因果关系原理在他随后开始分析的价值学说中

① 见马克思著《哲学的贫困》一书中恩格斯序言，人民出版社1961年版，第5页。恩格斯随后又补充说：“但是，就经济形式说是错误的东西，在世界历史意义上却可以是正确的。如果群众的道德感宣布某一经济事实为不公平，如当年对于奴隶制或农奴制那样，这就证明这个事实本身已经过时，而另一些经济事实已经出现了，由于这种情况，那原来的事实已经变成不能忍受和不能维持的了。因此，在表面的经济不公平之后，可以藏着一个非常实在的经济内容。”

② 熊彼特：《经济分析史》，第41页。

将会表现出来。换句话说,价值学说概括地表明,经济学家认为经济过程应当从那一角度来进行分析。例如劳动价值学说实际上指出,这一过程应从商品生产中人与人的社会关系着手分析。就马克思来说,这一学说所表现的一定因果关系原理,同他应用到整个社会过程的其他非经济方面的因果关系原理,是一样的;这一原理自然同他用来进一步研究社会生活的一定哲学思想有着密切的联系。马克思的劳动价值学说既同唯物史观和哲学上的唯物主义如此密切地联系在一起,它自然也同马克思主义世界观所包括的伦理与政治结论结合起来了。但是要弄清楚,这一结合的性质同人们往往设想的完全不同,它绝没有损害劳动价值学说的科学性质。

第二节　马克思经济思想的初期发展

我在上面曾经指出,十八世纪亚当·斯密所表述的劳动价值学说是同不成熟的唯物史观密切结合着的。像马克思一样,斯密是个求全的人,他的目的是要把经济理论和历史理论结合起来(自然还有道德哲学理论),使之成为一个伟大的一般体系。可是斯密死后,古典历史理论同古典经济理论差不多紧接着就分道扬镳了。前者的发展是约翰·米拉尔,他对经济理论问题并不十分熟悉;后者的发展是李嘉图,尽管有詹姆士·穆勒的鼓舞①,他对于社会学问题从不曾有多大的热情。李嘉图以后的激进派,著名的有布雷、

① 参看《李嘉图全集》第7卷,第195—197页;又参看第382页,在这一页,李嘉图告诉穆勒说,他“读了米拉尔的书非常愉快”。

蒲鲁东和洛贝尔图，在他们的著作里虽有合流的模糊迹象，但只有马克思才在更高得多的水平上将两者予以决定性的重新结合。这种重新结合第一个真正明确的表现，就是马克思所著《哲学的贫困》一书（1847年）。从这部书的外部显著迹象来看，它恢复了当初劳动价值学说与唯物史观间的密切结合。

当然，劳动价值学说并不是马克思的起点。的确，如果我们只限于初期（譬如说从1836—1847年），也就是限于他发展和逐渐融合他的主导思想作为将来写作基础的时期，他之采用劳动价值学说，仿佛是个顶峰，是他的主要结论的简练总结，而不是一个起点。关于马克思接受劳动价值学说的历史经过，必须作为他怎样成为一个马克思主义者的历史经过的不可分割部分来说明。

当1836年马克思进入柏林大学读书时，他很快就为黑格尔哲学所吸引，这几乎是不可避免的。但是，正如恩格斯后来所说的，黑格尔的学说，就整个而言，"给各种不同的实践的党派见解留下了很大的余地。而在当时德国的理论生活中有实践意义的，首先是两件东西，即宗教和政治。一个偏重黑格尔体系的人，可能在这两方面当中每一方面都很保守。而一个以辩证方法为主要的人，却可能是在政治方面和宗教方面都属于最极端的反对派"。[①] 马克思参加了黑格尔的左翼，即所谓"青年黑格尔派"，他们当时主要是进行反对宗教的斗争。然而他在1841年提出的博士论文却表明，这时他从黑格尔的唯心主义解放出来（或者像他和恩格斯欢喜讲

① 恩格斯：《费尔巴哈与德国古典哲学的终结》，见《马克思恩格斯文选》（两卷集）第2卷，外国文书籍出版局出版，1955年，莫斯科，第363页。

的那样,他取出了黑格尔的合理内核)[1]的过程已经开始了,至少某些权威人士抱有这样的见解。特别是,"绝对精神"(黑格尔把历史看作是"绝对精神"的实现)在马克思的思想中(正像布鲁诺·鲍尔刚经历的情形一样)开始让位给"人类自我意识"的概念了。[2]

恩格斯讲道:

> "对现存宗教进行斗争的实践要求,把许多最坚决的青年黑格尔派分子引导到英法唯物主义了。他们在这里就跟自己学派的体系发生了冲突。唯物主义把自然界看作唯一的现实,而在黑格尔体系中,自然界不过是绝对观念的'外化',好像是绝对观念的退化;不论如何,思维及其思想产物,即观念,在这个体系中被视为第一性的东西,而自然界则被视为派生的,只是由于观念屈躬下降到了这个地步才存在的东西。青年黑格尔派便以各种不同的方式纠缠在这个矛盾中了。"[3]

恩格斯接着说,1841年出现了费尔巴哈著的《基督教的本质》一书,它一下子就"消除了"这个矛盾,重新并"直截了当地宣告了唯物主义的胜利"。费尔巴哈认为(据恩格斯的讲法):

> "自然界是不依赖任何哲学而独立存在的。自然界乃是我们人本身即自然界的产物赖以生长起来的基础。在自然界

---

① 恩格斯:《费尔巴哈与德国古典哲学的终结》第2卷,第365—366页及384页。

② 参看H. P. 亚当斯:《初期著作中的马克思》,第3章;又参看J. D. 伯纳尔:《马克思与科学》,第11—12页;F. 梅林:《马克思传》,第25—31页。并参阅后一著作1948年版的附录,第540—542页。

③ 恩格斯:《费尔巴哈与德国古典哲学的终结》,见《马克思恩格斯文选》(两卷集)第2卷,外国文书籍出版局出版,1955年,莫斯科,第364页。

> 和人以外，再没有什么东西了，由我们的宗教幻想所造成的神物不过是我们自身本质的幻想的反映。”①

所以在费尔巴哈的手里，“人类自我意识”就简单地过渡到人，过渡到作为人类个体的“人”。②

虽则马克思显然充分感受到费尔巴哈这部书的“解放作用”③，看来这种作用一直到1843年3月至8月间他写作《黑格尔法哲学批判》时④，才在他的著作中明显地表现出来。因为从1841年4月(他获得博士学位时)到1843年3月这段期间，他大部分从事政治新闻工作。在他从事这方面活动的过程中，他碰到一系列社会和经济问题，对这些问题的考察注定要对他的思想发展产生重大的影响。举例来说，他写了一篇文章，评论1842年1月威廉四世发布的检查令；登载在鲁吉编的《轶文集》(就是1843年2月在瑞士出版的《德国现代哲学和政治轶文集》——译者)；在他为《莱茵报》撰稿和随后担任编辑的时期，他发表了好几篇论文，涉及到诸如出版自由、共产主义、盗窃林木惩处法及摩塞尔区酿造葡萄酒的

① 恩格斯:《费尔巴哈与德国古典哲学的终结》第2卷，第364—365页。

② 参看H.P.亚当斯:《初期著作中的马克思》，第384页。

③ 恩格斯:《费尔巴哈与德国古典哲学的终结》，见《马克思恩格斯文选》(两卷集)第2卷，外国文书籍出版局出版，1955年，莫斯科，第365页。

④ 关于这一作品的写作时间曾经受一些争论。据《马恩全集》(这一作品初次发表于此)编者里阿詹诺夫说，它不可能写于1843年以前。但后来德文版编者兰夏特和迈尔却认为，最可能的写作时间是1841年4月至1842年4月。从马克思著的《政治经济学批判》中的一处讲法(人民出版社1957年版，第Ⅱ页)来看，在本书上面提到的两个时期内至少这一作品的主要部分已经写成，但他实际上也许在更早一些时候就开始动笔了。

农民情况等问题。[①] 在这段时期内,他绝不是共产主义者,他还是一个所谓政治上的自由主义者。但在他对社会不公平进行种种斗争时,他显然亲身尝受到封建官僚统治的压力,开始觉察到根本经济力量的性质,而他正在研究的社会矛盾大部分是由这些经济力量决定的。[②] 当1843年3月《莱茵报》被压制后,马克思再度回到他的书房里,着手(看来好像是这样的)写作《黑格尔法哲学批判》一文。3月13日,也就是他辞去《莱茵报》编辑的前几天,他写信给鲁吉说:"费尔巴哈的格言〔见他著的《哲学改造纲要》,载《轶文集》〕只有一点是我不同意的,就是,它太多注重自然而太少注重政治,虽然与政治相结合是现代哲学能够成为真理的唯一道路。"[③] 马克思写的《黑格尔法哲学批判》使得他在这种结合的道路上又前进了一步。这时马克思同费尔巴哈一样"坚持人是基本的现实",而同黑格尔相反,后者把"概念视为基本现实的方法,使得人类关系成为概念与概念关系的产物了"。[④] 这篇作品的某几段,特别是马克思讨论国家和社会关系的那几段,标志着他在这种结合的道路上前进的第二阶段——用社会的人来代替费尔巴哈的抽象的"人"。[⑤]

---

① 对这几篇重要论文的评述,见亚当斯:《初期著作中的马克思》,第4章及第5章有关部分。

② 参看伯纳尔:《马克思与科学》,第14页。

③ 梅林:《马克思传》,第53页。

④ 参看亚当斯:《初期著作中的马克思》,第83页。

⑤ 在这里我要强调指出,虽然我用一系列特殊"阶段"的进程来讲述马克思的初期思想发展情况,但是我这样做的主要目的,是要突出这一发展的一般方向。当然,这些"阶段"绝不会像书上看来那么确切分明。特别是,一些学者还会争辩说,马克思实际上完全跳过了费尔巴哈"阶段"。

但是，一直要到他为《德法年鉴》撰写那两篇重要论文的时候，他才算真正达到第二阶段。1843 年 11 月马克思离开德国移居巴黎，在那里他同鲁吉合编这一刊物。他为第一期（也是最末一期）写的两篇论文——《论犹太人问题》和《黑格尔法哲学批判导言》——大致起草于他还在德国的时候。[①] 这两篇论文的要旨在《导言》一开始就交代得很清楚：

> “就德国来说，宗教批判实际上已经完成了。宗教批判是一切批判的前提……
>
> “反宗教的批判的根据就是：人创造了宗教，而不是宗教创造了人，就是说，宗教是那些还没有获得自己或是再度丧失了自己的人的自我意识和自我感觉。但‘人’并不是抽象的栖息在世界以外的东西。‘人’就是人的世界，就是国家、社会。国家、社会产生了宗教，即‘颠倒了的’世界观，因为它们本身就是颠倒了的世界。宗教是这个世界的总的理论，……所以反对宗教的斗争，间接地就是反对宗教为其精神食粮的世界的斗争。……
>
> “废除作为人民幻想的幸福的宗教，也就是要求实现人民的现实的幸福。要求抛弃关于自己处境的幻想，也就是要求抛弃那需要幻想的处境。因此对宗教的批判就是对苦难世界——宗教是它的灵光圈——的批判的胚胎。”[②]

① 梅林：《马克思传》，第 73—74 页。

② 这段译文是根据伯纳尔，《马克思与科学》，第 13—14 页（重点是我加的）。但有几处我遵照米利根先生的建议修改过了，他对于我写作这一节时所给予的一些帮助，我是十分感谢。

由此看来,费尔巴哈的抽象的"人",终于让位给社会的人,处于一定社会关系中的人。

在这两篇值得注意的论文里,马克思根据这一概念所进行的分析,非常接近于他当时很想努力追求的哲学与政治的结合。在《导言》里我们可以看到,马克思实际上写出无产阶级革命学说的初步概要,《论犹太人问题》这一篇则是马克思关于社会主义学说的初期手稿,在这里,他明白地驳斥了乌托邦的空想。[①] 不过这种分析仍然是采取"哲学"的形式,所以还不能说马克思已经成为马克思主义者。那里边有黑格尔的辩证法,也有费尔巴哈的唯物主义,并且两者都得到进一步的发展。很多地方暗示着一个伟大的包罗万象的理论体系就要出现了。[②] 但同样明显的是,这里还缺少一个非常重要的因素——我们可以叫作"经济"要素。在以后的两年,缺少的这一环补上了,整个体系也就结合成为一个整体了。[③] 马克思的理论基础的建成,首先是由于他认识到,"市民社会的解剖则应该求之于政治经济学"。[④]

马克思的这种认识,可以说主要由于1844年他寓居巴黎时受到三方面的影响。第一方面影响是巴黎这个地方。马克思是从工

---

① 这两篇论文曾经由 H. J. 斯滕宁译成英文(译得不十分令人满意),载入一部《论文集》。参看梅林:《马克思传》,第 64 页以下;又亚当斯:《初期著作中的马克思》,第 7 章。

② 在这里,特别重要的是《论犹太人问题》这篇文章所表现的唯物史观。

③ 参看亚当斯:《初期著作中的马克思》,第 92 页:"1844 年马克思提出的学说不曾将辩证法和唯物主义这两方面结合成为一个体系。两三年后,这个体系完成了。他在这段时间内是加紧学习经济学,尤其是经济史……"这里还应提到马克思对法国革命的深入研究和对阶级斗争概念的发展。

④ 马克思:《政治经济学批判》,人民出版社 1957 年版,第Ⅱ页。

业比较不发达和工人运动比较不发展的德国移居到法国的，这里工人运动不仅强大得多，而且明显地倾向于社会主义思想，所以这次迁移对他的思想发展显然产生了巨大的影响。在叙述亚当·斯密的思想发展时，我曾经提到，处于不同社会和经济发展阶段的不同国家能够进行对比的方便性，会影响到社会科学家对历史进程中“经济”因素的重要性给予注意的程度。我认为有趣的是，在这一点上斯密的思想发展同马克思是一样的。1844 年马克思研究的主要问题是法国革命与政治经济学，这绝不是偶然的事情。

第二方面的影响是恩格斯。他比马克思有更多的机会来把比较不发达的经济同比较发达的经济进行对比的研究，因为 1842 年他已离开德国到英国去，在一家纺纱厂工作，他的父亲就是这个厂的一个股东。这时英国自然要比法国更足以表明，“市民社会的解剖”要求之于政治经济学。恩格斯去英国以前，他的思想发展有点像马克思；他到达一个新的国家后，也是开始研究经济学。他对马克思的影响真正始自他的著名论文《政治经济学批判大纲》在《德法年鉴》的发表，事实上，这是马克思研究经济的起点；可是要到 1844 年 9 月，他们两个人的联盟，像事实表明的那样，才正式形成了。起初这一联盟中的经济学家是恩格斯而不是马克思，这时他对于马克思的重要影响，不仅在于当时他的经济研究更高深些，而且在于马克思能够从一个和他思路非常相同的人获得关于英国工业和工人运动发展的最新情报。

第三方面影响是古典经济学家，特别是斯密和李嘉图。马克思在这一时期写的笔记保存下来了。[①] 这里边有选自斯密、李嘉

① 《马克思恩格斯全集》，德文版，第 3 卷，第一部分。

图,甚至萨伊、詹姆士·穆勒和麦卡洛克等人著作里的长篇摘录,以及马克思自己对其中几段的评论。除笔记外,我们还有1844年夏马克思在政治经济学和哲学方面写作的手稿。这些手稿需要进一步的研讨,因为它总结了马克思思想发展的一个极其重要的阶段。

这些手稿并没有最后完成,而对于一个不是研究哲学的人来讲,要把其中主要论点扼要地叙述出来,也未免有点轻率。但是概括地说,马克思好像要在这部书里(他原来打算把这部书作为一套有关人类社会的系统理论著作的第一部)列出黑格尔哲学与古典政治经济学间的一些重要的共同点和差别——他看到这些共同点和差别,主要是他研究古典政治经济学尤其是古典学派劳动概念的结果。他实际上认为,这两种思想体系都具有这样的优点,即在某种意义上把劳动看作人的"本质";不过"黑格尔唯一知道和承认的劳动是抽象地精神的劳动",[①]而古典经济学家却是在更重要得多的意义上来理解劳动的。特别是,古典经济学家与其重商主义和重农主义的前辈不同,他们承认劳动是构成"财富的唯一本质"[②],从而消除了一种旧观念,即把财富或私有财产看作是外在于人的东西,他们坚持人实在就是财富的实体。其次,这两种思想体系都具有这样的缺点,即把某种抽象当作基本的现实,而没有认识到从抽象回到现实生活的必要性。黑格尔把概念看作基本的现实,所以在他看来,人类关系(马克思认为这实际上是真正的"主辞")只不过是概念与概念关系(这实际上构成真正的"宾辞")的产

① 马克思:《经济学-哲学手稿》,人民出版社1957年版,第128页。

② 同上书,第76页。

物。古典政治经济学所揭示的实际规律虽然没有什么错误，然而它从私有财产的假定出发，而不批判私有财产，没有阐明它所揭示的规律怎样从私有财产本质中产生出来，这是应当加以指责的。

马克思在手稿里使用黑格尔（与费尔巴哈）的“疏远化”概念来批判私有财产。在所谓《第一个手稿》的末尾，除对经济学家（主要是斯密）[①]所揭示的有关工资、利润与地租的事实和规律进行详尽

① 这里不妨从论工资的一节里摘录一段，因为它表明马克思进行批判的一般性质以及劳动概念在这一批判中所起的重大作用。马克思说，国民经济学家“告诉我们，说原来并且按照概念，劳动的全部生产品属于劳动者。然而他同时说在现实中生产品的最小的和最不可缺少的部分才进到劳动者手中去；只有那么多作为必需，他不是靠它来像人那样地生存而是靠它来像劳动者那样地生存，他不是靠它来繁殖人类，而是靠它来繁殖劳动者的这个奴隶阶级。

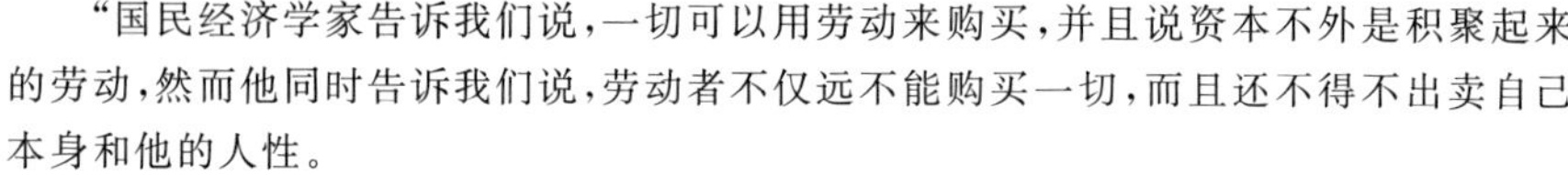

“国民经济学家告诉我们说，一切可以用劳动来购买，并且说资本不外是积聚起来的劳动，然而他同时告诉我们说，劳动者不仅远不能购买一切，而且还不得不出卖自己本身和他的人性。

“懒惰的土地所有者的地租大致要达到土地生产物的三分之一，营业的资本家的利润达到货币利息的两倍，然而劳动者挣得的份额在最好的场合也要使他的四个孩子里面有两个饿死。

“依照国民经济学家的意见，劳动是人类用来增加自然生产物的价值的唯一的东西，因为劳动才是人类的活动的财产，但依照同一个国民经济学家的意见，那么，土地所有者和资本家凭着土地所有者和资本家的资格完全成了有特权的和懒惰的神仙们，到处比劳动者居优势，向劳动者制定法律。

“依照国民经济学家的意见，劳动是事物的唯一不变的价格，然而比劳动（力）的价格更偶然的东西，比劳动（力）的价格遭到更大变动的东西是再也没有了。

“分工提高着劳动的生产力，提高着社会的富裕和华丽，然而分工使劳动者贫困到变成机器。劳动引起资本的积聚和社会福利的增进，然而劳动使劳动者越来越依赖于资本家，把劳动者投到更大的竞争中去，把他驱逐到过度生产的狩猎中去，在过度生产之后会跟来一个同样厉害的沉滞。

“依照国民经济学家的意见，劳动者的利益决不会和社会的利益对立，然而，社会经常地和必然地和劳动者的利益对立。”（这一段见马克思：《经济学-哲学手稿》，人民出版社 1957 年版，第 11 页。——译者）

的考察和批判外,还有题为《疏远化了的劳动》[①]一节,其中说明马克思对疏远化概念的见解。马克思说,政治经济学没有正确理解它所提出的规律;它不曾理解这些规律是如何从私有财产本身的性质产生的。出发点应当基于这样的客观经济事实:工人创造的财富越多,他越贫困。工人的一部分劳动和他的一部分生命体现在他的产品中,并对他"疏远化"了。工人劳动的产品仿佛是外在的东西,不依赖于他的一种权力,而与他对立着。劳动的疏远化不仅表现在生产的成果上,而且也表现在生产的行为中。一个人自己的生产活动成为外在于他的东西,不属于他而属于另一个人。只有当他受到物质的强制时他才作工,也只有当他从事动物般的非人的工作时他才真正感到自由。此外,劳动的疏远化也使他对自己的族类疏远化了,因为只有在生产中人才证实自己是他的族类中一个有意识的成员。[②] 劳动的产品就是人的族类生活的对象化,而劳动的疏远化实际上夺去了他的族类生活。这里,真正重要的是,生产者创造了不属于他的产品,也就创造了非生产者占有生产和产品的权力。劳动疏远化的结果是私有财产,政治经济学在提出私有财产的规律时,事实上只不过表述疏远化了的劳动规律。

然而马克思并不否认,总的讲来,政治经济学还是正确地表述了这些规律。实际上,他的主要指责是,政治经济学探讨劳资关系

---

① 马克思:《经济学-哲学手稿》,人民出版社 1957 年版,第 50 页以下。

② "一个对象世界的实践的创造,非有机的自然的加工再造是人类作为一个有意识的族类存在……的证明"(《经济学-哲学手稿》,人民出版社 1957 年版,第 58 页;又参看《德意志意识形态》,载《马克思恩格斯全集》第 3 卷,人民出版社 1960 年版,第 24 页)。

的起源与性质问题还不够深透。马克思写道:“私人所有制的关系是劳动、资本和二者的交互关系”[①];他断言,劳动和资本怎么“作为两个人格自己对立起来发生出来呢?这对国民经济学是一个偶然的因此只要表面地说明一下的事件”。[②] 在手稿的这几节里,马克思谈论的主要问题同后来他在《资本论》中研究的基本上相同。当然,他在《资本论》里采取的研究方法就完全不一样了,从《德意志意识形态》以后,我们简直听不到疏远化的概念;但是这两种分析的距离并没有乍一看来那么大。劳动产品作为外在的实体而与生产者相对立,这种思想在商品拜物教这一重要概念里仍然保持着。生产活动是对人作为一个族类来证实自己,这种观念也保持下来了,虽然说得没有那么难于想象。马克思和恩格斯总认为人与其他动物的根本区别就在于人的生产能力。[③] 关于社会劳动是“国民经济学的唯一原理”[④]的思想,马克思自然是坚持到底的。他在手稿中写道:“只有当劳动被理解为私有制的本质的时候,国民经济学的运动照它那样才能在它的现实的规定性中被看透了”。[⑤]

在手稿另外很重要的一节里,马克思讨论了社会劳动分工问题。他说:

> “分工和交换的考察有着最高的关心,因为这些东西是人

① 马克思:《经济学-哲学手稿》,人民出版社 1957 年版,第 73 页。

② 同上书,第 102 页。

③ 参看恩格斯:《自然辩证法》,人民出版社 1955 年版,第 263 页。

④ 马克思:《经济学-哲学手稿》,人民出版社,1957 年版,第 68 页。

⑤ 同上书,第 107—108 页。

的活动和本质力量作为一个适合族类的活动和本质力量的鲜明地外在化的表达。

“所谓分工和交换依据着私有制,这不外是下述一个主张,即劳动是私有制的本质,国民经济学家不能证明这个主张,但我们愿意给他们证明这个主张。恰恰就在所谓分工和交换是私有制的两个形象里面,恰恰就在这里存在着双重的证明,就是说,一方面,人的生活为了它的现实化曾经需要过私有制,而另一方面现在人的生活却需要对私有制的扬弃。

“分工和交换是两个这样的现象,国民经济学家靠它们来自夸他的科学的社会性并且在同一口气息中无意识地说出了他的科学通过非社会性的特殊利益来奠定社会基础的矛盾。”①

马克思又讲道:“分工是关于劳动底社会性在疏远化的范围内的国民经济学的表达。”②在这一节,马克思非常接近于这一重要想法,就是,在以生产资料私有制为基础的社会里,人与人相互结合的真正主要的纽带,是他们作为商品生产者(从而作为交换者)所结成的关系。这就显然为用经济关系中的人来代替“社会的人”开辟了道路。

由此,马克思对古典劳动概念的研究,在有助于综合他的一般理论体系的一些影响中,可以说是最后的也许是最有决定性的一个。总之,马克思在这些手稿里对唯物史观的论述,肯定远远胜过

① 马克思:《经济学-哲学手稿》,人民出版社 1957 年版,第 113 页。

② 同上书,第 108 页。

他的初期著作所包含的一些预见。我们不妨看下面一段：

> “这物质的、直接的感性的私有制是疏远化了的人的生活的物质的感性的表现。这生活的运动——生产和消费——是一切至今的生产的运动即人类的现实化或现实性的感性的启示。宗教、家庭、国家、法权、道德、科学、艺术等等只不过是生产的特殊的方式，服从着生产的一般规律。所以私有制的积极的扬弃，作为人的生活的占有是一切疏远化的积极的扬弃、从而是人类从宗教、家庭、国家等等返回到他的人的即社会的定在。”①

有叙述封建主义到资本主义过渡的几段里（这几段读起来有时像是《德意志意识形态》的一部分初稿），这一原理表现得更加清楚。根据这样一种基本思想，就是，“作为族类意识，人类确认着他的实在的社会生活并且在思维中只不过重复他的现实的定在而已”②；所以重农学派直接是“封建所有制的国民经济学的解体”③，古典政治经济学则是“近代工业的一个产物”④。另一处地方对土地所

① 马克思：《经济学-哲学手稿》，人民出版社1957年版，第83页。

② 同上书，第86页。

③ 同上书，第77页。马克思接着说：“因此同样直接地是封建所有制的国民经济学的转化、恢复，只不过它的语言已经不再是封建的，而且成为经济学的了。”

④ 同上书，第75页。这一词句所引自的那一整段，值得摘录下来，因为它很好地说明马克思对古典劳动概念的重视。他写道：“私有制的主体的本质，私有制作为向自己存在着的活动性、作为主体、作为人格是劳动。所以首先国民经济学把劳动当作自己的原理来认识——亚当·斯密——因而懂得不再把私有制只当作人类以外的一个状态来看，这是可以理解的，——这个国民经济学应当被视作私有制的现实的精力和运动，被视为近代工业的一个产物，同时另一方面国民经济学促进了这种工业的劲头和发展，使它更雄伟，把它弄成了意识的威力，这是可以理解的。”

有者与资本家的不同意识形态，进行了有趣的叙述，从这里很清楚地看到他们之间的冲突的经济基础。[1] 以下两段足以说明，这时马克思对一种生产方式过渡到另一种生产方式的动力的性质理解到什么程度：

> “跟着奴隶转化为自由劳动者即一个计日佣工，地主本身就转化为厂主、为资本家、首先通过租地经营家的中间环节来实现的一个转化。”[2]

> “资本和土地，利得和地租的区别如同二者和工资，和工业和农业，和不动的以及运动的私人所有权的区别一样，还是一个历史的并不在事物的本质中有基础的区别，是资本和劳动这个对立的形成——和成立的固定机因。”[3]

非常明显，1844 年的手稿与 1847 年《哲学的贫困》之间的距离不是很大的。在这一本著作里，唯物史观和劳动价值学说再度密切结合起来了。

从 1844 年到 1847 年，马克思的思想发展是同恩格斯的思想发展分不开的。上面已经指出，恩格斯著的《政治经济学批判大纲》对马克思发生了一定的影响，从这本书可以看到不少显著的“马克思主义”经济学说的萌芽。不过，1844 年 9 月以后，当恩格斯和马克思一同住在巴黎的时候，这种影响就更加直接了。在巴黎时，恩格斯从事写作《神圣家族》，这是他和马克思合作的第一部

① 马克思：《经济学-哲学手稿》，人民出版社 1957 年版，第 70—73 页。

② 同上书，第 70 页。

③ 同上书，第 69 页。

著作。这部有点庞大的《“批判的批判”之批判》包含有关于蒲鲁东的有趣的一节，在这一节里，恩格斯的《政治经济学批判大纲》和马克思的《经济学-哲学手稿》的主导思想融合起来并得到进一步的发展。

1845 年初马克思被逐出法国，迁到布鲁塞尔居住，一两个月后恩格斯也到了那里。在这第二次会晤时，显然马克思第一次很明确地向恩格斯提出了唯物史观的基本定理。关于这一定理，恩格斯后来曾经这样讲："我们两人早在 1845 年前几年就已经逐渐地接近到了。从我所著的《英国工人阶级状况》一书中，可以明白看出当时我个人独自在这方面达到了何种程度的进展。但到 1845 年春我在布鲁塞尔重新会见马克思时，他已把这一思想完全周密地规定出来，并用几乎好像我在此地所转述的一样透彻的语句向我说明了。"①

1845 年夏，马克思和恩格斯一同到英国去，主要是为了和英国工人运动建立新的联系并加强他们的经济研究。他们在那里居留了六个星期。马克思显然阅读了恩格斯所有的"书籍和札记"以及"曼彻斯特可以找到的书"。② 当他们回到布鲁塞尔的时候，正像马克思所说的，决定"对于我们的见解与德国哲学思想体系的见解之间的对立共同钻研，实际上是把我们从前的哲学信仰清算一

① 《马克思恩格斯文选》(两卷集)第 1 卷，外国文书籍出版局出版，1954 年，莫斯科，第 4 页脚注；同上书第 2 卷，第 384 页脚注；又参看《马克思选集》，英文版，第 1 卷，第 192—193 页。

② 马克思：《哲学的贫困》，人民出版社 1961 年版，第 3 页。

下。这个心愿是以批判黑格尔以后的哲学的形式来完成的”。[1]《德意志意识形态》这部著作包括有马克思唯物史观之最早的详细叙述。虽然恩格斯后来讲道(或许太过谦虚些),其中关于费尔巴哈的一章(第一章也是最重要的一章),“只是表明当时我们在经济史方面的认识还是如何不够”[2],虽然这部书偶尔“太过强调经济方面”[3],可是它表述了唯物主义的思想,这个思想是:

> “那些发展着自己的物质生产和物质交往的人们,在改变自己的这个现实的同时也改变着自己的思维和思维的产物。不是意识决定生活,而是生活决定意识。”[4]

在《德意志意识形态》一书里,劳动价值学说不曾有直接的发展,但有不少迹象表明这一学说在马克思手里终于要采取的形式。尤其是特别强调社会的劳动分工,马克思和恩格斯在一处地方说明分工是先前历史的主要力量之一。[5] 事实上,费尔巴哈这一章的中心论断,就是他们所叙述的劳动分工本身所含有的矛盾[6],以及城市与乡村,生产与交换各方面分工的历史发展。[7] 马克思和恩格斯讲道:分工和私有制是两个同义语,讲的是同一件事情,“一

① 马克思:《政治经济学批判》,人民出版社 1957 年版,第Ⅲ—Ⅳ页。

② 《费尔巴哈与德国古典哲学的终结》,见《马克思恩格斯文选》(两卷集)第 2 卷,外国文书籍出版局出版,1955 年,莫斯科,第 356 页。

③ 《马克思选集》,英文版,第 1 卷,第 383 页。

④ 《德意志意识形态》,载《马克思恩格斯全集》第 3 卷,人民出版社 1960 年版,第 30 页。

⑤ 同上书,第 53 页。

⑥ 同上书,第 36 页以下。

⑦ 同上书,第 56 页以下。

个是就活动而言,另一个是就活动的产品而言”。① 劳动分工之主要的历史发展反映了财产关系的变化,例如“城市和乡村的分离还可以看作是资本和地产的分离,看作是资本不依赖于地产而存在和发展的开始”。② 在《德意志意识形态》里还值得注意的是,有一段描绘了马克思和恩格斯后来所说的“商品生产”的基本特征③;有不少地方暗示了“商品拜物教”的概念,这一概念对于劳动价值学说的发展有着重大的作用④;最后关于政治经济学的方法有下面一段意味深长的话:

> “如果从生产出发,那么就应当考虑生产的实际条件和人们的生产活动。如果从消费出发,那么可以满足于宣称现在人们不‘像人一样地’消费,满足于关于‘人的消费’、关于用真正消费的精神进行教育的公设以及诸如此类的空洞词句,而丝毫不去考虑人们的现实的生活关系和他们的活动。”⑤

当马克思和恩格斯还活着的时候,《德意志意识形态》这部书没有能够出版。他们找不到出版家,只好把原稿留给“鼠牙去批判了”。一直到 1932 年才全部发表。所以,这一新学说的主要论点,在马克思于 1846—1847 年冬写作的《哲学的贫困》中才“第一次作

---

① 《德意志意识形态》,载《马克思恩格斯全集》第 3 卷,人民出版社 1960 年版,第 37 页。

② 同上书,第 57 页。

③ 同上书,第 73—74 页。

④ 同上书,第 37 页。

⑤ 同上书,第 614 页。

了科学的、虽然是论战性的表述”。[1] 这本书可以适当列为本节考察的初期发展阶段中的最后一部著作，从劳动价值学说史的观点来看，它是相当重要的，因为它意味着马克思第一次试图直接从唯物史观来分析交换价值的经济范畴。

1840年蒲鲁东著的《什么是财产?》一书问世后，得到马克思和恩格斯的好评，他们在《神圣家族》中颂扬这本书“是从政治经济学的观点对政治经济学所做的批判”。[2] 然而他们对蒲鲁东著的《经济矛盾的体系》(1846年)，副题为《贫困的哲学》，却采取尖锐批评的态度，当1846年12月马克思看到这本书时，他几乎立即进行反驳，这部反驳的著作就叫作《哲学的贫困》。马克思在收到蒲鲁东的书以后不久写给安年科夫的一封信里，很清楚地说明他所以反对的主要理由：

> “蒲鲁东先生首先是由于缺乏历史知识而没有理解到：人们在发展其生产力时，即在生活时，也发展着一定的相互关系；这些关系的性质是必然随着这些生产力的改造和发展而改变的。他没有理解到：经济范畴只是这些现实关系的抽象，并且它们仅仅在这些关系存在的限度上才是正确的。这样，他就犯了资产阶级经济学者常犯的错误，这些经济学者竟把这些经济范畴看作是永恒的法则，而不是看作历史性的法则——只有对于一定历史发展阶段才是实际有效的法则，只有对于一定生产力发展阶段才是实际有效的法则。所以，蒲

① 马克思:《政治经济学批判》，人民出版社1957年版，第Ⅳ页。

② 《神圣家族》，载《马克思恩格斯全集》第2卷，人民出版社1957年版，第38页。

> 鲁东先生不去把政治经济学范畴看作现实、暂时、历史社会关系的抽象，而却神秘地歪曲问题，竟把现实关系看作只是这些抽象的体现。这些抽象本身竟是自从世界创造时起就已在神父心怀里成熟起来的公式哩。”①

在《哲学的贫困》一书里，唯物史观的主要命题是一贯保持的，特别是马克思指明(用他在晚些时候所写的语句来说)：“蒲鲁东关于构成全部问题基础即关于交换价值的观念仍然是多么模糊、不正确和不彻底；况且，他把李嘉图价值理论的空想主义的解释看作是新科学的基础。”②

乍一看来，《哲学的贫困》第一章(讨论价值学说那一节)几乎全部是李嘉图经济学。书中到处一再引证李嘉图来答复蒲鲁东或驳斥他自称的创造性。马克思在这本书一开始就对需要和效用进行了有趣的讨论。主要是根据传统的古典分析，随后又把李嘉图的价值学说作一深刻的提要，从而认为李嘉图的理论是“对现代经济生活的科学解释”，而蒲鲁东的理论只不过是“对李嘉图理论的乌托邦式的解释”。③ 马克思坚持说，蒲鲁东“把用商品中所包含的劳动量来衡量的商品价值和用‘劳动价值’来衡量的商品价值混

① 《马克思恩格斯文选》(两卷集)第2卷，外国文书籍出版局出版，1955年，莫斯科，第446—447页。

② 见马克思给施维泽尔的信，同上书第1卷，第370页。

③ 马克思：《哲学的贫困》，人民出版社1961年版，第38页。马克思接着说：“李嘉图从一切经济关系中得出他的公式，并用来解释一切现象，甚至如地租、资本积累以及工资和利润的关系等那些骤然看来好像是和这个公式抵触的现象，从而证明他的公式的真实性；这就使他的理论成为科学的体系……”；又参看本书第三章。

为一谈”。所以(照马克思的看法)他差不多犯了李嘉图指责亚当·斯密所犯的同样错误。[①] 马克思还大量地引证李嘉图的文章,如论竞争的作用[②]、货币[③]、发明[④]和(间接地论述)工资上涨对物价的影响[⑤]等。马克思接受了李嘉图关于工资的“生活费说”,甚至没有提到工资的“社会要素”,而这在马克思后来的著作里注定要起重要作用的,就是李嘉图自己也相当强调这一点。[⑥] 同样,李嘉图的地租学说也被接受了,而没有什么严重问题[⑦],虽然这里也切实暗示将要发生的事情。[⑧] 书中对“劳动”和“劳动力”没有加以区别,对剩余价值不曾进行认真的分析[⑨];这时马克思所考虑的对劳动价值学说的“修正”,并不比李嘉图胜过多少[⑩]

尽管如此,马克思在《哲学的贫困》一书中所表现的李嘉图主义还是不同的。从表面上看,马克思在这本书里要比在其他著作里更显得是单纯信奉李嘉图经济学,其实,马克思正是在这本书里断然采取了哥白尼的步骤,从而使得他超越了李嘉图。这本书的主题是:地租、利润、工资、交换、价值、分工、竞争、货币等经济范畴

① 马克思:《哲学的贫困》,人民出版社 1961 年版,第 42—43 页。

② 同上书,第 49—50 页。

③ 同上书,第 68 页。

④ 同上书,第 75 页。

⑤ 同上书,第 129—130 页。

⑥ 同上书,第 39—40 页;又参看第 78—79 页。

⑦ 同上书,第 121 页以下。

⑧ 特别参看前引书,第 126 页。

⑨ 论“劳动的剩余”这一节(第 75 页以下)不曾直接讨论到剩余价值的产生与榨取问题。

⑩ 然而马克思关于熟练劳动化为简单劳动的阐述(第 40—41 页)比李嘉图前进了一步。

并不是绝对的，永恒的，它们只不过是人与人间带有历史暂时性的具体生产关系的抽象表现而已。马克思说得很清楚，他认为李嘉图和蒲鲁东都犯了一种错误，就是“把资产阶级的生产关系当作永恒范畴”。[①]

那么，从唯物史观的观点来看，交换价值的范畴又显得怎样呢？第一，价值是历史现象。它以交换和分工为前提[②]，这两者各有其自己的历史。马克思指出，交换的发展是从“仅仅交换剩余东西，即生产超过消费部分”的时期起，一直到现在的时期，几乎一切生产物都要交换了。[③] 同样，分工在历史的发展过程中采取过各种不同的形式，一切分工“最初来自物质生产条件”，并且成为“物质生产的基础”。[④] 所以价值的范畴，只适用于以这种或那种分工形式为基础的社会，只适用于马克思这里所说的这种或那种形式的“个人交换”。

第二，价值是这种社会中人与人的生产关系的表现。市场上作为“个人交换”客体的货物所体现的关系，实质上是这些货物的各个生产者间的关系的表现。下面一段系引自《哲学的贫困》中价值一节将近结束的部分，就一定的意义讲，它是价值学说的提要，这一段表明马克思当时已经多么接近作为《资本论》一书起点的基本思想：

① 马克思：《哲学的贫困》，人民出版社 1961 年版，第 125 页；又参看第 94—95 页。

② 同上书，第 23—24 页。

③ 同上书，第 25 页。

④ 同上书，第 105 页。

> “在原则上,没有产品的交换,只有参加生产的各种劳动的交换。产品的交换方式取决于生产力的交换方式。总的说来,产品的交换形式是和生产的形式相适应的。生产形式一有变化,交换形式也就随之变化。因此在社会的历史中,我们就看到产品交换方式常常是由它的生产方式来调节。个人交换也和一定的生产方式相适应,而这种生产方式又是和阶级对抗相适应的。因此,没有阶级对抗就不会有个人交换。”①

我认为,非常明显,马克思这时已经有了这样一种想法,即劳动价值学说,实质上,只是“生产物的交换的方式依靠诸生产力的交换的方式来决定”这一定理之另一种说法而已。一旦这一点突破之后,马克思思想发展的初期阶段就告一结束,而充分发展、提高与应用的时期开始了。

第三节 马克思的经济方法

由上所述,唯物史观是马克思以后经济研究的出发点,它在很大程度上决定了他所采取的经济研究方法。然而,要是说马克思把唯物史观看作一种不变的、既定的方案,经济事实不论怎样都要符合于它,那就大错特错了。相反,他把唯物史观作为一种假设,要在应用于经济事实时加以检验。他的一些经济作品,特别是《政治经济学批判》和《资本论》,也许最好看做是这一长期的艰苦的检验过程中的一些步骤。关于这一点,列宁讲得好:

① 马克思:《哲学的贫困》,人民出版社1961年版,第60页。

> “马克思在四十年代提出这个假设后，就着手实际地（请注意这点）研究材料。他从各个社会经济形态中取出一个形态（即商品经济体系）加以研究，并根据大量材料（他花了不下二十五年的工夫来研究这些材料）把这个形态的活动规律和发展规律做了极详尽的分析。这个分析仅限于社会成员间的生产关系。马克思一次也没有利用这些生产关系以外的什么因素来说明问题，但他使我们有可能看出社会经济的商品组织怎样发展，怎样变成资本主义组织而造成资产阶级和无产阶级这两个对抗的（这已经是在生产关系范围内）阶级，怎样提高社会劳动生产率，并从而带进一个与这一资本主义组织的基础处于不可调和的矛盾地位的因素。……现在，自从《资本论》问世以来，唯物主义历史观已经不是假设而是科学地证明了原理。”①

虽然人们可以同意或者不同意列宁在这段话末尾所做的论断，但是毫无疑问，他对马克思经济研究的性质的叙述基本上是正确的。

马克思和恩格斯一再强调指出，他们的主要原始资料是社会生活和社会发展的具体事实。他们在《德意志意识形态》一书中写道：

> “我们的出发点是从事实际活动的人，而且从他们的现实生活过程中我们还可以揭示出这一生活过程在意识形态上的反射与回声的发展。……这种观察方法并不是没有前提的。

① 《列宁全集》第1卷，人民出版社1957年版，第121—122页。

> 它从现实的前提出发,而且一刻也不离开这种前提。它的前提是人,但不是某种处在幻想的与世隔绝、离群索居状态的人,而是处在一定条件下进行的、现实的、可以通过经验观察到的发展过程中的人。”①

这种考察方法显然不仅与观念论者(照马克思和恩格斯的意见,他们把历史当做“想象的主体的想象的活动”)的考察方法相对立,而且也与经验论者(他们把历史当做“一些僵死事实的搜集”)的考察方法相对立。② 人们必定要从某种一般抽象开始,但是,这些抽象总要“来自对人类历史发展的观察”。我们不能对之期望太高。尤其应当记住,“它们只能对整理历史资料提供某些方便,指出历史资料的各个层次间的连贯性。但是这些抽象与哲学不同,它们绝不提供适用于各个历史时代的药方或公式”。③

这些一般抽象——唯物史观的主要命题——成为马克思在经济学领域里进行验证所做的假设。这一基本目的确定后,在马克思看来,第一件事情就是考察并且明确最简单的、最基本的有关经济范畴,而“不要从生产关系以外的什么因素来说明问题”。这样做后,下一步就必须从简单逐步进到复杂,从各个抽象部分建立起具体的整体来。当然,在分析的每一阶段,经济范畴必须从它们的相互联系与发展过程加以考察,得出的结论还必须通过事实来加

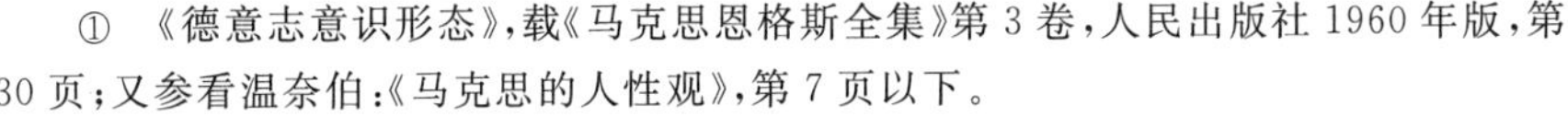

① 《德意志意识形态》,载《马克思恩格斯全集》第3卷,人民出版社1960年版,第30页;又参看温奈伯:《马克思的人性观》,第7页以下。

② 《德意志意识形态》,载《马克思恩格斯全集》第3卷,人民出版社1960年版,第30页。

③ 同上书,第31页。

以检验。

就我以上所说的来看，在作出并验证假设方面，马克思的方法似乎与任何一个可靠的社会科学家所采取的方法没有重大的不同。但是，马克思的方法论当然不止这些——它是这么丰富，所以恩格斯甚至说，“马克思著的《政治经济学批判》〔当然还有《资本论》——米克〕就是把这个方法作基础的，这个方法的树立，我们认为是一个成果，就重要性说丝毫不次于唯物主义的基本观点。”① 马克思在上述广阔的研究方法的范围内，采取了可以叫作“逻辑的、历史的方法”，这是他研究黑格尔最有兴味最有意义的成果之一。恩格斯在1859年评论《政治经济学批判》一书时，对这种方法做了最好不过的阐述，我们不妨将它近乎全部都转载下来：

“马克思，不论过去和现在，都是唯一能够担当起这样工作的人，唯有他能够从黑格尔逻辑学中把包含着黑格尔在这方面的真正发现的那个核心解脱出来，使辩证法摆脱了它的唯心主义的外壳而在简单的形式上建立起来，在这种形式上成为唯一正确的思维发展形式。……

“对于政治经济学的批判，就是依照已经得到的方法，也可以用两种方式来进行，或者依照历史的方法，或者依照逻辑的方法。既然无论在历史上或在历史的文字反映上，整个说来，发展总是从最简单的关系进到比较复杂的关系，那么，政治经济学文献的历史发展就提出了批判所可以遵循的自然线索，并且，整个说来，经济范畴出现的先后，同它们在逻辑发展

① 马克思：《政治经济学批判》，人民出版社1957年版，第180页。

中是一样的。这种形式表面上看来有好处,就是比较明确,因为这正是现实发展所遵循的,但是实际上这种形式至多只是比较通俗而已。历史常以跳跃和曲折前进,如果必须处处跟它,那就不仅必须注意到许多无关重要的材料,并且必须常常打断思维进程;并且,要写政治经济学史,决不能没有资本主义社会的历史,而这会使工作无限,因为任何准备工作都还没有呢。因此,唯一可用的是逻辑的研究方法。但是,实际上,这个方法无非就是历史的研究方法,不过摆脱了历史的形式以及起搅乱作用的偶然性而已。历史从什么开始,思维进程也应从什么开始,而思维进程的进一步的发展不过是历史过程在抽象的、理论上前后一贯的形式上的反映;这种反映是修正过的,但是它是依照着现实的历史过程本身的法则修正过的,这时,就可以在每一个要素完全成熟而具有古典形式的发展点上来观察这个要素。

"用这种方法,我们从历史上和实际上存在于我们面前的、最初而最简单的关系出发,因而这里是从我们所遇到的最初的经济关系(指商品生产者间的关系——米克)出发。我们来分析这个关系。这是一个关系,这个事实本身就表示着其中有相互关联着的两个方面。我们就每一个方面分别研究;从此得出它们相互关联的方式,它们的相互作用。于是出现了需要解决的矛盾。可是因为我们这里研究的不是仅仅在我们头脑中发生的思维过程,而是在什么时候发生了的或者仍然在发生着的现实过程,因而这些矛盾也是在实际中发展着的,并且可能已找到了解决的。我们追究这个解决的方式,于

> 是发现，是由建立新关系来解决的，而这个新关系的两个矛盾方面我们现在又要加以说明，诸如此类。”[①]

这是《政治经济学批判》所采取的方法，也是《资本论》所采取的方法。无疑地，有时这种方法用得有点过分（马克思在《资本论》第二版的跋中部分地说明了其中原因）[②]，但是从整个来看，这种方法在马克思手里证明是极有成效的。由于这种方法的应用是同假设的验证相联系——正如恩格斯所说的一样，“它需要历史的例证，需要与现实不断接触”[③]——所以它具有一个相当重要的特点。

虽然《资本论》的研究范围包括（有时甚至超过）历史上商品生产的整个体系，但马克思所特别注意的自然是分析商品生产的某种特定形式——资本主义形式。马克思在《资本论》初版序里写道：“我要在本书研究的，是资本主义生产方式及与其相应的生产关系和交换关系。……本书的最终目的，是揭露近代社会的经济的运动法则。”[④]正如恩格斯所指出，要达到这个目的，“光知道资本主义的生产、交换和分配的形式是不够的；还必须对在它之前存在过的或者在发展较差的国度内和它同时存在的那些形式，至少对其主要特征，加以研究，并予以比较”。[⑤] 这当然是不错的。然

① 马克思：《政治经济学批判》，人民出版社 1957 年版，第 180—181 页；又参看《资本论》，第 3 卷，人民出版社 1958 年版，第 16 页。

② 马克思：《资本论》第 1 卷，人民出版社 1958 年版，第 15 页；又参看《马恩通信选集》，英文版，第 220—221 页。

③ 马克思：《政治经济学批判》，人民出版社 1957 年版，第 183 页。

④ 马克思：《资本论》第 1 卷，人民出版社 1958 年版，初版序第 3—4 页。

⑤ 恩格斯：《反杜林论》，人民出版社 1957 年版，第 154 页。

而即使这样,《资本论》决不是恩格斯所说的“广义政治经济学”(“这样一种科学,它研究人类各种社会中生产和交换所借以进行的那些条件和形式,以及与此相适应的生产品分配所借以进行的那些条件和形式”)[①]。《资本论》主要是关于一定的人类社会,它主要是分析资本主义商品生产的发生、发展与消亡问题。

关于这一方面,马克思的经济研究方法还有一个特点值得在这里提一下。应用逻辑的、历史的方法来研究任何一定的社会形态,不一定意味着“把各种经济范畴顺着它们在历史上起决定作用的先后次序来处理”。[②] 它们的次序倒是应该照它们在所考察的一定社会形态中的相互关系来决定。马克思强调指出,问题是:“在一切社会形态中都有一定的生产决定着其他一切生产的地位和影响,因而它的关系也决定着其他一切关系的地位和影响。这是普照的光,淹没着其他一切色彩,改变着它们的特点。”[③]在现代资本主义社会里,应当看到“资本是……支配一切的经济力量”。[④]资本和劳动的关系是占统治地位的和具有决定性的关系,所以必须首先加以考察。因此,从历史上早于资本的范畴、也就是“从地租开始”的自然诱惑需要克服,因为在资本主义社会里,“农业越来越变成仅仅是一个工业部门,完全受资本的支配”。[⑤]

马克思的方法论同他研究劳动价值学说的关系,还需要作一

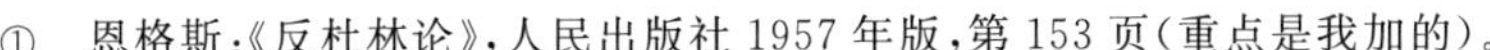

① 恩格斯:《反杜林论》,人民出版社 1957 年版,第 153 页(重点是我加的)。

② 马克思:《政治经济学批判》,人民出版社 1957 年版,第 169 页。

③ 同上。

④ 同上。

⑤ 同上。

初步的交代。我们已经看到，他在《资本论》里规定的主要任务，是从正在发展中的生产者间的关系来说明资本主义经济形态的产生与发展。但不论是一般的商品生产或特殊的资本主义商品生产，都必须表明："一定〔形式〕的生产，决定一定〔形式〕的消费、分配和交换，以及这些不同的要素相互间的一定的关系。"①在这种论证中，劳动价值学说显然居于中心的地位，因为实际上它是"社会生产关系决定交换关系的一种特殊讲法"。② 这一整个问题需要特别研究一下。

我认为，把马克思在《雇佣劳动与资本》一书中的下面一段话作为考察的起点，是有帮助的：

> "人们在生产中不仅影响自然界，而且自己也互相影响着。他们如果不用相当方式结合起来共同活动和互相交换其活动，便不能从事生产。如要从事生产，人们便发生一定的联系和关系；只有经过这些社会的联系和关系，才会有他们对自然界的关系，才会有生产。"③

人们在生产中所发生的相互间的"社会联系和关系"显然是极为复杂的，我们至少可以从两个不同的角度来观察它们。

首先，我们可以从注意这个事实来开始，就是，在以社会分工

---

① 马克思：《政治经济学批判》，人民出版社 1957 年版，第 162 页。原文最后八个字用斜体字印刷的。

② M. H. 多布：《现代季刊》，第 3 卷，第 2 期，1948 年春季号，第 67 页；又参看《资本论》第 1 卷，人民出版社 1958 年版，第 91 页："商品的价值量表现一种社会生产关系"。（这句话是根据英文版及米克原著译的，中译本内容略有出入。——译者）

③ 《马克思恩格斯文选》（两卷集）第 1 卷，外国文书籍出版局出版，1954 年，莫斯科，第 67 页。

为基础的社会里，不同的个人(或集团)直接或间接从事不同的工作，所以这些单独的个人(或集团)总得想办法互相“交换”其活动。如果我们从强调这方面的社会生产关系开始的话，我们就会觉察到“交换”活动采取**商品交换**的形式与采取其他形式间的根本区别。商品的交换——也就是“多多少少互相分离的私人生产者”[①]为市场而生产的货物的交换——是比较近代的现象。虽然它开始于(据马克思说)一个共同体与其他共同体相接触的地方[②]，虽然它也存在于奴隶社会并在封建社会里扩大了范围，但是，只有到了资本主义社会，人们以**商品**生产者的资格所结成的关系才在整个经济领域里占取了统治地位。

其次，我们还可以从注意这个事实开始，就是，各种社会可以有效地依据人们以生产者资格所结成的不同关系来加以区别，一定时期所特有的**财产关系**就是这种生产关系在法律上的表现。[③]根据生产资料占有的性质与形式，人们可用许多不同的方法组织起来(或被组织起来)，来生产他们所需要的东西。在一定时期，人们“互相交换其活动”的基础，可以是隶属的关系、合作的关系或一种过渡性质与混合性质的关系。在马克思看来，正是这些关系决定了一定时期现有生产关系的总体的性质，从而提供了区别各种经济制度与划分人类历史阶段的适当基础。

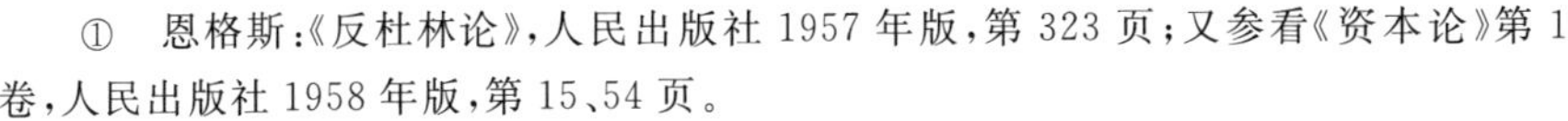

① 恩格斯:《反杜林论》,人民出版社 1957 年版,第 323 页;又参看《资本论》第 1 卷,人民出版社 1958 年版,第 15、54 页。

② 马克思:《资本论》第 1 卷,人民出版社 1958 年版,第 74 页。

③ 马克思:《政治经济学批判》,第Ⅱ页。在马克思主义文献里,“生产关系”通常总是指的这种意义。

马克思在《资本论》里要分析的不是全部人类历史，而是包括资本主义阶段在内的广泛的商品生产体系的发展。我们已经看到，马克思研究的主要对象就是这个资本主义阶段。现在商品生产发展的整个时期自然是以不同经济制度的更替为其特征的，这些不同的经济制度可以根据方才所讲的那样加以区分。然而就马克思的方法来说，研究的出发点必须是贯穿这一整个时期的、人们以商品生产者资格所结成的基本关系，研究它的一般的抽象的形式。所以首要的任务必须是分析这一基本生产关系的性质，概括地和一般地表明，它在一切商品生产社会中如何"决定消费、分配和交换的〔形式〕"。其次一个同时也是主要的任务，在马克思看来，就是分析生产关系决定其他经济关系这一简单广阔的图景由于资本主义商品生产代替旧制度而发生变化的情形。

马克思在他的经济著作里努力要做的实质上就是这样。一旦认识到这一点，那么，劳动价值学说在他的体系里占有怎样地位的问题，实际上已经得到了解答。1868 年 7 月马克思在写给库格曼的那封著名的书信里，差不多完全答复了这个问题：

"……假如我的书中并没有论'价值'的一章，那么我所作的对于现实关系的分析也会包含有关于价值的实际关系的材料和证据。其所以空谈什么必须证明价值这一概念，不过是由于既完全不知道这里所谈论的题目，又完全不知道科学方法罢了。

"每个小孩子都知道，一个民族如果停止工作，——不用说是停止一年，就是只停止几个星期——也会饿死的。同样大家也知道，为了要有适合于各种不同需要量的产品量，就需要有不同的和数量一定的社会综合劳动量。

“显而易见,这种按一定比例分配社会劳动的必要性,决不可能被社会生产的一定形式所消灭;所能改变的只是它的表现形式。自然法则是根本不能消灭的。可能依不同历史条件而发生改变的,只是这些法则所表现的形式。

“在社会劳动的联系是表现于个人劳动产品的私人交换的社会制度下,这种按比例实行的劳动分配所由以表现的形式,也就是这些产品的交换价值。

“科学的任务就在于阐明价值法则是如何表现出来的;因此,如果想一下子‘阐明’一切仿佛是跟法则相矛盾的现象,那么就得在科学以前就提供科学来。”①

在这极端重要的一节里,马克思的论证是这样的:首先他强调说,要正确理解他的价值学说,就得要知道“所谈论的题目和科学方法”。于是他进一步指出,社会分工必定有量的一面,这就是,它不仅意味着社会总劳动量必须分配于不同货物的生产,而且意味着这些不同的货物需要“数量一定”的大量劳动用于它们的生产。他由此更进一步把“这种按一定比例分配社会劳动的必要性”描述为“自然的法则”,它是根本不能消灭的,但是可能依“不同历史条件”而有不同的表现形式。因此他主张,在商品生产的社会里,它所赖以表现的特定形式,恰恰就是这些商品的交换价值——这意思是

① 《马克思致库格曼的信》,见《马克思恩格斯文选》(两卷集)第2卷,外国文书籍出版局出版,1955年,莫斯科,第461—462页。我为了方便起见,将这一节引文分成了几段。

说，不仅因为这些商品是这种社会里按比例分配的劳动的产品，所以具有交换价值，而且，非常明显，一单位某种商品相对于一单位其他商品来讲所具有的交换价值量，决定于生产这些商品所必需的相对社会劳动量。最后，马克思讲清楚，交换价值是个历史范畴，它是与商品生产而且也只是与商品生产相联系的，然后又指出，政治经济学关于商品生产的主要任务就在于阐明“价值法则是如何表现出来的”。不要“一下子”就要“‘阐明’一切仿佛是跟法则相矛盾的现象”（像李嘉图那样），相反，应当从法则本身的作用来阐明那些仿佛是跟法则相矛盾的现象。

所以在马克思看来，阐明生产关系如何“决定消费、分配和交换的〔形式〕”的任务，实质上也就是这样一个任务，即阐明：随着商品生产的发展，“价值法则是如何表现出来的”。他完成这一任务的特殊方式，大部分决定于他所采取的一般研究方法，特别是他写作《资本论》时原来怀抱的远大目的。他并不关心价值法则在资本主义制度下发生作用的形式与它在封建制、奴隶制或原始公社制下发生作用的形式间的区别。相反，在这方面他是要把前资本主义商品生产的一种形式不同于另一种形式的特征抽象掉[①]，以便集中研究价值法则在资本主义制度下和在以前各种制度下发生作用的不同形式，所以以前的制度，就其通常进行“等价交换”的“简

① 参看《资本论》第1卷，人民出版社1958年版，第179—180页：“生产物之商品的表现，会在社会内部引起一个这样发展的分工，以致由直接物物交换开始的使用价值和交换价值的分裂，早就已经完成。不过这样的发展程度，是历史上最不同的各种经济社会形态所共有的。”当然，马克思在别处要特别强调的正是这些“不同的历史特征”。

单”商品生产的特征来讲，可以合并起来考虑[①]。他进行分析的主要目的，在于了解资本主义商品生产的发生，究竟怎样限制了简单商品生产条件下人们的基本生产关系对交换关系所能起的作用。他说，在简单商品生产与资本主义商品生产条件下，人们以商品生产者资格所结成的基本关系(这种关系在商品生产的整个时期一直都存在)，都是通过使商品交换比率成为物化劳动比率的函数而对交换关系发生作用的。[②] 简单商品生产(这里直接生产者占有他自己的生产资料)之变为资本主义商品生产(这里直接生产者除劳动力外一无所有，现在劳动力本身也成为商品)，并不意味着交换比率不再是物化劳动比率的函数了。然而资本主义的产生，的确意味着函数形式的改变：交换比率与物化劳动比率具有一种不

① 照马克思的说法，“简单”商品流通的公式是这样的：C—M—C(商品—货币—商品)，而资本主义流通的公式是：M—C—M(货币—商品—货币)，这两者是不同的。“简单”商品生产一般是由独立的小生产者进行的，他并不雇用工资劳动者，他是“为买而卖”。小自耕农就是典型的例子，他出卖谷物是为了购买衣服，独立的小手工业者也是这样，他出卖衣服是为了购买谷物。“C—M—C 循环，是从一个商品的极端出发，而以另外一个商品的极端为终结。后一商品，会从流通退出，而归于消费。消费，需要的满足，总之，使用价值，是它的最后目的。反之，M—C—M 循环，则从货币的极端出发，结局复归到相同的极端。所以，促进的动机和规定的目的，是交换价值自身”(《资本论》，第 1 卷，人民出版社 1958 年版，第 153 页)。在简单的商品流通中，流通的两个极端“都是商品，是价值量相等的商品”(同上书，第 154 页)。当然，在事实上，流通的两个极端(譬如说谷物与衣服)代表不同的价值量，那也是可能的。“农民可以超过价值来售卖谷物，或低过价值来购买衣服。他可以‘欺骗’衣服商人。但这样的价值差别，对于这个流通形态自身纯粹是偶然的。就令二极(例如谷物与衣服)是等价的，这个过程也不像 M—C—M 过程一样，是全然没有意义的。在这里，二者的等价，宁说是正常进行的条件”(同上书，第 155 页)。

② 我在这里使用“函数”这一术语，指的是它在数学上的那个意义。当我们说 x 是 y 的函数时，我们的意思是说，x 和 y 有着这样的关系，即 x 决定于 y 并随 y 而变化。这一相倚关系的特性，是用函数的“形式”来说明的。

同的、更为复杂的关系。在简单商品生产条件下，价值法则的作用使得交换比率大致上等于物化劳动比率，而在资本主义商品生产条件下，它的作用不同了，所以交换比率虽然最后仍决定于物化劳动比率，可是它们两者（即使在正常情形下）不一定彼此相等。

我之所以在这里极力强调这一点，一部分是因为，我们要理解马克思的价值学说的意义以及这一学说在他的整个理论体系中所占的地位，就必须掌握这一点。但是，更主要的是因为，我们要想从文义来把握他所讲的实质并再应用到今天的社会，那么这一学说是非常重要的。我们已经看到，对马克思来说，阐明“价值法则是如何表现出来”的任务，实际上同阐明生产关系如何决定交换关系的任务没有两样。他从事这一工作所采取的特殊方式，大部分决定于这个事实，就是，他主要是想把资本主义自由竞争时期商品生产的基本特征同简单商品生产条件下的进行对比。然而，如果我们主要是想把垄断资本主义时期商品生产的基本特征同资本主义自由竞争条件下的进行对比，那么我们从事同一工作所采取的方式就有点不同了。这个问题留待本书最后一节作进一步的讨论。

第五章 马克思的价值学说(二)

第一节 《资本论》第一章中的价值概念

马克思在《资本论》(第一卷)第一版的序里写道:“对于资产阶级社会,劳动生产物的商品形态或商品的价值形态,就是经济的细胞形态。在浅薄的人看来,这种形态的分析,好像是斤斤计较于一些琐细的事情。它所考究的,诚然只是一些琐细的事情,但和显微镜下的解剖,正好是做的一样的事情。”[①]在《资本论》第一篇(题为《商品与货币》)中,马克思力图对这个“经济的细胞形态”进行详尽的分析,使用抽象力作为他的显微镜。

马克思在他的序里特别提到《资本论》的第一篇[②],他说:

> “一切事的开头总是困难的。这一句话,在一切科学上都可以适用。所以,第一章(尤其是分析商品的那部分)的理解,是最难的。关于价值实体与价值量的分析,我已经尽可能做

① 马克思:《资本论》第1卷,人民出版社1958年版,第2页。

② 这里指的是现在的第一篇,其内容和初版的第一章相当。——译者

到通俗化了[①]。……当然，我假设读者们是想要学一些新的东西，愿意独立思想的。"[②]

一切事的开头总是困难的，其中一个原因是人们需要当心，不要"在科学以前就提供科学来"——就政治经济学来说，这就是，不要一开头就把较晚阶段才能得到适当发展的经济范畴当做确定不移的东西。马克思批判了李嘉图和蒲鲁东恰恰是这样做之后，就特别注意以免自己也犯同样的错误。一切事的开头也总是困难的，要是一开头就将研究方法详细交代清楚的话，仿佛是对有待证明的结论先作出判断。[③] 这部著作的开头是困难的，至少还有另外两个原因：第一，因为很多问题已经在《政治经济学批判》中论述过了；第二，国为马克思初期经济著作品论价值的某些部分严重地被劳工界人士所曲解了。所以马克思现在要作出决定，那些点"只在前书略略提到的"，在这本书里就应当"论述得更详细些"，那些点在前书已经详细讨论过的，在本书就应当只"略略提到"。[④] 同时他还要决定，那几部分的分析能够"通俗化"而不会冒更多误解的危险。

---

① 这里原有一个脚注如下："拉萨尔反驳苏尔兹·德利希的文章，虽自称已将我关于这些问题的说明的'神髓'提示出来，实则包含着严重的误解。想到这点，我觉得，我益加有通俗化的必要。……"

② 马克思：《资本论》第1卷，人民出版社1958年版，初版序第1—2页。

③ 马克思在《政治经济学批判》的序言里写道："我把已经起草了的一篇总的导言删去了，因为仔细想来，对于刚要加以证明的结论先作出任何判断，我总觉得不妥，读者如果真想跟着我走，就要下定决心，从个别达到一般。"可是他又补充说："我自己研究政治经济学的经历，倒不妨在这里说一下。"于是他接着就叙述唯物史观，"搞清这个观点后，它一直成为我的研究中的一条红线了"。

④ 马克思：《资本论》第1卷，人民出版社1958年版，初版序第1页。

马克思在《政治经济学批判》中论述了所谓商品“显现在使用价值和交换价值这双重观点”[①],现在他的分析就是从改写那一部分着手的。他写道:“商品首先是一个外界的对象,一个物,它由它的属性,依某种方法,满足人的需要。”[②]“无论富的社会形态是怎样,使用价值总是形成富的物质内容。在我们现今考察的社会形态中(指商品生产社会——米克),使用价值同时又是交换价值之物质的担负物”。[③]

马克思接着说:“交换价值,最先表现为一种使用价值与另一种使用价值相交换的量的关系或比例,这种关系是因时因地而不断变动的。所以,交换价值好像是偶然的,是纯然相对的。商品之内在的固有的交换价值,似乎是矛盾的。”但是他认为,如果我们“更周密地讨论一下这个问题”[④],情形就显然不同了。他进行这种讨论的那几部分一贯地严重地被人曲解了,所以必须将它全部引录下来。为了方便起见,不妨在每段前面标以数字。

> (一)“一定的商品,例如一卡德小麦,可以和 x 量的鞋油,或 y 量的丝,或 z 量的金等等交换——总之,可以用极不同的比例,与其他各种商品相交换。所以,小麦有许多交换价值,不止有一个。但因为 x 量的鞋油,y 量的丝,z 量的金等等,都是一卡德小麦的交换价值,所以 x 量的鞋油,y 量的丝,z 量的金等等,必须是可以互相代替,或一样大的交换价值。所以,

① 马克思:《政治经济学批判》,人民出版社 1957 年版,第 1 页。

② 马克思:《资本论》第 1 卷,人民出版社 1958 年版,第 5 页。

③ 同上书,第 7 页。

④ 同上。

第一，同一种商品的各种有效的交换价值，表示一个相等。第二，交换价值一般只能是某物的表现方式，是一个能够和它区别的内容的‘现象形态’。

(二)“拿两种商品，例如小麦与铁来说。无论它们的交换比例如何，这比例总可以由一个等式来表示。在这个等式中，一定量小麦与若干量铁相等，例如1卡德小麦＝a百磅铁。这个等式说了什么呢？它告诉我们，在这两种不同的东西里面，即一卡德小麦和a百磅铁中，存有等量的某种共同物。所以二者，必等于其本身既不是小麦也不是铁的某第三物。小麦与铁，只要是交换价值，就必须同样可以还原为这第三物。

(三)“一个简单的几何学的例，可以把这点说明白，因要决定并比较诸直线形的面积，我们把诸直线形分成三角形。我们再把三角形还原为全然与它的外表形态不同的东西，那就是还原为底乘高之积之1/2。同样，诸商品的交换价值，也要还原为一种共同物，各代表这共同物的多量或少量。

(四)“这共同物，不能是商品之几何学的，[①]化学的，或任何他种自然的属性。物体的属性，只在它们使它有用，从而使它成为使用价值的时候，方才叫我们考虑。但另一方面，诸商品的交换关系，正好是由它们的使用价值的抽去，来一目了然地表征出来。比例适当，一个使用价值就和任何另一个使用价值完全是一样的。或如老巴贲说，‘如果交换价值相等，一种商品和别种商品是一样好的。在交换价值相等的东西中

① 中译本这里有“物理学的”四个字，但英文版及米克原著都没有这几个字，现从略。——译者

间,是没有差别或不能区别的。……值一百镑的铅或铁,和值一百镑的金或银,有同样大的价值。'当作使用价值,各种商品首先是异质的;但当作交换价值,它们只能是异量的,不包含任何使用价值原子。

(五)"把商品体的使用价值丢开来看,它们就还只留下一种属性。那就是劳动生产物的属性。……"①

在引文的头三段里,马克思实在是提出了价值学说的正式条件。实际上,他一开头就主张:虽然交换价值必定是纯然相对的形式,然而,除非假定交换价值的差别(或变动),纯粹是一种商品或分别考察的多种商品各自的价值发生差别(或变动)的净结果,否则就不可能建立正确的价值学说。马克思不曾详细说明这一点,在他力求"通俗化"的叙述中,他觉得,用简单的例证表明,进行交换的各种商品间的价值关系能够表现为相对形式和绝对形式,也就够了。

这样一种分析,要求把各种商品所固有的或具有的某种性质当作价值的实体。马克思认为,这种性质必须是能够用量来表示的东西,它虽然"包含在"商品之中,却又"与它有所区别"。这里,正如多布所指出的,马克思只是叙述(也是用"通俗化"的方式)人们所熟悉的价值学说的一个正式条件,就是,"这个决定的常数必须表示某种量的关系,而这个量本身却不是价值"。②

在第四段里,马克思解决了这种思想,即这"共同物"可以是"商品之几何学的,化学的,或任何他种自然的属性"。他讲道:这

① 马克思:《资本论》第1卷,参阅人民出版社1958年版,第7—9页。

② 多布:《政治经济学与资本主义》,第10页。

些属性只有在它们使商品成为使用价值的场合，方才叫我们考虑；然而商品的交换关系却是以“使用价值的抽去”为其特征的。这一论点往往被误解了。例如庞巴维克就曾指责说：马克思所论证的只不过是，“商品的使用价值可能表现的特殊形式”，在交换时被抽去了。然后他就由此推论使用价值本身被抽去了。照庞巴维克的讲法，这实际上等于混淆了“种类的抽去和种类表现的特殊形式的抽去”[①]。然而事实上，马克思在这个地方关心的根本不是庞巴维克所说的“种类”——即使用价值本身，他关心的只是“商品的使用价值可能表现的特殊形式”。他认为，这些形式，就引自巴贲那段说法的单纯意义上讲，在交换时被抽去了——这就是(正如同他在《政治经济学批判》里所说的)，“各种商品，毫无差别地对待它们自然存在的样式，不管它们当作使用价值时所满足的需要的特殊性质，以一定数量彼此相等，在交换时彼此替代，而当作等价物，因而尽管它们有千差万别的形象，却代表着同一个统一的东西”。[②] 正因为这个原因，马克思争辩道，这“共同‘物’”不可能是自然的属性，如同重量、体积等。

在第五段里，马克思实际上是说，如果我们把上述那些自然属性丢开来看，商品实在只留下一种共同属性，可以满足他方才所讲的正式条件——劳动生产物的属性。在这段引起很多争论的说法里，马克思的意思就是这样，我认为，这从原文意思来看是相当清楚的。马克思不至于这样愚蠢，甚至不晓得商品除了重量、体积等

① 庞巴维克：《马克思主义体系的崩溃》(斯维济编)，第74页。

② 马克思：《政治经济学批判》，人民出版社1957年版，第2页。

以及作为劳动生产物外，还具有其他的“共同属性”。举例来说，具有交换价值的一切商品显然都为私人所占有了，它们是劳动生产物又是自然生产物，它们也是效用的客体。然而问题是，这些共同属性中有没有一种能够像上面所讲的那样用量来表示，它是“包含在”商品之中而又与它“有所区别”。在马克思看来，非常明显，它们事实上都不能满足这些条件，所以，如果重量、体积等等都排除掉了，那么剩下唯一有关的“共同属性”就是劳动生产物的性质。

假使马克思要迟二三十年写作《资本论》的话，那时边际效用说正在流行，他可能在这个时候要详细申述他的理由，为什么商品作为使用对象的“共同属性”事实上不可能满足价值学说的正式条件。就我们所考虑的特殊论证来说，他或许适当地强调两点：第一，商品的效用是不能直接测度的量，第二，除非十分不合理地将欲望和满足等同起来，否则效用就不可能当作独立的决定因素。[①]但事实上，马克思只是简单地接受了我们大家已经熟悉的古典观点，这就是，购买商品的人对其效用所作的特殊估计，实际上不能决定它的长期均衡价格，这一点，用买主对其效用所作估计的变化一般并不影响价格的事实就足以证明了。[②] 马克思无疑认为这是

① 这一点可参看 M. H. 多布：《政治经济学与资本主义》，第 27—28 页及 156 以下各页。

② 李嘉图在写给马尔萨斯的一封信里对古典观点作了有益的叙述，在这封信里，他评论了萨伊所主张的“商品价值同其效用成正比”的意见。他说，这是不错的，“如果只有买者决定商品价值的话；这样，我们可以预料所有的人都愿意依据他们对这些东西的评价来支付价格，但是在我看来，事实是，买者是世界上最没有办法影响价格的，价格完全决定于卖者的竞争，买者也许真正愿意买铁比买黄金多出点钱，他办不到，因为供给是由生产成本决定的，所以金和铁的价格必然要维持现在的比率，虽然所有的人大概都认为黄金是用处不大的金属”。(《李嘉图全集》第 8 卷，第 276—277 页。)

当然的（也许过于乐观些），即比较有学识的人读了这一“通俗化”部分后会理解他所讲的内容中包含有这个观点。

在第一篇的后部马克思讲得很清楚，他在这部书一开头关于效用的**逻辑**的抽象，可以说是**历史**的抽象的反映。在他看来，交换价值是个历史范畴，只适用于商品生产和商品交换的一定时期。换句话说，只有当货物作为商品来生产和交换的时候，交换价值才发展成为“它自己的形式”[①]。当生产物最初开始交换时，它们只不过作为使用价值而彼此对立着[②]，它们的交换比率在一定程度上是任意的、不确定的，因为这主要决定于交换双方对生产物效用的主观评价。然而交换不断反复和扩展的结果，生产物终于变成了商品，它的使用价值成为一种新属性——交换价值——之“物质的担负物”。到了这个时候，交换比率的决定方式就发生了重大变化。马克思将这一过程叙述如下：

> “一个使用对象在可能性上成为交换价值的第一个方法，就是当作非使用价值存在，成为满足所有者直接需要以后有余的使用价值量。物自体是在人身之外，从而是可以从人身让渡出来的。要使这种让渡成为交互的，只要人们互相默认他们是那些可以让渡的物品的私有者，并由此当作互相独立的人来互相对待。这种互相当作外人看的关系，在自然发生的共同体（无论是在家长式的家族的形态上，是在古代印度共同体的形态上，还是在秘鲁印加人的国家的形态上）的成员

① 马克思：《政治经济学批判》，人民出版社 1957 年版，第 23 页。

② 希法亭：《庞巴维克对马克思的批评》（斯维济编），第 126 页。

间,是不存在的。商品交换是在一个共同体的尽头处,在一共同体与其他共同体,或与其他共同体的成员相接触的地方开始。但物品一经在对外生活上成为商品,它就会由反应作用,以致在对内生活上也成为商品。交换的量的比例,当初纯然是偶然的。它们能互相交换,那是由于它们的所有者的意志行为,把它们互相让渡的意志行为。但对于别人所有的使用对象的需要,渐渐确立了。交换的不断的反复,使交换成为一种规则的社会过程。在时间的进行中,至少有一部分劳动生产物,是有意地,为交换的目的才被生产出来。从这时起,一方面说,各种物品为直接需要的效用和它们的可以交换的效用,就区分开来了。它们的使用价值与它们的交换价值区分开来了。另一方面,它们互相交换的量的比例,则依存于它们的生产自身。习惯把它们当作价值量来固定。"①

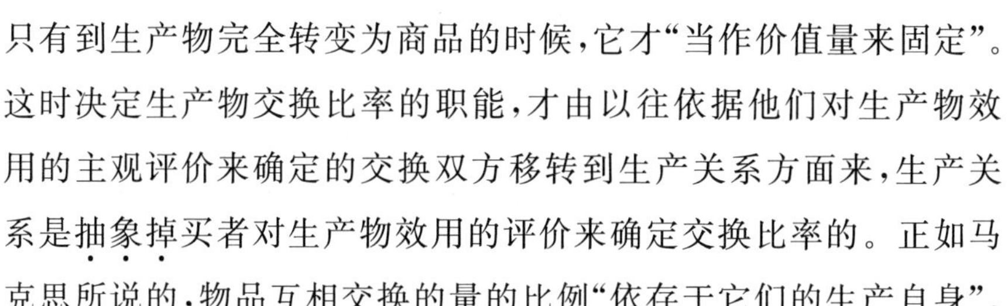

只有到生产物完全转变为商品的时候,它才"当作价值量来固定"。这时决定生产物交换比率的职能,才由以往依据他们对生产物效用的主观评价来确定的交换双方移转到生产关系方面来,生产关系是**抽象掉**买者对生产物效用的评价来确定交换比率的。正如马克思所说的,物品互相交换的量的比例"依存于它们的生产自身"。

从庞巴维克以后,马克思的一些批评家讨论了上引第五段里的论点,照一位近代作家的说法,仿佛它是"马克思对劳动价值学

① 马克思:《资本论》第 1 卷,人民出版社 1958 年版,第 73—74 页;又参看《政治经济学批判》,人民出版社 1957 年版,第 23 页以下。

说的证明"[①]。于是他们力图表明,用这样的论点来证明是不够十分满意的,一般还由此得出结论说,马克思不过用来作为纯粹独断的、教条的单纯价值定义的掩护而已。在我看来,这样的攻击是一种误解。不错,马克思是从他在相当早期的经济著作里研究出来的一定价值概念开始的。他把价值看作物化的或结晶了的劳动。然而这一概念决不是独断的或教条的。我们在前一章已经看到,它是同马克思要在《资本论》里从事验证的特殊假定——唯物史观——密切联系着的。如果事实上人们以商品生产者的资格所结成的基本关系决定了他们的交换关系——即他们的生产物间的价值关系——那么,这只有通过他们生产这些产品所耗费的劳动的相对量才能做到。价值作为物化劳动的概念,实际上表明了马克思的这个观点,即经济过程应当从人们在商品生产中所结成的社会关系来分析。当然,这种概念本身是不能用证明几何学原理那样的逻辑论证方法来"证明的",[②]但是,依据这一概念所提出的价值学说自然要加以证明。首先,马克思认为需要证明的是:依据这一特殊概念,也只有依据这一特殊概念所提出的价值学说,才能满足价值学说的正式条件。这实质上就是马克思在我们方才讨论的五段引文中所要做的。但是,这决不是"马克思对劳动价值学说的证明"的全部,像庞巴维克和他的一些门徒们试图设想的那样。此

① 亚历山大·格雷:《经济学说的发展》,第 310 页。

② 马克思致库格曼的信,见《马克思恩格斯文选》(两卷集)第 2 卷,外国文书籍出版局出版,1955 年,莫斯科,第 461—462 页。马格思说:"其所以空谈什么必须证明价值这一概念,不过是由于既完全不知道这里所谈论的题目,又完全不知道科学方法罢了。"不过,虽然不能在这个意义上来"证明"这一概念,可是这一概念所依据的真实社会关系,当然还是需要分析的。

外还得表明,依据这一特殊概念所提出的价值学说,事实上能够对它所面对的各种问题提供一个真实的答案。“马克思对劳动价值学说的证明”的真正重要部分,是以上五段引文的后面几节,在那几节里,他把这个学说应用于经济现实的分析,特别是分配问题的分析。

到现在为止,我们在讨论马克思关于物化劳动的价值概念时,忽视了它关于“抽象劳动”和“有用劳动”所作的重大区别——他认为这个区别是“政治经济学的理解的枢纽点”[①]。我们需要先谈谈他这一部分的分析,然后再作进一步的考察。

使用价值可以“客观上视为生产品的效用”,或“主观上视为劳动的有用性”。[②] 就“主观上”这个意义来考察时,有用(或“具体”)劳动的概念就产生了。有用劳动,即定义为“某种特殊的合目的的生产活动”[③],创造使用价值,它显然是“和一切社会形态相独立的人类生存条件”[④]。但是,照马克思的讲法,“劳动在它表现为价值的限度内,不会再有它当作使用价值创造要素时所有的那些特征”[⑤]。创造价值(不同于创造使用价值)的劳动是抽象劳动——这就是生产活动本身,这里各种不同活动间的差别抽去了。正如同我们考察各种商品的价值时,我们抽去它们的不同的使用价值,“同样,在表现为此等价值的劳动中,它们的有用形态……的差异,

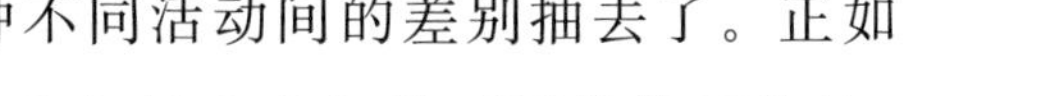

① 马克思:《资本论》第1卷,人民出版社1958年版,第14页。

② 《马克思恩格斯通信集》第2卷,三联书店1957年版,第364页。

③ 马克思:《资本论》第1卷,人民出版社1958年版,第15页。

④ 同上书,第16页。

⑤ 同上书,第14页。

也被抽去了”[①]。依据这样的观点，劳动同它所创造的商品一样，也是具有“二重性”的[②]

马克思指出，抽象劳动或劳动一般的概念，“只有当作最近的现代社会的范畴，才能真正地成为现实”，在这个社会形态中，“个人容易从一种劳动转到另一种劳动，而劳动的一定种类对他们来说是无关紧要的”。[③] 但是这个抽象表现了一种关系，这种关系事实上早在生产物最初成为商品的时期就有了。这个时期就是，正如马克思在《政治经济学批判》一书中所指出的，“个人劳动，要靠它采取抽象一般性的形式，才变成社会的劳动”[④]。这里，马克思的论点是：自人类依某种方法彼此相互劳动以来，他们的劳动就必定取得了社会的性质[⑤]，但是这一社会性质表现的特殊形式是随时代而不同的。例如在农村家长制生产的情形下：

> “纺工和织工住在同一个屋盖之下，家庭中女子纺纱男子织布，供本家庭的需要，在家庭范围之内，纱与布是社会生产物，纺与织是社会劳动。可是，它们的社会性，不在于纱当作一般等价物去交换当作一般等价物的布，不在于两者当作同一个一般劳动时间的并无差别而同样有效的表现而相互交换。倒是家庭关系同它的原始分工在劳动生产物上盖上了自

① 马克思：《资本论》第1卷，人民出版社1958年版，第18页。

② 同上书，第14页。

③ 马克思：《政治经济学批判》，人民出版社1957年版，第166—167页；又参看《资本论》第1卷，人民出版社1958年版，第38页。

④ 马克思：《政治经济学批判》，人民出版社1957年版，第7页。

⑤ 马克思：《资本论》第1卷，人民出版社1958年版，第53页。

己特有的社会印记。”①

然而当商品生产发生时,劳动的社会性质就表现为十分不同的形式。马克思写道:

> “从交换已十分扩大,十分重要,有用物是为交换才被生产,物的价值性必须在生产上被考虑那时候起,……生产者的私人劳动,才在事实上,取得双重的社会性质。一方面,它必须当作一定的有用的劳动,来满足一定的社会的需要,并由此证明它是总劳动的一部分,是自然发生的社会分工体系的一部分。另一方面,它能满足它自己的生产者的复杂需要,只以每一种特殊的有用的私人劳动,都能与每一种别的有用的私人劳动相交换,从而,与它相等为限。完全不同的劳动能够相等,又仅因为它们的实际差别已被抽去,已被还原为共同的性质。它,当作人类劳动力的支出,当作抽象的人类劳动,是有这种共同的性质的。”②

所以,在商品生产社会里,也只有在商品生产社会里,各个生产者的劳动的社会性质才有这样的表现,即他的劳动“与所有其他人的劳动相等”,也就是简化为抽象劳动。“把不同种劳动互相均等的社会性质,反映在这些物质上不同的物(劳动生产物)有共同的价值性质的形态上”。③ 在马克思看来,正是由于商品作为抽象劳动

① 马克思:《政治经济学批判》,人民出版社 1957 年版,第 7 页;又参看《资本论》第 1 卷,人民出版社 1958 年版,第 60—62 页。

② 马克思:《资本论》第 1 卷,人民出版社 1958 年版,第 55 页。

③ 同上书,第 56 页。

的生产物，所以它才最明显地反映商品生产社会所特有的“社会生产关系”[①]。商品作为抽象劳动生产物的性质，主要是表示它作为这种生产关系的体现者的性质。[②]

第二节　价值概念的改进与发展

第一节分析的价值概念，要能够作为一个适当的价值学说的基础，还需要一定程度的改进与发展。根据这一概念，一切商品，就它们代表价值来说，是当作某种“社会实体的结晶”[③]——抽象的人类劳动；每一商品所具有的价值量，要由其中包含的形成价值实体的劳动量，也就是由生产时所耗费的劳动时间，来最适当地加以衡量。然而我们这样研究价值问题，马上就会遇到一种显而易见的反对意见，就是，如果事实上价值是这样决定和衡量的话，那么“一个人越是懒惰越是不熟练，他的商品将越是有价值了，因为它的完成需有越是多的劳动时间”。[④] 马克思回答说，这种争辩误解了构成价值实体的抽象劳动的性质。他写道：

> “形成价值实体的劳动，是等一的人类劳动，是同一的人类劳动力的支出。社会的总劳动力，表现为商品界全体的价值的，虽然是由无数个别的劳动力构成，但在此，是被看作一个同一的人类劳动力。每一个人的劳动力，只要有社会平均

---

① 马克思：《政治经济学批判》，人民出版社1957年版，第2页。

② 参看《马克思选集》，英文版，第1卷，第305页。

③ 马克思：《资本论》第1卷，人民出版社1958年版，第10页。

④ 同上。

劳动力的性质,并且当作社会平均劳动力来作用,从而,在一个商品的生产上,只使用平均必要的劳动时间,或社会必要的劳动时间,就都是同一的人类劳动力,和任何别一个人的一样。社会必要的劳动时间,是指在现有的社会标准的生产条件下,用社会平均的劳动熟练程度与强度,生产任一个使用价值所必要的劳动时间。在英格兰,采用蒸汽织机之后,把一定量的纱转化成布所必要的劳动,也许比以前减少了一半。英格兰的手织工人,为了这种转化,事实上还需要同从前一样多的劳动时间,但他一小时劳动的生产物,现今不过代表半小时的社会劳动,它也只有它从前一半的价值。”①

马克思的论断意味着,这一“平均化”过程在经济学家还不知道以前早已在历史上发生了。这只不过是一般历史过程的一方面,在这一般历史过程中,随着商品生产制度的发展,每个人的劳动也就简化为抽象劳动。不消说,他在这里提到的“社会标准的生产条件”,纯粹是技术条件,在现阶段,我们可以很合理地把这些条件看作是根本不依赖于有关商品的价值。②

但是现在另一更加严重的困难产生了,即“熟练劳动化为简单劳动”的著名问题。马克思教导我们说,要用生产一定商品的工业“现有的社会平均的劳动熟练程度……”来测定生产这种商品所需要的社会必要劳动量。然而我们要把马克思的价值概念作为一个

① 马克思:《资本论》第1卷,人民出版社1958年版,第10—11页。

② 我所以提到这一点,只因为有些批评家指出,马克思把“社会标准的生产条件”扯到他关于社会必要劳动的定义中去了,他实际上是在循环论证。

学说的基础,这一学说能够说明两种或更多的不同商品的相对均衡价格的差别(或变动),那么上面的讲法显然是不够的。应当认识到,一个工业在一定时期现有的“社会平均的劳动熟练程度”可能与另一个工业不同;由比较熟练劳动所生产的商品的均衡价格,相对于生产这些商品所花费的劳动小时数来讲,一般要高于由比较简单劳动所生产的商品。所以,商品的价值,只有在适当考虑到不同商品需要(平均地讲)不同程度的劳动技巧的情形下,才能说是决定于生产这些商品平均必要的劳动量。克服这一困难最方便的方法,自然是将熟练劳动“化为”不熟练的(或“简单的”)劳动,而以后者来计算一切商品的价值。但是,除非我们还表述出来这种“还原”所依据的规律,否则我们就不能合理地做到这一点。当然,这些规律必须要说明,如何进行这种还原而不参照熟练和不熟练工人实际得到的工资或他们的产品在市场上实际交换的比率。不然的话,我们就正像马克思(在另一处地方)所说的一样,“这是在循环论证中打转,这是用本身还需要确定的相对价值来确定相对价值”。①

在《资本论》第一卷里,马克思并不打算解决这个特殊困难的问题。在他的论证的这个初期阶段,他要做的只不过是表明,熟练劳动之化为简单劳动,事实上在现实世界中已经在进行着,这种还原实质上是个人劳动化为抽象劳动的一般过程的一方面。他在人们经常引证的一段话里讲道:

> “商品价值所表示的,只是人类劳动,是人类劳动一般的支出。像资产阶级社会中将军或银行家演着重要的节目,单

① 马克思:《哲学的贫困》,人民出版社 1961 年版,第 43 页。

纯的人只演极不重要的节目一样,人类的劳动在这里也是这样。那是简单劳动力的支出。平均地说,每一个普通人,虽没有特别的发展,在他的身体的有机体中,也有这种劳动力。不错,简单地平均劳动自身在性质上是国与国不同的,这文化时期与那文化时期不同的。但在一个既存的社会内,它是一定的。复杂劳动只被看作是强化的或倍加的简单劳动,所以,小量的复杂劳动,会与大量的简单劳动相等。经验告诉我们,这种还原是常常发生的。一种商品,尽管是最复杂的劳动的生产物,它的价值也会使它和简单劳动的生产物相等,而只代表一定量的简单劳动①。以简单劳动为尺度单位,各种劳动还原为简单劳动的各种比例,是由生产者背后的一个社会过程确定的,所以,在他们看来,好像是由习惯确定的。为简单起见,以下我们就把各种劳动力直接看作是简单的劳动力,由此不过省去了还原的麻烦。"②

马克思在这里讲得相当清楚,所以很难于理解,为什么这一段话会一直为人所曲解。马克思只是说,在现实世界中,各种不同的熟练劳动化为简单劳动的比例,是由生产者一般还不了解其性质的社会过程确定的③——这肯定是十分明白的事实。他有意把还原所

---

① 这里有一重要脚注如下:"读者应注意,我们此处讲的,不是劳动者每一劳动日获得的工资或价值,而是劳动者一日劳动对象化成的商品价值。工资这个范畴,在我们说明的这个阶段,一般还是没有存在的。"

② 马克思:《资本论》第1卷,人民出版社1958年版,第17—18页。

③ 应当记住,斯密曾强调指出,这种必要的调节,是"经由市场上两不相亏的讲价和协议,这虽不够准确,但对通常交易来说,也就够了"(《国民财富的性质和原因的研究》第1卷,第33页);又参看《李嘉图全集》第1卷,第20—22页。

依据的实际规律问题留到后面讨论，照他的意见，提出这个问题的最适当场合，是在考虑工资或劳动力价值问题的时候。如果这在上面引证的一段话里还不够清楚的话，那么从以下三点来看一定可以搞清楚：(1)恩格斯在《反杜林论》中说，“在这里讨论价值论时”，熟练劳动化为简单劳动的过程，“只是加以确定，而不能来加以阐明”①；(2)马克思在《政治经济学批判》的有关部分中说，“这里还不是研究那支配这种折合的规律的地方”②；(3)实际上马克思在《资本论》的较后部分的确研究了这些规律。

这个问题在《资本论》第二篇论“劳动力的买和卖”那一节里又提出来了。马克思在那里讲道：

> “因要修改一般的人的本性，使其在一定劳动部门获得熟练和技巧，变成发展的和特殊的劳动力，一定的教育或训练，无论如何，是必要的。因此，多少不等地要费去一定量的商品等价物。教育费，视劳动力的性质如何复杂而异。就普通劳动力说，这种培养费虽然是小到可以忽略，但总归要算在劳动力生产上所支出的价值范围内。”③

这里马克思讲得很明白，教育费是劳动力价值的一个构成要素。在下一章他又说明，经过训练的劳动力较之简单的劳动力，不仅具有更大的价值，而且也按比例地创造更大的价值。他写道：

> “在价值增殖过程中，资本家占有的劳动，是简单的社会

① 恩格斯：《反杜林论》，人民出版社 1957 年版，第 205 页。

② 马克思：《政治经济学批判》，人民出版社 1957 年版，第 5 页。

③ 马克思：《资本论》第 1 卷，人民出版社 1958 年版，第 182 页。

的平均劳动,还是复杂的比重较高的劳动,是一件全然没有关系的事。较高的复杂的劳动,和社会的平均的劳动一样是劳动力的表现。不过,这种劳动力,比简单的劳动力包含更大的教育费用,其生产曾费去较多的劳动时间,从而有较高的价值。如果这种力的价值是较高的,它表现出来,也就是高级的劳动,从而,在同一期间内对象化为比例较高的价值。珠宝细工的劳动,虽然和纺纱劳动有很大的差别,但珠宝细工只用来补偿本人劳动力价值的劳动部分,和他用来创造剩余价值的追加劳动部分,全然没有性质上的差别。剩余价值的源泉,一样是劳动的量的超过,是同一个劳动过程(在一个场合,是棉纱生产的过程,在另一个场合,是珠宝生产的过程)的时间的延长。①

“不过,在每一个价值形成过程中,高级劳动都要不断还原为社会的平均劳动,那就是,把一日的高级劳动,还原为 x 日的简单劳动。为省却一些多余的手续,使分析更为简单起见,我们总是假定由资本使用的劳动者,是实行简单的社会的平均劳动。”②

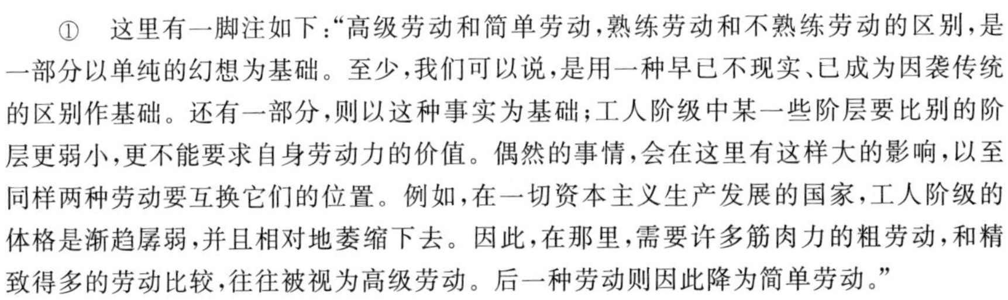

① 这里有一脚注如下:“高级劳动和简单劳动,熟练劳动和不熟练劳动的区别,是一部分以单纯的幻想为基础。至少,我们可以说,是用一种早已不现实、已成为因袭传统的区别作基础。还有一部分,则以这种事实为基础;工人阶级中某一些阶层要比别的阶层更弱小,更不能要求自身劳动力的价值。偶然的事情,会在这里有这样大的影响,以至同样两种劳动要互换它们的位置。例如,在一切资本主义生产发展的国家,工人阶级的体格是渐趋孱弱,并且相对地萎缩下去。因此,在那里,需要许多筋肉力的粗劳动,和精致得多的劳动比较,往往被视为高级劳动。后一种劳动则因此降为简单劳动。”

② 马克思:《资本论》第 1 卷,人民出版社 1958 年版,第 217—219 页;又第 421—422 页;第 3 卷,第 157 页。需要用心记住,马克思在引证的一段中所讨论的主要问题,是熟练劳动的雇主如何从他的雇用工人榨取剩余价值,尽管他们的劳动比不熟练的劳动具有较高的价值,因而通常也得到较高的报酬。

由此，对马克思来说，熟练劳动化为简单劳动的问题，看来不是一个特别重要的问题，一部分是因为，熟练劳动和简单劳动的区别多少有点是幻想的，一部分是因为，在他的时代里熟练劳动者的人数还比较少，但更重要的原因是，他认为这个问题的解答是非常明显的。熟练的劳动力“有较高的价值”（由于“其生产曾费去较多的劳动时间”），“它表现出来，也就是高级的劳动，从而，在同一期间内对象化为依比例较高的价值”。伯恩斯坦误解了这个主要句子（不得不认为他多少是有意的），他争辩道，马克思在这里是从熟练劳动所得工资较多推论出来它的产品价值较高。[1] 但是从原文文义可以清楚地看到，事实上马克思决没有这个意思。他只不过说：(1)熟练劳动力的价值较高，因为它需要更多的劳动来生产；(2)因为它需要更多的劳动来生产，所以它能够创造价值更大的产品。马克思显然认为，训练熟练劳动者所花费的劳动仿佛是蓄积在他个人身上的，当他从事实际工作时就表现出来了。所以，熟练劳动的支出，正如希法亭所说的，“意味着同时凝结在其中的各种不同的简单劳动的支出”[2]。

劳动技巧的不同完全是由于教育费用的不同，在这个假定下，熟练劳动化为简单劳动是丝毫没有困难的（至少在理论上是如此）。只要简单计算一下教育劳动者所花费的简单劳动的数量（包

---

① 参看希法亭，《庞巴维克对马克思的批评》，第141页以下。对伯恩斯担这一说法的争论，由于希法亭的一言不慎而复杂化了。希法亭说，如果伯恩斯坦的解释是正确的话，那么马克思在这个主要句子的关键性部分必定是用“于是”而不是用“但是”这个字。不幸的是，恩格斯在《资本论》德文第四版里（在希法亭写作他的书以前早就出版了，但是关于这个问题显然不曾同他商讨过），的确把“但是”改为“于是”。这全部插曲构成一幕有趣的错中错喜剧。事实上，不论用哪个字，这句话的实际意义总是一样的，如果认识到这一点，那就更加可笑了。

② 希法亭：《庞巴维克对马克思的批评》，第145页。

括他自己的),然后将它平均摊到他能以从事生产的全部时间就行了。如果预计他从事生产的时间是 p 小时,在他学习时期,社会和他自己所花费的简单劳动是 t 小时,那么,当他开始工作时,他每小时的劳动就等于 $1+\frac{t}{p}$ 小时的简单劳动(这是为了计算他生产的商品的价值)。[①] 至于"平均的劳动熟练程度"的不同完全由于天才的不同,或由于天才和教育费用两方面的关系,这个问题就稍为困难一些。马克思不曾特别谈到这种情形,这可能是因为,像亚当·斯密一样,他觉得,"人们天赋资质的差异,实际并不如我们所想象的那么大"[②]。他也可能假定,每一种工业里人们天资的一般水平大致相同,所以各种工业间"平均的劳动熟练程度"的不同,可以安然看作多少是由于教育费用的不同。就大多数工业来说,这也许是相当合理的假定,因为特别需要具有特殊天才的"专家"的工业是比较少的。倘若希望做到无懈可击的话,在原则上我看不出,为什么这类需要"专家"的工业不能并为一组而用马克思(与李嘉图)对农业的那种分析来处理。所以,就那些通常雇用有高度专长和特殊天才的人的工业来讲,劳动价值学说可以认为只适用于边际的情形。但必须强调指出,即使为了使劳动价值学说具有一定程度的普遍性,这种改进也并非是真正必要的。

上面的讨论是"从商品的交换价值或交换关系出发,以便探索这背后隐藏的价值"。把"价值"隔离进行考察之后,马克思又回头来讨论"价值的最初表现形态",并进行了深刻的分析。下面一段很好地说明他所要从事的这一部分工作:

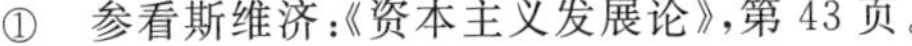

① 参看斯维济:《资本主义发展论》,第 43 页。

② 亚当·斯密:《国民财富的性质和原因的研究》第 1 卷,第 17 页。

> “每个人，甚至在他什么也不知道的时候，就知道商品有一个共同的价值形态——货币形态——与其使用价值的杂多的自然形态，成最显著的对照。但我们现在要做一种资产阶级经济学从未尝试过的工作。那就是论证这个货币形态的发生，探寻在商品价值关系中包含的价值表现，是怎样从它的最简单最平凡的姿态，发展到迷人视觉的货币形态。由此，货币的谜会同时消灭。”①

我们没有必要详细叙述马克思关于“简单的”、“扩大的”和“货币的”价值形态的复杂分析。实质上，他在这里是要揭露价值等式两端的相互作用所引起的矛盾，并阐明依据逻辑（与历史）所要求和提供的克服这些矛盾的方法的性质。正如恩格斯所说的，“这些矛盾不只有理论的抽象的意义，并且同时反映着从直接的交换关系、即简单的物物交换中所产生出来的困难，反映着这种最初的粗笨的交换形式所必然遇到的不可能性。这些不可能性的解决，在于把那代表一切其他商品的交换价值这个特性，转给一种特殊的商品——货币”。②

马克思在《资本论》第一章结尾所作“商品的拜物教性质及其秘密”的有趣讨论，明白指出他在以上各节论证中所抱的态度。简单地说，他的主题是，当时关于价值问题——从而关于政治经济学的一般问题——的一些错误和混乱都是由于这样一个事实，即在商品生产的社会中，人与人的基本社会经济关系仿佛被物与物的关系掩盖住了。他写道：

① 马克思：《资本论》第1卷，人民出版社1958年版，第22页。

② 恩格斯：《论马克思的〈政治经济学批判〉》，见《政治经济学批判》，人民出版社1957年版，第182—183页。

> "使用对象成为商品一般,只因为它是互相独立经营的私人劳动的生产物,私人劳动的复合,形成社会的总劳动。生产者由他们的劳动生产物的交换,才发生社会的接触,所以,他们的私人劳动所特有的社会性质,也要在这种交换里面才显现出来。换言之,私人劳动会在事实上当作社会总劳动的一部分来活动,是由于交换加在劳动生产物上面并从而加在生产者身上的关系。因此,在生产者看来,他们的私人劳动间的社会关系,就像是这样的:明白的说,不像是人与人在他们的劳动上面的直接的社会关系,却像是人与人间的物的关系,和物与物间的社会关系了。"[①]

换句话说,正如马克思在《政治经济学批判》中所指出的,"人与人在他们的劳动中的关系倒要表现为物与物之间的关系和物对人的关系"。[②] 在宗教世界里,"人脑的生产物,好像是赋有生命,互相发生关系,并与人发生关系的独立的存在物"。在商品界,人手的生产物也是这样。马克思说,"我把这个叫作拜物教。只要劳动生产物是当作商品来生产,这种性质就必然会附着在劳动生产物上。所以这是商品生产的不可分离的性质"。[③]

资产阶级经济学的各种范畴,马克思讲道,"对于这种历史地决定了的社会生产方式(商品生产)的生产关系,是妥当的,从而是客观的思维形态"。所以,"我们只要逃到别种生产形态中去,商品世界的一切神秘,在商品生产基础上包围着劳动生产物的一切魔法妖术,就都立即消灭了"。马克思依次考察了孤岛上的罗宾逊、

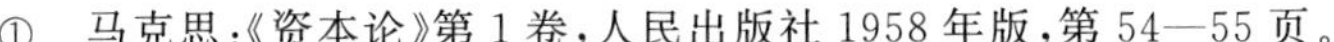

① 马克思:《资本论》第1卷,人民出版社1958年版,第54—55页。

② 《政治经济学批判》,人民出版社1957年版,第8页。

③ 马克思:《资本论》第1卷,人民出版社1958年版,第54页。

欧洲的中世纪及其以人身依赖为特征的社会生产关系；为自家需要而生产的农村家长制产业；以及“一个自由人的公社，他们用共有的生产资料劳动，并且有意识地，把许多个人的劳动力，当作一个社会劳动力来支出”。他表明，在所有这种种情形中，“人们对于他们的劳动，对于他们的劳动生产物的社会关系，……都是极简单的”。每个生产者间的真正社会关系，不可能为“劳动生产物间的社会关系的形式所掩盖”。只有在商品生产制度下——即使在这种制度下，也只有到了它的后一发展阶段——商品的“神秘性”才真正变成严重的了。①

随着货币使用范围的扩大和愈来愈多的东西变成了商品，神秘性也就增长起来，到了资本主义社会，它发展到了最高度。马克思说，在商品生产者看来，“他们自己的社会的运动，就取得了物的运动的形态，好像不是这种种物受他们统制，而是它们受这种种物统制了”②。这对资产阶级经济学有着重大的影响，照马克思的意见，它也“曾分析（虽然并不充分）价值及价值量，并曾发现这各种形态内包含着的内容”，但它从来不曾问：“为什么劳动要表现为价值，为什么由劳动时间测量的劳动量，要表现为劳动生产物的价值量？”他接着说：

> “这各种公式虽然在脑门上写着它们是属于一个由生产过程支配人，不是由人支配生产过程的社会组织，但在他们的资产阶级意识中，它们是和生产的劳动自身一样，被视为自明的自然必然性。”③

① 这几段引文摘录自前引书，第58—62页。

② 马克思：《资本论》第1卷，人民出版社1958年版，第57页。

③ 同上书第1卷，第64—65页及78—79页。

马克思认为,资产阶级经济学现在已经消除了货币主义的幻想,这是不错的。但是他又问道:“在讨论资本时,他们的拜物教思想不又是很明白吗?”[①]《资本论》第三卷中有一段讨论到他所谓现代经济学的“三位一体的公式”,这一公式假定土地、劳动和资本为其所有者“创造”了收入。马克思指出:

> “在其内,资本主义生产方式的神秘化,社会关系的物化,物质的生产关系与其历史——社会规定性直接混而为一的过程是完成了。那是一个怪诞的颠倒的和倒立着的世界。在这个世界内,资本先生和土地太太,是当作社会的人物,同时又直接当作单纯的物,发动着他们的妖术。”[②]

换句话说,环绕着商品生产的神秘性,必定成为环绕着特殊形式商品生产(特别是资本主义形式)的神秘性。马克思断言:

> “社会生活过程(即物质生产过程)的姿态,必须到它当作自由结合的人的产物,放在他们的意识的计划的管理下面那时候,才会把它的神秘的幕揭下。”[③]

---

① 马克思:《资本论》第1卷,人民出版社1958年版,第67页。

② 同上书第3卷,第1087页。马克思又继续说:“把这个虚假的外观和错觉,把财富不同各社会要素彼此间这种独立化和硬化,把这种物的人格化和生产关系的物化,把这个日常生活的宗教,加以分解,是古典派经济学的伟大功绩,因为它把利息还原为利润的一部分,把地租还原为平均利润以上的余额,让二者在剩余价值内合而为一,因为它把流通过程当作单纯的形态变化来说明,最后并在直接生产过程内,把商品的价值和剩余价值还原为劳动。不过,甚至古典派经济学第一流的发言人,也还多少拘囚在他们曾经批判地解决的假象世界内;而从资产阶级的立场看,也不可能再有别的结果。”

③ 同上书第1卷,第63页。

第三节　价值概念的应用

由此看来，马克思对一定时间与地点的商品价值所下的定义，即在那一时间与地点生产（说得确切些，即再生产）这一商品所必需的社会必要的简单劳动量。① 他在《资本论》第一卷里就是根据这样一个假定进行分析的：商品实际上倾向于“按照它们的价值”出售——这就是，在适当的竞争条件下，可以自由再生产的各种商品的长期均衡价格，要同生产它们所必需的社会必要的简单劳动量②成正比。

一开头就得注意，马克思的价值学说，同斯密和李嘉图的一样，除说明“供求相等从而不再发生变动”的价格外，并不打算说明其他的价格。③ 马克思主要关心的是在供求“平衡”或彼此“相等”那一点所决定的价格。他认为，供求力量实际上“平衡”于那一点的事实本身表明，均衡价格水平不能单由供求力量的相互作用来适当地解释。④ 供求关系确能说明市场价格与均衡价格的背离，但不能说明均衡价格本身的水平。事实上，价值规律正是通过“供求”的波动来决定均衡价格的。⑤

因此，当供求不“平衡”时，价格就会与价值背离。价格形态不

① 马克思：《资本论》第 3 卷，人民出版社 1958 年版，第 154 页；又《政治经济学批判》，人民出版社 1957 年版，第 5 页。

② 对马克思（同对李嘉图一样）说来，生产一宗商品所必需的劳动量，不仅包括现在的劳动，而且也包括生产所消耗掉的资本物与原料所必需的过去劳动。

③ 《马克思选集》，英文版，第 1 卷，第 301 页及 310—311 页。

④ 马克思：《资本论》第 3 卷，人民出版社 1958 年版，第 217—218 页。

⑤ 参看《马克思选集》，英文版，第 261 页；《资本论》第 1 卷，人民出版社 1958 年版，第 57 页及 91—92 页；又第 3 卷，第 219 页以下。

仅“让价值量与价格有可能发生量的不一致”，并且它也能够“包藏一个质的矛盾，以致……价格完全不是价值表现”。换句话说，就是“一种东西虽然没有价值，但能在形式上有价格”。[①] 当然，这对于土地和自然物体来说是特别重要的。“纯粹的自然力的交换价值是哪里来的”[②]，这个谜是要解决的，自然是通过地租的理论加以解决。但在初步近似的考察中，这个问题不妨暂时撇开——也就是马克思所说的，“地产被认为等于零”。[③]

正因为马克思的价值概念包含有效用的抽去(就上述的意义讲)，所以根据这一概念提出的均衡价格如何决定的学说，同样包含有需要的抽去。同他的古典学派前辈一样，马克思假定需要变化本身不会引起有关商品的长期均衡价格的变动(就整个工业讲，报酬不随其规模之增减而改变)。[④] 然而这决不是说，马克思忽略了需要。他曾强调指出：(1)一宗商品要具有交换价值，它得先有需要；(2)需要的变化可能使商品的实际市场价格与它的均衡价格发生背离；(3)在垄断的条件下，价格“只由购买者的购买欲望和支付能力决定”[⑤]；(4)需要是决定社会劳动力在一定时期内用于一定生产部门的比例的主要力量。以上几点仍然是不错的。

最后一点特别重要。譬如说，假使对麻布的需要减少了，因而造成一种情况，即在现有技术条件下，实际投在麻布工业的总劳动量大于社会要求投在那一工业的总量，那么，这对麻布价格所产生

① 马克思：《资本论》第1卷，第92页。

② 马克思：《政治经济学批判》，人民出版社1957年版，第34页。

③ 《马克思恩格斯通信集》第2卷，三联书店1957年版，第364页。我在这本书里并不直接论及马克思的地租学说，或马克思关于剩余价值在资产阶级间分配的学说的其他方面。

④ 参看《马克思选集》，英文版，第1卷，第289—290页。

⑤ 马克思：《资本论》第3卷，人民出版社1958年版，第1011页。

的影响，在马克思看来，“无异各个织造业者，都在他的个别生产物上，支出了社会必要劳动时间以上的劳动时间”[①]。一些批评家指出，马克思的这个说法实际上等于承认：生产一码麻布所必需的社会必要劳动量一部分决定于需要情况。但是马克思并不曾说，需要的变化将引起社会必要劳动量的变化；他只不过说，需要的变化对麻布价格的影响，恰像各个织造业者都在他的生产物上支出了大于社会必要的劳动量。这两种说法显然是极不相同的。事实上，他在这里只是要弄清楚下面一点：一码麻布要“按照它的价值”出售得先满足一些条件，其中一个是，投在麻布工业的总劳动量（从而麻布的总供给量）要恰好足够满足社会的总需要。换言之，供给必须等于需要——在马克思看来，这只不过是用另一种说法来表述：使用价值是交换价值的必要前提，不仅就个别商品来说是如此，就全部商品来说也是这样的。马克思在《资本论》第三卷中写道：

“不仅在每个个别的商品上要只使用必要的劳动时间；并且在社会的总劳动时间中，也要只把必要的比例量，用在不同各类的商品上。因为条件仍然是使用价值。既然就个别商品说，使用价值是依存于它本身是否满足一种需要，所以就社会的生产物总量言，也看它是否适合于社会对各种特殊生产物已经在数量上确定的需要；并且看劳动是否比例于这种在数量上已经规定的社会需要，按比例分配于不同各生产部门。……社会的需要，即社会尺度上的使用价值，对于社会总劳动时间分归不同各特殊生产部门的分量，好像是决定的因素。不过，已经在个别商品上表现的，也只是这个法则，那就是：商品的使用价值，是它的交换价值的前提，从而，也是它的

① 马克思《资本论》第1卷，第98页；又第3卷，第221—222页。

剩余价值[①]的前提。”[②]

因此,生产一单位任何商品所必需的社会必要劳动量决不依赖于需要的情况。在一定劳动生产率的条件下,需要必然会决定投在生产某种商品的工业的总劳动量,但是,决定一单位商品价值的,是劳动生产率,而不是需要。并且,马克思还常常说,需要决不是独立自主的,它多半决定于收入的分配[③]以及生产者们的活动[④]。这又说明,为什么从需要方面出发来考察价值的学说注定是要失败的。

当马克思从事资本主义制度下剩余价值生产的规律的初步分析(第一卷)时,他有一个假定,即商品倾向于“按照它们的价值”(在上述意义上)出售。现在不难表明,在发达的资本主义制度下,一旦平均利润形成了,所有个别的利润率都将多少自动调节与之一致,这时候,除非有关资本都是同样的构成,用马克思的术语来说,除非它们的有机构成[⑤]都是相同的[⑥],否则交换比率事实上不

① 中文版译文为价值,现根据英文版及米克原著译为剩余价值。——译者

② 马克思:《资本论》第3卷,人民出版社1958年版,第830—831页。

③ 同上书,第207页及216—217页。

④ 马克思:《政治经济学批判》,人民出版社1957年版,第154—155页。

⑤ 资本有机构成是用$\frac{c}{v}$这个比率来表示的,其中c(“不变”资本)是用于机器、建筑(指生产中消耗掉的部分)和原料上的资本数额,v(“可变”资本)是用于劳动力上的资本数额。

⑥ 这个结论所依据的论证,在每一本马克思主义经济学里都会谈到,所以这里只要作一简单提要就行了。如果商品“按照它们的价值”出售的话,它们卖得的价格,必须足以包括折旧与原料(c)、工资(v)与剩余价值(s)。照马克思的说法,剩余价值是利润的唯一可能的来源,它完全由可变资本雇用的劳动者创造出来的。同时必须假定,所有生产部门的一般劳动者创造的剩余价值数量($\frac{s}{v}$)是一样的。现在,在发达的资本主义制度下,所有生产部门的利润率($\frac{s}{c+v}$)也必须是相同的。非常明显,这两个等量不可能同时存在,除非我们还作第三个假定:即所有生产部门的资本有机构成($\frac{c}{v}$)也都是一样的。

会倾向等于物化劳动的比率。所以，如果我们假定在发达的资本主义制度下，商品倾向于“按照它们的价值”（在马克思所说的意义上）出售，我们就暗含地假定了资本有机构成相同或利润率不等。然而资本主义的实际趋势是有机构成的高低不等和利润率的平均化，而不是相反的情形。既然如此，马克思为什么根据商品倾向于“按照它们的价值”出售的假定，来进行剩余价值的初步分析呢？

如果我们还记得上面讲的马克思写作《资本论》的一般经济方法和计划，那么他采取这种研究顺序的道理应该是十分清楚的。他是从分析简单商品开始的，然后进一步考察它在“概念上和历史上第二义的形态，即已经资本主义地变形了的商品”[1]。他的主要任务是探讨资本主义商品生产代替了以前的制度以后，商品生产和商品交换的一般规律究竟受到怎样的限制。为了揭露这些限制的实质，他好像认为这样假定是有帮助的，即资本主义冲击了通常进行“等价”交换的“简单”商品生产制度，而在“简单”商品生产转变为资本主义商品生产的初期阶段，一切商品还继续“按照它们的价值”交换了一个时期。每一生产部门的资本家都把直接生产者的报酬压低到维持生存的最低水平，从而榨取剩余价值；他们在每一部门内部的竞争将为这一部门生产的商品规定一个统一的价格；可是不同部门间的资本家还没有发生竞争，所以也就说不上平均利润率了。这样，各部门间资本有机构成的不同是与利润率的不同结合起来，而不是与交换比率和物化劳动比率的脱节结合起来。在这种情况下，剩余价值的创造和榨取现象就好像是一种“纯

① 马克思：《资本论》第3卷，人民出版社1958年版，《编者序》第16页。

粹的”形态,从而消除随后由于平均利润率的形成而产生的模糊景象。因此,这种情况可以合理地假定为历史的起点[1],它也必定是逻辑的起点[2]。

但是,资本主义一旦产生了,它很快就进而影响到价值规律作用的形式。资本主义竞争的扩展与加强,促进了平均利润率的形成,这意味着,只要资本有机构成不同,均衡的交换比率就会与物化劳动的比率脱节。现在商品倾向于按照它们的“生产价格”(也就是它们在古典意义上的“自然价格”)而是不按照它们的“价值”出卖了。就历史的发展讲是如此,就逻辑的发展讲也是如此。马克思认为,在初步近似的分析中,应当假定商品是“按照它们的价值”出售,并在这个基础上说明剩余价值的来源。然后依据逻辑应从剩余价值“推论出”平均利润,并将价值“转化为”生产价格,从而进到第二步近似的分析,这时最初的假定就放弃了。他觉得,采取这种顺序就能够表明,价值规律依然在发生作用,这就是,交换关系根本上还是决定于人们以商品生产者资格所结成的基本关系,尽管简单商品

① 马克思:《资本论》第 3 卷,人民出版社 1958 年版,第 206 页:“竞争首先在一个部门内完成的,是由商品各种不同的个别价值,形成一个相等的市场价值和市场价格。但不同诸部门间的资本的竞争,才引起生产价格,使不同各部门的利润率归于均等。后者比之前者需有资本主义生产方式的更高的发展。”

② 在资本主义下商品“按照它们的价值”出售的假定,自然是十分慎重作出的,并且也充分理解到随后必须把它撤销。参看《马克思恩格斯通信集》第 3 卷,三联书店 1958 年版,第 99—102 页;《资本论》第 1 卷,人民出版社 1958 年版,第 175 页脚注,第 246 页脚注及第 361 页。关于价值转化为生产价格的整个问题,马克思在《剩余价值学说史》中批判李嘉图时曾有详细的论述,这部著作是在《资本论》第一卷出版前若干年写成的。

生产已经成为“资本主义地变形了的”，而商品实际上也不再倾向于“按照它们的价值”出售了。我们在下一节将会看到，马克思以为任何其他顺序都会使政治经济学失去它的合理基础。

因此，马克思就根据他所做的最初假定，进一步考察劳资关系的经济方面，在资本主义社会里，这种关系，正如马克思所说的，“决定这个生产方式的全部性质”[①]。他把其他一些社会经济关系（如地主与资本家间的关系）留待后面研究，他认为这些关系实质上是派生出来的。他特别关心的是揭示那些决定工资劳动者和资本家间收入分配的规律。这个问题必须借助于价值学说，因为工资劳动者和资本家间的经济关系通常采取交换关系的形式。这个问题也必须根据“价格依平均价格来规定”[②]的假定，才能得到适当的解决。经验表明：资本家普遍还是获得“正常的”利润，尽管他按照市场决定的均衡价格来购买原料、劳动力等等，同时也按照市场决定的均衡价格出卖他所制成的商品。所以，马克思断然拒绝用“欺骗”或“买贱卖贵”来说明利润。他讲道：如果你不能根据商品按照它们的正常均衡价格出售以获得利润的假定（也就是根据第一卷中“按照它们的价值”出售以获得利润的假定），来说明利润的一般性质，那么，“你们就根本不能把它说明了”[③]。这一点大有讲究，远不止是形式上的。如果马克思能够阐明，利润怎样来自商

① 马克思：《资本论》第3卷，人民出版社1958年版，第1152页。

② 同上书第1卷，第175页脚注。

③ 马克思：《工资、价格和利润》，载《马克思恩格斯文选》（两卷集）第1卷，外国文书籍出版局出版，1954年，莫斯科，第402—403页；又参看《反杜林论》，人民出版社1957年版，第210—211页。

品“按照它们的价值”的买和卖，在他看来，这就等于阐明，近代社会的剥削是通过，而不是绕过，那大事宣扬的所谓自由竞争资本主义经济的“自由”与“平等”进行的。①

马克思在《资本论》第一卷中关于利润问题的初步分析是大家非常熟悉的，这里只要作一极简短的提要就够了。如果实际的经验是，资本家通常从一定数量货币开始，最后收回更多的货币，尽管他按照均衡价格——也就是在第一卷的假定下，“按照它们的价值”——买卖一切东西；那么，很明显，他“必须这样幸运地在流通领域之内，在市场上，发现一种商品，其使用价值，有一种特别的性质，是价值的源泉。那就是，发现一种商品，其现实的应用，是劳动的对象化，从而是价值的创造”。② 事实上，历史的确把这样一种特殊商品投到市场，这是由于它把直接生产者从他的生产资料“解放”出来，从而把他的劳动力——也就是他的劳动能力——转变为商品。劳动力这种商品的价值，像其他一切商品一样，可以认为是(在初步近似的分析中)决定于劳动力再生产所必需的劳动量，这就是，大致决定于工人及其家属在一定时间内所必需的商品在生产时所要花费的劳动量。“但包含在劳动力中的过去的劳动和劳动力能够完成的活的劳动，劳动力每日的维持费用和劳动力每日的支出，是两个全然不同的量”。③ 假如工作日长度是 x 小时，那

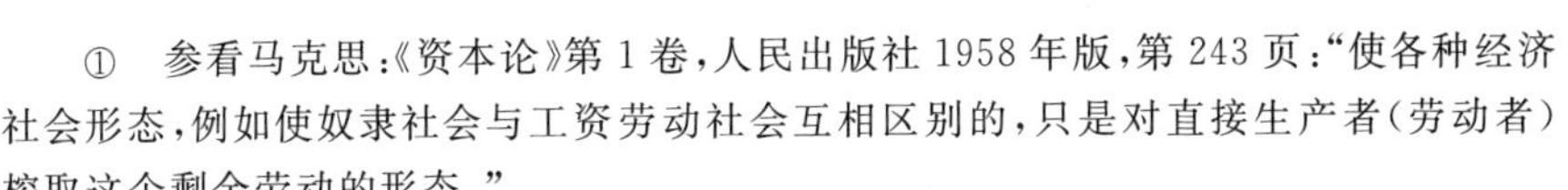

① 参看马克思：《资本论》第 1 卷，人民出版社 1958 年版，第 243 页：“使各种经济社会形态，例如使奴隶社会与工资劳动社会互相区别的，只是对直接生产者(劳动者)榨取这个剩余劳动的形态。”

② 同上书第 1 卷，第 176 页。

③ 同上书第 1 卷，第 212 页。

么工人在这期间的维持费用一般要少于 x 小时。这样，纵使劳动力是按照它的价值购买的，它的使用仍然会在原料以及生产中所消耗掉的机器和建筑物的价值以上创造一部分剩余价值（也就是超过它本身价值的价值），当资本家出售他的制成品时，他通常能够实现这部分剩余价值，尽管他只不过按照它的价值来出售。所以，就个别生产部门说（在第一卷的假定下），工资劳动者与资本家关于“生产物的分配”，决定于工作日之划分为马克思所说的“必要劳动”与“剩余劳动”的比例；就整个国民经济说，它决定于所使用的总劳动量和用于生产工资品的劳动量间的比率。[①] 这意味着资本事实上已经“发展成为一种强制关系，使劳动者阶级超过他们自身的生活需要的狭隘范围，来做更多的劳动”[②]。为了剥削阶级的利益而强制地延长工作时间，自然算不得是新现象[③]；资本主义与以前各种形式的阶级社会的不同，在于剥削的方法，而不在于剥削的事实。特别是，资本主义的剥削过程不是以商品生产的主要规律的破坏作为基础；相反的，它倒是以这种规律的应用作为基础。

把劳动价值学说应用到劳动力这种商品，有两点特殊困难。

---

① 马克思：《资本论》第 1 卷，人民出版社 1958 年版，第 630 页：“就个别劳动者说，必要的劳动时间愈小，他所能提供的剩余劳动就愈大。同样，劳动人口中必须用来生产必要生活资料的部分愈小，得利用来做其他工作的部分就愈大。”又参看多布：《政治经济学与资本主义》，第 46 页及 72 页。

② 同上书第 1 卷，第 365 页。

③ 同上书，第 265—266 页：“剩余劳动不是资本发明的。在社会一部分人有生产资料独占权的地方，劳动者（自由的或不自由的）总是要超过他维持自己必要的劳动时间，加入超过的劳动时间，替生产资料的所有者——无论是雅典的 καλὸs' κἀγαθόs'（贵族），伊特拉斯康的僧徒，罗马的市民，诺尔曼的领主，美国的奴隶所有者，瓦拉基亚的领主，近代的地主，或是资本家——去生产生活资料。”

首先,与其他商品不同,“劳动力价值的决定,含有一个历史的和道德的要素”。劳动者的需要不仅会随“一国气候的和别种自然的特征”而异,而且大部分依存于“国家的文化程度,尤其要看自由劳动者阶级曾经养成怎样的习惯与生活要求”。这意味着,工人阶级如果能将劳动力的价格相当长期地保持在它的价值以上,它可能因此终于提高了劳动力的价值。当然,这还是不错的,即“在一定的国度,在一定的时期,必要生活资料的平均范围总是一定的”。[1]

其次,很明显,“虽不妨把劳动称为商品,但这种商品,毕竟与普通商品不同。后者最初就是为交换的目的而生产的”。[2] 劳动力的生产与其他商品的生产不同,它通常不是由那些经常随需要变化来调节供给以便获取最大量净收入的个人来控制的。所以,就劳动力这种商品说,它似乎没有使价格符合于价值的那种普通机构。[3] 那么,马克思在《资本论》分析的头一部分假定劳动力和其他一切商品一样依照价值买卖,究竟有什么根据呢?要是说,这实际上只是一种具有充分理由的“纵使……”式假定,想以此来支持马克思的这种论断,即剥削是通过商品交换的规律,而不是靠

① 引文摘录自《资本论》第1卷,人民出版社1958年版,第181—182页;又参看《马克思选集》,英文版,第1卷,第332—333页。

② 马克思:《资本论》第1卷,人民出版社1958年版,第660页脚注。这几句话不是马克思说的,而是他从一位早期的作者引证来的。

③ 同上书第1卷,第803页,马克思在这里指出,纵使工资上涨会刺激人口的增殖,像古典派经济学家所说的那样,然而“在工资腾贵,因而实际有劳动能力的人口能够积极增加之前,已经再三经过了一个时期,在其内,必致有产业战进行着,厮杀着,并且要打出胜负来。”又第810页,这里,马克思认为“与工资水准成反比例的,不仅有出生与死亡的总数,且还有家族的绝对人数”,他把这个事实描述为“资本主义社会的规律”。在808页上马克思又谈到“工人儿女的剥削对于生育儿女所给予的奖金。”

"暴力"和"不等价交换"进行的；那么这样的回答是不够的。这种说法无疑含有很大一部分真理。然而非常明显的是，如果剩余价值的初步分析是根据这样一个假定进行的话，那么随后就必须表明，社会上有足够强大的经济力量来调节劳动力的价格，即使不是经常与它的价值保持一致，至少也不要超过它的价值太多，以至吞食了全部剩余价值。这种考虑，马克思当然是一开头就注意到了。1858 年 4 月他写给恩格斯的一封信里提出了他的经济著作的初期计划大纲，其中指出，在第一篇里，全都"假定劳动工资常等于它的最小量"。他认为，"只有用这种方法，才不致在一切关系中时常涉及一切问题"。他还补充说，"劳动工资本身的运动以及这最小量的升降将在工资劳动下去考察"①。可是，一旦撤销劳动力的价格等于它的价值的假定，并且承认，在一定情况下，劳动力的价格可能高于它的价值，并将保持相当长的时期（尤其在资本积累率高的时候）②，那就必须公正地对待工资上涨的限度问题了。马克思是在《资本主义积累的一般法则》这一章讨论这个问题的。概括地说，他在这一章论证了近代工业的强大发展，通常总是引起资本有机构成的长期增长，所以劳动的需要相对于资本积累来讲有减低的趋势（虽然它可能绝对地增加）。劳动需要的相对减少以及工资偶尔猛涨时所造成的劳动需要的绝对减少③，一般可使劳动力的长期均衡价格十分接近于它的价值。这种影响不仅是直接的，而

① 《马克思恩格斯通信集》第 2 卷，三联书店 1957 年版，第 364 页。

② 马克思：《资本论》第 1 卷，人民出版社 1958 年版，第 642 页及 758—764 页。

③ 工资上涨对劳动需要能有两方面的影响。第一，如果工资上涨相当大，资本积累可能受到限制。第二，它可能促使资本家以机器代替人工。

且还间接地通过“产业后备军”的建立和保持，这一后备军在萧条时期获得补充，它的存在自然削弱了工人阶级为提高(有时甚至为保持)工资水平而做的努力。马克思宣称：

> “劳动的需要，并不与资本的增加相一致，劳动的供给，也不与劳动者阶级的增大相一致。所以，这里不是两个互相独立的因素互相影响。骰子是有假的啊！资本同时在双方作用着。一方面，它的积累，增大了劳动的需要，另一方面，它又由劳动者的‘游离’，增大了他们的供给；同时，失业者的压力，又使就业者不得不发动较多的劳动，以致在某限度内，使劳动的供给与劳动者的供给相独立。在这个基础上，劳动供求律的运动，成全了资本的专制”。[1]

因此，尽管没有拉萨尔的“工资铁则”[2]阻止工人阶级改善他们的地位，资本主义生产的一般趋势在马克思看来，是把劳动力的价格压低到它的价值。

① 马克思：《资本论》第1卷，人民出版社1958年版，第806页；又第804—805页：“在营业停滞与中位繁荣的时期，产生后备军加压力于现役劳动军；在生产过剩与亢进的时期，产业后备军阻碍现役劳动军的要求。所以，相对过剩人口，是劳动供求律依以运动的背景。它把这个法则作用的范围，束缚在绝对适合于资本剥削热与支配欲的限界之内”。

② 关于“工资铁则”，参看马克思：《哥达纲领批判》，载《马克思恩格斯文选》(两卷集)第2卷，外国文书籍出版局出版，1955年，莫斯科，第26—29页；又参看第38—39页恩格斯的评论。

第四节 《资本论》第三卷的分析

马克思在《资本论》第三卷一开头就把这一卷与前两卷间的关系叙述如下：

"在第一卷，我们研究的是资本主义生产过程本身当作直接的生产过程所呈现的各种现象。在那里，一切由它外部的事情引起的次要的影响，都还是存而不论的。但这个直接的生产过程，未曾完结资本的生活过程。在现实世界内，它必须由流通过程来补足。流通过程便是第二卷研究的对象。第二卷，尤其是第二卷第三篇(在那里，我们是把流通过程，视为社会再生产过程的媒介来考察)，指出了资本主义生产过程就全体考察，是生产过程与流通过程的统一。在这个第三卷，我们所要做的，不能是对于这个统一之广泛的考察了。我们宁可说要在这一卷发现并且说明，资本的运动过程当作一个全体来看所生的各种具体形态。诸资本在这们的现实运动中，便是在这各种具体形态上，对立着的。对于它们，资本在直接生产过程中的形式以及它在流通过程中的形式，都只表现为特别的要素。所以，我们在这个第三卷所要说明的各种资本形态，对于资本在社会表面上，在不同诸资本相互的行动中，在竞争中，在生产代理人通常的意识中所借以出现的形态，是一步一步地更加接近了。"①

① 马克思：《资本论》第3卷，人民出版社1958年版，第5—6页。

依据这个计划,马克思在第三卷所采取的第一个主要步骤——也是这里与我们直接有关的唯一步骤——是利润与剩余价值的偏离。马克思写道:“剩余价值与剩余价值率,相对地说,是不能一看就明白的东西,是要研究的本质物;利润率及剩余价值的利润形态,却会在现象的表现上指示出来。”①或者,像他在另一处所说的,“利润就是……剩余价值的一个伪装形态,要揭露剩余价值的真实性质,得先去掉这个伪装。在剩余价值上,资本与劳动的关系就全盘暴露了”②。但是,当这种关系全盘暴露以后,伪装还得披上加以考察,因为它绝不是与它所掩盖的东西毫无关系的。实质上,这就是马克思在第三卷头两篇里所要完成的任务。

根据第一卷的分析,剩余价值只同资本的一部分有关——用于支付工资的部分。然而利润却与全部资本有关。我们已经看到,当一个人着手试图说明剩余价值转化为利润的过程时,他马上碰到这个问题,就是,如果两个有机构成不同的资本获得的利润率一样,那么至少其中一个资本家所得利润要大于或小于其资本所提供的剩余价值。如果他像马克思那样辩解说,在竞争条件下,利润唯一可能的稳定来源,是资本家雇用的工人的剩余劳动所创造的价值③,那么,显然只有一个方法可以根据这个事实来说明转化过程。他必须说,整个国民经济中的剩余价值**总量**仿佛是在各个资本家之间重新加以分配了,因而他们所得的份额不是依照他们

---

① 马克思《资本论》第3卷,第26—27页。

② 同上书第3卷,第33页。

③ 同上收第3卷,人民出版社1958年版,第166页:“剩余价值的唯一源泉,便是活的劳动”。

用于支付工资的资本数量，而是依照他们各自使用的资本总额。[①]另一可能的办法，只有放弃第一卷的全部分析，认为一百单位资本总是生产同等数量的剩余价值（与利润），不论它是怎样构成的——马克思断言，这样一来，“政治经济学的合理基础，就完全丧失了”[②]。

剩余价值转化为平均利润，必定意味着价值转化为马克思所说的“生产价格”。在资本主义制度下，有机构成不同于社会平均构成的资本所生产的商品，不是倾向于“按照它们的价值”出售，而是倾向于按照“生产价值”出售，而生产价格是同它们的价值不一致的。马克思的“生产价格”包含平均利润，它实际“就是亚当·斯密所说的自然价格，是李嘉图所说的生产价格或生产成本，是重农主义派所说的必要价格……因为就长期间来说，它就是供给的条件，是每个特殊生产部门的商品再生产的条件”[③]。马克思坚持生产价格必须从第一卷所分析的商品价值推算出来，否则就不可能表明它在一定重要意义上是“服从于规律”的。他说：

“生产价格的前提，是一般利润率的存在；而这又以各特

① “所以，各不同生产部门的资本家，虽然会由商品的售卖得回在这个商品生产上消费掉的资本价值，但不能稳得他们在本生产部门生产这个商品时所生产的剩余价值，从而获利。他们能够确得的，只是这样多的剩余价值，这样多的利润，那是由社会总资本在一切生产部门在一定时间内生产的总剩余价值或总利润平均分配给总资本每一个可除部分的。垫支资本每一百会在每一年或任何期间内取得的利润，就是这个期间总资本每一百这样大的部分应当得到的利润，而不问其构成如何。”（《资本论》第3卷，人民出版社1958年版，第178页。）

② 同上书第3卷，第166页。

③ 同上书第3卷，第229页。

> 殊生产部门本身的利润率,已经还原为这样的平均利润率为前提。这些特殊的利润率,在每一个生产部门,都是等于$\frac{s}{c}$,如本卷第一篇所说,要由商品的价值来说明。没有这种说明,一般利润率(从而商品的生产价格),便依然是一个无意义无内容的观念。"①

假使这样的推论是行得通的,那就非常明显,马克思在第三卷中用生产价格来分析交换的比率,应正确理解为第一卷中价值分析的修正,而不是它的否定。可以用来在资本家间进行分配的剩余价值总量,是依据第一卷的简单分析来决定的;各别资本的构成要素的价值,也认为(至少在目前)是依据第一卷的分析来决定的。因此我们可以说,平均利润的水平,连同个别生产价格以及个别生产价格同价值的偏离程度,归根到底,也是依据第一卷的分析来决定的。在一定历史时期,"商品不是单纯当作商品来交换,而是当作资本的生产物来交换"②——即"资本主义地变形了的"商品,这个事实的确对第一卷表述的价值规律的作用,产生一种"搅乱"。可是这种搅乱是可以计算的,"在精密的科学上,我们决不能把一个

① 马克思:《资本论》第3卷,人民出版社1958年版,第177页;又参看《剩余价值学说史》第2卷,三联书店1957年版,第36页:"如果我们不以价值的决定法则为基础,平均利润,从而生产价格,就会只是想象的,空虚的。不同诸生产部门的剩余价值的平均化,不改变总剩余价值的绝对量,只改变它在不同诸生产部门间的分配。但剩余价值自身的决定,是由价值由劳动时间决定的法则出发的。没有这个,平均利润便是一个没有什么的平均,只是妄想。那可以是万分之十,同样可以是万分之一千。"

② 同上书第3卷,第199页。

可以计算的搅乱，视为是一个法则的否定”。[①]

马克思用一些简单数学公式来说明这个论点，这些公式可以撮要列成一表如下：[②]

1	2	3	4	5	6	7	8
资　　本	消耗掉的不变资本	成本价格	剩余价值	价值	利润	生产价格	价格和价值的差额
Ⅰ.80c+20v	50	70	20	90	22	92	+2
Ⅱ.70c+30v	51	81	30	111	22	103	−8
Ⅲ.60c+40v	51	91	40	131	22	113	−18
Ⅳ.85c+15v	40	55	15	70	22	77	+7
Ⅴ.95c+5v	10	15	5	20	22	37	+17
			—	—	—	—	
			110	422	110	422	

为了计算简单起见，马克思有意假定上述五种商品都不用来生产其中另一种商品。于是资本Ⅰ—Ⅴ可以不作一个总额为五百的单独资本的组成部分。第一栏表明，每一组成部分的资本总计为一百，但每一资本的产品的成本价格小于一百，因为依据假定，不变资本的价值在我们所考察的时期内只有一部分转移到商品中去了。[③] 转移的数量见第二栏。成本价格，即可变资本与消耗掉

① 这是恩格斯在第三卷编者序里(第 17 页)引用费尔曼的话；又参看希法亭：《庞巴维克对马克思的批评》，第 161 页，“价值规律对于社会产品及其组成部分是直接适用的，就资本主义生产的个别商品来说，只有在价格依据规律发生一定变化的条件下，它才起作用。但是价格的这些变化，也只有在社会因果关系发现后，才能够理解，价值规律在这方面对我们是有帮助的”。

② 本表系由《资本论》第 3 卷第 174 及 176 页表合并而成，只是有些数字重新安排过了。

③ 可变资本的周转期间假定都是一样的。

的不变资本的总和,见第三栏。又假定工作日都是均等地划分为必要劳动与剩余劳动,所以剩余价值(见第四栏)等于可变资本。我们考察的每一资本的产品总价值(见第五栏),是由成本价格与剩余价值的总和来表示的。现在很清楚,这些商品按照它们的价值出售,会使得各个资本获得的利润率大不相同。但是马克思认为实际生活中汇总的全部剩余价值一百一十是按照每一资本的总量分配给("经由竞争")[1]各个资本的——在这个例子中各个资本总量相同,所以每个资本都得到二十二单位利润(第六栏)。因此,各种产品实际上要卖得的"生产价格"(第七栏),就是成本价格与利润的总和,它对任一产品来说都与价值不同。可是依据定义,利润总额等于剩余价值总额,从这点自然推论出,就现在的例子讲,价值总和等于生产价格总和,或者换一个讲法,就是价格和价值的差额(第八栏)互相抵消了。[2]

马克思关于价格总和等于价值总和的说法,遭受到不少的批评。从庞巴维克[3]起,批评家们一直怀疑这个说法究竟有什么意义,它是否意味着同义语的反复,等等,并且一般都断言,这个说法是完全站不住脚的。有些困难无疑是由于下述情形而产生的,这就是,马克思根据刚才讲的特殊例子(在这个例子中,各个资本间的相互依赖关系抽象掉了)用数字说明两者相等之后,紧接着就说,"在社会——当作一切生产部门的总体来看——内,所产商品

① 马克思:《资本论》第3卷,人民出版社1958年版,第177页。

② 很明显,只有在有关资本的构成与"社会平均构成"相同的情形下,价格与价值才会符合一致。

③ 《庞巴维克对马克思的批评》,第32—38页。

的生产价格的总和，正是照这个方式，等于它们的价值的总和”①。这个说法的含义，就其文句来讲，好像是这样的：把有关商品都不用来生产其中另一种商品的假定撤销，因而进货的价值，像出货的价值一样，也必须转化为生产价格，这时，在重新分配“汇总”的剩余价值的基础上所进行的转化，将使得总价格等于总价值（在数学的意义上）。事实上并不如此。关于国民经济各部门互相关联的情形，不论依据什么样合理的假定，人们通过不同各组数字的试验马上可以看到：如果进货价值也像出货价值一样转化为生产价格的话，要使所有进货与出货一齐转化，转化后，总利润等于总剩余价值，同时总生产价格等于总价值；通常这是不可能的。除掉极其例外的情形，我们一般可能保持两个等量中的一个，而不是两个。② 倘使马克思特别注意这个问题，他很可能重新表述关于总价格等于总价值的一些说法，但仍坚持他要表明的一个基本要点，这就是，价值转化为生产价格后，劳动力价值与一般商品价值间的根本比率（利润就是决定于这个比率），依然可以说是照第一卷的分析决定的③。至于那个特殊例子，即有关商品都不用来生产其中另一种商品，他也许说，比率还是和以前一样，道理很简单，因为有关数量没有变化——依据假定，分母不变；另一方面，因为在这个例子中价格总和必定等于价值总和，所以分子也不变。至于那

① 马克思：《资本论》第3卷，人民出版社1958年版，第180页。

② 作为这种例外情形的一个例子，可参看斯维济著《资本主义发展论》，第111及120页表Ⅱ与表Ⅲ6中所显示的转化。

③ 多布：《政治经济学与资本主义》，第72—73页。

个比较困难的例子,即各个不同生产部门是互相依赖的,他也许补充说,"结果"价格总和不一定等于价值总和,但是那个重要比率依然可以说是照第一卷的分析决定的。

然而,要是说马克思绝对忽略了那个比较困难的例子,那就错了。相反,他对那个例子的考察,虽然不够详细,但进行得相当好,可以说是他的第二阶段论证。他是从撤销有关商品都不用来生产其中另一种商品的假定开始的。在实际生活中,他写道,"一个产业部门的生产价格,在其内已经包含利润,会加到别一个产业部门的成本价格中去"。乍一看来,这好像是说,在刚才做的那种计算中,每个资本家所得的利润,可能重复计算几次。可是马克思对待这种肤浅的反对意见毫无困难。不过原来的假定撤销后,也确实有一点"根本的区别",马克思叙述如下:

"除了资本 B 的生产物的价格,会因 B 所实现的剩余价值,比之加在 B 生产物价格中的利润更大或更小,而与其价值发生差离,同样的情形,对于那些形成资本 B 的不变部分的商品和那些当作劳动者生活资料间接形成其可变部分的商品,也是适用的。说不变的部分罢,那它自身就是等于成本价格加剩余价值,所以在这里,是等于成本价格加利润,并且这个利润,比它所代表的剩余价值,又是可以更大或更小的。说可变资本罢,平均的日工资,固然总是与劳动者为生产必要生活资料而必须劳动的时间的价值生产物相等,但这种时间,又会因必要生活资料的生产价格与其价值不一致,以致失去本来的样子。但这里所说,归结起来总不过表示加在某种商品内的剩余价值过多,加在其他某种商品内的剩余价值过少,从而，在商品生产价格内包含的与价值之差，会互相抵消。一般地说，在全部资本主义生产内，这个一般的法则，总只是依一种极错综而近似的方法，作为不绝变动中永远不能确定的平均，而当作统治的倾向来贯彻。”①

几页以后马克思又回到这个问题，他指出，转化过程对于第一卷的假定，是一种修正，原来假定“一个商品的成本价格，等于它生产上消费的商品的价值”。但一个商品的生产价格，他写道：

“对于它的购买者，正是它的成本价格，并且会当作成本价格，参加到另一个商品的价格形成中去。因此生产价格可以和商品的价值相差，所以，一个商品的把别个商品的生产价格包含在内的成本价格，与它的总价值中这个由参加在它里面的生产资料的价值构成的部分比较，可以在其上或在其下。必须记着成本价格这个修正的意义，所以，如果假设在一个特殊生产部门内，商品的成本价格，是等于它生产上所消费的生产资料的价值，谬误就常常是可能的。为我们现在的研究计，在这一点上面进一步考察是必要的。”②

在后面的一段里，他又重复这一点，并且说，“这种可能性，完全不会使我们关于中位构成的商品所已立下的原则的正确性，受到影

① 这段引文摘自《资本论》第3卷，人民出版社1958年版，第181—182页。在《剩余价值学说史》中马克思评贝利一节（英文版无此一节）的末尾有类似的一段话。这表明，在《资本论》第1卷出版前几年他已经发现这个问题了。

② 马克思：《资本论》第3卷，人民出版社1958年版，第186页。

响”[①]。

这里提出了饶有兴味的所谓“转化问题”。[②] 有人说，马克思的“价格转化为价值的方法”[③](意指他原来在上表中所作的计算)，犯了一个“错误”，因为这里边不曾考虑到进货要素的价值像出货要素的价值一样也必须转化为价格。[④] 他们认为，马克思可以避免这个“错误”，他只要表明一点，即在所有进货与出货各要素都要转化的情形下，“价格一直偏离价值”，就有形式上的可能性。当价值转化为价格时，就一定的商品来说，作为进货与作为出货，其价格对价值的比率必定是一样的：转化后，各个资本的利润率也必定是相等的。把价格对价值的比率和利润率都看做问题中的未知数，于是“转化问题”就归结为这样：各生产部门间的关系以及由于转化而必须满足的条件，能不能用方程式体系的形式来表示，而这个方程式体系就数学意义讲是“有解的”——这大体上是说，这里方程式的数目与未知数的数目是否相等？这种考察的暗中假定是，如果上述的关系与条件事实上可以这样表示的话，则马克思“从价值推算价格”的方法本身也就从不确切变为确切的了。

布尔基维克斯的解法[⑤]是最有名的一种，他是从马克思的这

① 马克思：《资本论》第 3 卷，第 239—241 页。

② 这是一个相当特殊的问题，读者可以跳过也不会有什么重大的损失。只因为马克思的批评家近来很注意这个问题，所以我要在这里详细加以讨论。

③ 原文如此，疑有误。——译者

④ 从上面讲的可以清楚地看到，马克思原来不打算考虑这一点，因为他特意把互相依赖关系抽象掉了。

⑤ 《论资本论第三卷中马克思基本理论结构的修正问题》，这篇文章后来重印成为斯维济编的《庞巴维克与希法亭》一书的附录。

个假定开始的，即在简单再生产条件下国民经济三个主要部类（Ⅰ＝生产资料；Ⅱ＝工人消费品；Ⅲ＝资本家消费品）间存在着的一定价值关系。依据通常记数法，这些价值关系可用三个方程式表示如下：

$$Ⅰ.\ c_1+v_1+s_1=c_1+c_2+c_3$$

$$Ⅱ.\ c_2+v_2+s_2=v_1+v_2+v_3$$

$$Ⅲ.\ c_3+v_3+s_3=s_1+s_2+s_3$$

设价格对价值的比率，在生产资料部类为 x，在工人消费品部类为 y，在资本家消费品部类为 z；又设平均利润率为 r；如果我们还把相应于简单再生产的关系在价值转化为价格后继续保持不变，作为这个问题的一个必要条件，则下列方程式必定是不错的：

$$Ⅰ.\ c_1x+v_1y+r(c_1x+v_1y)=(c_1+c_2+c_3)x$$

$$Ⅱ.\ c_2x+v_2y+r(c_2x+v_2y)=(v_1+v_2+v_3)y$$

$$Ⅲ.\ c_3x+v_3y+r(c_3x+v_3y)=(s_1+s_2+s_3)z$$

这里有四个未知数（x、y、z 与 r），但只有三个方程式。布尔基维克斯用一种巧妙办法把未知数减为三个。他假定：(1)价值图式是用货币表示的，(2)黄金是货币商品，由第三部类生产，因而 z 可以合理地假定为一。这样一来，方程式体系就变成有解的，x、y 与 r 的解值也很容易推算出来了。把这种解法应用到不同各组的数字时，可以看到，总利润等于总剩余价值，但总价格通常与总价值不一致。然而不论是相等或不一致，都只有形式的意义。就一特定组数字而言，布尔基维克斯说：

“总价格大于总价值，这是因为第三部类（作为价值与价

> 格尺度的货物来自这一部类)的资本有机构成是相对低的。但总利润与总剩余价值的数字相等,则是用作价值与价格尺度的货物属于第三部类的结果。”①

只有在特殊的情形下,即在第三部类所用资本的有机构成等于社会平均构成的情形下,价格总和才会等于价值总和。

温特尼茨在《经济季刊》1948 年 6 月号的一篇短论里,对这个问题,一般采取布尔基维克斯的态度,只是去掉后者解法中某些多余的不必要的造作。他也是从通常的三个部类的价值图示开始的:

$$\text{Ⅰ}.\ c_1+v_1+s_1=a_1$$

$$\text{Ⅱ}.\ c_2+v_2+s_2=a_2$$

$$\text{Ⅲ}.\ c_3+v_3+s_3=a_3$$

但是他不假定相应于马克思再生产图示的均衡条件,他只假定:当 a_1 相差 x(即生产资料的价格对价值的比率)时,那么 c_1、c_2 与 c_3 也相差 x;当 a_2 相差 y(即工人消费品的价格对价值的比率)时,那么 v_1、v_2 与 v_3 也相差 y,这样,他得到下列简单的方程式体系:

$$\text{Ⅰ}.\ c_1x+v_1y+S_1=a_1x$$

$$\text{Ⅱ}.\ c_2x+v_2y+S_2=a_2y$$

$$\text{Ⅲ}.\ c_3x+v_3y+S_3=a_3z$$

令$\dfrac{a_1x}{c_1x+v_1y}=\dfrac{a_2y}{c_2x+v_2y}$(这些式子的每一个都等于 1+r),则 x:y

---

① 布尔基维克斯,《论〈资本论〉第三卷中马克思基本理论结构的修正问题》,第 205 页。

以及 r 的解值是很容易求得的。现在必须假设 x、y 与 z 间的一组关系，以便确定这整个体系的价格水平。从纯逻辑观点来看，无论假设什么样的关系，显然都无关紧要。但温特尼茨令

$$a_1x+a_2y+a_3z=a_1+a_2+a_3$$

（这就是，价格总和＝价值总和），因为照他的意见，“依据马克思体系的精神，这是一条明显的定理”[①]。现在 x、y 与 z 之值即可求出而无任何特殊困难。把这个解法应用到不同各组的数字时，它自然使价格总和等于价值总和，然而总利润通常却是与总剩余价值不一致的。

温特尼茨的解法实质上同布尔基维克斯的很相似，但显然简单一些，所以从纯数学的观点来看，也更易为人所接受。真的，温特尼茨的最大优点在于暴露了这整个问题的毫无道理——这一点被布尔基维克斯的过于精密繁难的方法掩盖住了。温特尼茨的解法，是对于某些人的一个有力答复，他们说，进货与出货各要素同时由价值转化为价格在形式上是不可能的。但是，在我看来，布尔基维克斯和温特尼茨式的转化能够适当地用来说明马克思《资本论》第三卷的第二阶段论证以前，还需要做一些补充。我们已经看到，对马克思来说，基本要点是，在总剩余价值转化为利润，从而价值转化为价格以后，劳动力价值与一般商品价值间的根本比率（利润就是决定于这个比率），可以认为不因转化而有所改变。我在别的地方曾经提到过[②]，转化后这个比率事实上仍保持不变，是十分

① 《经济季刊》，1948 年 6 月号，第 279 页。

② 同上书，1956 年 3 月号。

可能的(只要我们假定第二部类的资本有机构成等于社会平均构成)。这样的转化能够提供我们一个适当的算术例解,来说明马克思的第二阶段论证。

也许像斯维济所说的那样,如果马克思还活着重写第三卷的话,他将会对这个问题论述得更详细些。[①] 但另一方面,也很难说这个问题在马克思的一般理论体系中具有很大的相对重要性。我自己的感觉是,他大概要保存大部分有关章节的原来样子。无论如何,我不认为,他将会感到非另搞一套计算来说明他的第二阶段论证不可,或者会感到没办法搞的困难。《资本论》中简单算术例解的作用和李嘉图所著《原理》一书中例解的作用很相似,而与近代数理经济学家大部分著作中例解的作用完全不同。这些算术例解的目的在于说明论证(或论证中的各个步骤),而不在于证明它们;并且,它通常只是在极其基本的方面进行的。如果说,《资本论》中的任何论证是否站得住脚,要看马克思的算术例解是否正确或是否完备,那就严重地误解了他所采取的方法。肯尼思·梅曾经说过:马克思"使用计算,主要是用做文字论证的补充说明,他的文字论证将过程和横断面分析结合在一起了,这即使就今天现有的数学技巧来说,也是做不到的"。[②] 恩格斯写道,这样假定是错误的,就是:

"好像在马克思的著作中,人们应当做的,就是寻求固定的完成的永远适用的定义。实则,这是自明的,在事物及其相

① 参看斯维济编的《庞巴维克与希法亭》一书序言,第 xxiv 页。

② 《经济季刊》,1948 年 12 月号,第 598 页。

> 互关系不被理解为固定的,而被理解为可以变动的地方,它们的思想上的反映,概念,也同样会发生变化与转型。我们不把它们封在硬结的定义中,而是要在它们的历史的或逻辑的形成过程中阐明它们。"①

在结束这一章时,还要提到一个重要问题,我们随后将会看到,这是有关马克思的基本范畴再应用于资本主义垄断阶段的任务问题。我在上面已经指出,马克思主要是表明,价值规律在通常是进行"等价交换"的简单商品经济中的作用,由于资本主义的产生而受到怎样的影响。但是我认为,在简单商品经济中商品"按照它们的价值"出售的假定,并不意味着(至少就大部分有关的原文文意来说),在前资本主义的任何特殊社会形态里,实际上商品通常倾向于"按照它们的价值"出售。马克思的假定,并不是关于前资本主义的这个或那个特定社会的实际交换关系,而是关于前资本主义那种社会的那种商品生产中的交换关系。换句话说,他谈的是一种"纯粹的"而不掺杂垄断等因素的前资本主义商品生产中交换比率的决定情形。这样,价值之向生产价格的逻辑转化,究竟在哪种确切的意义上,可以说是反映实际的历史转化?

在《资本论》第三卷的一段里,马克思好像认为,价值向生产价格的逻辑转化反映了交换比率的历史转化,即由实际生活中通常等于物化劳动比率的交换比率转化为等于生产价格比率的交换比

---

① 马克思:《资本论》第3卷,人民出版社1958年版,《编者序》第16页;又参看马歇尔著的《经济学原理》第一版序。马克思不是从黑格尔学到很多东西的唯一著名经济学家。

率。他写道：

“商品依照它们的价值，或近似依照它们的价值进行的交换，比之依照生产价格进行的交换，要求一个更低得多的阶段。要依照生产价格来交换，资本主义发展到一定的高度，就是必要的。……

“不说价格与价格变动要受价值法则支配，把商品价值看做不仅在理论上，并且在历史上，先于生产价格，也是与事实完全适合的。这种考察，对于生产资料属于劳动者所有的状态，是适合的。而这种状态，在古代，是和在近代一样，可以在自耕的自有土地的农民和手工业者的场合看到。那也和我们以前所说的见解——由生产物到商品的发展，是由不同共同体间的交换，而不是由同一共同体诸成员间的交换发生——相符。并且，像适合于这种原始的状态一样，那也适合于后来的以奴隶制度和农奴制度为基础的状态，适合于手工业的行会组织，如果投在各生产部门的生产资料，只有经过困难，才能由一个部门转移到别的生产部门，以致在一定限度内，不同诸生产部门相互间，俨然像异己的国家或共产体相互间一样。”①

恩格斯在对《资本论》第三卷的重要“增补”②里提到这一段时说：“如果马克思来得及把第三卷再整理一遍，没有疑问，他一定会把

① 马克思：《资本论》第3卷，人民出版社1958年版，第201—202页；又参看第199—201页及206页。

② 恩格斯：《〈资本论〉第3卷的增补与跋文》，同上书第3卷，第1172页。

这段话大大地引申。这里所说,不过是关于这个问题要说的话的大概轮廓而已。”于是恩格斯就顺着他认为马克思将要遵循的思路来进行发挥。他断言,在前资本主义商品生产的整个时期,“价格都是向着那种依照马克思的法则决定的价值,而在这个价值周围摆动”①。

现在,如果这里的“价格”指的是实际市场价格,像原文文意确实表明的那样,那么我觉得,由于前资本主义大多数社会中各种形式垄断的流行和生产要素的低度流动性等原因,恩格斯的概括不能认为是正确的。但是,如果把这里的“价格”看做是供给价格,那么这种概括就正确得多了。② 总括地说,从商品交换的历史可以发现两种主要类型的供给价格:(1)把净收入看做他的劳动报酬的生产者的供给价格,(2)把净收入看做他的资本利润的生产者的供给价格。我认为,假定头一种供给价格倾向等于物化劳动量并且假定为前资本主义社会商品交换的典型形式,那是十分合理的。这样,纵使在前资本主义社会里,市场价格向供给价格的自动调整遇到许多重大的障碍,不能将它们假定掉或归结为单纯的“摩擦”,然而至少可以说,供给价格本身是“倾向着那种依照马克思的法则决定的价值”。马克思实际上也是假定第一种供给价格是前资本主义社会商品交换的特征,从而阐明资本主义的产生如何促使第

① 恩格斯:《〈资本论〉第三卷的增补与跋文》,见《资本论》第3卷,人民出版社1958年版,第1176页。

② 我是在广义上使用“供给价格”这个术语的(抛开它的人所熟知的马歇尔含义),正如马克思所指出的,“就长期间说,它就是供给的条件,是每个特殊生产部门的商品再生产的条件”。(《资本论》第3卷,人民出版社1958年版,第229页。)它只是生产者为它的商品必须获得的价格,如果他要继续进行生产的话。

一种供给价格转化为第二种供给价格。我以为,这就是历史的转化,上面考察的逻辑转化必须看做是它的“修正过的形式上的反映”。

第六章　对马克思劳动价值学说的批评

第一节　引言

当1894年《资本论》第三卷出版的时候，马克思主义已经成为大多数主要的欧洲社会党的官方理论，因而劳动价值学说开始发展到一个新的阶段。从那时起，攻击或保卫这一学说，就具有比过去重大得多的直接政治意义了。在这种情形下，这个学说要走上一条新的发展道路，也许是不可避免的，这条道路与过去一百年间它走过的道路有着不同的特征，与差不多同时发展的边际效用说所遵循的道路更是大不相同。

真的，在许多非马克思主义者看来，用"发展"二字来描述以后六十年劳动价值学说的变化，好像是错用了这两个字。乍看起来，它在这一时期突出的历史特点，好像只是一方面对它进行一系列的集中攻击，和另一方面对它进行一系列教条式的保卫。看来不少的批评是，从每一想象得到的角度来攻击这个学说，并且从每一角度进行许多次的反复驳斥。但是"正统"的马克思主义继续顽强地保持其在导师的经典中原来提示的那种形式。人们常常说，它之所以教条主义地坚持这一学说，只因为可以用来"阐明资本主义制度下工人阶级所遭受的剥削”①。换个讲法，它之所以坚持所有这些“黑格尔的废话和胡说”②以及价值转化为价格的“无聊说法”③，只因为“剥削的事实隐蔽在市场现象的后面”④。

当然不会有人否认，在过去，马克思主义的许多基本定理往往被马克思主义者教条式地接受了，在今天，“庸俗马克思主义”在一定程度上还是存在的。如果我们认识到马克思主义传播和发展的环境，这就是必然的。也没有人否认，劳动价值学说的一些广泛号召力还在于（像在李嘉图社会主义者的时期一样），它有时被人曲解成的政治与伦理含义。然而这决不意味着我方才叙述的那种见解是正确的。撇开这种见解所显示的“反对派的卑鄙意图”⑤不谈，它也完全误解了劳动价值学说在马克思主义整个体系中的作用。由于这种误解，“正统派”保持马克思价值学说基本要点的理由被曲解了，这一学说在马克思以后的实际发展也被大大地低估了。

马克思的价值学说要加以维护，并非由于它被认为是好的宣传，而是由于它被认为是真正的科学。马克思主义者确曾反对内部和外部提出的许多意见，它们要把劳动价值学说从马克思主义体系中清除掉，或使之与边际效用说“调和起来”。但是马克思主义者不是由于宗教或愚蠢的缘故而反对。他们反对这样做，因为

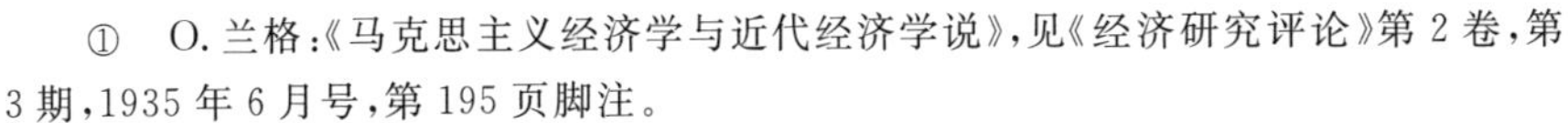

① O. 兰格：《马克思主义经济学与近代经济学说》，见《经济研究评论》第2卷，第3期，1935年6月号，第195页脚注。

② 罗宾逊夫人：《重读马克思的著作》（1953年），第20页。

③ 罗宾逊夫人，见《经济季刊》，1950年6月号，第360页。

④ 同上，第363页。

⑤ A. D. 林赛：《马克思的资本论》（1925年），第54页。

他们认为劳动价值学说是对资本主义现实进行科学分析的主要工具。下面的事实更加强了他们的上述看法，这就是，他们队伍内部许多批评劳动价值学说的人终于暴露出来这一点，即他们的目的与其说是从马克思主义体系中清除掉劳动价值学说，倒不如说是从工人运动的意识形态中清除掉马克思主义。然而这并不是说，1894年后劳动价值学说就根本没有什么发展，或在马克思的广泛体系中没有更大发展的余地。这只是说，这种发展通常不是采取彻底摆脱原来学说某些基本原理的形式（像边际效用说那样），而是采取劳动价值学说再应用于新情况的形式。现在离开这个学说的完成还有一段距离，这自然是不错的。但这不是由于马克思主义者对马克思的原来学说抱有什么虔诚的迷信，而是因为马克思主义者的注意力往往需要转移到其他理论问题（例如资本主义的“崩溃”问题），这些问题与工人运动策略有更直接更紧密的关系；此外自然还因为，三十年代后许多国家的政治情况也不宜于对马克思主义原理展开认真的研究。

说明马克思主义者保卫这一学说的根本理由及其发展性质[①]的一个方法，是依次考察批评家对它进行的各色各样的攻击。这些攻击可以适当地分为三类。第一是所谓纯庞巴维克式的攻击，它是毫不含糊地从价值的边际效用说这个观点出发的。这一类攻击，承认经济学的一般理论体系必须以某种价值学说作为基础，却指责马克思选取了一个站不住的学说，它既不符合于事实，又不能

① 劳动价值学说在苏联的发展，留待下一章讨论。

深入洞察表面现象的里层[①]，所以他的整个体系完全垮台了。第二类攻击，也抱着需要某种价值学说的见解，并且认为马克思的价值学说是站不住的，但不同意他的整个体系因此而完全崩溃的看法。照这一类批评家中某些人的意见，当劳动价值学说为边际效用说所代替或与之调和一致时，马克思的一些基本定理还是不错的（至少在实质上）。照他们当中另一些人的意见，马克思的价值学说虽然在学术上是站不住的，但它在马克思体系中起着特殊的作用，不同于其他价值学说在它们的体系中所起的作用。第三类攻击是反对价值学说（至少就这个说法的传统意义讲）的必要性的见解，它用全力表明，这个学说是马克思体系中的一个无用的赘疣。从最坏讲，它不过是黑格尔的神秘性，从最好讲，它除了唯物史观主要定理所说的以外，别无其他内容了。

当然，这三类攻击不是可以截然划分的。第二类攻击在某种意义上是第一类的变种；而马克思的许多定理不以劳动价值学说为转移的假定，则是第二类与第三类攻击所共同的。有些批评家并不限于这些攻击手段的一种，他们采取了相当于其中两种甚至三种的一些论点。不过，比较高明的批评家一般采用显然属于上述三种手段中的一种，仅只那一种。我在下面将要依次谈到一些作家，我认为，他们的主要论证可以分别作为上述各种观点的典型。

① 庞巴维克派指责马克思学说的讲法，同马克思主义者指责庞巴维克学说的颇为相似。他们都说对方不曾洞察到社会表面现象下的“真实的”或“根本的”决定要素或动力。但照马克思的看法，这个决定要素是在商品生产中人们所结成的社会关系，而照庞巴维克的见解，这个决定要素是各个人与其需要和消费的制成品间的心理关系。

第二节　帕累托的批评

就第一类的批评来说，我在以上各章关于庞巴维克的分析大概讲得足够多了，没有必要再进一步详细介绍他的著作。但是略为谈谈帕累托的态度也许是有用的，他对马克思的攻击[①]可以最适当地看作是庞巴维克派的洛桑变种。虽然他的批评在内容上有点类似庞巴维克，但总的说来远不如后者那么有力。[②]他一再讥诮马克思著作在其追随者心目中所谓的宗教性质，用嘲笑代替了说理的批评。他与假想的马克思主义者进行争辩，一再硬说他们对劳动价值学说提出了未免有点天真的解释。举个例子，要是硬说"马克思主义者"认为复杂劳动化为简单劳动只要参照生产物的价值就行了[③]，那就不难表明"马克思的"还原方法是荒谬可笑的。不难看到，劳动价值学说不适用于珍贵的图画等等[④]，其实（帕累托知道得很清楚）这一学说从来不打算应用到除自由再生产的货物以外的任何东西[⑤]。马克思主义者把图画算作例外情形，因为它的价格可由于画家成名而上涨，而它所含有的劳动量却没有什么变化。在这种情形下，要是硬说它决不是例外的，因为一切商品

---

① V. 帕累托对马克思的主要批评，见他为《马克思资本论选录》（1893年巴黎版）一书写的序言和他著的《社会主义体系》（1902年巴黎版）一书中专门论述这个问题的一节。本书下面摘自后一著作的引文，系根据 G. H. 布斯癸编的第二版（1926年）。

② 相反的意见，参看 T. W. 哈其森：《经济学说评述》，第228页。

③ 《社会主义体系》第2卷，第381—382页。

④ 同上书第2卷，第377—379页。

⑤ 参看《马克思资本论选录》，第 xxiii 页脚注。

的价格都可以变动（由于消费者嗜好与收入的改变[①]），而它们所含有的劳动量却没有什么变化；这样的反驳也是不充分的。

我们不妨从帕累托的主要批评中选取三个论点，作为他的整个批评的一般性质的典型。第一个是关于马克思的这个说法，“生产力无论怎样变化，同一劳动在同一时间内提供的价值量，总是不变的”[②]。这自然是说，如果服装业的劳动生产率提高一倍，因而从前生产一件上衣所必要的劳动耗费，现在可以生产两件了，那么，“现在两件上衣就和从前一件上衣有一样大的价值”[③]。可是马克思又说，“生产资料移入生产物去的价值，决不比它在劳动过程内因它自身的使用价值丧失而丧失的价值更多”。[④] 如果事实上当真是这样的话，帕累托问道：一个制造商为什么要采用新式机器来提高生产率，因为这样做的唯一结果是所产商品的单位价值随生产率提高而比例下降？帕累托争辩说，他采用这种机器的行动可有一个解释，这就是，只有价格达到稳定的均衡水平时，机器移转的价值才不会比它在劳动过程中丧失的价值更多。但是新机器采用之后，价格不会马上达到这个水平。

> “将会有一段时间的间隔，在这段时间内，机器移转的价值要大于机器的折旧，即是说，在这段时间内，它所代表的那

① 马克思主义者（与古典学派）对这一点的答复自然是，事实上可以自由再生产的商品的长期均衡价格（这与每天的市场价格不同），除非生产条件也发生变化，否则不受需要改变的影响。

② 马克思：《资本论》第1卷，人民出版社1958年版，第20页。

③ 同上书第1卷，第19页。

④ 同上书第1卷，第226页。

点资本会创造一定的价值，正是这部分剩余价值作为报酬，才鼓励生产者采用这部机器。”①

但是，如果我们当真这样想法的话，帕累托接着说，那就好像是逃小难罹大难的情形。在价格不曾达到稳定的均衡水平的时期内，假使资本能够创造交换价值的话，它总是能够创造的，“因为这种稳定的均衡价格是纯粹的抽象，它无论在什么地方都不存在”。所以，要是我们根据商品的交换价值比例于生产所必需的社会必要劳动量这个假定进行争辩，我们还必须假定，资本创造剩余价值的现象是没有的，或者是微不足道的。这样，我们就得承认，制造商不会有什么动机采用新机器来提高生产率了。②

倘使新机器通常是由一个行业的所有厂商同时采用的话③，那就要从市场价格与均衡价格的暂时脱节来考察动机问题，这是完全正确的。但是，即使这样，也不能由此推断获得的剩余利润只能用新机器创造剩余价值这一点来说明；而且，即使我们关于市场价格与均衡价格脱节的特殊事例，接受这种解释，肯定也不能由此推论说，由于均衡价格实际上从来不曾实现，所以资本总是能够创造交换价值。然而帕累托的论证是既不合逻辑而又不切实际。因为在实际生活中，新机器通常不是由一个行业的所有厂商同时采

① 《马克思资本论选录》，第 xlvii 页。

② 同上书，第 xlvii—xlix 页。

③ 帕累托是针对“没有私人占有资本的社会”讨论这个问题的，这里，法令规定一切交换都必须依照物化的劳动量进行（《马克思资本论选录》，第 xlv 页）。在这样的社会里，一部新机器事实上通常可能是由一个行业的所有厂商同时采用。但他很明显地想把在这种特殊情况下考察问题所得到的结论，应用到一般的资本主义社会（同上书，第 lx 页）。

用的。它首先是由一家或几家力图胜过其竞争者的厂商采用的。马克思自己对这一过程的说明(并不假定价值与价格在任何时候有任何背离),看来还是十分令人满意的。他写道:“商品的现实价值,不是它的个别价值,而是它的社会价值。那就是,商品的现实价值,不是由各个场合生产家实际费去的劳动时间来计量,而只由该商品生产上社会必要的劳动时间来计量。”①因此,个别资本家在他的企业里采用新方法来提高劳动生产率,他会暂时在其商品的个别价值以上来出卖,从而获得一种额外剩余价值。马克思又写道:“有格外生产力的劳动,是当作加强的劳动来发生作用的,或者说会在同时间内,比同种社会平均劳动,创造更大的价值。”②但新生产方法一经普遍采用后,“生产得更便宜的商品的个别价值和它的社会价值间的差别”将会消灭,原来实行革新的资本家所获得的额外剩余价值也将消失。

我方才考察的这个论点是帕累托在1893年提出的,即在《资本论》第三卷出版之前。我打算考察的第二个与第三个论点是他在1902年提出的,都是关于第一卷与第三卷间的所谓“矛盾”问题。第二个论点是这样的:从《资本论》第一卷第一章一开头的论述中,帕累托说,可以很清楚地看到,

> “马克思著作中的基本定理,即确定价值尺度与劳动量相等的定理,明明白白是用来说明交换比率的(1卡德小麦=a公斤铁),如果这里铁是作为货币的话,它就是用来说明价格

① 马克思:《资本论》第1卷,人民出版社1958年版,第377—378页。

② 同上书第1卷,第379页。

的。要是现在另一个价值与价格不一致，就无从指明上面的论证也能应用于这种价值，结果我们也无法知道它究竟是不是结晶了的劳动。马克思提出一条定理说明某一特定的物体，却又应用到另一个物体。”①

在第三卷，帕累托继续说，马克思规定了必须具备的三个条件，如果商品进行交换的价格要约略相当于它们的价值的话：

“(1)不同种商品的交换，应不复纯然是偶然的，临时的；(2)在我们考察直接的商品交换时，两方面的商品，要依照近似地符合于相互需要的比例量来生产，那是由销售上相互的经验带来，并当作结果，由连续的交换自身生长出来的；(3)在我们是说售卖时，又要缔约双方任何一方，都没有自然的或人为的独占，可以在价值以上售卖，或强使他在价值以下售卖。至于偶然的独占，我们却是把它理解为由偶然的供求状态对于买者或卖者生出来的独占。”②

这一切都很好，帕累托说，不过当“1卡德小麦＝a公斤铁”这个等式提出来时，却没有人提醒我们这些必要的条件。马克思在说明(或自以为在说明)价值是结晶了的劳动时，他完全是从这个等式论证的，没有任何其他的条件。一经这样说明之后，我们再也不能提出原来说法所不曾包括的新条件了。那么马克思的第二个条件又是什么意思？它或者是说，“必要条件”是不变的(这是不真实

① 《社会主义体系》第2卷，第354—355页。

② 马克思：《资本论》第3卷，人民出版社1958年版，第202—203页。

的），或假定是不变的（这是不正当的）；或者它只是说，我们终于又回到原来的供求规律了。我们的学说本来是从否定这个规律并断言价值不过是结晶了的劳动出发的，现在它却归结为这样一条定理，就是，价值是由劳动来衡量的，倘若供求规律所要求的条件能够满足的话。于是“我们看到，它总归是同一论证过程。当我们遇到某些情况的阻碍时，我们就用假设把它们排除掉，并尽最大的努力来把这种假设当做现实”[①]。

归根结底，这是对马克思经济方法的批评。关于马克思经济方法问题，上面已经作了相当详尽的论述。实际上帕累托只是说，从假设物化劳动是价值的实体开始进行分析，并把这条定理作为其理论体系的基础，随后却又表明，只有当供给等于需要或与需要平衡时，交换比率实际上才等于物化劳动的比率；这样做是不正当的。事实上，交换比率决定于一大堆的因素，物化劳动是其中的一个，供求关系是另一个。倘使你简单地假定其他因素不变，要“证明”交换比率只决定于一个因素，那是很容易的。在帕累托看来，马克思实际上恰就是这样做的。

但是，如果一个经济学家，像马克思那样，打算建立一种价值学说，并不要它适用于一切条件下的所有交换比率，而只要它适用于自由竞争条件下的均衡交换比率，就这种情形来说，帕累托的批评肯定是没有根据的。马克思的价值学说，像李嘉图的一样，只是要说明，在自由竞争条件下，供求将确定交换比率于什么水准。我想，马克思在1867年写作时，以为他的读者一开始就理解到他的这

① 《社会主义体系》第2卷，第358—359页。

个目的，他的权利认为这是当然的。[①] 在《资本论》第一卷里（不论是帕累托提到的“等式”或其他的地方），肯定无从看出他除上述目的外还有什么其他的意图。和李嘉图一样，马克思也是从假定交换比率决定于物化劳动比率开始的，然而这一假定，十分自然的，与由此产生的规律所要完成的任务不是没有关系。假使马克思希望提出一个“价值规律”，可以说明一切条件下的所有交换比率，他显然不能从这同一假定开始。在这一点上，许多混乱的产生是由于李嘉图和马克思所用术语的不同。我们已经看到，李嘉图通常把商品的“价值”和它的均衡价格等同起来，并认为在这个意义上的相对价值决定于物化劳动的相对量。另一方面，马克思把商品“价值”定义为它所含有的劳动量，并认为相对均衡价格决定于这个意义上的相对“价值”。实质上，这两位经济学家提出了同样的定理；不过马克思的术语是人们比较不大熟悉的，所以容易为人误解。

第三个论点是这样的：在第一卷，帕累托写道，马克思假定每个资本家获得的利润量（设剥削率为已知）仅只决定于他所使用的可变资本的数量。但另一方面，在第三卷他又告诉我们说，在实际生活中，每个资本家是按照他所使用的资本总量来瓜分社会“汇总”的利润。那么他怎样解决这一明显的矛盾呢？帕累托的回答有点离奇。他说，马克思认为“在竞争的压力下”，所有资本的有机构成都倾向于社会的平均构成，所以它在一切生产部门大体是相等的。这样，“不论我们说资本家榨取的剩余价值比例于他所使用

① 马克思在他的比较通俗的阐述中，对这一点讲得非常清楚。参看《工资、价格和利润》，载《马克思恩格斯文选》（两卷集）第 1 卷，外国文书籍出版局出版，1954 年，莫斯科，第 401—402 页。

的可变资本，或者说它比例于他所运用的社会资本的那一部分，这两种说法完全一样。”①

事实上，马克思当然不曾这样讲过。真的，我们倒不妨说，马克思在第三卷中讨论的剩余价值转化为利润（从而价值转化为生产价格）的整个问题，恰恰是因为“竞争的压力”并不倾向于使资本有机构成均等起来。然而帕累托却根据《资本论》第三卷第十章里的一句话为他的解释提出了“证明”。在这一章的开头，马克思要人们注意“一部分的生产部门所使用的资本，有中位的或平均的构成，那就是，恰好有或近似有社会平均资本的构成”。在这些生产部门里，商品的生产价格跟它们的在货币上表现的价值，恰好是一致的，或近乎是一致的。马克思继续讲道：“竞争会这样把社会资本分配在不同各生产部门间，使每一个部门的生产价格，按照有中位构成的各个部门的生产价格……（成本价格加平均利润率乘成本价格之积）的准型来形成。”由于这种平均利润率不外是中位构成的部门用百分率计算的利润，在那里，利润是和剩余价值一致的；因此，利润率在一切生产部门是相等的。马克思又写道：“很明白，有不同构成的各个生产部门间的均衡，总必然有一种趋势，要使它们与中位构成的部门归于均等”（即是说，在这方面把它们放在同等的地位——米克）。随后这个论点又以稍许不同的方式重复如下：

> “对于有中位构成或近似中位构成的资本，生产价格是恰好与或近似与价值相一致的，利润是恰好与或近似与它们所

① 《社会主义体系》第2卷，第369页。

生产的剩余价值相一致的。一切别的资本，不问构成怎样，总会在竞争的压迫下趋向与它们均衡。但因中位构成的资本，与社会平均资本相等或近于相等，所以一切资本，不问由它们自身生产的剩余价值是多大，都有一种趋势，要由它们的商品的价格，实现平均利润，而不是实现这个剩余价值。那就是实现生产价格。”[①]

帕累托把这段话的第二句从上下文割裂开来，并解释为竞争倾向于使所有资本的有机构成均等起来，然后断定这便是马克思对这个“矛盾”的解决。但是从上下文来看那是十分清楚的，马克思在这里只不过重复说明他刚在上面表述过的意见，就是，竞争使得一切部门的价格按照中位构成的各个部门的价格的准型来形成。帕累托的解释是同引起争论的这句话以前和以后所讲的一切都相矛盾[②]，它显然是十分错误的。我们从上面的分析能够得出的最大的结论是，帕累托的语气尽管极端傲慢[③]，他是绝对不想理解马克

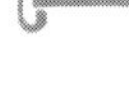

① 马克思:《资本论》第 3 卷，人民出版社 1958 年版，第 197 页。

② 用不着在这一页以外去寻找这种矛盾的证据。在引起争论的这句话的前面倒数第二句中，马克思谈到等量的资本，“无论是怎样构成的”，总会在剩余价值总量中分到同样大的一份；在引起争论的这句话后面紧接着的一句中，“不问由它们自身生产的剩余价值是多大”这句话显然表明马克思无意修改这个基本观点。

③ “不错”，帕累托写道(富有特色的):“专家的注释总是可以这样来辩解，当马克思说，‘一切别的资本，不问构成怎样，趋向与它们均衡’时，他实际是说，这些资本并不趋向与它们一致。天知道，也许他在这几段话里并不要提出一个资本构成的学说，也许他并不要提出一个价值学说。一切都是可能的。据发现，伊里亚叙事诗就是救世主降临的预言，坦丁的神曲就是中世纪意大利皇帝党员使用的某种密码。在马克思的著作中也可有同样的发现。很清楚，如果认为言语可以完全改变它们的意思，那么解释就不再有什么界限了”。(《社会主义体系》，第 370—371 页。)

思在第三卷第二篇中的论证的。

第三节　伯恩斯坦的批评

我现在进到上面区分的第二类攻击，首先谈谈那些力图用边际效用说代替劳动价值论或“调和”这两个学说来改进马克思体系的批评家。抱着这种见解的最显著的人物就是所谓修正主义者，他们确定了后来对马克思的大量批评的基调。“修正主义者”这个名称是有点不对头的，因为它好像意味着这些批评家只不过抱着改正相对微小错误的目的来重新审查马克思的体系。事实上，把修正主义运动（就实际说如果不是就意图说的话）看作英国费边主义运动在大陆上的对等物——即背叛而不是“修正”马克思主义——反倒更确切些。[①] 这就修正主义者对劳动价值学说的态度来讲，肯定是不错的。一般认为伯恩斯坦是这一运动的首领，所以他在这方面的见解，也许可以当做典型来看。

伯恩斯坦《论马克思价值学说的意义》这篇文章（重印于他的名著《社会主义的前提和社会民主党的任务》[②]）叙述了他关于这

---

① 斯维济在《论费边经济学》这一篇有趣的文章（重印于《当代历史》，1953 年）中，要人们注意这个事实（第 319—320 页），即费边主义与修正主义间的关系要比一般认为的更直接些。他从 E. R. 皮斯著的《费边协会史》引证了下面一段话：“〔大陆上的〕叛变来自英国叫伯恩斯坦的人，他被俾斯麦放逐后，避难伦敦，有好多年同费边协会及其领袖们非常接近。他回到德国不久就于 1899 年出版了一部批评马克思主义的书，在社会主义内部要求自由思想的修正主义运动就从那时起逐渐成长起来，吸引了所有的青年。他在大战〔第一次世界大战〕前，事实上如果不是实际上，控制了社会民主党。我认为，费边协会称得起在英国领导了这一叛变，而在德国，则是通过伯恩斯坦”。

② 下面引文摘自这部著作中的英译本，这个译本是独立工党于 1909 年出版的（书名为《进化的社会主义》）。

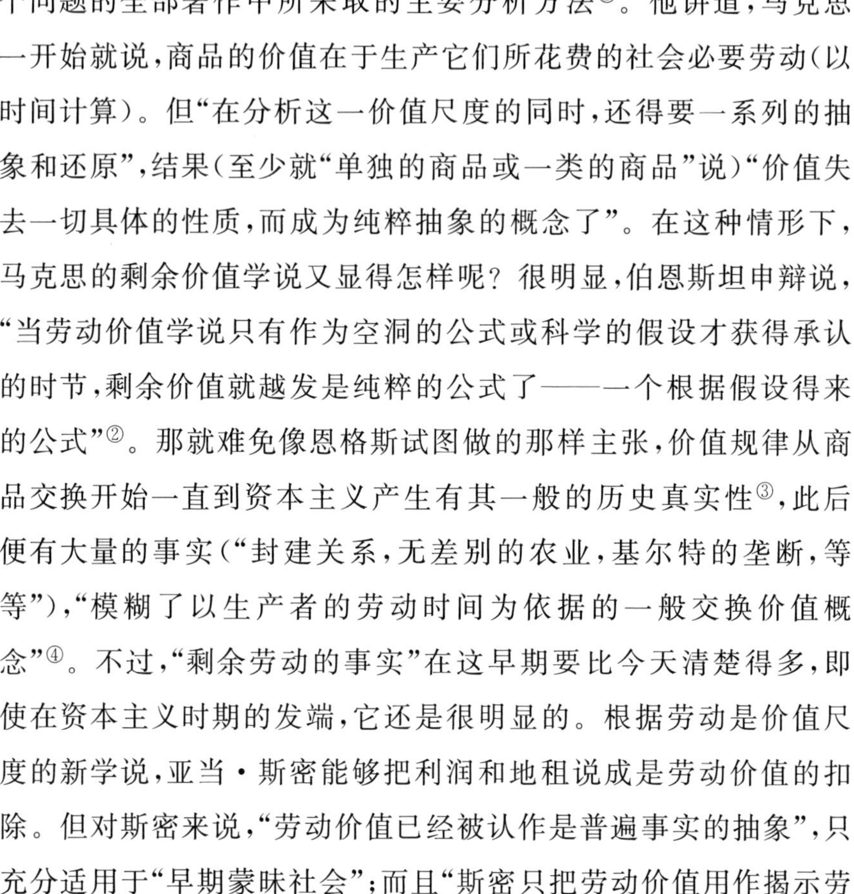

个问题的全部著作中所采取的主要分析方法①。他讲道，马克思一开始就说，商品的价值在于生产它们所花费的社会必要劳动（以时间计算）。但“在分析这一价值尺度的同时，还得要一系列的抽象和还原”，结果（至少就“单独的商品或一类的商品”说）“价值失去一切具体的性质，而成为纯粹抽象的概念了”。在这种情形下，马克思的剩余价值学说又显得怎样呢？很明显，伯恩斯坦申辩说，“当劳动价值学说只有作为空洞的公式或科学的假设才获得承认的时节，剩余价值就越发是纯粹的公式了——一个根据假设得来的公式”②。那就难免像恩格斯试图做的那样主张，价值规律从商品交换开始一直到资本主义产生有其一般的历史真实性③，此后便有大量的事实（“封建关系，无差别的农业，基尔特的垄断，等等”），“模糊了以生产者的劳动时间为依据的一般交换价值概念”④。不过，“剩余劳动的事实”在这早期要比今天清楚得多，即使在资本主义时期的发端，它还是很明显的。根据劳动是价值尺度的新学说，亚当·斯密能够把利润和地租说成是劳动价值的扣除。但对斯密来说，“劳动价值已经被认作是普遍事实的抽象”，只充分适用于“早期蒙昧社会”；而且“斯密只把劳动价值用作揭示劳

① 关于伯恩斯坦对马克思体系批评的一些其他评论，参看罗伯特·吉洪诺夫：《马克思价值学说问题》（1952 年）；威廉·J. 布莱克：《马克思经济学说原理及其批评》（1939 年）；路易斯·B. 布丹：《从近来的批评看马克思的理论体系》（1915 年）；斯维济：《资本主义发展论》（1946 年）。

② 《进化的社会主义》，第 28—30 页。

③ 恩格斯：《〈资本论〉第三卷的增补与跋文》，见《资本论》第 3 卷，人民出版社 1958 年版，第 1170 页以下。应当注意，恩格斯认为价值规律只有在商品的范围内，或如他所说的，只在“有经济法则发生作用的限度内”，才是适用的（同上书，第 1176 页）。

④ 《进化的社会主义》，第 30—31 页。

动产品分配——这就是剩余劳动的事实——的‘概念’”。“马克思的体系在原则上并无不同”[①]。在《资本论》第三卷里，“个别商品或各种商品的价值是十分次要的东西，因为它们是按照生产价格——生产成本加利润率——出售的。那里占首要地位的是**社会总产品的价值**，以及这一价值大于工人阶级工资总额的超过部分——这就是说，不是指个别的而是指社会的总剩余价值”。但是“这个剩余价值量只能比照总生产对总需要（即市场的购买能力）的比例来实现”。于是就整个生产来说，

> “每一种商品的价值决定于正常生产条件下生产它所必需的劳动时间，其数量以市场——这就是整个社会作为购买者——能够分别销售的为限。[②] 现在，恰是对考察中的商品，实际上无从精确估计一定时间内社会需要的多少；所以上面猜想的价值纯粹是抽象的东西，这与戈森、杰文斯和庞巴维克派所谓最后效用的价值没有什么两样。实际关系要建立在以上两方面的基础上，可是这两方面都是根据抽象来分析的。”[③]

因此，照伯恩斯坦的意见，马克思的价值概念“不过是一把钥匙，一

① 《进化的社会主义》，第31—33页。

② 伯恩斯坦这里提出的论点，是关于他所说的马克思主义者在《资本论》第三卷出版前“热烈讨论”的一个问题，就是，“劳动价值中‘社会必要劳动时间’的属性，仅仅有关各个商品的生产**方法**，还是也涉及这些商品生产的**数量**对有效需要的关系在内”。照他看，第三卷“完全改变了这个问题以及其他问题的面貌，不得不跨入另外一个领域，进到另外一个阶段”（第33页）。

③ 同上书，第34页。又参看第36页脚注，伯恩斯坦在那里指出，《资本论》第三卷第830页中的一段话，“是鄙视戈森－庞巴维克学说最好不过的一些词句”。

个抽象的影像,就好像是赋有灵魂的哲学原子一样”。在马克思手里,它是一把钥匙,“打开了资本主义经济的机构,这是从来没有人做过的,没有人做得这样明白有力,合乎逻辑”。可是到了马克思信徒的手里,它几乎总是要造成灾难性的后果,因为它“不能超越某一点来为人服务了”。[①] 马克思使用这把钥匙,像亚当·斯密一样,来揭露剩余劳动的经验事实。然而这是一个事实,可以“由经验来确认”,而“无须演绎的证明”。所以“马克思学说是否正确,和剩余劳动的证明完全无关。就这一点说,它不是论证,不过是分析说明的方法罢了”。[②]

假使我对伯恩斯坦极其啰嗦的论辩解释得不错的话,那么在他看来,马克思的“价值”是个“纯粹抽象的概念”,完全不能用作适当的当换比率学说的基础。所以它必须为边际效用说所代替或补充。[③] 然而幸运的是,“剩余劳动的证明”并不在于马克思的交换比率学说是否正确。一些人靠别人的劳动为生,这是经验中的简单事实,并不需要价值学说来证明它。可是在分析说明这个实际经验时,马克思关于物化劳动的价值概念,可以有效地作为一种阐释的工具。

这肯定是不错的,即马克思的交换比率学说,像所有这一类的

---

① 《进化的社会主义》,第 38—39 页。

② 同上书,第 35 页。

③ 伯恩斯坦没有说清楚所需要的修正的确切性质(参看吉洪诺夫:《马克思价值学说问题》,第 133 页)。列宁指出,修正主义者在价值学说方面,“除了一些庞巴维克式的异常模糊的暗示和叹息”外,绝对没有拿出什么东西来。(《列宁全集》第 15 卷,人民出版社 1959 年版,第 18 页)这对伯恩斯坦说来,肯定是不错的。

学说一样，系根据“抽象的概念”，它只是近似地符合于现实。然而这一事实本身并不影响它是一个适当的学说，因为一切概念的真正性质，就在于它们只能近似地符合于现实。[①] 我也不认为，“社会必要劳动”涉及供给对有效需要的关系这个意见，在我们考察商品总体时要比考察个别商品时更正确些。在后一种情形下，“实际上无从精确估计一定时间内社会的需要”，这不能作为价值规律进一步脱离现实的真正因素。再说，不劳所得的存在，是个实际经验，并不需要价值学说来证明它，这一点也是完全正确的，但绝不能由此推论说，分配论可以离开价值论而单独成立。一种“分配论”仅仅谈到不劳所得是从事生产的人们的剩余劳动果实，那就算不得是学说，仅仅用物化劳动来表示进货与出货，也不见得会更好些。这种“学说”至多不过对一切阶级社会里生产资料占有者榨取被剥削阶级的剩余劳动产品，做一般的叙述罢了。但是，切合我们这个时代的分配论应当突出两点来集中说明：第一，在这样一个社会里，怎么还会继续获取不劳所得，那里，绝大部分商品的价格是

① 1895 年 3 月恩格斯写信给施密德说：“你对价值规律的指责，从现实观点来看，也适用于一切概念。用黑格尔的话来说，思维与存在的同一性，到处同你举的圆圈与多边形的例子相吻合。可是此二者：事物的概念和它的现实，就像两条渐近线一样并驾齐驱，总是要互相接近，而又永不相遇。这两者间的差别，也就是使概念不能立刻直接成为现实和使现实不能直接成为它自身概念的差别。虽然一个概念有着概念的基本性质，因而乍看起来，不能立刻与它所必须抽象出来的现实符合一致。但它绝不只是一种虚构，除非你准备把一切思维的结果都叫作虚构。因为现实必须要通过漫长的迂回道路才能符合于思维的结果，即使到那时，也只是渐近线式的渐趋接近而已”（《恩格斯论〈资本论〉》，英文版，第 137—138 页）。又参看第 100 页，“价值规律对于资本主义生产，绝不仅是一个假设，更不仅是一个必要的虚构，它有更重要得多更确定得多的意义”。

在非个人的市场上由供求力量决定的，在这个市场上，直接生产者与其雇主间的关系是根据契约而不是根据身份？第二，社会各主要阶级在国民收入中的各自份额是怎样决定的？对这些问题，不靠价值学说的叙述就不可能给予适当的答案，除非他满足于某种“暴力”或“斗争”的解释，即使这样，他也很难把它说成是分配论。[①]

第四节　林赛和克罗齐的批评

现在需要谈谈另外一些批评家，他们申辩道，劳动价值学说作为实际市场价格的理论来看，固然是站不住的，但它在马克思体系中起着特殊的作用，完全不同于其他价值学说在它们的体系中所起的作用。例如有一些批评家，林赛可以算得是他们的典型代表，曾经认为劳动价值学说主要是自然权利学说，而不是价格学说。林赛也承认这一点是不错的，就是，劳动价值学说“至少在某种程度上要作为市场价格如何决定的学说。然而细心的读者马上会觉察到，这样解释的市场价格并非实际存在的价格，而只是在高度抽象的条件下才会普遍出现的价格”[②]。这些假定条件只有在这样组织的社会里才具备，那里，一切东西“实际”值多少钱就卖多少

① 参看克罗齐对于格拉加第著的一本书的有趣评论，后者显然也主张“离开价值学说来考察利润的”。克罗齐断言：这种做法的错误“一看就明白，用不着等待尝试结果的证明。经济学体系删掉了价值，就像没有概念的逻辑学，没有道义的伦理学，没有表情的美学一样。那是截断了适当对象的经济学”（《历史唯物主义与马克思主义经济学》，伦敦，1914 年，第 138 页）。

② A. D. 林赛：《马克思的资本论》（伦敦 1925 年版），第 57—58 页。

钱——它也就是这样一个社会,“那里,一个人应得多少就拿多少”。换句话说,劳动价值学说“不是关于实际价格的,而是关于理想价格的”;它“主要关心的是,一个人应当为他的劳动取得多少报酬”。①

但这样的解释有一个困难,林赛得首先予以解决。如果对马克思来说,也像对个人主义者来说一样,劳动价值学说只是“自然权利学说”,这又怎么能够符合这个事实呢,就是,马克思的经济方法在性质上是“历史的”?林赛说,“自然权利学说同历史方法是极不相容的”②。他对这个问题的答案是根据《资本论》第一卷第一章下面一句话后半段的解释:“价值表现的秘密——一切劳动的等一性与等值性,因为一切劳动都是人类劳动一般,并以此为限,——必须到人类平等的概念已经取得国民信仰的固定性时,方才能够解决”。③ 照林赛的意见,这表明“劳动价值学说是人类平等原理之在经济学中的应用”。现在,“马克思关于资本主义不可避免地要转变为集体主义的论点,完全靠这个假定,就是,人类平等的思想,将会强大到足以消除由于劳动力买卖而产生的不平等”。于是马克思“能够一箭双雕,用劳动价值学说作为自然权利

① 《马克思的资本论》,第 61 页(重点是我加的)。

② 林赛:《马克思的资本论》,第 66 页。

③ 马克思:《资本论》第 1 卷,人民出版社 1958 年版,第 38 页(重点是我加的)。这一句话是评论亚里士多德时说的,他没有看到,“在商品的价值形态中,各种劳动是被表现为等一的人类劳动,因而也表现为同质的劳动”。马克思说,“这是因为希腊社会是建立在奴隶劳动上,从而,有人间的不平等和人类劳动力的不平等作为自然基础”。本书引用的那句话中所提到的“解决”,“必须到商品形态已成为劳动生产物的一般形态,人类彼此当作商品所有者成立的关系已成为支配的社会关系时,方才是可能的”。

的学说和现实情况的说明。因为这个学说所体现的权利要求也就是实际情势中发生作用的要素之一，他作为经济史学家是要描述这一情势的”。[1]

照林赛的意见，马克思在《资本论》前六章中关于这个学说的叙述，虽然是沿袭他的“个人主义者”前辈，但至少有一点重大的不同——即马克思坚持〔创造价值的劳动〕必须是“社会必要劳动，并反复说明价值是社会的产物”。[2] 社会必要的概念就把“劳动价值学说转变为某种通常的供求相互作用论了”，因为生产一宗商品的“社会必要”劳动量，特别决定于生产者“预计商品需要数量与种类”的成功程度。[3] “价值是社会的产物，它只有作为生产社会财富一切必需过程的结果而出现”，据说这种见解使得马克思离开下面的“想法”愈来愈远了，那就是，“个别劳动者创造了商品的价值，每分钟劳动创造若干价值”。[4] 事实上，马克思的“主要发现”在于：“价值是社会的产物，就这个社会产物说，在生产中所发生的社会关系与在交换中所发生的社会关系是同样重要的，但实质上却不相同”。[5] 在近代社会里，制造和交换商品的经济单位，不再是个别劳动者，而是马克思所谓的“集体劳动者”——这就是，参加一

---

① 林赛：《马克思的资本论》，第 66 页。

② 同上书，第 71 页。

③ 同上书，第 79 页。这里我省略了林赛对熟练劳动化为简单劳动这个问题的考察，这种考察系根据人们熟悉的一种设想，即马克思“在卷尾查看了答案，然后制造数字使之相合”（第 75 页）。

④ 同上书，第 78 页。

⑤ 同上书，第 95 页。

系列联合生产过程并具有不同专长的一群劳动者。[①] 在林赛看来，这意思是说：

> “一部分创造出来的价值，是由社团而不是由其各个成员创造的，想用有关各个人的劳动所创造的个别价值量来表示商品价格的企图，注定要失败的。至少总价值中的一部分是共同创造的，依据支持劳动价值学说的公平原则，应当找出共同的而不是个别的报酬。劳动价值学说与马克思关于价值是社会产物的学说，实在是不相符合的。要是认真对待后一学说，那么前一学说的必要假定就站不住了。劳动价值学说，作为决定个人公平报酬的原则，也就完蛋了。这正如同一个好的辩证法被放弃了一样，它在辩证的发展中表明，除非各个人的要求看作是各个人的，每个人有绝对权利获得一定的报酬，否则就说不上个人公平。”[②]

所以个人主义价值学说所主张的权利要求，“在马克思看来，只有当个人主义的无政府状态为真正的社会所代替时，才得以实现”[③]。

鉴于马克思无数次地坚持说，劳动价值学说实际上是“现代社会经济关系的科学表现”，而**不是**像蒲鲁东和其他人主张的那样，“当作将来再生公式”[④]；说来奇怪，林赛竟拿不出什么证据来支持

① 参看《资本论》第1卷，人民出版社1958年版，第411页以下。

② 林赛：《马克思的资本论》，第106—107页。

③ 同上书，第117页。

④ 马克思：《哲学的贫困》，人民出版社1961年版，第53页。

他的这种见解，即马克思的意思实际上同他常常讲的恰恰相反。同样奇怪的是，如果马克思的价值学说当真是为了“说明生产者将会得到公正报酬的条件”[①]，他为什么不怕麻烦而要去论证：即使在发达的资本主义下，均衡交换比率最后还是决定于物化劳动的相对量。林赛试图了解他乍一看来似乎是荒唐的一种思想，他是真诚的，不难获得人们的同情，然而必须承认，他的叙述是根据一系列的严重误解。举个例子，他认为马克思的劳动价值学说是一种自然权利学说，为了支持他的这个基本见解，他非常强调一段话，在这一段话里，马克思把简单商品生产描述为“天赋人权之真正的乐园”，在那里“行使支配的，是自由，平等，所有权和边沁”，在那里每一个人“都由事物之预定的调和，或在什么都照顾到的神的指导下，只做那种相互有益……的工作”[②]。这是一段讽刺话，在这里，马克思实际上只要警告他的读者不要拘泥于文字，简直用不着再多讲什么。但是他显然做得还不够。现在只要指出一点就可以了，就是，马克思相信的“天赋人权”，“事物之预定的调和”和“什么都照顾到的神”等，决不足以证明林赛从这段话得出的结论是正当的。再举一个例子，马克思在上面提到的一段话里讲得很清楚，支配着商品相对交换价值的规律不可能在“人类平等概念”获得发展以前发现，然而林赛却把这一段话解释为：马克思将人类平等原则看作“经济事实内部起作用的一个标准”。[③] 林赛这句话的确切

① 林赛：《马克思的资本论》，第 79—80 页。

② 马克思：《资本论》第 1 卷，人民出版社 1958 年版，第 188 页。

③ 林赛：《马克思的资本论》，第 66 页。又参看恩格斯：《反杜林论》，人民出版社 1957 年版，第 108 页脚注。

意义不很清楚。如果他的意思是说，马克思认为商品依据物化劳动比率的实际交换，是(或至少一部分是)人类平等原则有意识地应用于交换比率的决定的结果；那就必须指出，这绝不能从马克思的著作推论出来，而且是与他的整个态度相矛盾的。另一方面，如果他的意思只是说，马克思这里公开表白了这个意见，就是，劳动价值学说仅仅告诉我们在什么条件下商品将会卖得它真正值得的价钱。那么，这也与马克思实际讲的不相符合。说一定的经济规律不可能在一定的伦理政治概念获得发展以前发现，绝不等于说，规律本身分析的是“应当如何”，而不是“实际如何”。[①] 同样，他关于社会必要劳动以及价值是社会产物等概念的解释，在我看来，也是十分错误的。马克思承认生产一个单位商品所必需的社会必要劳动量决定于需要情况，这一点已经在上面充分讨论过了。马克思所谓价值是社会产物这一概念的意思，肯定同林赛所提示的完全不同。林赛实际上把它理解为，商品的价值不是由个别劳动者而是由“集体劳动者”创造的。他说：“在洛克论著的简单抽象理论及其个人主义者的变种中，价值创造的能力是集中于个别生产者，而在发达的社会里却分散开了。技巧、远见、方向等，过去曾是个别生产者的附属物，现在却同劳动分离了。”[②]然而我们知道，当马克思说价值是社会关系时，他心里想的“社会关系”无疑是指存在

① 马克思设想的典型情况是这样的：交换比率是决定于不以人们意志为转移的客观经济力量的作用，而不是决定于有关各个人对什么是生产活动“公平报酬”的感想。

② 林赛：《马克思的资本论》，第 96 页。

于商品生产者间的那种简单关系，换言之，也就是隐蔽在林赛所谓“极其微弱的社会联系”后面的那种关系，这种微弱的社会联系是商品生产社会中由于交换而形成的。[①] 最后，集体劳动者代替了个人，正如同新机器的应用或其他任何革新提高了劳动生产率一样，没有必要对劳动价值学说进行根本的修正。集体劳动者创造的价值量，同个别劳动者从前在同一时间内所创造的一样多，不过现在这些价值是分散在更大量的商品上面罢了。换句话说，劳动生产率提高时，单位商品价值下跌了。

克罗齐对劳动价值学说的批评同林赛比较起来有一些共同的要点[②]，但是我认为前者的批评要充足得多。他讲道，《资本论》就其方法来说，“无疑是抽象的考察”——换个讲法，马克思研究的资本主义社会，不是这个或那个历史上曾经有过的社会，而是“一个从某些假设推论出来的理想的和形式上的社会，它绝不能成为历史过程中的实际事实”，但是它“在很大程度上符合于近代文明世界的历史条件”。[③] 就其范围来说，马克思的考察只限于“一种特殊的经济制度，它发生在私有财产变成资本的社会里”。但是，“纵然搞清楚这两点以后，马克思考察的真正实质还不曾说明白”。[④] 主要困难在于，马克思是从假定“纯粹经济理论范围以外”的一条定理开始的，“这条定理是，劳动生产的商品的价值，等于生产它所

① 林赛：《马克思的资本论》，第 101 页。

② 重要的不同点是，克罗齐(用林赛的话来说)“坚持马克思的价值学说是经济的而不是道德的”。参看克罗齐著的《历史唯物主义与马克思主义经济学》一书中的林赛序，第 xxi 页。克罗齐对这一点的主要论述见第 58—59 页。

③ 克罗齐：《历史唯物主义与马克思主义经济学》，第 50 页。

④ 同上书，第 50—51 页。

必需的社会劳动量”，可是他从来不曾明确指出这一定理与资本主义经济规律之间的联系。[1] 克罗齐在简单评论桑巴特、施米特、恩格斯、索雷尔、拉布留拉这些作家在这方面提出的意见以后，就把他自己的见解作一提要如下：

“马克思的劳动价值不仅是逻辑的概括，而且是一个被想象为和假定为典型的事实，即是说，它不只是逻辑的概念。真的，它没有抽象概念的呆滞，而有具体事实的活力[2]，这就马克思所考察的资本主义社会来说，起着比较标准、典型这样一种术语的作用。

“这一标准或典型假定后，对马克思来说，考察就要采取下述形式。设价值等于社会必要劳动，那就得表明，资本主义社会商品的价格要同这一标准保持多么大的差别，劳动力本身又怎样变成了商品并取得了价格。老实说，马克思对这个问题的讲法是不适当的，他把作为一个标准而假设的典型价值本身，当做支配资本主义经济现象的规律了。如果他愿意的话，它也就是这种规律，但只存在于他的概念领域中，而不存在于经济现实中。我们不妨这样看：现实同标准的差别，就是现实同我们奉为规律的标准相对照时的背离。”[3]

---

① 克罗齐：《历史唯物主义与马克思主义经济学》，第52—53页。

② 克罗齐在这一点上还写了一个脚注如下：“需要特别注意，我所说的具体事实，依然可能不是经验过的真正事实，而是我们假设的和纯粹想象的事实，或者是局部经验过的事实，这就是，只局部存在于实际经验中。我们随后将会看到，马克思的典型前提完全属于上述第二类。”

③ 克罗齐：《历史唯物主义与马克思主义经济学》，第56—57页。

克罗齐接着说，这个方法在形式上是正当的，但还不够：标准本身也需要证明是正确的——“这就是，我们还得断定，它对于我们可能有怎样的意义和重要性”①。要是像林赛那样，说“价值和劳动的等量，是社会伦理的理想，是道德的理想”，那是荒谬的。不可能想象还有什么“比这个解释更加错误，离开马克思思想更加辽远了”②。克罗齐把马克思的标准的真实意义描述如下：

> “让我们……仅仅考虑一个社会里可以适当叫做的经济生活，也就是，仅仅考虑整个社会当中的经济社会。让我们从经济社会抽象掉一切不能用劳动增产的货物。让我们再抽象一切阶级差别，这种阶级差别就经济社会的一般概念来说可以看做是偶然的。我们也不管所产财富的一切分配方式，正像我们已经说过的，它只有在方便性或正义性的基础上来决定，然而无论如何，分配的决定，只有从整个社会来考虑，绝不能单纯从经济社会来考虑。这样连续抽象化之后还剩下什么呢？剩下的只有作为一个劳动社会来看的经济社会了。在这个没有阶级差别的社会里，即是说，在这样的经济社会里，唯一的商品是劳动生产物，那么价值可能是什么呢？显然，它只能是生产各种商品所需要的劳力的总和，也就是劳动量。因为我们这里讲的是社会经济结构，而不是生活在其中的个人，从这点推论，这种劳动只能是按平均计算的劳动，从而是社会（我重复说一遍，就是我们这里谈论的社会）必要的劳动。

① 克罗齐：《历史唯物主义与马克思主义经济学》，第 58 页。
② 同上。

> “这样，只就这种经济社会创造的能由劳动增产的商品来说，劳动价值就好像是它所特有的价值的规定了。
>
> “从这个定义可以得出下列必然的结果：只要通过劳动来生产货物的社会存在的话，劳动价值的规定就绝对符合于事实。……
>
> “……但是，这是什么样的符合呢？我们已经排除了以下两点：(一)它是道德理想的问题；(二)它是科学规律的问题。然而我们又得出结论说，这等量是个事实(马克思是用来作为典型的)。那么，唯一的办法只有说：它是个事实，不过是存在于许多其他事实当中的一个事实。这就是，我们从经验来看，它似乎是同其他事实相对立，并为其他事实所限制了的，歪曲了的一个事实。这很像是许多其他力量当中的一个力量，它产生的结果，不同于其他力量如果不起作用时所将产生的结果。它不是一个完全压倒一切的事实，但也不是不存在的，纯属想象的。”[①]

因此，马克思“在把价值和劳动的等量设想为典型的并应用到资本主义社会时，他仿佛是对资本主义社会和它的一个部分进行比较，这一部分是隔绝了的并提高到独立存在的地步——这就是，对资本主义社会和经济社会本身(只就它是劳动社会这点来讲)进行比较”[②]。正是由于这个方法，所以马克思能够发现和说明剩余价值的社会根源。“从剩余价值这个术语看得很清楚，它在纯经济学里

① 克罗齐：《历史唯物主义与马克思主义经济学》，第60—62页。

② 同上书，第64页。

是没有意义的；因为剩余价值是额外的价值，所以不属于纯经济学的范围。但对两种经济社会，两个事实，或两种假设进行相互比较时，它作为一种区别的概念，当然还是有意义的，并不荒谬”。[①] 也正是靠这同一个前提，马克思才能够得出一条定理：在资本主义下，绝大多数情形是“价值并不同价格符合一致”。[②] 照克罗齐的看法，从这一切就得出一个结论，这就是，“在马克思考察的同时，一般经济科学还是能够存在和繁荣的，说得更确切些，也必须存在和繁荣，它要能够确定价值的概念，把价值从和马克思的特殊原理完全不同和更加广泛的原理中演绎出来”[③]。但也必须承认，马克思“教导我们要洞察到实实在在的社会(虽然这个教导是内容近似而形式矛盾的说法)”，可是就许多经济修辞家来讲，“具体的现实，也就是我们在其中生活和活动并且需要理解的这个世界，却从一套疏漏的抽象和假设中脱落掉，变成不可捉摸的了”。[④]

马克思是抽去“一切阶级差别”开始考察商品生产社会本身，这肯定是不错的，而且是重要的。他随后进行的分析，可以说是这种抽象的社会和充分发展的(虽然是“理想的”)资本主义社会间的一种“比较”，这种说法有一定的道理(虽然只是一点点)。这也是不错的。我在上面曾经指出，马克思考察劳动价值学说如何起作用，实质上是探讨，资本主义经济制度代替以前的经济制度以后，

① 克罗齐：《历史唯物主义与马克思主义经济学》，第64—65页，又参看第125页以下。

② 同上书，第65页。

③ 同上书，第68页，又参看第76页及124—125页。

④ 同上书，第118页。

人们以商品生产者资格所结成的基本关系(即当作整个商品生产时期一直存在的那种关系)对于交换关系究竟产生怎样的影响。显然,我自己的解释同克罗齐的有一些重大的分歧。例如,我认为他关于马克思研究方法的分析根本是不妥当的。他说,马克思的研究"不是历史的,而是假设的和抽象的,也就是理论性的"[①]。他觉得"奇怪",为什么恩格斯要在同一章(《反杜林论》)里,既说马克思经济学"在本质上说来是一种历史的科学",又说马克思写的是"理论经济学"[②]。但是,从恩格斯自己叙述的他和马克思所采取的逻辑的历史的方法来看,这两种说法的确是完全一致的。克罗齐对这一点的不理解,贯穿在(并在一定程度上否定了)他的整个命题。特别是,他如果认识到,马克思的逻辑分析是打算作为历史实际发展过程的一种"修正过的反映",他将不会讲,仿佛马克思只是对"劳动社会"与资本主义社会价值的决定进行了单纯比较罢了。照克罗齐的看法,马克思认为"劳动价值"是基本的,因为它是经济社会本身(即只作为"劳动社会"看)所特有的价值的决定,并由此表明"资本主义社会商品的价格要同这一标准保持多么大的差别"。[③] 这里,克罗齐的考察忽略了一个重要事实——马克思不

① 克罗齐:《历史唯物主义与马克思主义经济学》,第 67 页。

② 同上书,第 67 页脚注。克罗齐摘自《反杜林论》的引文,见《反杜林论》,人民出版社 1957 年版,第 150 页与 154 页。

③ 克罗齐写道:"把一种现象不仅看做是目前存在的,而且看做是将会发生的,如果它的许多因素之一发生变化的话;并且,在把假设的和实际的现象加以比较时,可以假定后一现象是基本的,而认为前一现象背离了它,或假定前一现象是基本的,而认为后一现象背离了它"。这是科学分析的普通方法(第 57 页)。

仅“比较”一种形式的社会同另一种形式的社会，并且认为在前一个社会直接发生作用的价值规律，在后一个社会还是间接发生作用的。它不仅阐释资本主义制度下价值同价格背离的问题，而且表明背离的程度本身也是根据原来学说来决定的。换句话说，这里涉及的不是价值与生产价格间的逻辑比较，而是价值之向生产价格的逻辑（与历史）转化。

对克罗齐的解释可能进行的其他批判，大多数都是根据这一点。例如他认为，剩余价值（所谓在纯经济学里“没有意义的一个字”）在马克思体系里，“作为一种区别的概念来对两种经济社会进行相互比较”，当然还是有意义的。他申辩道，剩余价值规律以及价值规律、平均利润律等，不要“看作经济社会里实际发生作用的规律，而要看作对各种可能的不同形式的经济社会进行比较考察的结果”[①]。如果就资本主义社会“本身”来考察的话（“这恰是纯经济学家所做的和应该做的”），资本家利润表现为“相互协议的结果，起因于不同比较程度的效用”。克罗齐还说，只有把一种标准——“一方面，它差不多像化学试剂一样的，另一方面，它是以人类平等为基础的社会的特征”——应用到资本主义社会时，你才能断言“利润的剥削性质”。[②] 我想这是不错的，就是，当人们谈论一种阶级收入的“剥削性质”，从而对这种收入表示谴责时，往往是暗中比较两种不同的情形，即这种收入存在的情形与它并不存在或将不会存在的情形。但是不能由此

① 克罗齐：《历史唯物主义与马克思主义经济学》，第 143 页。

② 同上书，第 126—127 页。

推论说,作为剩余劳动产物的利润这个概念,是个“差别的概念”,除非就一切概念都能说成是“差别的概念”这个意义来讲。[1]过去许多思想家都接受了这个概念,可是他们绝不是用来“比较”(就这个字的任何特殊意义说)相应社会的情形和其他社会的情形。他们是就资本主义“本身”来考察的,从而看到一些人没有劳动而获得一笔收入。如果他们要进行任何比较的话,那也不是比较这种社会情形同没有人获取“不劳”所得的社会情形,而是比较资本主义制度下多数要为其收入而劳动的人的情况同少数不劳而获的人的情况。在他们看来,富人靠穷人的劳动为生,是用不着说的——附带提一句,这是应当庆祝的事情而不是应当谴责的事情。克罗齐说,在我们这个时代的“纯经济学”里,剩余价值是一个没有意义的词语,这肯定是不错的。但是,只因为这种“纯经济学”企图抽象掉作为古典(与马克思)经济学研究起点的那些社会生产关系,它才成为无意义的了。在“纯经济学里”,利润的概念,就地位说,和作为剩余价值表现的利润概念并无不同:任何一个都不会比另一个更加是“差别的概念”。如果一个人采用剩余价值概念,他肯定是从不同于“纯经济学家”的观点来分析利润现象的,但是他并不是试图解决一个实质不同的问题。

① “巨大”、“不良”、“x性质”等概念就下述意义讲是“差别的概念”,即它们的意思要同“微小”、“优良”、“非x性质”等概念暗中比较才能确定。

第五节　兰格、施勒辛格和罗宾逊夫人的批评

最后我们要谈到第三类的批评，这在今天是特别流行的。这一类批评否定了下面这种看法，就是，在古典、马克思或门格尔意义上的“价值学说”是必要的（不论是在马克思体系里或其他人的体系里）；它还集中全力表明：劳动价值学说，绝不像许多马克思主义者所主张的那样，是个不可缺少的工具，事实上这一学说是没有用处的，甚至是马克思体系的毒瘤。抱这种想法的大多数人承认，马克思主义经济学在阐释经济**发展**现象时远胜于“资产阶级”经济学，但这种优越性却被说成是与“过时了的”劳动价值学说全不相干，用兰格的话来说，这一学说实际上是造成“马克思主义经济学在许多方面蹩脚的原因”①。它的优越性倒是由于兰格所谓的“对制度上的（或社会学上的，如果你喜欢的话）资料的精确说明，这些制度上的资料成为资本主义社会里经济过程在其中演进的框框”。②

兰格的论点大体是这样的。他认为，马克思主义经济学的优越性只是片面的。有一些问题，是马克思主义经济学“完全无能为

---

①　O. 兰格：《马克思主义经济学与近代经济学说》（《经济研究评论》，1935 年 6 月号），第 196 页。从兰格近著《斯大林的最后作品与社会主义经济规律》（这篇文章译载《国际经济论文集》，1954 年第 4 期）一文来判断，他似已放弃他在 1935 年那篇文章中发表的看法。然而那篇文章仍然是曾经盛行一时的见解之最精彩的简短说明。

②　同上书，第 189 页。

力的”,而“资产阶级”经济学却能够“轻易的解决”。显然,这两个体系的相对优点属于不同的“范围”。他说,“马克思主义经济学能把资本主义社会的经济发展归结为前后一贯的理论,并由这一理论推断它的发展的必然性,而‘资产阶级’经济学家只不过对之进行历史的叙述罢了。另一方面,‘资产阶级’经济学能够把握资本主义经济中的日常生活现象,这要比马克思主义者所能做到的优越得多”。[①] 其次,“从两种经济学说能够推论出来的预测,系属于不同范围的期间”——马克思主义属于长期,而“资产阶级”经济学属于短期,这两种思想体系解释价值的不同,在于近代“资产阶级”经济学说“实质上是静态经济均衡理论,它分析固定的资料体系下的经济过程以及价格和生产数量随这些资料的变化而自行调节的机构”。那些心理的、技术的和制度的资料本身被看做是经济学说范围以外的东西。再其次,“这一学说所依据的制度上的资料并没有详细说明”。事实上,“就经济均衡理论只是关于稀少资源在各种不同用途间进行分配的理论来说,它根本不需要任何制度上的资料,因为需要考虑的一切,可以从罗宾逊的例子中推断出来”。另一方面,马克思主义经济学的特色就在于:把一定制度上的资料(“不占有任何生产资料的阶级的存在”)的详细说明,作为它的分析的基石;它“不仅提供了一种经济均衡理论,还提供了一种经济发展理论”。[②] 所以马克思主义经济学优越的真正原因,在于阐述和预测经济发展的过程。“马克思所以能够建立一种不同于单纯

① 兰格:《马克思主义经济学与近代经济学说》,第 191 页。

② 同上书,第 191—192 页。

历史叙述的经济发展学说，不是由于他所使用的特殊经济概念，而是由于他确切说明了资本主义社会里经济过程在其中演进的制度结构”①。

然而大多数正统的马克思主义者，照兰格的看法，“却认为他们在理解资本主义发展方面的优越性，是由于马克思研究时所使用的经济概念，这就是，由于他应用了劳动价值学说。他们认为，‘资产阶级’经济学所以不能说明资本主义发展的基本现象，就因为它放弃了古典的劳动价值论，而采取了边际效用说”。② 但是在这一点上，他们错了。因为劳动价值学说“只不过是静态的一般经济均衡理论”。实质上，它“同近代经济均衡理论一样，也是静态的，因为它只有在某些资料（即生产一宗商品所必需的一定数量劳动，这一数量决定于生产技术）的假定下，才能说明价格与生产的均衡”。①而且这一学说“也不比近代经济均衡理论要依据更加特殊的制度上的假定；它不仅适用于资本主义经济，也适用于实行自由竞争的任何交换经济”。③ 所以，劳动价值学说“不可能是马克思经济学在阐释资本主义发展现象方面优于‘资产阶级’经济学的原因”。④

当然，马克思主义者必须承认，兰格关于“‘资产阶级’经济学”比起“马克思主义经济学”来能够更好地把握资本主义经济中的日

① 兰格：《马克思主义经济学与近代经济学说》，第 194 页。

② 同上。

③ 同上书，第 194—195 页，又参阅 197—198 页。在资本主义经济中，正如兰格注意到的，这一学说“由于资本有机构成不同，自然要进行一些修正”。

④ 同上书，第 195 页。

常生活现象的意见，是含有一部分重要真理的[1]。“资产阶级”经济学家在写作货币、使用、租税等问题方面一般要比马克思主义经济学家更努力些、更聪明些，这一点是完全不错的。然而人们有时不明白，那些力图“为当前资本主义经济管理采取的合理措施提供科学基础”[2]的“资产阶级”经济学家，通常是不是从“资产阶级”经济学的一般理论——即兰格那么正确描述的“静态经济均衡理论”——获得不少的灵感呢？人们也不明白，这样是不是更有帮助些，就是，即使单单把握日常的短期现象，也从这样一种理论着手，它把详细说明“不占有任何生产资料的阶级的存在”作为分析的基石，而不从另外一种理论着手，它完全不提这个相当重要的“制度上的资料”。[3] 退一步讲，纵然我们同意兰格暗中否定的“制度上的资料”同这些短期现象的关联，难道否定它同分配问题的关联，也是那么轻而易举的吗？在我看来，这是真正的关键所在。兰格实际上主张，只要“制度上的资料”确切地详细说明了，就是没有劳动价值学说（或任何种价值学说），人们熟知的一些关于资本主义

① 然而在我看来，兰格关于马克思主义经济学不如“资产阶级”经济学所举的一些例证，是虚构的。举个例子，兰格问道：“马克思主义经济学关于垄断价格能讲些什么呢？”（第 191 页），马克思主义者对这个问题可以合理地回答，就垄断价格的一般规律说，它同“资产阶级”经济学一样，恰也能讲那么多（或那么少）。至于他的另一个问题：“马克思主义经济学对社会主义经济中生产资源之最合适的分配问题，能够有些什么贡献呢？”马克思主义者可以回答，它至少可以提供这样的认识，就是，这大概不会成为社会主义经济中的基本经济问题。兰格还直截了当地撇开马克思的危机学说，并且认为这一学说的“破产”，是因为劳动价值学说不能解释市场价格同均衡价格的背离问题（第 196 页）；这同样是人们所不能接受的。

② 兰格：《马克思主义经济学与近代经济学说》，第 191 页脚注。

③ 同上书，第 200 页。

发展的定理还是能够推论出来的。我想，这一主张至少在一定程度上是可以考虑的。兰格由此得出结论说："马克思主义经济学在分析资本主义方面所体现的优越性，并不是由于……劳动价值学说"。[①] 可是马克思对资本主义的分析，远不止兰格所说的有关资本主义发展的那些定理。要说它含有解剖资本主义的"静态"部分，还含有揭示资本主义"运动规律"的"动态"部分，那就难免引起人们的误解。对这个问题作静态与动态的严格区别，是和马克思的方法不相干的，正如同它和李嘉图的方法毫不相干一样。但是他确也包含有对一个正在发展中的社会的一般研究，在这种研究中，对那个社会的根本结构的考察，起着重大的作用。换句话说，这种研究包括资本主义各不同发展阶段所特有的生产与分配规律的叙述。一种分配论要能站得住的话，它必须根据某种的价值学说。那么，我们在选择一种适当的价值学说时，要以什么样的考虑作为指导呢？主要标准之一肯定是：它要能用作分配论的基础，这种分配论并不抽象掉"不占有任何生产资料的阶级的存在"这个重要事实。"资产阶级"分配论打算抽象掉的恰恰是这个事实，而以劳动价值学说为基础的马克思理论首先分析的也恰恰是这个事实。关于这个问题，兰格说，"剥削的事实不借助劳动价值学说也可以推论出来"[②]，这样的答复是不够的。假使资本主义所特有的生产关系确实决定了资本主义的分配形式，那么，依据这种生产关系着手考察分配问题，要比从一种抽象掉这种生产关系的理论着

① 兰格：《马克思主义经济学与近代经济学说》，第 201 页（重点是我加的）。

② 同上书，第 195 页，脚注 3。

手，结果似乎有用得多；后一理论先抽象掉生产关系，得出适用于任何种经济的广泛的一般原理，然后简单地把资本主义所特有的“制度上的资料”追加上去。

“大多数正统马克思主义者”认为马克思主义经济学的优越性在于应用劳动价值学说，这无疑是他们心中的主要考虑之一。但是，“‘资产阶级’经济学所以不能说明资本主义发展的基本现象，就因为它放弃了古典的劳动价值论，而采取了边际效用说”①，把这一点说成是马克思主义者（不论是不是“正统”的）的见解，是不正确的。讲得确切些，马克思主义者认为，边际效用说是研究经济现象的新方法的概括表现，它的实质是要抽象掉生产关系；正是由于这种新的研究方法，才使得“资产阶级”新经济学不能适当地说明资本主义分配以及整个资本主义制度发展的“基本现象”。另一方面，劳动价值论也是一种研究方法的概括表现，它强调生产关系在经济过程中的决定性作用，所以它认为抽象掉生产关系是极不妥当的；照马克思主义者的意见，马克思主义经济学在把握资本主义分配与发展的“基本现象”方面的相对成功，恰恰在于这一点。

近来鲁道夫·施勒辛格提出来一个变相的论点，它比兰格的论题更加诡辩，虽然没有那么广泛。施勒辛格认为，马克思主义创始人的论证受到“价格学说的一些假定的影响，这些假定在他们的时代是流行的，但是对于他们的论证本身来说是不必要的”。② 他像兰格一样也主张：《资本论》里所有真正有价值的和基本的原理，

① 重点是我加的。

② R. A. J. 施勒辛格：《马克思：他的时代和我们的时代》（伦敦 1950 年版），第 110 页。

不借助于劳动价值学说也可以推论出来。他说，马克思在写给库格曼的那封著名的书信里，“对价值学说的论述只不过是这样一个概念，即社会劳动是以商品交换为基础的社会各成员间的基本关系；《资本论》第一卷的基本原理可以从那一概念推论出来”。[①]同样，施勒辛格更明确地谈到“马克思关于资本主义发展趋势的根本原理时”，他说，这些原理是根据“几条相当稳妥的假定”，这就是：

“(1)社会劳动在各种工业间的分配，表示着以商品交换为基础的社会各成员间的基本关系。

“(2)人类劳动的种种生产物相互交换的比率(价格)，趋向于均衡的状态，这个均衡状态可以解说为各不同生产部门平均劳动生产率的函数(虽然它不一定是同比例的)。

“(3)竞争使得采用超过一般的生产设备的生产者获得额外收入，而威胁不能齐头并进的生产者陷于贫困。”

施勒辛格又继续说，以上第一个假定“符合于经济学这一学科的定义，并且得到这种考虑的支持，即技术和人类劳动生产率的变化，在考察历史趋势时，要比所谓钻石稀缺或艺术条件的变化，是更有希望得多的一个问题。它并不含有这样的假定，就是，这种基本关系是唯一影响价格的关系。第二个假定也不依赖于这个函数从经济与数学观点看来认为满意的演算方式；价格的长期趋势是受成本支配的，而劳动却是最重要的成本要素，除了这个为马歇尔和马

① 施勒辛格：《马克思：他的时代和我们的时代》，第119页。

克思同样承认的事实外，再也不需要假定什么了。"施勒辛格说，在上述假定下，"马克思关于资本主义发展趋势的根本原理"，就可"从基本的资料"推论出来。[①]

关于劳动价值学说在马克思体系里起着或应当起着怎样的实际作用问题，施勒辛格要比兰格明确得多。他辩解说，我们不应该单单因为下面一点就把创始人的论证当做不必要的而丢弃掉，即在我们的时代，一些非马克思主义者"能够认识到马克思预言的许多事实，并由此推断社会变革的必要性，虽然他们没有接受使这些事实得以预见到的马克思方法论。我认为，在这个方法论里重要的是，在所谓价值学说和它的动态分析中包含着经济学这门学科的定义"。[②] 施勒辛格在这里试图说明的论点，在另一处地方叙述得更好些。他说："如果对经济学下的定义是彼此为对方而劳动的人们之间的物质关系，那么，彼此为对方提供的劳动量，就是联系他们的基本经济事实，任何其他的经济事实必须从它推论出来"。[③] 换句话说，马克思劳动价值学说的"质"的方面（用斯维济的说法），是马克思方法论的实质，决不应该"当做不必要的而丢弃掉"——虽然马克思主义者应当停止使用"价值"这个术语来描述实际上只是经济学这门学科的定义。但是这个学说的"量"的方面，在施勒辛格看来，更靠不住。我们知道，马克思力图表明，"彼此为对方提供的劳动量"，实际上决定了所产商品的相对均衡价格——甚至资本主义制度下也是这样，这时商品明白地不再倾向

① 施勒辛格：《马克思：他的时代和我们的时代》，第 110—111 页。

② 同上书，第 110 页。

③ 同上书，第 106 页。

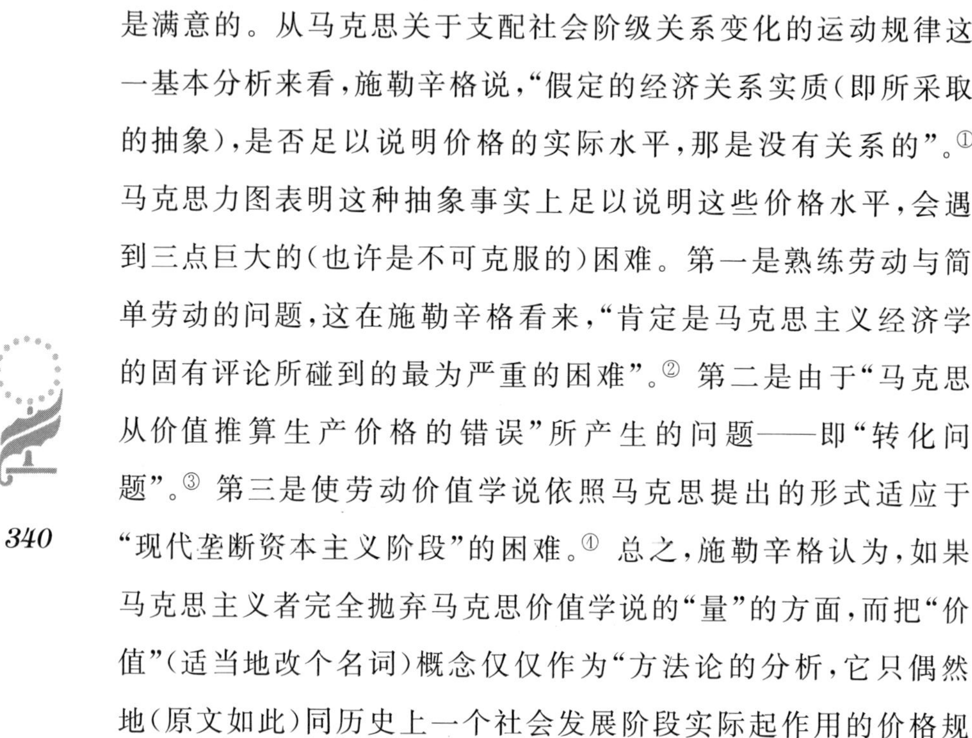

于“按照它们的价值”出卖了。马克思显然认为，能够阐明这一点是很重要的。然而照施勒辛格的看法，他犯了双重错误：一则他相信阐明这一点是必要的，再则他相信他个人对这一点的阐释是满意的。从马克思关于支配社会阶级关系变化的运动规律这一基本分析来看，施勒辛格说，“假定的经济关系实质（即所采取的抽象），是否足以说明价格的实际水平，那是没有关系的”。[1]马克思力图表明这种抽象事实上足以说明这些价格水平，会遇到三点巨大的（也许是不可克服的）困难。第一是熟练劳动与简单劳动的问题，这在施勒辛格看来，“肯定是马克思主义经济学的固有评论所碰到的最为严重的困难”。[2] 第二是由于“马克思从价值推算生产价格的错误”所产生的问题——即“转化问题”。[3] 第三是使劳动价值学说依照马克思提出的形式适应于“现代垄断资本主义阶段”的困难。[4] 总之，施勒辛格认为，如果马克思主义者完全抛弃马克思价值学说的“量”的方面，而把“价值”（适当地改个名词）概念仅仅作为“方法论的分析，它只偶然地（原文如此）同历史上一个社会发展阶段实际起作用的价格规律符合一致”[5]，这反而会更好些。

① 施勒辛格：《马克思：他的时代和我们的时代》，第 107 页。

② 同上书，第 129 页。施勒辛格认为，“要是没有人能够解决这个问题的话，我们没有别的办法，只有把马克思继续使用的（价值）这个术语作为一种抽象，即从小手工业者和个体农民（简单商品生产者及其相应的意识形态）那种散沙般的社会情形抽象出来的。”

③ 同上书，第 139 页。

④ 同上书，第 149 页。

⑤ 同上书，第 119 页。

这种论断虽然比起兰格的来要强有力些，却犯了同样的根本错误。假使马克思价值学说的“量”的方面被抛弃掉，那么马克思的分配论就只剩下社会学的骨架子了。有什么打算来弥补这个缺陷，如果有的话，应当从哪一方面进行打算呢？施勒辛格是用社会学家的眼光来看这个问题的，他大概不会承认有什么真正缺陷存在，因为《资本论》的“基本原理”——即他作为一个社会学家看来是基本的那些原理——能够轻易地从那个社会学的骨架子推论出来。兰格是从经济学家的角度来看这个问题的，他肯定承认缺陷的存在，而且实际上主张用“资产阶级”分配论来弥补它。根据我在本书其他章节叙述过的理由，我认为，他们对这个问题提出的两种答案，都是不能令人满意的。但是，如果施勒辛格的想法是正确的话，即不可能证明马克思心里想的“价格”与价格间那种数量关系的存在，那么，这整个问题显然要重新加以考虑。关于施勒辛格指出的头两点困难，熟练劳动与简单劳动问题和“转化问题”，我相信我已经充分说明这些困难并不像他所想的那么严重。可是第三点困难，即这一学说适应于垄断资本主义的问题，确实是比较严重的，虽然我不认为马克思理论有进行真正的根本改造的必要（我在后面将试图表明这一点）。

马克思为什么认为证明“价值”与价格间数量关系的存在是必要的？换句话说，“彼此为对方而劳动的人们之间的物质关系”最后决定了他们的劳动产品的相对价格，马克思为什么认为表明这一点是如此的重要？施勒辛格以为这是一个“逻辑错误”，他说，不能从“社会劳动（作为支配经济事件因素）的根本重要性”推论出：

“单由这个因素就一定能够推断价格”。[①] 但是，马克思肯定是从更具体的事物着手的，即比仅仅承认“社会劳动（作为支配经济事件的因素）的根本重要性”更具体的事物着手的。首先，他做了这样一个尚待验证的假设——即人们的生产关系最后决定了整个商品生产时期内的其他经济关系（包括他们的交换关系）；其次，他先假定（正如施勒辛格所说的），“社会劳动在各种工业间的分配，表示着以商品交换为基础的社会各成员间的基本关系”。那么，彼此为对方而劳动的人们之间的这一基本关系，又怎样决定交换关系呢？马克思回答说，它的决定作用是通过他们彼此为对方提供的劳动量，后者又直接或间接决定了包含有这种劳动的货物的交换比率。既然如此，价格能不能从“价值”推算的问题，就很难说是对马克思在《资本论》中的根本分析“没有关系”了。只要我们排除了这种可能性，即生产关系可以产生“超经济”的力量，使得价格同“价值”或“生产价格”的背离在数量上不确定，那么，价格能从“价

① 施勒辛格：《马克思：他的时代和我们的时代》，第 96—97 页。施勒辛格所谓“社会劳动（作为支配经济事件的因素）的根本重要性”这个词语，显然是他的书中同一页上（96）加引号的另外两个词语的复合语。就原文看来，好像这些词语是引自恩格斯的。实际上，它们是引自恩格斯对桑巴特论证所作的提要。桑巴特（据恩格斯说）讲道：“对于马克思，价值概念，在物质的决定性上，不外是劳动社会生产力是经济存在的基础这一个事实的经济表现；价值法则，在结局上支配着资本主义经济制度内的经济过程，而对于这种经济制度，一般有这个内容：商品的价值是特殊的和历史的形态，结局上支配一切经济过程的劳动生产力，就是在这个形态上当作决定的要素发生作用。”恩格斯评论道，不能说这种关于价值法则对资本主义生产形态有什么意义的想法是不对的，“在我看，那是过于空洞了，一个较严密确切的理解是可以有的。依我的见解，它决没有包括尽价值法则对于这个法则所支配的社会经济发展阶段的全部意义”（恩格斯：《〈资本论〉第三卷的增补与跋文》，见《资本论》第 3 卷，人民出版社 1958 年版，第 1169 页）。

值”推算出来的证明(“即使这种推算只不过是初步近似的”)[①],就是必要的,并且是验证马克思开始所依据的假设的重要部分。

施勒辛格批评的主要优点在于它特别注重价值问题的“质”的方面。罗宾逊夫人对劳动价值学说不断刻苦钻研的重要的和显著的特征(她的钻研很难说是系统的批评)[②],是她几乎完全抹杀了这一方面。她觉得马克思的价值定义只不过是一种“纯粹教条式的说法”[③]。劳动价值学说,“据马克思自己的论断,……是不能提供一个价格学说的”;他用价值概念来表示的一切重要思想,都能够撇开这个概念更好地表白出来;所以它不过起着“魔法”的作用,马克思企图用来(连同他对“压迫的敏锐观察和刻骨仇恨”的“砒霜”)杀害“资本主义的扬扬得意的辩护士”[④]。就交换比率学说来讲,我们从马克思所能得到的只是第三卷提出来的“‘十分普通的’生产成本理论”[⑤]。马克思要把他的价值学说(第一卷)同他的价格学说(第三卷)“调和一致”的企图,“纯粹是形式上的,而且反复玩弄平均数与总数的骗人手法”。[⑥] 所以在马克思的体系里,罗宾

① 施勒辛格:《马克思:他的时代和我们的时代》,第 119 页。

② 参看吉洪诺夫:《马克思价值学说问题》,第 171 页:“罗宾逊夫人的解释算不得是对马克思价值学说的尖锐批评。甚至我们不能不说她的解释有点太天真了。”

③ 《论马克思主义经济学》,第 12 页。

④ 同上书,第 17、20、22 页。又参看罗宾逊夫人在《经济季刊》1950 年 6 月号第 360 页中的一段说法:“价值学说,就狭义的相对价格学说来讲,并不是马克思体系的核心(虽然他和庞巴维克都认为是的),如果把价值从他的体系清除掉,它不会因此而损失什么重要的东西。”

⑤ 桑巴特。庞巴维克曾经引录,罗宾逊夫人在《经济季刊》1950 年 6 月号第 359 页也引录过。

⑥ 《经济季刊》,1950 年 6 月号,第 360 页。

逊夫人又告诉我们说,“价值是先行于价格的,因为剥削的事实隐藏在市场现象的后面”[①]。价值概念集中了“马克思思想的神秘部分,这就使它所具有的意义,远远超过它的可以解说的意义”[②]。无论在什么地方罗宾逊夫人都不曾认真考虑马克思所说的价值是社会关系这个定论到底是什么意思,或马克思的价值概念同唯物史观间究竟有什么关系。

然而,罗宾逊夫人在她写的《一个凯恩斯主义者致一个马克思主义者的一封公开信》中竟然说,她要比马克思主义者更加了解马克思,因为她的骨子里就有马克思,而马克思主义者只不过是口头上谈论马克思而已。她举了一个例子,说“她接受了这种思想,即不变资本是过去耗费的劳动力的体现”。对于马克思主义者,她辩解道:“这是必须用黑格尔的一大堆废话来证明的东西。然而我只是说(虽然我不用那种夸大的术语),‘当然——你想它还能是什么别的东西么?’”[③]在下面一段话里,她的论点阐明得更加清楚:

> “对于李嘉图,价值学说是研究社会总产品划分为工资、地租和利润(分别作为总量来看)的方法。这是个大问题。马歇尔把价值的意思变成为一个小问题:为什么一个鸡蛋要比一杯茶贵些?……凯恩斯又把这个问题倒转过来了。他开始是用李嘉图的术语来思考的,即考察总产量,那么为什么要担心一杯茶呢?当你考虑总产品时,相对价格被冲掉了——包

① 《经济季刊》,1950 年 6 月号,第 363 页。
② 《科学与社会》,1954 年 4 月号,第 145 页。
③ 《重读马克思的著作》,第 20 页。

括货币和劳动的相对价格。物价水平是要加入论证中去的，但是它的加入只是表明问题的错综复杂，而不是作为一个要点。如果你骑李嘉图的脚踏车有些经验的话，你用不着停下来思量一下，在那种情形下怎么办呢？你去做就是了。你把错综复杂的东西假定掉，一直到你解决了主要的问题。所以凯恩斯一开始就避免谈货币价格。马歇尔的一杯茶化为乌有了。但是，假使你不能使用货币，你采用什么价值单位呢？一个劳工的一小时劳动时间。它是最恰当最合理的价值尺度，这样，你自然要采用它了。你不需要证明什么，你去做就是了。

“你瞧，我们回到李嘉图的大问题上来了，我们用的是马克思的价值单位。那么你又抱怨什么呢？”①

如果最后一个问题的意思是指：“这在实质上同马克思搞的又有什么区别呢？”那么答案肯定是很明白的。首先，我们已经看到，马克思的价值概念不是为了提供一个恰当的计算单位，而是为阐述交换比率如何决定的理论提供一个基础，这当然是完全不同的一回事。其次，凯恩斯的确把小问题改回到大问题，但不曾将它改回到李嘉图的问题。正如罗宾逊夫人所说的，凯恩斯关心的是总产量的决定要素问题。他并不关心（至少不直接关心）“社会总产品划分为工资、地租和利润（分别作为总量来看）的问题”。在凯恩斯的问题中，“相对价格被冲掉了”，这是完全不错的。但在李嘉图的问题中，或在马克思的问题（它在这方面是李嘉图和凯恩斯的两种问

① 《重读马克思的著作》，第22—23页。

题的复合物[1])中，就不是这样，也不能合理地这样做。李嘉图和马克思在处理他们的问题时觉得，从阐述交换比率如何决定的理论开始是必要的。他们也觉得，他们的相对价格决定论在特性上不同于后来马歇尔用来解决一杯茶问题的理论，因为他们的问题是大问题而不是小问题。换句话说，他们认为，他们要能够解决分配问题的话，就得要传统意义的价值学说。看来罗宾逊夫人似乎不曾理解这一点，因而完全曲解了劳动价值学说在马克思体系里所起的作用，这无疑是马克思主义者“抱怨”的一点。

但是，正如亨利·丹尼斯所正确指出的：“罗宾逊夫人发展和改进她对劳动价值学说的批评的每一部作品，都给我们带来多种多样的新见识，这些新见识总是很有启发的”。[2] 不过她的作品的启发性由于这样的事实而有点削弱了，就是，她好像往往坚持诘难性的“常识”，来否定诸如“价值”和“剩余价值”等抽象概念，理由是，我们只应把握直接经验中的冷酷的、基本的事实。举个例子，马克思提出这种见解：价格可以有效地用价值来说明，“价值”是价格的基础并且最后决定了价格。罗宾逊夫人却争辩说，价值转化为价格的问题是虚构的，因为“要‘转化为价格’的价值，最初是由价格转化为价值求得的”[3]。又例如，马克思提出这种见解：利润可以有效地用“剩余价值”来说明，“剩余

① 然而，就马克思的问题说，个别商品（如同一个鸡蛋和一杯茶）的相对价格问题，同一大类商品（如同工资品、资本物，等等）的相对价格问题比较起来，显然是次要的。这是完全不错的。

② 《科学与社会》，1954 年春季号，第 160 页。

③ 《经济季刊》，1950 年 6 月号，第 362 页。

价值”是利润的基础并且最后决定了利润。罗宾逊夫人争辩说：“重要的是资本主义制度能为资产阶级取得的剩余总额；将这个总额除以雇用的劳动量求出剥削率，而不除以资本量求出利润率，这样做是没有价值的”。[①] 换句话说，照罗宾逊夫人的看法，价格同价值的背离，利润同剩余价值的背离，只有在我们一开始讲的价值和剩余价值是直接从经验体会到的价格和利润推算出来的，才有意义——这就是，只有当“推算”不过是同义语的反复时，才有意义。如果我们一开始讲的价值和剩余价值认为是用其他方法求得的，那么，照罗宾逊夫人的看法，我们简直跑到形而上学的领域了。[②] 于是《资本论》，就它并不含有同义语的反复来讲，自然对于罗宾逊夫人显得是一些互相矛盾的定理的堆积了，有些是正确的（即符合于市场现象的“常识”观点），另一些是不正确的或形而上学的（即不是那么符合一致），马克思却枉费心机地要把它们彼此“调和”起来。

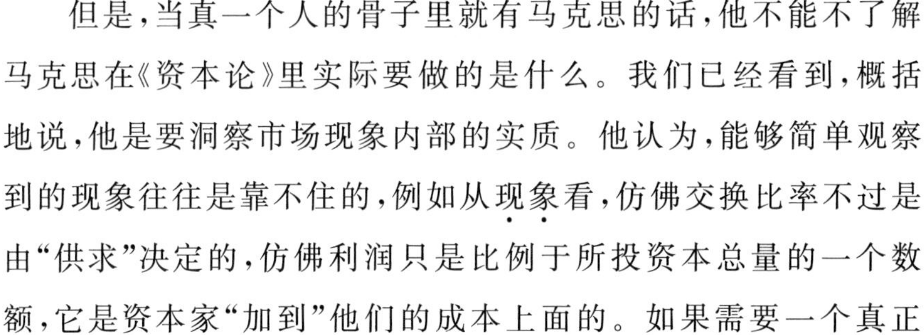

但是，当真一个人的骨子里就有马克思的话，他不能不了解马克思在《资本论》里实际要做的是什么。我们已经看到，概括地说，他是要洞察市场现象内部的实质。他认为，能够简单观察到的现象往往是靠不住的，例如从现象看，仿佛交换比率不过是由“供求”决定的，仿佛利润只是比例于所投资本总量的一个数额，它是资本家“加到”他们的成本上面的。如果需要一个真正

① 《论马克思主义经济学》，第 16 页。

② 类似罗宾逊夫人这里采取的同样论证，可以用来表明亚当·斯密的“自然价格”也是不存在的——只有市场价格才是“真实的”，因为只有这种价格才是我们直接体验到的。

意义上的价值和分配理论，那就不能满足于原来的事实和简单观察所提示的肤浅概括，而必须通过更深刻、更基本的原因所起的作用来说明这些事实，马克思的分析说不上是形而上学的，尽管他对黑格尔的表述方法的"卖弄"[①]，可能使它显得有些两样。他只是要确定市场中观察得到的现象的根本原因——这在"不存在有对于生产的任何有意识的社会调节"，及"合理的和自然必要的东西只表现为盲目动作的平均的东西"的条件下，肯定是相当合理的探讨。马克思说：

> "庸俗的经济学者以为他拿出事物外部表现有所不同的事实来傲然反对揭明事物内部联系，就算作出了伟大的发现。其实，他所引以自傲的，是向外表屈膝，是把外表当作实质。那么试问科学究竟有什么用呢？"[②]

我想，在评价罗宾逊夫人的下述建议时，上面这一类的考虑必须记在心里。她的建议是："要是经济学有什么发展希望的话，它必定是用学院式的方法来解决马克思提出的问题"[③]。现在，学院派经济学家把他们的注意力转移到资本主义危机和经济发展问题上来了。在我看，说经济学发展的希望在于用马克思的方法来解决学院派经济学家提出的问题，也许更妥当些。

① 《资本论》第 1 卷，人民出版社 1958 年版，第二版跋，第 17 页。

② 马克思致库格曼的信，见《马克思恩格斯文选》(两卷集)第 2 卷，外国文书籍出版局出版，1955 年，莫斯科，第 462 页。又参看《恩格斯论〈资本论〉》，英文版，第 127 页。

③ 《论马克思主义经济学》，第 95 页。

第六节　结束语

要对本章考察的批评家的著述作一提要是不容易的。他们的贡献的性质，他们开始研究所抱的观点，是如此的不同，所以乍看起来，他们似乎没有什么共同的地方。但是我觉得，提出两点作为一般评论，也许是有帮助的。

第一，大多数批评家主要感到烦恼的是，在马克思要首先分析的资本主义经济中，价格同他所说的“价值”并不完全符合一致。对庞巴维克和帕累托来说，这个“矛盾”是对整个马克思学说的绝对的致命伤，因为在他们看来，马克思的“解答”在逻辑上是不正确的。对伯恩斯坦来说，这个“矛盾”把马克思的价值概念归结为单纯的“抽象的影像”，它不能用作传统意义的“价值学说”的基础。对林赛和克罗齐来说，它意味着，劳动价值学说不能合理地解释为分析资本主义现实的一种科学工具，只能作为一种自然权利的理论，或作为比较两种社会的标准。对施勒辛格来说，它意味着，劳动价值学说的“量”的方面必须全部抛弃掉。对罗宾逊夫人来说，它把这个学说变成了神秘东西和形而上学。我认为这些结论是毫无根据的，现在毋须扼要重述我的理由。这里，我希望强调的只是，大多数批评家根本上真正搞错了的是马克思经济方法的性质。

第二，大多数批评家的论证直接地或暗含地提议，由于所谓的马克思不能提供一个科学理论而造成的缺陷，必须用这个或那个近代价值学说或价格学说弥补起来，如果需要弥补的话。就庞巴维克和帕累托说，这自然是主要的论题。对于伯恩斯坦，马克思学说和边际效用说同样是“纯粹抽象的东西”，如果要在两者间进行选择的话，也许应选取后者而不选取前者。对于林赛和克罗齐，一种“一般经济科学”，它从完全不同的原理推论出价值概念，看来应与马克思的考察同时并存。对于兰格和罗宾逊夫人，这种缺陷需用商品价格和原素价格的阐释来弥补，这些商品价格和原素价格是靠近代均衡理论的概念工具来表述的。所以，整个说来，撇开任何个别作家的主观动机不谈，我们考察过的那些批评必须这样看待：它们不仅是对经济现象的马克思主义分析的攻击，而且是对另一种分析的保卫，这种分析将生产关系抽象掉了。

还有一件事情应在本章结束以前提一下。我们谈到的这些作家，不仅是像上面区分的不同立场的典型代表人物，而且是代表这些立场的最适当的人物。如果要保卫劳动价值学说的话，显然要对付这些最成熟和最有才智的批评家的攻击。然而，我要是不对一些次要的批评家至少也略谈一点的话，那么，这将使读者对今天西方国家一般流行的对马克思批评的质量获得一种完全虚假的印象。

毫无疑问，对马克思批评的一般水平，不论是在学术界或其他方面，都是极其低下的。让我们拿新近加鲁亨特著的《共产主义理论与实际》这本书作为一个典型例子。这位作者一开始就接受了这个合理的假定：“不要这样来驳斥马克思主义，即把一些见解归咎于马克思主义最优秀的宣教者，而这些见解是他们不曾采取过的”。① 然后他恰恰就是这样做。我们可从他讨论劳动价值学说

① 见该书第 vi 页。

的七页当中选录下面一些说法：古典经济学家“接受了最初由洛克概括叙述的价值学说，洛克替私有财产进行辩护的理由是，一个人有权享有他通过自己的劳动赋予价值的那些东西，于是他们就把劳动作为价值的标准了”。李嘉图作了某些保留以后，提出一种价值学说，依据这一学说，商品的价值决定于生产这一商品所必需的相对劳动量；他还主张后来拉萨尔所谓的“工资铁则”，依据这一铁则，劳动本身的价值同样是决定于工人的生活费用。马克思和其他人抓住了这个学说，并根据它提出这样的意见：商品的全部价值，既然是由劳动创造的，就应该作为劳动的报酬。在《资本论》第一卷里，马克思肯定造成这种印象，就是，他企图把价值同价格联系起来；可是实际上他“从来没有打算建立这样的联系，因为他不相信价值能够同即使是古典经济学家的正常价格联系起来，更不用说市场价格了”。在马克思关于熟练劳动化为简单劳动的论述中，“还原系数”不曾提到，所以马克思的论断是循环论证。“社会必要劳动”是工人为自己劳动（即再生产以工资形式支付给他的那部分价值）的时间。照马克思的看法，只有劳动才有权享有据说是它创造的价值。当马克思碰到那个有名的“矛盾”时，“他当时不理会它，而留到以后处理”。现代马克思主义经济学家断言，平均利润同剩余价值的背离是“一个技术的、秘密的过程，马克思在提醒人们注意这个问题时，他进一步揭露了资本主义内部的矛盾，这些矛盾是他一直没有注意到的”。但是事实上，马克思的解释是“一种明显的强辩，因为这同他的只有劳动决定价值的前提是不相符合的”。最后，马克思“不得不承认，交换价值是受市场支配的，也就是受供求规律支配的，这就使得他单纯从劳动演绎出来的学说，

变成荒谬无稽的了”。[①] 根据我在上面已经充分说明的一些理由，我认为，这些说法包含有这么多片面的真理、肤浅的解释和事实的歪曲，所以马克思学说所描绘的情景变成为单纯的强辩了。我们应当记住，亨特的书绝非近年来出现的马克思主义通俗解说中最坏的一本。

我仅仅举这样一个比较愚昧无知的批评的例子，决不是因为手头找不到一打同样的例子。甚至到现在，我们偶尔还读到这样的话：马克思接受了马尔萨斯的人口论，他写作《资本论》第三卷是为了摆脱他在第一卷中所遭遇的困难。此外还有各色各样这一类的话题，例如，马克思经济学说是个“不科学的”、“形而上学的”结构，它建筑在“陈旧过时的李嘉图定理的浮沙上面”[②]。屡见不鲜的是，许多作家好像抱着这样的态度：在谈论马克思时，可以把学术标准降低到一定程度，而在谈论任何其他经济学家时，他们认为这样低的标准是十分不合理的。

当然，本书作者并不坚持马克思的价值学说在各方面都是尽善尽美的。姑且完全不谈第三卷没有经过它的著者的充分修订；马克思苦心完成价值学说的主要目的，在于分析商品生产发展的一定阶段——资本主义自由竞争阶段，要把这个学说应用到前资本主义、垄断资本主义和社会主义阶段，还有很多的工作要做。自然，马克思主义者总是担负着这样一个任务，即依据不断变化的具体情况来发展他们的学说。现有成打的重要问题尚待解决，但是

① 《共产主义理论与实际》，第 52—58 页。

② G. D. H. 柯尔：《马克思主义与无政府主义，1850—1890》，第 296 页。

解决这些问题的基本前提之一,是对马克思的原来学说有正确的理解。不幸的是,以上考察的各批评家的著作——尽管其中也有许多表现出真诚和智慧——实在距离这种理解太远了。

第七章　马克思劳动价值学说的再应用

第一节　“边际革命”及其后果

帕累托写道：“对马克思著作的批评已经完成了。它不仅见之于已经出版的关于这个问题的专门论著中，而且特别表现在政治经济学在价值学说方面所取得的进展。”[①]他相信——从庞巴维克起其他许多人也抱着同样的信念——对马克思价值学说的最好答复，是由新的价值学说做出的，这个学说的出现是十九世纪七十年代“边际革命”的直接或间接结果。

因此，我认为，在讨论马克思劳动价值学说的再应用问题以前，简单谈谈帕累托所说的“进展”，也许是有帮助的。如果这些新学说事实上是旧学说的改进，如果它们是更“科学的”并对经济现实给予更有用更有意义的解释，那就用不着为马克思学说的再应用问题费心思了。然而，要是在理解经济现实上的表面进展，实际是倒退的话，要是这些新学说的优越性只不过是技术的和形式的话，那么，重新考察一下那些过早丢弃了的比较陈旧

① 《马克思资本论选录》序，第 iii 页。

的工具，显然是经济学家的责任了。

每个学者都知道，所谓“边际革命”是杰文斯、门格尔和瓦尔拉在十九世纪七十年代初期发动起来的。但是，这里“革命”这个名词是错用了。一般气氛的变化是十分真实的，然而“革命论者”的主导思想决不是什么新奇东西，像他们有时喜欢吹嘘的那样。那些思想多半在1870年以前的年代，特别是在十九世纪二十年代和三十年代对李嘉图学说进行论战的时期，就已经提出来了——往往是以意外“先进”的形式提出的。更重要的是，一些作家如同约翰·斯图亚特·穆勒等，自以为是在广泛的李嘉图传统下写作的，他们的著作为后来的发展开辟了比“革命论者”自己认为的更广阔得多的道路。

在杰文斯[①]、马歇尔[②]、凯恩斯[③]和其他人的影响下，这样一种观念发展起来了，就是，李嘉图体系大体被约翰·斯图亚特·穆勒全部接受下来，据说后者的修改补充只涉及无关紧要的方面。但是，只有我们把价值学说看做无关紧要的，情形才会那样，因为穆勒断然否定了李嘉图的真实价值或绝对价值概念及其以这种概念为基础的学说，这是再确实不过的事情了。我们肯定不能把价值学说看做无关紧要的。我们已经看到，一个经济学家开始时所依据的特殊价值学说，几乎一定是他对所要分

① W. S. 杰文斯：《政治经济学理论》，第li页。

② A. 马歇尔：《经济学原理》，附录一。

③ J. M. 凯恩斯：《就业、利息和货币通论》，徐毓枬译，三联书店版，1957年，第33—34页。

析的现象或所要解决的问题行将采取的基本态度的一种快速表现。[①] 这对李嘉图和杰文斯来说是不错的，对穆勒来说也同样是不错的。穆勒在李嘉图的反对者方面所起的作用，实际上同五十年后马歇尔在穆勒的反对者方面所起的作用，极其相似。从经济思想发展的观点来看，穆勒体系的实际意义，在于事实上它在多大程度上吸取了李嘉图反对者的思想，从而为这些思想的随后发展铺平道路。

我们在考察穆勒的价值学说时，要记住这一点。首先，他在他的“价值学说提要”的第一条定理中坚持“价值是相对的名词”，从而暗含地承认了贝利对李嘉图绝对价值概念的批评的正确性。[②]其次，虽然他自己的价值学说不能适当地叫作供求论，但他有时提出这样的说法，即认为“供求规律”事实上（正如他在一处地方所说的）是“先于生产成本的价值规律，而且是更为基本的规律”[③]。就价值的效用说来讲，他除了比他的大多数“李嘉图派”前辈更加强

① 参看J.S.穆勒：《经济学原理》（人民版），第264—265页：“在一种社会里……那里的工业体系完全建立在买卖的基础上，……价值问题是个根本问题。关于这样组织的社会的经济利益的一切考虑，几乎都意味着某种价值学说：在这个问题上的极小错误，将对我们所有的其他结论产生相应的影响；我们的价值概念的任何模糊不清，也将在其他一切方面造成混乱和不定。”又参阅维塞尔：《自然价值》（1893年英文版，W.斯马特编），第xxx页：“一个人对价值的论断，归根结底，也必定是他对经济学的论断。价值是经济学中一切问题的实质。价值规律之对于政治经济学恰和引力定律之对于力学是一样的。迄今为止，凡是伟大的政治经济学体系，无不在它应用于实际生活的理论中对价值问题表述它自己的特殊见解作为主要基础。如果它不能用新的更加完善的价值学说来支持它的实际应用，那么，任何革新的努力都不能为之打下适当的基础。”

② J.S.穆勒：《经济学原理》，第290页；又参看第266—267页及278—279页。

③ 同上书，第345页。

调需要的作用外，不能说他对这一学说的发展有多么大的推动力量。他也明白拒绝了利润“决定于资本生产力”的学说。[①]。然而，如果说他在这一次攻击战中保卫了李嘉图的堡垒，他却在“生产成本”理论家的另一次攻击战中完全将这一堡垒放弃了。他在《经济学原理》一书里从接受传统的思想开始他的价值分析，这一传统思想是：商品的均衡价格倾向等于它的货币生产成本，包括平均利润在内。然后他进而从事他所谓的“生产成本的根本分析”。[②] 这几乎等于说，生产成本是由工资、利润和（偶然地）租税构成的。人们还可以说，“商品价值……主要决定于生产这些商品所必需的劳动量”——然而看来，只有在工资通常是货币成本的主要部分那样荒谬的严格意义上才是这样。[③] 这显然不是李嘉图的价值学说，而是对它的彻底否定。

有人曾经认为，穆勒的生产成本分析完全是用货币表示的，这个见解是不对的。穆勒体系中的货币成本是以实际成本为基础的。当然，在工资后面有着劳动的耗费，但是，在利润后面又是什么东西呢？穆勒回答说：

> “既然劳动者的工资是劳动的报酬，那么资本家的利润，据西尼尔的恰当说法，应当作为节欲的报酬。他获得这一报酬，是由于他节制资本用于自己的消费而把它投于生产活动

---

① 《论经济学中一些未决问题》（1844 年），第 90 页。又参看《经济学原理》，第 252 页。

② 穆勒：《经济学原理》，第 277 页以下。

③ 同上书，第 277—278 页；又参看第 291 页。

的用途。他对于这种节制要求一定的补偿。”[①]

显然，穆勒的相当含糊的“劳动—节欲”说同马歇尔提出的“实际成本”说之间的距离，不算太大。[②] 同样明显的是，把劳动（李嘉图总是将它看作纯粹客观的东西）和节欲（这必然要看作是主观的东西）等量齐观，必定加速这种日益增长的趋势（如果它并不就是这一趋势的一种表现的话），即从主观方面来理解经济范畴，而抽象掉生产关系。[③]

穆勒的著作为后来的发展铺平道路。它的另外两个特点也不妨简单地加以叙述。首先，他对生产和分配所作的著名区别自然认为是很有道理的。[④] 但是，他说“财富的生产规律和条件具有自然真理的特性”，而财富的分配“只是社会制度的问题”[⑤]，这种见解可能意味着（正如马克思所说的），“把分配看作与生产平行而独立自主的范围”[⑥]。我们已经看到，斯密、李嘉图与马克思倾向于把生产和分配看作同一经济过程的两个方面，在这个过程中，生产是居于支配地位的和具有决定性的要素。[⑦] 一旦联系生产和消费的纽带破裂了，那么，在这方面离开古典传统并抽象掉生产关系来着手考察分配的规律，就容易得多了。

① 穆勒：《经济学原理》，第 245 页。

② 参看 J. A. 熊彼特：《经济分析史》，第 604 页脚注 33：“虽然不十分正确也几乎可以这样说：穆勒（和凯恩斯）把李嘉图的劳动量说改变为马歇尔的‘实际成本’说了。”

③ 多布：《政治经济学与资本主义》，第 140—141 页。

④ 参看《穆勒自传》（1873 年），第 246—248 页。

⑤ 穆勒：《经济学原理》，第 123 页。

⑥ 马克思：《政治经济学批判》，人民出版社 1957 年版，第 153 页。

⑦ 同上书，第 156—157 页。

其次，穆勒还对静态和动态作了有名的区别[①]，对静止状态进行了分析[②]。就斯密和李嘉图说，静态分析和动态分析间的区别，看来也许是任意的和不必要的。举个例子，李嘉图关心的主要论题，是“一国财富的增长以及日益增多的产品赖以分配的规律”[③]；当他分析这个基本的动态问题时，静态部分是不可能从其他部分割裂开来的。要是记住穆勒的区别来读李嘉图的著作，那就会深深认识到，这种区别实际上决不能应用到李嘉图的分析。穆勒把“动态经济学”集中在他的书中特殊的一节，而使之与“静态经济学”形成尖锐的对照[④]，这无疑可用他对逻辑系统性的热爱来解释；但是论述动态的一节何以只占《经济学原理》十分之一的篇幅，就还需要作进一步的说明。我以为，穆勒偏向静态的根本原因，在于他相信先进国家不久就要走向静止状态[⑤]，在分析静止状态时，动态自然没有多大用处。到了那种状态，他认为，“现在一般政治家引以为幸的单纯生产和积累的增长”[⑥]，依据定义，就不再是人们关切的事情了，人们将能用全力来获取先进国家更迫切需要的一些东西——即“更好的分配”。[⑦] 当然，要是说穆勒这里是阐述一定数量稀少资源用于竞争性目的的分配问题（他的许多继承人

① 穆勒:《经济学原理》，第 421 页。

② 同上书，第 4 编，第 6 章。

③ 《李嘉图全集》，第 7 卷，第 24 页。

④ 穆勒:《经济学原理》，第 421 页。

⑤ 穆勒小心谨慎地不作任何具体的预言，可是他的论证的整个调子（特别参看第 452 页）意味着，他以为先进国家物质进展的终点不可能长期拖延下去。

⑥ 穆勒:《经济学原理》，第 453 页。

⑦ 同上书，第 454 页。

对这个问题是全力以赴的），未免太过分了。所谓“更好的分配”，他的意思显然是指收入的更好分配。但是看来很可能，他的一般分析大大有助于这个问题成为一个突出的问题。

从杰文斯的例子也许可以看出这一点。他好像是从一些相同的关于社会发展的前提开始的——除了他认为进一步发展的主要障碍在于英国煤藏的临近枯竭，而不在于收获渐减律。他在《煤炭问题》这本初期著作中写道：“废除谷物条例的重大措施，把我们从谷物推向煤炭了”[①]，这必定意味着，迟早“王国目前的进展情形将要告一段落”[②]。现在，像杰文斯那样“容易受到资源枯竭思想的惊吓和激动”[③]的人，很可能把基本经济问题看做是这些稀少资源的最好利用问题；并且，像杰文斯那样显著地具有“严重的个人主义”[④]和对工人运动怀抱恐惧[⑤]的人，自然不会看到，这个问题的适当解决牵扯到生产关系甚至财富与收入分配的根本变化问题。[⑥]

① W. S. 杰文斯：《煤炭问题》（1866 年第 2 版），第 173 页。

② 同上书，第 vi 页。

③ J. M. 凯恩斯：《威廉・斯坦雷・杰文斯，1835—1882》，见《英国统计学杂志》，第三部分，1936 年，第 522 页。

④ T. W. 哈其森：《经济学说评述》，第 46 页。

⑤ 我想，凡读过杰文斯著的《略论经济学和知识传播的重要性》（1866 年）一书的人，将不会对这个词语感到什么问题。杰文斯知道得很清楚：经济学方面的“错误的和实际有害的”（第 32 页）见解，正在下层阶级流行起来。所以一些有教导意义的著作是值得一读的，他提议宣扬这些著作，以防止精神败坏，特别是读华特利著的《货币问题简易读本》，这本书不仅内容是有趣的，而且也因为杰文斯自己是在其中熏陶出来的，并且极为赞赏。然而还应公平指出，杰文斯在他的《国家同劳工的关系》（1882 年）一书中表示的见解，要温和得多了。

⑥ 参看 W. S. 杰文斯：《煤炭问题》，第 xxv 页：“稍一思索就会明白，我们不应该认为是干涉物质财富的自由使用，这些物质财富是根据神意交付给我们随意处理的。但是我们的责任完全在于迅速有效地来使用它。”

杰文斯写道：

> “在我看来，经济学的问题不妨这样讲：——今设一定数量的人口，有着各种不同的需要和生产能力，占有一定的土地和物质资源，求解：如何运用他们的劳动，使生产物的效用成为最大量。”①

因此，杰文斯认为经济学主要应该研究的问题，是一定数量的资源在竞争性的用途上应当如何分配，从而使得一定数量的欲望（或需要）得到更好的满足。②

杰文斯自己并没有彻底解决这个问题，特别是，他的最合适的分配公式，简直不曾接触到企业家对资本物的需要的问题，但是他至少确实曾经设法勾画出这种新型分析的基本特征，这一分析方法，很快就发展成为对付“稀少资源”的新问题了。首先，他明白指出，这实质上是一个静态的、而不是一个动态的问题。③ 其次，他直截了当地认定，它是这样一个问题，在这里，边际分析法料想是有用的。第三，他指出，因为这个问题是满足一定数量的个人需要的问题，所以“经济学理论必须从一个正确的消费学说开始”④。

在我看来，这种新型分析在以后年代里之所以日益流行，至少部分地可用这个事实来说明，就是，它是要用来对付“稀少资源”的

① W. S. 杰文斯：《政治经济学理论》，第 267 页。

② 参看哈其森：《政治学说评述》，第 34—36 页，这里对促使杰文斯认为“纯经济问题就是最合适分配问题”的其他一些因素，作了饶有兴味的讨论。

③ W. S. 杰文斯《政治经济学理论》，第 vii 页及 93—94 页。

④ 同上书，第 40 页。又参看同一页上的这个说法：“人类需要是经济学的根本论题”。

基本问题,而这个问题实际上已经开始成为现实世界中的突出问题了。在十九世纪七十年代和八十年代,正如韦斯利·密契尔所指出的,“同时代的人们认为,总的讲来,增长率已经受到了抑制”[①];尽管有后来的复苏,但是总的情况显然还是不妙的,这使得许多经济学家开始假定(至少是暂时的):“没有更多的可能性来增加资源总量了”,所以要集中全力于“更有效地分配一定资源来增进经济福利的可能性”[②]。此外,就反对劳动价值学说的任务讲(这一任务随着马克思思想流传愈广而变得越来越紧急了),这种新型分析自然也被认为是特别有用的。

当然,价值的边际效用说,远不止是另一种说明价格比率的方法。它还表示另一种对经济现象的一般的分析。首先,它表明了全部经济学应该以考察“心理状态”为基础的思想。杰文斯写道:

> “经济规律的一般形式,就个人同国家来说是一样的;实际上,它是在许多许多个人中间发生作用的一个规律,这就产生了一国交易的总额”[③]。

他实际上主张,我们应当从个人与制成品间的心理关系而不应当从商品生产中人与人的社会关系开始分析。[④] 这又意味着,经济

① 韦斯利·C.密契尔:《经济学说类型讲义》(纽约1949年版)第2卷,第59页。

② H.梅因特:《福利经济学理论》(伦敦1948年版),第xii页。假如我的解释不错的话,那么,布哈林在《有闲阶级经济学说》一书里,把边际效用说叙述为新食利者阶级的意识形态,是错误的,而把它同资本主义发展的特定阶段联系起来则是正确的。

③ W.S.杰文斯:《政治经济学理论》,第15页。又参看J.S.穆勒:《逻辑体系》(1891年人民版),第573页。

④ 参看《政治经济学理论》,第43页:“效用虽然是物品的性质,却不是它固有的性质。效用最好说成是物品的一种情况,由它对人们需要的关系产生的。”

学的基本规律和分析方法要比通常设想的具有更高度的普遍性：它们事实上不仅足够对付一切形式交换经济都存在的最合适分配问题，而且也足够对付孤立的个人情形下的最合适分配问题。[①] 当然，这等于完全否定了古典学派的这种思想，即只有从所考察的一定经济形态所特有的生产关系出发，才能正确理解经济现象。然而普遍的意见是，这种新型分析方法，由于它的"科学"特性[②]，能够对古典经济学家涉及的一切主要经济问题，提供更满意得多的答案。

奥国学派的主要发展，就是在这个体系内进行的。这些发展的大部分（如果不是全部的话），都可在杰文斯本人的著作里找到（至少是萌芽的形式）。不错，杰文斯不曾搞出一整套东西，可以适当地称为分配的边际生产力说，而且他还打算从供给后面的某种独立的"实际成本"来考虑问题。但是，认为他的利息和工资学说实质上"同近代的边际生产力说符合一致"[③]的见解，是有一些道理的。他在《政治经济学理论》第二版的序里，已经把一种协调的分配的边际生产力说和概括的机会成本说的基础很清楚地描绘出来了。[④] 杰文斯一开头就交代清楚：虽然隐蔽在供给后面的"实际成本"往往可以说是价值决定过程中的"决定性情况"，但绝不能说

① W. S. 杰文斯：《政治经济学理论》，第 75 页及 222 页。

② 杰文斯所说的"用经济学这个单独的恰当的术语来代替政治经济学这个名称"，表现出这样一种信念，就是，这些新发展终于使政治经济学成为一门真正的科学了（《政治经济学理论》，第 xiv 页）。

③ W. S. 杰文斯：《政治经济学理论》，附录一（H. S. 杰文斯写的），第 279 页。无论如何，这一点肯定是不错的，就是，杰文斯的利息学说大体上是庞巴维克利息学说的先声。

④ 同上书，第 xlvi 页以下。

是那么直接的，它只是通过对边际效用的影响（经由供给）。这一见解在他那有名的表里扼要表述如下：

> “生产成本决定供给：
> 供给决定最后效用的程度：
> 最后效用的程度决定价值。”①

假使他有时间用他在第二版序里提出的思想来重新表述这一论点的话，毫无疑问，他将会更加接近奥国学派的分析，并同样地放弃“实际成本”的整个概念。

对后来采取这种新传统的许多作家来说，反驳马克思劳动价值学说的观点，好像是特别紧急的任务。譬如说，庞巴维克多少是有意对价值和剩余价值问题提供另一种答案，这是没有什么疑问的，因为马克思对这些问题的处理方法不大合乎口味。② 此外，维塞尔很清楚，在德国“近年来劳动价值学说获得广泛的发展”，许多社会主义者就是根据李嘉图体系来“对利息发动十字军的”；因而他觉得，正如同他自己所说的，“不得不讲些话来反对社会主义者”③。至于J. B. 克拉克的分配的边际生产力说，“基本事实”大概

① W. S. 杰文斯：《政治经济学理论》，第165页。

② 在这一点上，庞巴维克和熊彼特形成有趣的对照。两个人都认为马克思正确地提出一个特殊问题（就庞巴维克说是剩余价值问题，就熊彼特说是经济发展问题），他们都准备对马克思提出的问题，给予另一不同的答案。

③ 《自然价值》，第xxxi、xxix及64页。《自然价值》一书，就意图和实际说，在多大程度上是对马克思和洛贝尔图体系的继续挑战，还不曾有足够的批评。参看第2篇，第7章，关于“社会主义者的价值学说”；第3篇，第3章，关于社会主义者对“转嫁问题”的分析；第5篇，第8—10章，关于“劳动”成本说。我认为，值得注意的是，维塞尔对经济学的最重大最显著的贡献，转嫁的学说和“成本的规律”，是作为反对和代替李嘉图和马克思的学说而提出的，至少在这一著作中是如此。参看哈其森：《经济学说评述》，第157页，他讲到维塞尔“经常是专心”攻击劳动价值学说的。

是，正如他的儿子近来提醒我们的，“他的说法系因马克思而起，所以最好解释为对马克思剥削理论的一种实在的但是不够细致的驳斥”[①]。卡塞尔和帕累托关于马克思体系写了大量作品。毫无疑问，他们的许多主要论述也是“因马克思而起”。威克斯提德在“协调”分配的规律和攻击李嘉图的地租学说时，充分理解到这一点，即“在不同几何形式下各要素分配份额的图式，肯定会使人误解，它把社会的想象和愿望引入歧途，因而可能产生特别的危害”。[②]

英国作家在用新学说来攻击马克思的意图方面，远不及他们的大陆同行那样明显，其中道理是显而易见的。[③] 譬如对于马歇尔，那显然是极不重要的考虑。就价值学说来讲，他的主要目的在于纠正杰文斯和奥国学派某些过火的地方(特别是他们过分强调“需要方面”，并冲淡了或否定了实际成本的概念)。当他接受他认为是他们的学说中重要的真理部分时，他的主要目的在于强调这些经过修正的学说同古典经济学家的学说间的本质联系。马歇尔所主张的这种表面联系，是根据他对李嘉图价值学说的一种肤浅解释。马歇尔树立了近代对李嘉图进行“宽大”解释的榜样，他说，李嘉图的价值学说“虽然讲得模糊，……但作为成本、效用和价值

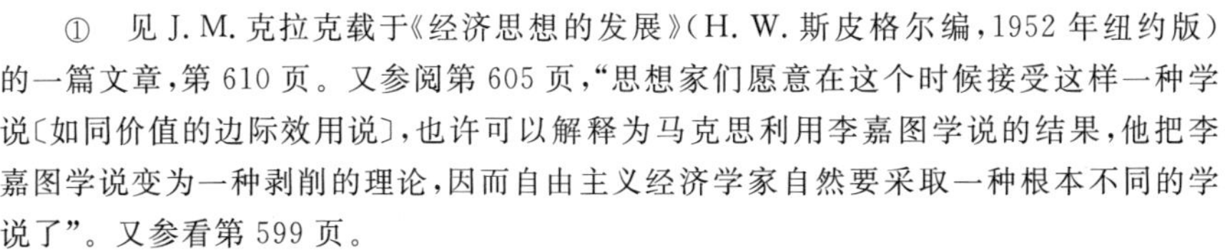

① 见J.M.克拉克载于《经济思想的发展》(H.W.斯皮格尔编，1952年纽约版)的一篇文章，第610页。又参阅第605页，“思想家们愿意在这个时候接受这样一种学说〔如同价值的边际效用说〕，也许可以解释为马克思利用李嘉图学说的结果，他把李嘉图学说变为一种剥削的理论，因而自由主义经济学家自然要采取一种根本不同的学说了”。又参看第599页。

② 《政治经济学常识》(L.罗宾斯编，伦敦1933年版)第2卷，第792页。

③ 但是路易斯·马勒特的例子表明，这种意图确实是没有的，特别是在科布登一帮人中间。参阅他的一篇文章《价值规律与自然增价学说》，载《自由交换》(B.马勒特编)，伦敦，1891年。

间关系的近代学说的先声，却要比杰文斯和其他一些批评家曾经承认的要多些"。[①] 然而事实上，马歇尔自己的价值学说不见得比杰文斯更接近于李嘉图的价值学说。不错，马歇尔说过，消费学说不是经济学的科学基础[②]；但是他著的《经济学原理》一书的理论阐述，实际上恰是从这样一种学说的轮廓开始的。[③] 他坚持成本的"实际"性质及其在价值决定过程中的重要作用，要比杰文斯强烈得多，他还特别攻击奥国学派认为用放弃的效用比用实际的牺牲能更好地说明成本的见解。这是不错的。[④] 但应强调指出，马歇尔分析所依据的"实际成本"要素，实质上是主观的，因此和李嘉图的大不相同[⑤]。而且，他的等待概念里包含有一些关系重大的暧昧地方，这使得他的成本分析要比他自己可能觉察到的更近乎奥国学派(至少在形式的意义上)。[⑥] 真的，我们马上就要看到，马歇尔的价值学说实际上要比杰文斯的价值学说离开李嘉图更远一些。这样讲是很有道理的。

从价值学说的后来发展来看，马歇尔《经济学原理》的最重要特征，可能是促进价值学说的一般均衡分析，以及牺牲内容而专门注意形式的做法，这在今天往往是与一般均衡分析相联系的。上

---

① 马歇尔：《经济学原理》(第八版)，第 xxxiii 页。

② 同上书，第 90 页。

③ 同样，虽然马歇尔总是坚持动态的重要性(在这方面，他的一些附带评论往往是很有价值的)，虽然他怀疑"静止状态"的模型，但是他自己的分析实质上仍然是静态的。

④ 《经济学原理》，第 527—528 页脚注。

⑤ 参看熊彼特：《经济分析史》，第 924 页脚注 10。

⑥ 参看多布：《政治经济学与资本主义》，第 143 页以下。

面所讲的促进，一部分是直接由于马歇尔的“数学注释 xxi”，和《原理》一书“不时着重”的“所有经济数量间一般互相依赖关系这个更广泛的概念”[①]；一部分是间接由于他坚持的下面一条原理（他说是古诺提出来的）：

> “我们必须要面对这种困难，即把一个经济问题的种种要素，不是看作一连串的因果关系，如同 A 决定 B，B 决定 C，等等，而是看作一切要素都是相互决定的。自然的运动是复杂的。自以为它是简单的，企图把它描述为一系列的基本定理，这就长期讲，是不会有什么收获的。”[②]

的确，自以为自然的运动（或社会上人们的活动）是简单的，或者，自以为每一事物可以说是决定于一切其他事物的讲法，没有什么大道理；那是不会有什么收获的。但是，除非认为有可能把一定情况下的某一特定因素隔离开来，并在一定的重要意义上把它当作一个“原因”或“决定因素”，否则就难以看出，一门科学怎么能够超越分类阶段而大大地向前进展。杰文斯的连续原因并不像马歇尔理解的那么十分荒谬。然而马歇尔的态度将会（事实上也确曾）

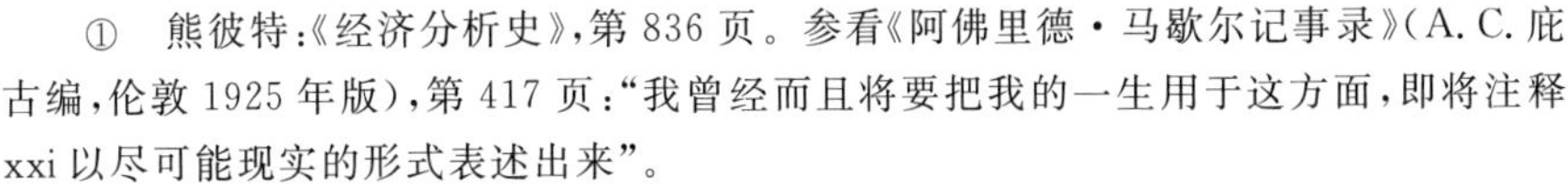

① 熊彼特：《经济分析史》，第 836 页。参看《阿佛里德·马歇尔记事录》（A. C. 庇古编，伦敦 1925 年版），第 417 页：“我曾经而且将要把我的一生用于这方面，即将注释 xxi 以尽可能现实的形式表述出来”。

② 马歇尔：《经济学原理》，第 ix—x 页。这一原理自然是马歇尔所说的他对杰文斯学说的表式论述的“最大反对意见”的基础。他说：“它没有把供给价格、需要价格和生产数量表述为互相决定的（要受到一些其他条件的制约），而是表述为一连串的一个决定另一个。这恰像一个盘子里互相靠着的 A、B、C 三个球，他不说这三个球的位置是在地心引力作用下互相决定的，却说，A 决定 B，B 决定 C。然而别人也可以同样公平合理地说，C 决定 B，B 决定 A。”（《经济学原理》，第 818 页）

促使经济学家们相信，在价值学说范围内，既不可能也无必要作任何因果分析的叙述。[①] 据说，古典经济学家和“边际革命”的领袖同样地误入了歧途——即进行虚伪的探讨。事实上，根本没有必要探索一个“独立的”决定常数。实际需要的只不过是：经济数量互相依赖的条件应当用数学上有解的形式来表述——大体上是用一个方程式体系的形式来表述，在这一体系里，未知数的数目与方程式的数目是相等的。显然，这一分析所包含的“有解性”的特殊思想和古典学派、马克思以及门格尔的价值学说所包含的思想根本不同。用这种方式来解决价值问题，只不过是在纯粹形式的意义上解决它——也就是，根本不去解决它。

一般认为瓦尔拉是这一类分析的创始人，对他来说，效用仍然是一个重要的因素——虽然它的作用看来对于他绝不像对于杰文斯和奥国学派那么重要。然而对于他的一些门徒，它的重要性就渐渐显得愈来愈小了。譬如说，帕累托已经注意到，“全部经济均衡理论并不依赖于（经济的）效用、使用价值或欧菲利米得（Ophelimity）的概念”。帕累托像他的大多数直接前辈一样，一开始是根据这些概念来建立经济均衡理论的。但是后来他得出结论说，没有这些概念也行，可以改为发扬“选择的学说，这使得全部经济均衡理论更加严密，更加明了”。[②] 效用渐渐地愈来愈受人怀疑了，一部分是因为快乐主义者的前提涉及到这个概念，一部分是因为在某种情况下它是不可衡量的，一部分无疑（在某些例证中）是

① 参看卡赛尔：《经济学的基本思想》，第93—96页。

② 帕累托：《政治经济学手册》（法文版，A.邦内特译，巴黎，1927年），第543页。又参看熊彼特：《经济分析史》，第918页。

因为,在某些人手里,它证明更容易用来支持平等主义的要求;这就超出效用的许多倡导者的预料之外。总之,效用开始被看作是不满意的和多余的概念了。它的地位越来越被偏好表的概念所代替,从而一切快乐主义者的前提都被排除掉了。就某些经济学家来说,后一概念最初似乎能发挥过去效用曾经起过的同样作用——即作为“独立”因素的作用,归根结底,它可以看做是决定价值的因素。然而今天,偏好表越来越被说成是单纯反映一个消费者在市场上实地被观察到的行为。人们普遍认为,对消费者的心理状态需要假定的只是,他的选择应当是一致的——这就是,在一定物价和收入情况下,他进行购买的选择是独特决定的。实际上,这意味着完全放弃对可以适当称为价值学说的探讨。李特尔讲道:“价格学说在需要方面可以十分合理地从需要曲线开始。人们的‘根本’资料应当是统计方面的,这一点再也不会被认为是可怕的见解了”。[1] 要建立一个方程式体系,其中方程式的数目恰等于未知数的数目,从而使得价格在形式上是“有解”的。帕累托、卡赛尔、费希尔和巴伦这些人把这个园地开辟得如此美好,因而这种分析获得了广泛的赞同,甚至大多数经济学家都不曾觉察到其中还缺少什么。近代经济学家,就像近代艺术家和诗人一样,似乎对这样一个世界一再感到怡然自得,在

> “……这个世界里,形式就是现实,
> 实体不过是阴影罢了。”

① I. M. D. 李特尔:《福利经济学批判》,第 52 页。

价值和分配学说朝着这一方向发展的事实，还不能成为我们悲叹的理由，因为没有道理反对人们从事可爱的美术活动。但是，他们往往十分庄严地提出这种新的分析作为古典学说的代替物，并且用来对那一学说打算解决的一些重要问题提供答案。的确，他们时常断言：新学说要比旧的更“科学”更精确些，更不局限于特殊的经济形式，所以它对这些问题要比“粗浅的”古典学说更能够提供有益的答案。于是古典学派分配论对地租、工资和利润进行“分别的”论述，就被广泛地认为是其“非科学”性质的证明。[①] 要是有人反对他们的学说，因为它完全用一样的根据来说明工资和地租的来源，仿佛不能作为实践的极有效的指导。那么，他们可能承认，它事实上是纯粹形式的，但仍坚持这是没有关系的，因为决没有东西会妨害一个经济学家依据道德或政治理由来区分这两种形式的收入，如果他愿意的话。瓦尔拉岂不是一个土地改革者么？我们在答复这一点时，实际上只能说：一向认为经济学说的一个主要任务是，对从事实际经济工作的人们提供一些参考意见，他们至少要把这些参考意见看作与他们不得不作出的决定有关系；倘使经济学说现在不把这作为它的一部分任务，那就很糟糕了。

我想，这里真正的要点是，从价值学说排除掉效用，并不意味着也放弃了效用学说带来的一些前提。效用的排除决不意味着回到古典学派所强调的生产关系。如要它意味着什么的话，那么它通常意味着从古典学派进一步的倒退了。福利经济学和所谓“社

---

① 参看熊彼特：《经济分析史》，第 934 页；J. F. 贝尔：《经济思想史》（纽约 1953 年版），第 424 页；G. J. 斯提格勒：《生产与分配学说》（纽约 1946 年版），第 1—3 页。

会主义经济学"在很大程度上仍然限制在旧前提的框框里，甚至凯恩斯也不免受这些旧前提的影响。概括地说，分配论仍然受到这种观念的压制，即凡通常认为是生产所必需的"要素"，都不能够获得（至少在没有垄断或没有发展的情形下）真正剩余性质的东西，作为它的一部分收入[①]——这一观念是效用分析的头一个果实。马克思的劳动价值学说并不是一根魔术棍子，只要将它摇动一下，就可以把"纯理论"的荒芜沙漠变成良田。但是我认为，它是指示方向的路标，如果人们要找到一条走出沙漠的道路，那就必须遵循这个路标前进。

第二节　社会主义制度下"价值规律"的作用

马克思在 1868 年 7 月写给库格曼的一封有名的书信里，把"按一定比例分配社会劳动的必要性"描述为一种"自然法则"，"绝不可能被社会生产的一定形式所消灭，所能改变的只是它的表现形式"。"在社会劳动的联系是表现于个人劳动产品的私人交换的社会制度下，这种按比例实行的劳动分配所由以表现的形式，也就是这些产品的交换价值"。这个精密说法的显而易见的含义是，在社会劳动的联系不是表现于个人劳动产品的私人交换的社会制度下，则按比例实行的劳动分配所由以表现的形式，也就不会是这些

① "人们不可能不劳而获"。近来哈罗德把这一点描述为"经济学中最基本的规律"（《走向动态经济学》，第 36 页）。

产品的交换价值。“价值”这个经济范畴，换言之，“价值法则”作用的形式问题，只是与马克思和恩格斯所说的“商品生产”相联系的。应当记住，“商品是多多少少互相分离的私人生产者的社会内所制造的生产品，就是说，首先是私人生产品。可是，只有在这些生产品不是为生产者本身消费而生产，而是为他人消费即是说为社会消费而生产之时，它们方才成为商品；它们通过交换，进入于社会的消费之中”。[①] 无疑地，马克思和恩格斯认为他们的“价值法则”是与商品生产制度有着独特的联系，它的作用是随着商品生产的发展而发生，随着商品生产的消灭而停止。

支持这一解释的参考材料是不少的。举个例子，恩格斯1884年9月在给考茨基的一封信里写道：“（你说，）在今天，价值是同商品生产相联系的，但是随着商品生产的消失，价值也要‘改变’，这就是，价值自身将会继续存在，只是它的形式将会发生变化。然而事实上，经济价值是商品生产所特有的范畴，它是随同商品生产而一齐消灭的（参阅《杜林》，第252—262页），正如同在商品生产以前它不曾存在一样。在商品生产以前，劳动同它的产品的关系并不表现为价值形式，在商品生产以后，也将不会表现为价值形式。”[②]这里考茨基涉及到《反杜林论》的几段，见论分配的一章，在那一章，恩格斯对这一点有详尽的发挥。他写道：

“商品生产绝不是社会生产的唯一形式。在古代印度的

① 恩格斯：《反杜林论》，人民出版社1957年版，第323页；又204页。又参看《资本论》第1卷，人民出版社1958年版，第15页。

② 《马克思恩格斯文集》（V. 亚德拉茨基编，莫斯科1935年版）第27卷，第406页。

公社里，在南斯拉夫人的家庭公社里，生产品是没有转为商品的。公社成员，直接为生产而结合成为社会，工作是按照习惯和需要来分配的，生产品（由于它们是直接供给消费的）也是如此。直接的社会生产以及直接的分配，不须任何商品的交换，因之也不需生产品之转为商品（至少在公社内部），同时也就不需生产品之转为**价值**。

“一旦社会占有生产资料，并以直接社会化的样式来把它们应用于生产之时，每一单独个人的劳动，无论其特殊的有用性是如何的不同，总是一开始就成为社会的劳动。在这场合上，为决定生产品中所包含的社会劳动量，就可以不必采取间接的道路；日常的经验直接地显示出它平均需要多少数量的社会劳动。社会可以简简单单地来计算：在一台蒸汽机中，在一百公升的最近所收获的小麦中，在一百平方米的一定质地的棉布中，包含着几多小时劳动。因为到那时，生产品里面所包含的劳动量，社会直接地绝对地知道，所以它绝不会想到还用相对的动摇的不充分的尺度（虽然以前无可奈何地采用着）来表现这些劳动量，就是说，还用第三种生产品来表现这些劳动量，而不用它们自然的适当的绝对的尺度——**时间**。……所以，在上述前提条件之下，社会就不需使其产品带上什么价值。一百平方米的布，在生产上，譬如说需要一千小时劳动，社会再不会把这一简单的事实用迂回的无意义的方法来表现，说这布具有一千劳动小时的**价值**。自然，就在这个场合上，社会也应当知道，某种消费品的生产需要多少劳动。它应当使自己的生产计划适合于生产资料，而劳动力亦特别地包

括于生产资料之中。各种消费品的有用效果(它们被相互计较并与它们的制造所必需的劳动量相比较)最后决定着这一计划。那时人可以非常简单地处置一切,而再不必求助于有名的'价值'。①

“价值的概念是最一般的,因之也是包含最广的、商品生产经济条件的表现。价值概念,不仅包含货币的萌芽,而且还包含一切比较发展的商品生产形式和商品交换形式的萌芽。……所以在生产品的价值形式中,已经包含着整个资本主义生产形式的萌芽、资本家与雇佣工人的对立的萌芽、产业后备军的萌芽、危机的萌芽。欲以规定'真正价值'的方法来消灭资本主义生产形式——这等于欲以选举'真正'教皇的方法,来消灭天主教;或是等于把那种最完全地表现生产者为自己生产品所奴役的经济范畴彻底实现,而欲以此来建立生产者最后支配自己生产品的那种社会。

“……'根据平等估价的原则,以劳动交换劳动'——这句话如果有意义的话,那么,它就是说,等量社会劳动的产品之可以相互交换。这一价值的规律,正是商品生产的基本规律,所以也就是商品生产最高形式——资本主义生产——的基本规律。它在近代社会内,以经济规律在私人生产者社会里所

① 这里有一脚注如下:“在制订生产计划时,上述有用效果和劳动花费的比较,正是应用于政治经济学中的价值概念在共产主义社会中所能余留的全部东西,这点我在1844年时已经说过了(《德法年鉴》)。可是,读者可以看到,这一见解的科学证明,只在《资本论》出版后,方才成为可能。”恩格斯这里指的是他著的《政治经济学批判大纲》中的一段,这一作品载《恩格斯论文书信集,1838—1845》(莫斯科1940年版),第301页。

能表现自己的那种唯一的方式，来表现自己，就是说，它正是作为那样的自然规律来表现自己，这一自然规律，是包含于事物和关系本身之中的，是不依靠于生产者的意志和愿望的，并且是盲目地行动着的。杜林先生把这一规律提升为他的经济公社的基本规律，而要求公社完全自觉地实施这个规律，这样他就是把现存社会的基本规律当作自己幻想社会的基本规律。"①

这无疑也是马克思的见解。这里，恩格斯为反对杜林而提出的论证，实质上和马克思在三十年前为反对蒲鲁东而提出的完全相同。马克思始终否认价值规律在商品生产消失后还会起作用。举个例子，亚道夫・瓦格讷在他著的一本书中显然认为，马克思的价值学说构成了"他的社会主义体系的基石"，马克思在读这本书所写的笔记中毫不含糊地指出，他对价值学说的考察，只限于资本主义关系，而与这一学说在社会主义社会的应用无关。②《哥达纲领批判》是他阐述社会主义社会特征的少数作品之一，在这本书里，他的意见表白得很清楚：

"在一个根据集体主义原则组织起来而以共同占有生产资料为基础的社会里，生产者并不交换自己的产品；消费在产品生产上面的劳动，在这里也同样很少表现为这些产品的价

① 恩格斯：《反杜林论》，人民出版社 1957 年版，第 326—330 页。

② 马克思：《资本论》第 1 卷，人民出版社 1958 年版，第 1011 及 1015 页。马克思这里的论证，特别是针对谢夫勒的思想。参看后者著的《社会主义的实质》(伦敦 1898 年英文版)，第 6 章，第 7 章及有关部分。

值，即很少表现为它们所具有的某种物质特性，因为这时和资本主义社会相反，个人劳动已不经迂回曲折的道路，而是直接地作为全部劳动的构成部分存在着。”①

虽然如此，还是经常有人企图证明，马克思事实上确曾抱有瓦格讷显然认为是马克思所抱有的一种见解。在这个问题上，通常从马克思著作摘录的一些引文可分为两类。首先是这样几段引文，那里马克思简单提到这种可能性，即在社会主义制度下，“生产者们比方说将会得到一种纸的凭证，凭此在社会的消费品储存中，取去一个与他们的劳动时间相符的数量”。② 这句话看来好像意味着，就等“价”交换说，这同决定资本主义商品交换的原则至少有着形式上的类似。然而在《哥达纲领批判》里，马克思对这一点作了最清楚不过的论述，他说明：(1)生产者取回的份额，要扣除一部分作为“公共基金”；(2)当社会从共产主义第一阶段(现在通常叫做“社会主义”)进到共产主义第二阶段(现在通常叫作“共产主义”的高级阶段)时，分配原则将是完全不同的；(3)即使在第一阶段，资本主义的原则，在“内容和形式”上，都将发生变化，因为“在变更了的环境下，除了自己的劳动之外，谁都没有其他的东西可以供给，另一方面，也因为除了个人的消费品之外，再没有其他的东西可以成为个人的财产”。③ 非常明显，这一切同“价值规律”是没有丝毫关

① 《哥达纲领批判》，见《马克思恩格斯文选》(两卷集)第 2 卷，外国文书籍出版社出版，1955 年，莫斯科，第 21 页。

② 《资本论》第 2 卷，人民出版社 1958 年版，第 436 页；又参看第 1 卷，第 62 页。

③ 《哥达纲领批判》，见《马克思恩格斯文选》(两卷集)第 2 卷，外国文书籍出版局出版，1955 年，莫斯科，第 21 页以下。

系的。其次是这样几段引文，那里马克思讨论了社会主义计划经济中“有用效果及劳动花费的比较”。举个例子，在讨论资本主义制度下供给、需要与价值关系的过程中，他在括号里说道：

> “（只有在生产受社会实际的预先决定的统治的地方，社会才会在被用来生产某种商品的社会劳动时间的范围，和这种商品所满足的社会需要的范围之间，创立联系。）”①

但是，引录这样一些说法来证明马克思认为价值规律在社会主义制度下将会“自动的产生”，肯定是不合理的。② 无论在什么地方，马克思都不曾谈论或暗示过，在社会主义制度下，交换比率要与物化劳动比率相等，就马克思说，“价值规律”是个盲目的、自发的规律，不以人们的意志为转移地发生作用，它决定商品生产而且仅只决定商品生产制度下的交换比率。他总是十分慎重地避免详谈社会主义制度下管理部门规定价格时应当遵守的原则。

只有一段话是真正语意双关的。在《资本论》第三卷将近结尾的地方，马克思引录了斯托赫的一段话，原话如下：

> “构成国民所得的各种可卖生产物，在政治经济学上，必须由两个不同的方法来考察：它们当作价值对于个人的关系；和它们当作财富对于国民的关系；因为一国的所得，不能和个的所得一样，依照它的价值来估计，但要依照它的效用，或依

① 《资本论》第3卷，人民出版社1958年版，第215页。

② 当然，除非像罗宾逊夫人那样（《论马克思主义经济学》，第23页），从刚才引录的这段说法中去掉括号，并将它与随后的一段话（这段话显然是指商品生产制度下价值规律的作用）并列起来看，否则那样的证明肯定是不合理的。

> 照它能够满足的需要来估计。”

马克思回答说：第一，“把一个在价值上面建立它的生产方式，进一步按照资本主义组织起来的国家，当作一个单纯为国民需要而劳动的总体来看，是一个错误的抽象”。第二，

> “在资本主义生产方式废止以后，但社会化的生产维持下去，价值决定就仍然在这个意义上有支配作用：劳动时间的调节和社会劳动在不同各类生产间的分配，最后，和这各个事项有关的簿记，会比以前任何时候变得重要。”①

这段话的意思，就其文意说，看来是十分清楚的。斯托赫认为一个国家不同于个人，它对商品的价值(即商品的以劳动表示的成本)是不注意的，而只关心它们的效用。马克思对这个意见的答复是：(1)不应认为一个资本主义国家对于价值是不注意的，(2)即使在资本主义废止以后，国家还是异常关心它所生产的财富的劳动成本。马克思这里想的，无疑是他和恩格斯共同抱有的一种见解，就是“有用效果及劳动花费的比较，正是应用于政治经济学中的价值概念在共产主义社会中所能余留的全部东西”。为了批判斯托赫，马克思特别强调这种比较的劳动花费方面。但这绝不意味着，在社会主义制度下，价格仍将或应当与“价值”相等。从原文文意来看很清楚，马克思这里使用“决定”这个字眼，大概是指“计算”或“估计”的意思，并不是指价值规律作为自发的和客观的社会力量的统治。

① 马克思：《资本论》第3卷，人民出版社1958年版，第1116页。

然而，马克思和恩格斯凡是谈到社会主义制度下价值和价值规律的消失时，他们心里想的显然是一个商品生产已经废除的社会主义社会。价值和价值规律是商品生产所特有的经济范畴；商品生产将由于社会主义的到来而消亡；所以价值和价值规律也将由于社会主义的到来而消失。对于马克思和恩格斯，社会主义与商品生产显然是互相排斥的两个术语，因为社会主义的根本目的，是要将“多多少少互相分离的私有生产者”现在占有的生产资料，转归整个社会所有。社会主义必定要摧毁商品生产的基础，从而结束价值规律的统治。恩格斯讲道：“一旦社会领有了生产资料，那么商品生产以及与之一起的生产品对于生产者的统治就将被消除”。①

马克思和恩格斯当然知道，社会主义革命可能在这种条件下发生，也就是，胜利的无产阶级夺取一切生产资料，在政治上或经济上，是不大可能的。举个例子，恩格斯在1894年写作的《法德农民问题》这篇文章里，谈到无产阶级对小农应当采取的政策如下：

> “当我们掌握国家政权的时候，我们根本不能设想我们会像我们不得不对大土地所有者采取办法那样，去用强力剥夺小农（不论有无报偿，都是一样）。我们对于小农的任务，首先是要把他们的私人生产和私人占有变为协作社的生产和占有，但不是使用强力手段，而是依靠示范和为这个目的提供社会帮助的办法。”②

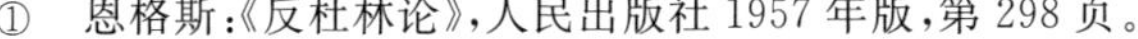

① 恩格斯：《反杜林论》，人民出版社1957年版，第298页。

② 《马克思恩格斯文选》（两卷集）第2卷，外国文书籍出版局出版，1955年，莫斯科，第434页。

在一个国家具有大量小农的情形下，胜利的无产阶级不可能夺取一切生产资料，可以想象得到，这个事实意味着“商品生产”(在马克思主义的专门意义上)在有限范围和相当长久时期内的延续，从而也就是价值规律的统治的延续。马克思和恩格斯看来不曾对这种可能性给予特别的注意——一部分无疑是因为，他们通常假定典型的社会主义革命将发生在相当发达的资本主义国家，这里是不会有真正严重的“农民问题”的，特别是因为，他们有意对资本主义与社会主义作极其一般的比较，而不过多地努力区分社会主义在不同国家和不同时期能以建立和发展的不同条件。他们主要关心的是，将资本主义同社会主义一般——即社会主义的实质——进行对比，而不是同这个或那个国家在这个或那个发展阶段的社会主义进行对比。但在俄国革命以后，由于一些明显的原因，“价值规律在苏维埃社会中的作用问题”，成了苏联国内热烈的和长期的争论问题。理论问题必然是同要对农民采取的实际政策问题分不开的。这个事实，不仅在说明苏联从1917年到现在整个时期对它的极端重视方面，而且在说明巨大的意见分歧和态度的转变方面，都有很大的价值。这种态度的转变标志着对这个问题的一些特殊观点的逐渐产生，现在这些观点已成为普遍接受的了。

布哈林在他著的《过渡时期的经济》(1920年出版)一书里写道：

> “理论经济学是一门以商品生产为基础的社会经济的科学，也就是一门关于无组织的社会经济的科学。……资本主

义商品经济消灭时,政治经济学也必定随着消灭。”[①]

苏联战时共产主义的经验必定大大有助于这个见解的发展。当然,它主要是根据一种传统的观念,就是,马克思经济学的许多主要范畴——商品、价值、利润、工资等等——是同“有组织的”社会主义经济没有关系的,在那里,有意识地计划经济生活代替了“无组织的”资本主义所特有的盲目市场规律的作用。当然,列宁在布哈林书中的一个旁批里所指出的完全对:布哈林对政治经济学提供的定义,表示“比恩格斯后退了一步”[②]。我们要记得,恩格斯把政治经济学(就他所说的“广义”来讲)定义为“这样一种科学,它研究人类各种社会中生产和交换所借以进行的那些条件和形式,以及与此相适应的生产品分配所借以进行的那些条件和形式”。[③]但是他紧接着又说,“这样的广义的政治经济学,尚有待于创造”,因为“直到现在,政治经济学所给与我们的,差不多完全限于研究资本主义生产方式的发生和发展”。[④] 直到 1920 年,恩格斯预示的更广义、更一般的政治经济学的发展,还不曾有实现的真正迹象。无论从哪点看,“政治经济学”依然是资本主义经济学。而且,当时苏联知识分子和政论家都抱有这样一种显著的自然愿望,即特别强调计划经济与非计划经济间区别的重要性。由于这种种原因,在 1920 年,布哈林的命题好像是十分合理的,从而能在苏联国

① 译自列宁关于布哈林《过渡时期的经济》一书的札记(莫斯科 1932 年第二版),第 6 页。

② 同上。

③ 恩格斯:《反杜林论》,人民出版社 1957 年版,第 153 页。

④ 同上书,第 151—152 页。

内外马克思主义经济学家中间获得广泛的赞同。人们常常说，在社会主义计划经济里，政治经济学不会存在了。它的地位可能被某种其他科学——“社会工程学”就是布哈林、普留布拉亨斯基和其他人使用过的名称之一[①]——所代替，但是不论它的名称是什么，这门新科学将不会是政治经济学。[②]

列宁在评论布哈林所谓“资本主义商品经济的消灭，也将是政治经济学的终结”这一说法时问道：$v_1+s_1=c_2$ 的比例关系，是否在纯粹共产主义下将不适用了呢？[③] 这个评论是相当恰当的，可是它提出了一个重要问题，这个问题在以后年代里以不同形式引起很大的争论。显然，在“纯粹共产主义”下，$v_1+s_1=c_2$ 的比例关系（至少是相应于扩大再生产的类似比例关系）将以极不同于“资本主义商品经济”的通常方式建立起来。在资本主义制度下，各不同经济数量间的种种比例，就其已经保持平衡来讲，是无意识地、自发地作为一种无数不同的决定和行动互相冲突的净结果而建立起来的。在这种情形下，说这种比例的建立，系不以人们意志为转移的客观“经济规律”发生作用的结果，是很有道理的。但在“纯粹共产主义”下，这种比例不妨认为是通过计划当局的自觉措施建立起来的，它们认识到经济的顺利发展要求保持这种比例，从而采取步骤促其实现。这样，如果某些“经济规律”，像列宁评论所暗示

① 参看亚当·考夫曼写的一篇文章：《“社会主义经济学”的产生》，载《苏联研究》，1953 年 1 月号，第 245 页以下。

② 参看 I. 拉皮都斯与 K. 奥斯特罗维季扬诺夫合著：《政治经济学大纲》(1929 年英文版)，第 4 页。

③ 列宁关于布哈林《过渡时期的经济》一书的札记，第 6 页。这个公式表示简单再生产条件下国民经济中两大部类保持平衡的基本条件。

的，在纯粹共产主义下仍将发生作用的话，那岂不要说，这些规律的性质——即它们的一般特性——将不同于现在资本主义制度下起作用的那些规律吗？

这个问题的某些方面在新经济政策时期进行了突出的讨论。这时苏联经济显然分为两部分——即在一定程度内以“计划原则”为特征的国营部分和在一定程度内以经济规律的作用（就传统的自发意义讲）为特征的私营部分。城乡——即大致为国有的工业和农民的农业——交换关系重新建立起来了。于是讨论中的根本问题之一，马上就变成了这样一个问题：国营经济在多大程度上要受市场规律的制约。换句话说，争论的主要问题是，在多大程度上，“价值规律”可以说是作为整体来看的苏联经济的主要调节者。在新经济政策初期，绝大多数作家显然“强调市场作为计划性与自发性的冲突中最高裁决者的优势作用”。到了后期，十分自然地，“计划与市场改变了它们的相对重要性；市场只是纠正计划的偏差而已”[①]。对这个问题的争论往往是很激烈的，像事实表明的那样，它是同两个问题密切相关：对农民采取的实际政策问题，和经济计划在性质上应是“创造性”的也是“结局性”的问题。[②] 在这个暴风雨的时期，对好像是高度学术性的问题的争论，如同对马克思的抽象劳动概念进行所谓“机械唯物主义”和“主观唯心主义”的解释问题[③]，具有重大的政治含义，参加讨论的人们通常都充分意识到这一点。从苏联过去十年中发生的争论回头来看这一时期，我

① 考夫曼：《“社会主义经济学”的产生》，载《苏联研究》，1953 年 1 月号，第 264 页。

② 同上书，第 266—268 页。

③ 同上书，第 254—256 页。

们可以看到，在这些争论中肯定要起重大作用的一些思想在当时已经出现了——主要是这样一些观念（这在前一段已经提到）：社会主义的“经济规律”在性质上是不同于资本主义的；“价值”范畴即使在充分发展的社会主义社会也可能以不同形式继续存在下去；在一些“私营”经济成分依然存在的制度下，社会主义国家“利用”价值规律来为它服务。

至于当时被广泛接受的一种观点，我们可以举拉皮都斯与奥斯特罗维季扬诺夫合著的《政治经济学大纲》（英译本于1929年出版）这本教科书作为例子。该书著者除了对马克思关于资本主义的传统分析（以及列宁的发展）作一提要外，还试图研究在当时的发展阶段下“苏联经济的规律”问题。他们写道：

> “苏联经济的特征是它处于从资本主义到社会主义的过渡时期。在这里，计划的特色与无政府状态的特色，社会主义成分与其他各色各样的经济形式（从原始的、简单的商品关系到私有的资本主义生产）结合在一起了。这种种因素向我们提出许多新的问题，如同：在多大程度上资本主义经济规律仍然在苏联经济中发生作用；在多大程度上这些规律为计划调节所代替了；苏联经济中计划的成分与无政府状态的成分间正在建立怎样的相互关系；它们的特殊重要性，它们的发展趋势等等。所有这些问题不仅具有重大的理论意义，而且也是同苏维埃国家当前实际政策的紧急问题有着不可分割的联系。”①

著者对这睦问题所抱态度的关键，在于他们叙述的价值规律在苏

① 拉皮都斯与奥斯特罗维季扬诺夫合著：《政治经济学大纲》，第4页。

联经济中起作用的形式。他们主张，在一切社会，生产与消费间的必要平衡总得要建立起来——即劳动在不同生产部门间的分配总得与社会需要符合一致。在资本主义社会，这种一致性（就其获得一致来说）是通过价值规律的自发作用达到的。另一方面，在共产主义社会，必要的“劳动比例”不是“由独立的商品生产者通过市场交换来盲目”调节的，“而是由整个社会的自觉意志”来调节的[①]。但是苏联经济在其现阶段的发展上基本是过渡性质的——“从整体来看，它已不是资本主义的，然而同时也不曾转变为完全的社会主义经济”。所以在目前，价值规律还继续发生作用，然而“它发生作用的形式与在资本主义制度下是不同的，因为它正处在消失的过程，处在向社会主义社会中起作用的‘劳动花费’规律的转化过程”。[②]

① 拉皮都斯与奥斯特罗维季扬诺夫合著：《政治经济学大纲》，第169页。

② 同上书，第169—170页。参阅471页这一论证的下述提要：“投入劳动的比例性的规律，是各个社会共有的规律，不论它的生产关系是怎样的。唯一的区别是，社会形态不同，它的作用也表现为不同的形式，在资本主义社会下，它是不以人们的意志和意识为转移的，通过价值规律起作用的。在共产主义社会里，它完全是通过人们的意志和意识而发生作用，并表现为主管部门的计划措施。我们在苏维埃社会里发现了什么呢？在苏维埃社会，同在其他任何社会一样，劳动花费规律是生产比例关系保持平衡的基础。但是价值规律究竟怎样和以什么形式来对苏维埃社会的生产比例关系起调节影响呢？根据苏维埃经济的过渡性质，两种形式的调节——价值规律的机构和计划领导——合而为一了，但主要原则是利用价值规律的计划管理。就计划原则的力量不断加强来说，价值规律直接转化为劳动花费的规律了。”又参阅前引书，第469—470页：“计划原则的前提，是人民群众、国家机关或个人对经济过程之有意识的领导，至少是有意识的影响。当然，这决不是说，领导经济过程的计划机关可以为所欲为。这种机关的行动还是限于某些动机和服从某些规律。但它不是这些规律的驯服工具；相反的，规律是通过它的意志和意识行为而起作用的。另一方面，无政府状态的前提，是经由盲目的价值规律来对生产比例关系进行调节，而不顾、有时候甚至不管人们的意志和自觉要求。”

那么，著者认为小商品生产者、资本主义企业和社会主义国家企业间的联系的确切性质究竟是怎样的呢？私人企业同国家企业的相互联系是通过市场。然而著者又强调说：

> “尽管通过市场而互相联系的国家企业和私人企业具有相对的独立性，但它们仍然不能当做绝对平等的商品所有者，像资本主义社会的两个资本家一样。……总的来看，苏联经济的基本的显著的特征，是国家工业的主导作用，它在国民经济中的优势地位，这同无产阶级在政治领域中的优势地位是一致的。”[①]

为了说明“国家工业的主导作用”，著者举了许多关于“国家企业可能影响私人企业的最主要部分（即小农生产）”的例子。[②] 但是“苏维埃国家对盲目的市场力量所进行的斗争”，是不应低估的。著者讲道：“在苏维埃社会中，计划部分并非机械地限制和排斥无意识调节的规律。……苏维埃国家是依靠盲目的市场规律的作用和迫使它依据国家希望的方向所发生的作用，来对市场关系施加影响的。”[③]举例来说，如果国家希望扩大亚麻耕种面积，这在目前情况下，“只有通过提高亚麻价格从而使亚麻生产更为有利的方法”，才能够做到。[④] 这种措施，著者承认：

> “不等于价值规律的消灭，而只是国家对那一规律的合理

① 拉皮都斯与奥斯特罗维季扬诺夫合著：《政治经济学大纲》，第 172 页。

② 同上。

③ 同上书，第 175 页。

④ 同上。

运用。

“因此，苏维埃国家的慎重的计划调节，等于考虑到价值规律，利用它来为社会谋福利，把它的作用引导到加强和发展社会主义经济成分的方向。”①

就国家企业间的交换说，这里通常只有“买卖的表面形式”，隐蔽在这种形式下的生产关系与隐蔽在价值下的不同，因为国家企业不是“独立的所有者”。但是，国家企业间进行交换的商品的相对价格，是不能任意规定的，因为“这里市场的影响显然还是感觉得到，虽然是间接地”。举例来说：

“机车价格主要决定于工人的工资，而工资的水平（尽管有周密的调节），却是决定于基本必需品的价格，市场的无政府状态对这些必需品起着巨大的影响。在决定机车价格时，也必须考虑到，这种价格对卖给农民的商品的运费的反作用，从而对这些商品的价格等等的反作用。”

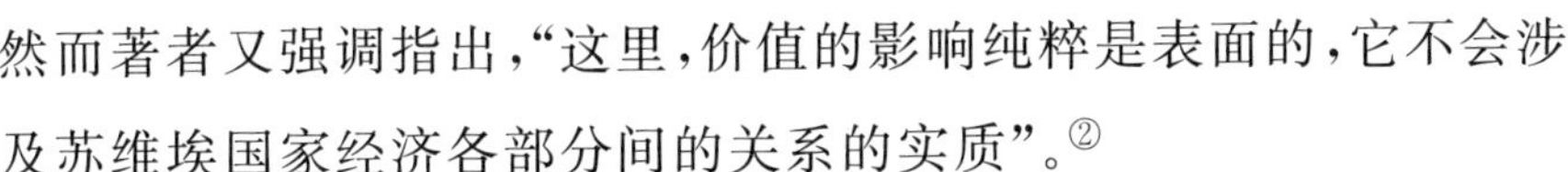

然而著者又强调指出，“这里，价值的影响纯粹是表面的，它不会涉及苏维埃国家经济各部分间的关系的实质”。②

第一个五年计划的实施，集体化的运动及为保卫这些方针而反对“结局论者”和其他人的必要性，使得空气不利于这种思想——关于苏维埃经济中“价值规律的作用”——的进一步发展。1936 年正式宣布社会主义组织形式终于在苏联建成以后，主要着重点转到社会主义经济中（这里“计划原则”肯定是占支配地位的）

① 拉皮都斯与奥斯特罗维季扬诺夫合著：《政治经济学大纲》，第 176 页。

② 同上书，第 176—177 页。

可以观察得到的规律性的研究。[①] 在苏联那种经济中，计划工作人员的措施一定要受到哪些限制（不论是由于“价值规律的作用”或其他的事物）的问题，再也听不到了。

1943年苏联一种杂志刊载了一篇没有署名的重要文章，题为《关于政治经济学教学的一些问题》[②]。这篇文章力图表明资本主义经济“规律”与社会主义经济“规律”在性质上的根本区别，它显示出苏联在以后将近十年的时期中公开讨论的主要方向。依据恩格斯的“广义”政治经济学，文章作者说，“政治经济学是关于人们的社会生产关系也就是经济关系的发展的科学。它阐明人类社会各个不同发展阶段上支配必需消费品——个人的与生产的——的生产和分配的规律”。[③] 那么，在资本主义发展阶段发生作用的经济“规律”和在社会主义阶段发生作用的经济“规律”究竟有什么根本区别，如果有的话？文章指出：

“不论哪种形式的社会，都是依据以客观必然性为基础的一定规律而发展的，这是一个基本的事实。这种客观必然性在不同社会形态下有不同的表现形式。在资本主义制度下，

① 参看J.米勒尔的一篇文章，载《苏联研究》，1953年4月号，第412页以下。

② 这篇文章载于《在马克思主义旗帜下》，1943年，第7—8期。本书下面的引文录自《美国经济评论》1944年9月号发表的英译文第501页以下。这篇文章在苏联国外特别是在美国曾引起大量的讨论。参看《美国经济评论》第34卷及第35卷（1944年和1945年）内的许多文章。

③ 《美国经济评论》，1944年9月号，第504页。这个定义同后来政治经济学正式教科书（莫斯科1954年版）所采取的（中译本第6页）大致相同。参看斯大林在他所著《苏联社会主义经济问题》一书中对后一定义的有趣讨论（中译本人民出版社1958年版，第53—55页）。

> 客观必然性是作为一个自发的经济规律而发生作用的，它表现于无数的波动、深重的灾难、巨大的变动和生产力的瓦解。在社会主义生产方式的条件下，客观必然性的作用就完全不同了。它是作为一个经济规律而发生作用，这个规律则是以一定社会的全部国内外情况及其发展的全部历史前提条件为转移的；而这种客观必然性又是人们知道的，并通过人们的意识和意志起作用的。社会主义社会的创造者、社会的指导力量和领导力量——即苏维埃国家和共产党——就是这些人们的代表，它们指导着劳动群众的一切活动。
>
> “因此，社会主义经济规律是来自社会主义社会物质生活的实际条件及其发展的全部国内外条件。但是这些规律不是自发地实现，也不是自动地实现，而是作为被认识了的规律发生作用的，由社会主义国家有意识地应用于或利用于社会主义建设的实践。”①

我们已经看到，这种区别是二十年代争论者们十分熟悉的。作者由此得出结论说，社会主义经济规律“在性质上、内容上和作用方式上根本不同于资本主义经济规律”②。这一见解贯穿在这篇文章的所有其他部分。作者把工业化和农业集体化描述为“我们国家社会主义发展的规律”（工业化和集体化被“我们党和工人阶级适时地认为”是“经济的必然性”③），并进而讨论社会主义制度下

① 《美国经济评论》，1944年9月号，第514页。

② 同上书，第518页。

③ 同上书，第517页。正如J.米勒尔所说的（前引《苏联研究》，第419页）：“从经济必然性到规律这一步是不需要任何论证的”。

“价值规律”的作用问题。他们说：

> “认为价值规律在社会主义国民经济中被废除了，这是没有根据的。相反，它在社会主义制度下还起作用，只是在改造过的形式下发生作用。在资本主义制度下，价值规律是自发的市场规律，它不可避免地要同生产力的破坏、危机、生产的无政府状态联系在一起。而在社会主义经济中，它是在国民经济计划管理的条件下，在经济的无危机发展的条件下，由苏维埃国家有意识地加以利用的规律。”①

这一结论所依据的基本论证绝不是很清楚的。据说，在社会主义制度下，“社会生活的指导原则是依据提供的劳动的质量和数量进行分配。这意味着，劳动仍然是经济生活的尺度。从这点推论，在社会主义制度下，价值规律自然没有被废除，而是继续存在着，虽然它是在不同的条件下和不同的环境下起作用；当与资本主义比较时，它显示出最根本的区别”。② 从这一论证及其以下的论证可以推断，照作者的意见，苏维埃国家在“按劳分配”它的社会总产品时，是在“利用价值规律”。我们还知道，这种分配要求不同质量的劳动的比较，而这种比较只有间接地“通过劳动产品或商品的核算

① 《美国经济评论》，1944 年 9 月号，第 525 页。作者说，价值规律在社会主义制度下已被废除的观点，在以往的年代是“广泛流行的”。他们又写道：“在以往的教学实践中，课程和教科书普遍存在着一种十分错误的观点，即从社会主义革命第一天起，资本主义经济学中的一切规律和范畴都失去效力，不再起作用了。显然，这个问题要复杂得多。特别是，在我们的讲授和教科书的文献中扎下根的不正确观点是，在社会主义经济学中没有价值规律存在的余地”(第 519 页)。

② 《美国经济评论》，1944 年 9 月号，第 521 页。

与对比”才能够进行[①]。当苏维埃国家“根据商品的社会必要生产费用规定它们的价格并以此作为它的目标时”,它也是在“利用价值规律”[②],尽管这些价格定得“同它们的价值有一些偏离,这是由于适应苏维埃国家的特定目的,适应在现有生产规模下各种商品能以销售的数量以及社会的需要”。[③] 还有,“成本核算”也是根据对价值规律的有意识的运用[④]。“在苏维埃经济里,有……两个市场和两种价格”[⑤],“苏维埃国家掌握的有组织市场与没有管理的市场的自发势力之间进行着斗争”[⑥],这个事实在文章中只是提到了,但没有予以强调。人们肯定会觉得,照作者的意见,在社会主义制度下,“价值规律”(在他们使用这个词语的那种不确定的意义上)的作用全然不依赖于或至少不直接依赖于“两个市场”的同时并存。作者坚持说:只有从按劳分配可能过渡到按需分配的时候,“价值规律”的统治才会消灭。[⑦] 无疑地,这个论证包含有这样的思想,即苏维埃国家在分配和定价的行动方面,是承认某种“客观必然性”的,它可以用“改造过的价值规律”的作用来很好地说明。但是这一论证的逻辑性是靠不住的。用“商品”这个名词来描述社

① 《美国经济评论》,第 522 页。

② 同上书,第 523 页。

③ 同上书,第 523—524 页。

④ 同上书,第 524 页。

⑤ 同上书,第 523 页。

⑥ 同上书,第 524 页。作者在这里又补充说:“苏维埃国家要做市场的完全的主人,完全能够规定市场价格,它就得掌握大量的商品和各种物品的大量储备。”可是这一点没有继续谈下去。

⑦ 同上书,第 526—527 页。

会主义制度下的劳动产品，是武断的和矛盾的。[①] 这一论证的主旨整个来说是极其模糊的。

不难想象这样一种情况，它可能使1943年这篇文章的命题成为政治上的危险论点。作者坚持社会主义经济规律不同于资本主义经济规律，它是“通过人们的意识和意志起作用的”，等等，这正如我们已经看到的，使得作者把工业化、集体化甚至计划本身[②]这一类东西都归结为社会主义发展的“规律”了。这确实很近乎把社会主义“经济规律”和政府的经济政策实际上混为一谈。在1943年这篇文章发表以后的年代里，一些经济学家和政府学家事实上多少是公然这样混为一谈的。1948年瓦茨尼辛斯基写道：“国家计划具有经济发展规律的力量，因为它是依据组成国家的全体苏维埃人民的权力与实践制定的。……以合理利用或应用生产和分配的经济规律为基础的社会主义计划本身，就是社会发展的规律，从而成为政治经济学的一个主题”。[③] 这种见解显然是过度乐观时期的产物，在这一时期，正如斯大林后来所指出的，有人“以为，

① 我们已经看到，照马克思的说法，“价值规律”是同商品生产不可分割地联系在一起的。因而文章的作者在论述“价值规律”（在改造过的形式下）仍然在苏联起作用时，也许感到不得不把劳动产品也说成是商品。可是在讨论价值规律这一节的结尾，他们说：“劳动力、土地以及最重要的生产资料（工厂设备、工厂、机器拖拉机站、国营农场等），在社会主义社会就不再是商品了”（第527页）。那么，价值规律岂非不适用于生产资料了吗？在刚才引证的这个说法的下面几句话暗示，照作者的意见，它还是同样适用的。不过他们又明白地说，最重要的生产资料不是商品，这就削弱了前一节的主要论证。参阅米勒尔，前引《苏联研究》，第421页。

② “对于社会主义，经济的计划管理不是一个志愿的或任性的问题，而是一种客观经济必然性”（《美国经济评论》，1944年9月号，第518页）。

③ N.瓦茨尼辛斯基：《卫国战争时期苏联的战时经济》（1948年莫斯科英文版），第115、120页。

苏维埃政权是‘无所不能’的，是‘什么都不费力’的，它能消灭科学法则，能制定新的法则”。[①] 然而这是一种危险的见解，因为这将鼓励人们采取这样的经济政策，这种政策太不注重客观现实所规定的界限。也有一些证据表明，这种见解在苏联战后建设和发展的初期，事实上是同鼓吹“冒险主义”的政策（特别在农业方面）分不开的。[②]

1943 年这篇文章的作者实际上是追求两个多少有些不同的目的。首先，他们是在攻击过去十年中显然相当流行的一种学说，即“在无产阶级专政的条件下，人们能够撇开决定经济发展水平的全部条件，随意创造经济发展的规律，而不必考虑经济的因素和物质的必要条件”。[③] 1943 年这篇文章指出（虽然没有十分强调）：即使社会主义国家认识到的“必然性”是通过而不是独立于人们的意志和意识发生作用，它对于人们的意志和意识来说仍然是客观的必然性。[④] 其次，作者要从理论上表明这一点：苏维埃经济现在基本上是计划经济，在苏联，国家直接地和有意

① 《苏联社会主义经济问题》（以下简称《经济问题》），人民出版社 1958 年版，第 7 页。

② 参看我写的一篇文章：《作为一个经济学家的斯大林》，《经济研究评论》第 21 卷（3），1953—1954 年，第 234—235 页。

③ K. 奥斯特罗维季扬诺夫在《布尔什维克》杂志第 23—24 期（1944 年 12 月）发表的一篇文章。引文录自这篇文章的英译文，见《科学与社会》，1945 年夏季号，第 234 页。

④ 参看《美国经济评论》，1944 年 9 月号，第 514 页：“要否定社会主义制度下经济规律的存在，等于陷入最庸俗的‘意志中心论’，这一理论可以撮要如下：任意、偶然和混乱代替了有秩序的发展过程。自然，依据这样的观点，则判断一种学说或另一种学说、一种实践或另一种实践将失去任何标准，我们的社会发展现象与既有规律间的一致性，也将无从理解了”。

识地促使经济依预定方向发展的力量，纵然不是无限的，也要比在资本主义国家里大得多。然而我们已经看到，不幸的是，他们为了表明这一点所提出的一些理论概念，要是推演到他们的逻辑结论的话，将会鼓舞“意志中心论”的进一步发展，这种“意志中心论”似乎是他们攻击的目标之一。显而易见，对这个问题需要一种新的观点。1951 年 11 月，苏联经济学家举行了一次会议，对各种有关问题进行了讨论。这次讨论会的一切文件，包括关于“争论问题的说明材料”，显然都送给了斯大林。他对这些争论问题写了一些“意见”。看来这些“意见”曾经广泛地散发给有关的人们。一些经济学家对斯大林的“意见”提出了批评，1952 年 10 月斯大林对一部分批评的答复连同原来的“意见”一齐在《苏联社会主义经济问题》一书中发表了。实质上，斯大林在这本饶有兴味的著作中所做的，是对限制苏维埃计划工作人员的“规律”予以更现实的表述，特别是强调半私有的农业部分同国营部分继续同时并存所造成的限制的重要性，以便加强对“意志中心论”的攻击。但是我们仅仅谈这么多，可能贬低斯大林的一些结论在理论上与实际上的重要意义，所以对他的分析还必须进行更充分的说明。

斯大林是从恢复一般常识的“规律”概念开始的。他表明，“马克思主义把科学法则——无论是指自然科学法则或政治经济学法则都一样——了解为不以人们的意志为转移的客观过程的反映。人们能发现这些法则，认识它们，研究它们，在自己的行动中估计到它们，利用它们来为社会谋福利，但是人们不能改变或废除这些法则，尤其不能制定或创造新的科学法则"。[①] 斯大林主张，无论是在社会主义时期或资本主义时期，"经济发展法则，也如在自然科学中一样，是反映不以人们的意志为转移的经济发展过程的客观法则"。[②] 他承认，这是不错的，即大多数经济法则（与自然科学的法则不同）不是长久不变的，它们只在一定的历史时期中发生作用，在此以后，就让位给新的法则。但是，"这些法则并不是被消灭，而是由于出现了新的经济条件而失去效力，退出舞台，让位给新的法则，这些新的法则并不是由人们的意志创造出来，而是在新的经济条件的基础上产生的"。[③] 斯大林接着提到恩格斯的这一说法，即在社会主义制度下，"人们将获得支配自己生产资料的权力，将获得解脱社会经济关系压迫的自由，而成为自己社会生活的'主人'"。恩格斯把这种自由叫做"被认识了〔或被承认了——米克〕的必然性"。斯大林问道："究竟'被认识了的必然性'是什么意思呢？这就是说，人们认识了客观的法则（'必然性'）之后，将十分自觉地运用这些法则来为社会谋福利。……恩格斯的这个公式，绝不是对于那些以为在社会主义制度下可以消灭现存经济法则和创造新经济法则的人们有利的。恰恰相反，这个公式不是要消灭经济法则，而是要认识和善于运用它们"。[④] 斯大林又继续表明下面这些说法是不对的：即"经济法则具有自发性质，这些法则所发生的作用是不可防止的，社会在它们面前是无能为力的"；或"苏维

① 《经济问题》，第 2 页。

② 同上书，第 3 页。

③ 同上书，第 4 页。

④ 同上。

埃政权在建成社会主义方面的特殊作用……使苏维埃政权有可能去消灭现存的经济发展法则,并‘制定’新的经济发展法则”[①];或在社会主义制度下,经济法则是能够“改造”的[②]。此外,斯大林在答复诺特京的批评时也反对后者的这种见解,即利用经济法则来为社会谋福利,“不能适用于其他社会形态;它只能在社会主义制度和共产主义制度下才有效,比方说,在资本主义制度下,经济过程的自发性质,就不会使社会有可能利用经济法则来为社会谋福利”。[③] 斯大林在答复萨宁那和温什尔时,还驳斥了下面这种见解:即“仅仅由于从事物质生产的苏联人的自觉行动,才产生出社会主义的经济法则”。[④]

这样,斯大林不留余地地坚决否定了1943年那篇文章的主要命题——关于社会主义经济法则在其一般性质上和特殊内容上不同于资本主义的见解。一切经济法则都是真正“客观”性质的,它们反映不以人们意志为转移而发生的过程。然而要特别注意的是,斯大林实际上赞同1943年那篇文章的作者的这个论点:即只把“像房子倒在你头上一样”的那些自发起作用的法则,归入“经济法则”的范畴,是“极其反马克思主义的”[⑤]。他完全准备把“法则”这个名词扩大到某些“客观必然性”,这些“客观必然性”是1943年

① 《经济问题》,第4页。

② 同上书,第6页。斯大林辩解说:“如果能改造法则,那也就能消灭法则,而以另外的法则去代替它们了。‘改造’法则的论点,就是‘消灭’和‘制定’法则的这种不正确公式的残余。”

③ 同上书,第36页。

④ 同上书,第64页。

⑤ 《美国经济评论》,1944年9月号,第513页。

那篇文章的作者作为"通过人们的意识和意志而发生作用的"。举个例子,他曾讲到"国民经济有计划发展、按比例发展的客观经济法则"。他说:这个法则"是当竞争和生产无政府状态的法则失去效力以后,在生产资料公有化的基础上产生的。它之所以发生了作用,是因为只有在国民经济有计划发展的经济法则的基础上,社会主义的国民经济才能进行"。[①] 这就是说,计划当局面对获取和保持不同经济部门间平衡和比例的"客观必然性"——这种"客观必然性"正像事实表明的那样是由社会主义经济的本来性质产生的,所以应当看作是不以人们意志为转移而发生作用的"法则"。斯大林首先要强调的是,这样来区别这一类的"法则"和自发起作用的"法则"是不正确的,即所谓前者是"通过人们的意识和意志而发生作用的",后者则不然。合理的区别只能根据人们认识经济法则和利用它们为社会谋福利的程度不同来进行。并且法则的一般性质,也不单纯由于有的是被利用来为社会谋福利和有的是没有这样被利用而有所不同。不论它们是自发地显示它们的影响,或被利用来为社会谋福利,它们总是客观的法则,它们的产生和作用必须认为是不以人们的意志为转移的。就这一点讲,也不能对社会主义的经济法则和资本主义的经济法则做一绝对的区别,因为"在某种程度内利用……经济法则来为社会谋福利,这样的事情也不仅在社会主义制度和共产主义制度下发生,而且在其他社会形态下也发生"。[②] 将以上各点写在一个看来主要是打算消除某种

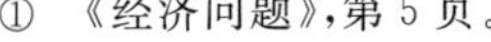

① 《经济问题》,第 5 页。

② 同上书,第 37 页。

“胜利冲昏头脑”情形的文件里，无疑是很重要的，这种“胜利冲昏头脑”情形在苏联战后时期显然以各种不同方式表现出来了。

谈到苏联社会主义制度下的商品生产问题，他在下面一段里要人们注意这个问题的主要方面：

> “现今在我国，存在着社会主义生产的两种基本形式：一种是国家的全民的形式，一种是不能叫作全民的集体农庄的形式，在国家企业中，生产资料和产品是全民的财产。在集体农庄的企业中，虽然生产资料（土地、机器）也属于国家，可是产品却是个别集体农庄的财产；因为集体农庄中的劳动也如种子一样，是它们自己所有的，而国家交给集体农庄永久使用的土地，集体农庄事实上是作为自己的财产来支配的，虽然它们不能出卖、购买、出租或抵押这些土地。
>
> “这种情况就使得国家所能支配的只是国家企业的产品，至于集体农庄的产品，只有集体农庄才能作为自己的财产来支配。然而，集体农庄只愿以商品的形式把自己的产品转让出来，愿意以这种商品换得它们所需要的商品。现时，除了经过商品的联系，除了通过买卖的交换以外，与城市的其他经济联系，都是集体农庄所不接受的。因此，商品生产和商品流通，目前在我国，也像大约三十年以前当列宁宣布必须以全力扩展商品流通时一样，乃是必要的东西。”[①]

斯大林显然是在非常接近马克思的原来意义上使用“商品生产”和

① 《经济问题》，第 11—12 页。

"商品关系"这些名词的。在这个意义上的"商品生产"需要两个主要条件：第一，生产资料的所有者或对生产资料的生产使用权，必须如此的不同，从而为生产活动能够由多少是彼此独立的一些单位来进行，提供一个基础。第二，这种生产活动的产品属于不同所有者。"商品关系"是存在于"商品"(依据上面的解说)生产者间的基本社会经济关系，它反映在市场上进行交换的各种商品自身间所表现的关系。斯大林刚才讲的是把这种"商品关系"的概念，应用于今天苏联集体农庄部门与国营部门间现存的经济关系，并且也暗含地应用于集体农庄部门各个生产单位间的关系。集体农庄耕种的土地虽然实际上不属于它们自己所有，但是国家却赋予它们以单独的生产使用权，在这个基础上，它们多少是彼此独立地进行生产活动的，每一个单位都享有高度的自由，可以决定它要生产什么和把它的剩余产品卖到现有的哪一个市场。当然，每个集体农庄的产品是它自己的财产。因此，集体农庄(和庄员个人农业经济)的剩余产品以及它们要直接或间接换得的工业品，同样都是商品，这些生产者之间的关系，实质上是一种商品关系。[①] 斯大林把马克思的这些传统范畴，再应用于马克思和恩格斯不曾特别分析的一种社会主义社会，这是许多经济问题中最有创造性的同时也是争论最热烈的部分。

斯大林在《关于社会主义制度下的价值法则问题》这一节开头写道："在有商品和商品生产的地方，也就不能没有价值法则"。在

① 但是斯大林强调说："我国的商品生产并不是通常的商品生产，而是特种的商品生产，是没有资本家参加的商品生产"。它的活动范围是比较狭小的，"它决不能发展为资本主义生产"(《经济问题》，第15页)。

苏联，他继续说：

> “价值法则发生作用的范围，首先是包括商品流通，包括通过买卖的商品交换，包括主要是个人消费的商品的交换。在这里，在这个领域中，价值法则当然是在一定范围内保持着调节者的作用的。”[①]

价值法则发生作用的范围，也扩展到生产方面。在这里，它没有调节的作用，可是它总还影响生产，因为（像拉皮都斯和奥斯特罗维季扬诺夫在二十年代曾经强调过的一样）国家工业所产商品的价格主要决定于工资费用；而后者又主要决定于工资品的价格——即决定于受价值法则支配的商品的价格。[②] 可是，斯大林说，糟糕的并不是价值法则影响苏联的生产，而是“我们的经济工作人员和计划工作人员，除了少数的例外，对于价值法则所发生的作用知道得很差，不研究这种作用，不善于在自己的核算中考虑这种作用”。[③] 然而，价值法则发生作用的确切方式，并没有阐述得像可能做到的那么清楚——至少对不曾参加 1951 年 11 月讨论的西方国家经济学家来讲是这样[④]；但是，我们刚才引录的斯大林的一段

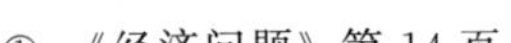

① 《经济问题》，第 14 页。

② 无论如何，这是我对斯大林下面这个说法的解释，他说：“价值法则在我国社会主义生产中，并没有调节的作用，可是它总还影响生产，这在领导生产时是不能不考虑到的。问题在于，为了抵偿生产过程中劳动力的耗费所必需的消费品，在我国是作为受价值法则支配的商品来生产和销售的。也正是在这里可以看出价值法则对生产的影响。因此，在我们的企业中，这样一些问题，如经济核算和赢利问题、成本问题、价格问题等等，就具有现实的意义。所以，我们的企业是不能不而且不应该不考虑到价值法则的”（第 14 页）。

③ 《经济问题》，第 15 页。

④ 参看《经济季刊》，1953 年 9 月号，第 722 页。

话以及他举的关于所谓“在价格政策问题方面还存在有一些混乱现象”的可怕的实际例子，似乎意味着这里他实际是说：(1)在苏联，城乡之间进行交换的一些商品的相对价格，还是决定于在目前情形下多少有点儿不受计划机关控制的经济力量；(2)就国家直接或间接控制和影响的商品价格来讲，对它们的控制和影响必须要小心注意价格的鼓励作用和经济的全面平衡，一般地说，要小心注意我们可以叫做的“经济现实”；(3)国家对集体农庄市场价格施加的影响，在性质上，应当是经济的而不是行政的[①]。因此，在斯大林看来，在社会主义制度下，价值法则就不是“改造过的”，像1943年那篇文章发表以后曾经广泛认为的那样[②]，它的发生作用是和在资本主义社会里差不多一样的，虽然它发生作用所依据的条件是不同的，因而它的作用受到一定的限制。在苏联，由于城市和乡村的生产资料已经公有化了，所以价值法则的作用是“被严格地限制在一定范围内的”[③]。这意味着，在苏联，价值法则不会起“生产

① 参看A. I. 米高扬：《进一步扩展贸易等等的措施》(莫斯科1954年英文版)，第77页：“集体农庄市场多少还存在着市场的无政府状态。如果国家的调节的经济影响削弱了，那么在这个或那个市场上，集体农庄产品的价格可能上涨。我们对集体农庄市场价格要施加也必须施加经济影响，而不是行政影响。运用经济杠杆比运用政治杠杆稍微复杂一些，但是，只要国家正确地、灵活地并考虑到集体农庄市场的情况来使用经济杠杆，那它就会充分保证我们一个正常的物价水准。”关于书中叙述的观点对苏联价格政策影响的一些新近例子，参看我在《牛津经济论文》1955年10月号发表的一篇文章。

② 1943年后的文献往往认为斯大林是“改造过的”价值法则这一见解的权威。但是在斯大林发表过的作品里，似乎找不到什么东西可以支持这样的主张。对斯大林权威的这种崇拜，看来很可能纯粹属于惯例。

③ 《经济问题》，第15页。

调节者”的作用[①]，也不会起“各个不同生产部门间劳动分配的‘比例’”的调节者的作用[②]。

照斯大林的意见，价值法则在苏联继续发生作用，是由于农业和工业间“商品关系”的继续存在。以往十年关于价值法则的许多公开发表的作品企图抹杀或贬低的，恰恰就是今天苏维埃经济组织的这一特点。《苏联社会主义经济问题》一书暗中假定，城乡间这种基本经济关系还要继续存在一个时期而不会有很大的改变，这个假定无疑是根据一种重大的决策，斯大林著作的一部分任务也就是要发表并宣扬这一决策。斯大林坚决驳斥“有些同志”要“把集体农庄财产收归国有”的意见，他主张，“把集体农庄所有制提高到全民所有制的水平”，应该从逐步扩大所谓“产品交换”制度方面展开工作，现在苏联已经有了这种产品交换的萌芽。[③] 斯大林认为，通过这种方法来废除商品生产，是从社会主义过渡到共产主义的基本先决条件之一。[④] 一旦“一个无所不包的生产部门”，代替了今天同时并存的两种基本生产部门之后[⑤]，商品生产和商品流通将会消失，价值和价值法则也将随之消失。斯大林辩解说，以为在共产主义社会第二阶段上价值法则仍将保持“其为各个不同生产部门关系的调节者”，这是不对的。他断言：正如价值法则

① 《经济问题》，第 16 页。

② 同上书，第 17 页。

③ 同上书，第 11、64、70—71 页及其他有关部分。

④ 同上书，第 50—51 页。

⑤ 同上书，第 12 页。

一样，价值“是与商品生产的存在相关联的一种历史范畴。商品生产一消失，价值连同它的各种形式以及价值法则，也都要随之消失”。他所描述的共产主义社会第二阶段上将会发生的情况，也完全符合马克思所提出的传统轮廓：

> “在共产主义社会的第二阶段上，用于生产产品的劳动量，将不是以曲折迂回的方法，不是凭借价值及其各种形式来计算，如像在商品生产制度下的情形那样，而是直接以耗费在生产产品上的时间数量、钟点数量来计算的。至于说到劳动分配，那么各个生产部门间的劳动分配，将不依靠那时已失去效力的价值法则来调节，而是依靠社会对产品的需要量的增长来调节的。这将是这样一种社会，在那里，生产将由社会的需要来调节，而计算社会的需要，对于计划机关将具有头等重要的意义。”①

因此，从上面的叙述可以看到，关于价值法则在共产主义第二阶段的作用问题，在马克思主义者中间是没有什么争论的。除了少数的例外，所有马克思主义者（从马克思一直到斯大林）都认为，在共产主义第二阶段价值法则将不发生作用。唯一的争论是关于它在像苏联这样一些国家的社会主义制度下的作用问题，在那里，集体农庄所有制和全民所有制是同时并存的，于是这种现象严重地阻碍“由国家计划化来完全包括全部国民经济，特别是包括农业的事业”②。至于价值法则是否将会在像英国这样一些国家的社会主

① 《经济问题》，第16—17页。

② 同上书，第51页。

义制度下继续发生作用的问题，还不曾认真地争论过，可以设想，这些国家将不会像苏联那样来一个“集体农庄的过渡”。如果我们像马克思一样地假定，价值法则只能在商品生产的基础上发生作用，那么，进入对外贸易（这在上面的考察中抽象掉了）[①]的产品的性质问题，就变得十分重要了。如果这些产品在马克思的专门意义上算做“商品”的话（料想它们将会是商品，至少最初如此），那么就这些产品而论，价值法则多少还是继续起作用的。所以，严格地讲，我们也许应当说：只有到所有像苏联这样一些国家内部都是一个“无所不包的生产部门”，而且世界的生产还要由一个单一的国际经济组织控制的时候，商品生产（从而价值法则的作用）才会最后消失。

斯大林也许不打算把我在上面考察的《经济问题》一书的主要理论命题作为有关问题的最后结论，而只是想提出一些新的线索，他以为这些线索是进一步研究这些问题应当遵循的方向。但是还不能说，苏联国内外马克思主义经济学家已经根据这些线索特别努力地在进行探讨。造成这种情况的一部分原因，无疑是由于斯大林对理论和政策的论述，在他一生的最后二十年中，都居于苏联国内最权威的地位。除了一两个不很重要的例外，在苏联，对他的《经济问题》一书的公开讨论，据我看到的，只不过是翻来覆去地重述他的一些原理，往往使用原来的同样字句，几乎没有通过详细阐释增加什么内容。1954 年出版的政治经济学正式教科书也是这种情形。教科书中社会主义生产方式部分，无疑要比过去的叙述

① 但斯大林不曾抽象掉对外贸易——参看《经济问题》，第 8 页及 39 页。

高明得多，但也不曾真正试图解释斯大林那本书中提出的重要问题。越来越明显的是，在经济理论领域里，同在其他领域里一样，苏联在二十世纪三十年代和四十年代所采取的发展马克思主义的特殊方法，不论这在当时是多么必要，现在却是阻碍了它的进展，而不是促进了它的进展。

然而，当这本书付印的时候，看来很清楚，苏联学术界正在发生一种可喜的根本变化。苏联共产党第二十次代表大会上的一些发言表明，政府领导人认为现在是时候了，要对过去的著作包括斯大林本人的著作和地位在内，进行一次严肃的重新评价，要结束对权威的过分崇拜，这往往使经济理论方面的苏联著作显得黯淡无光。我们可以择录苏斯洛夫的下面一部分发言作为例子：

> “首先是由于脱离实际，一部分经济学家和哲学家普遍地沾染上了学究习气和教条主义的习气。这种学究习气的恶习的实质不单是在于染上这种毛病的人动不动就引经据典，而在于他们认为判断正确的最高标准不是实践，而是权威人士就某个问题发表的言论。他们没有研究具体实际情况的兴趣，他们以挑选引语和运用这种引语的艺术代替一切。他们认为稍微违反引语就是修改原理。学究们的这种活动不仅没有好处，反而有害处。
>
> “毫无疑问，个人崇拜大大促进了教条主义和书呆子习气的传播。个人崇拜的信徒把马克思理论的发展只归功于个别人物，完全信靠他们。其余一切凡人似乎只需通晓和传播这些个别人物所创造的东西就行了。这样就忽视了我们党的集体思想的作用和兄弟党在发展革命理论方面的作用以及人民

群众集体经验的作用。"[①]

在这次代表大会里，唯一特别提到斯大林著的《经济问题》的（有些发言人从中引用了一些他们赞同的说法而没有指明斯大林，这一部分撇开不谈），看来只有米高扬的发言，他宣称斯大林的一个比较次要的论点是不正确的[②]，然后他又说了下面一段措辞谨慎的话：

> "同时，不能不指出，《经济问题》中的某些其他原理，严格地看起来，也需要我们的经济学家根据马克思列宁主义的观点予以深刻的研究和批判的审查。"[③]

除了这种公开要求经济学家参加马克思经济理论的发展工作外，就没有人对这个问题再谈什么了。然而，苏斯洛夫发言中的下面一段话，提示了政府领导人心中可能有的"其他想法"之一：

> "经济学家没有好好地研究价值规律在社会主义生产中的作用。我们的建筑师一味奢侈浪费，不考虑人民的戈比，机器拖拉机站和集体农庄中还是常常不计算生产一公担谷物、肉类的费用，这些情况毫无疑问也反映出经济学家没有研究价值规律如何具体地在我国经济中起作用这个问题。"[④]

---

① 见苏斯洛夫在苏共第二十次代表大会上的发言（载《新华月报》1956 年第 8 号，第 108 页）。

② 这一有关的论点，见《经济问题》，第 22 页，在那里，斯大林说，在世界市场分裂为两个平行的市场以后，美国、英国和法国的生产量将会缩小。

③ 见米高扬在苏共第二十次代表大会上的发言（载《新华月报》1956 年第 8 号，第 117 页）。

④ 见苏斯洛夫在苏共第二十次代表大会上的发言（载《新华月报》1956 年第 8 号，第 108 页）。

总的说来，不论苏联国内暂时可能采取什么措施来强调目前正在发生的变化的重要性，斯大林作为政治领袖和马克思主义理论家来说，仍然是个极其伟大的人物，从长期看，我不认为他的这种历史地位将会带来什么严重的争论。在未来的一定时期内，《经济问题》这部著作，依然是对社会主义制度下价值规律的作用问题进行认真的科学研究的基础。

第三节　垄断资本主义制度下“价值规律”的作用

希法亭曾经写道：“看来，似乎垄断同盟是马克思积聚学说的实现，同时也是他的价值学说的消灭”[①]。我们已经看到，在自由竞争的条件下，即使价值转化为生产价格以后，价值规律还可以说是最后决定价格的，因为生产价格同价值的偏离可以根据《资本论》第一卷的分析来说明。但在垄断的条件下，正如马克思自己充分了解到的，商品价格“只是由购买者的购买欲望和支付能力决定，而与一般生产价格或生产物价值所决定的价格无关”[②]。因此，垄断价格同价值的偏离，就不能用第一卷的分析来解释了。

古典经济学家和马克思提出的劳动价值学说不能说明垄断价格，这是李嘉图以后一直被用来攻击这一学说的一个论点。但是，只要相当的自由竞争是普遍情形而垄断是比较稀少的例外，那么这

① 斯维济在《资本主义发展论》中引用的一句话，见该书第 270 页。

② 马克思：《资本论》第 3 卷，人民出版社 1958 年版，第 1011 页。

种反对意见就没有什么了不起的。然而今天垄断组织愈来愈普遍了(正如马克思预料到的),经常有人认为,根据自由竞争假定的传统价格分析,应当代之以(不只是加以补充)根据"不完全"竞争或"垄断"竞争假定所进行的分析,于是这个问题显然变得重要得多了。

马克思在《资本论》第三卷结尾部分的一段里说,尽管垄断了的商品的实际价格可能高于它们的生产价格,但是垄断组织能使实际价格偏离生产价格的界限,依然是根据第一卷的分析十分严格予以确定的:

> "如果剩余价值到平均利润的均衡,在不同生产部门,会在人为的或自然的独占上,并且特别是在土地私有权的独占上遇到障碍,以致独占价格成为可能的,提高到那种受独占影响的商品的生产价格以上乃至价值以上,由商品价值给予的限界,也仍然不会因此废止。某一些商品的独占价格,不过把另一些商品生产者的利润的一部分,转移到这些有独占价格的商品上面来。在剩余价值在不同生产部门间的分配上,因此会间接发生一种局部的扰乱,但这个剩余价值自身的界限照旧不变。如果有独占价格的商品,会加到劳动者的必要的消费里去,那就只要劳动者照旧得到他的劳动力的价值,它就会把工资提高,并由此把剩余价值减少。那也可能会把工资压到劳动力的价值以下,但这种情形要在工资在它的物理最低限界以上的时候,才会发生。在这场合,独占价格将由实际工资(即劳动者由同量劳动得到的使用价值量)的扣除和个别资本家的利润的扣除来支付。独占价格会在什么界限内影响商品价格的正常规定,是可以确实决定并正确计算的。"①

① 马克思:《资本论》第3卷,人民出版社1958年版,第1128—1129页。

现在问题产生了，即在这样一个世界里，这种分析究竟有没有用处，在这个世界里，“人为的或自然的独占”比在马克思时代要普遍强大得多，垄断权力的把持越来越同使用我们可以叫做的“超经济的”方法来获得和扩大利润联系在一起了。[①] 在这样一个世界里，还是假定利润的唯一来源是资本家雇佣的工人的剩余劳动，在我看来，是不合理的。举例来说，现在有这样一些情形，即某些垄断资本家得到的超额利润的一部分，应正确认为是类似重商主义时代所特有的旧式“让渡利润”[②]。在这样一个世界里，“由商品价值给予的界限”看来确是“废止”了，在这种情形下，马克思在刚才引录的一段话里所采取的分析，除了对垄断价格问题给予纯粹形式上的解答外，是不能提供更多东西的。如果总利润与总剩余价值并不相等，那就真的不能再说，在垄断条件下可能发生的实际价格同生产价格偏离的界限，依然是根据第一卷的分析来确定的。这就是在当前条件下马克思价值学说的再应用问题所必须考虑的情况。

然而必须注意，不要夸大垄断资本主义的产生在削弱根据自由竞争假定的传统分析方面的影响。垄断并不意味着竞争的消灭，有时（例如在价格竞争时期）反而意味着竞争的加强。即使在实际竞争微弱的时候，潜在的竞争往往会迫使垄断资本家将他的价格保持在一个水准，使他差不多也只获得“正常的”或“平均的”利润率。这些论点是近来一些人评论三十年代初期发展起来的所谓“垄断竞争理论”时曾经强调过的。例如吉尔博德就说过：“除了

① 参看我的一篇文章，见《现代季刊》，1953 年夏季号，第 152 页以下。

② 同上书，第 155—156 页。

参加经营受到极端限制和需要极无弹性的比较少数情形外，马歇尔意义上的正常价值概念……还是有普遍的适用性”。[①] 这样一些考虑肯定意味着，垄断价格学说一定要看作是竞争价格学说的补充，而不是它的替代物。但是，这样一些考虑当然并不妨害我们提供一个垄断价格学说的责任。

从上面所讲的可以清楚地看到，马克思的价值学说不能机械地应用于新的历史环境。马克思学说是针对资本主义的一定发展阶段和一些特定问题而提出的，所以马克思分析的实质必须摆脱这一点，然后才能再应用于当前的条件。要是对资本主义国家当前的交换现象没有进行过比马克思更仔细得多的研究，他的学说也不能适当地重新加以应用。在这结尾一节里，我的目的不是要从事这种研究，而是要大体描绘一个新的概念体系，使得价值规律在不同历史阶段（包括垄断资本主义）的作用的探讨，可以顺利地进行。

马克思在讨论价值问题时首先要表明的是，交换关系根本决定于生产关系——在这里使用的后一词语，不仅包括人们以商品生产者资格所结成的基本关系，这在整个商品生产时期一直有的，而且还包括一些特殊的从属或合作关系，商品生产在其每一特殊发展阶段上就是在这种关系内进行的。马克思论证这一定理所采取的特殊形式，正如我们已经看到的，主要决定于他写作《资本论》

① 《从现代经济思想看马歇尔的经济学原理》，见《经济学研究》，1952 年 5 月号，第 122 页；又参看第 118 页。马歇尔的“正常价值”概念实质上同古典学派的“自然价格”概念是一样的，尽管他对隐蔽在这一价格后面并决定这一价格的力量的分析，自然是和古典学派分析大不相同。

时所怀抱的目的。应当记住，他的主要目的是探讨资本主义商品生产代替了以前的制度以后，商品生产和商品交换的一般规律究竟受到怎样的限制。在这种探讨中，马克思抽去了前资本主义商品生产的各种形式间的差别，并且假定资本主义冲击了通常进行“等价”交换的“简单”商品生产制度。所以，表明交换关系怎样根本决定于生产关系的任务，对于马克思，就变成了这样一个任务，即表明资本主义商品生产所特有的生产关系，怎样改变了人们以商品生产者资格所结成的基本关系对“简单”商品生产下的交换比率可能产生的影响。

现在，我们要是希望论证，在商品生产一定发展阶段上交换关系根本决定于生产关系，我们当然就得表明，在那一阶段的典型条件下所产商品要售卖的实际价格，根本决定于占统治地位的生产关系。但是，马克思提出的那种劳动价值学说，只有在实际价格等于供给价格的限度内，才能对实际价格提供一个说明。然而就马克思考察这个问题的特殊目的来说，这不会有什么特别困难，因为在他主要研究的两种商品生产制度中的任一情形下，实际价格同供给价格的偏离都可以认为是微不足道的。在资本主义商品生产下（至少是在马克思主要研究的自由竞争阶段），实际交换比率事实上自动倾向等于供给价格的比率。在马克思解说的那种“简单”商品生产下，交换比率至少可以合理地假定等于供给价格的比率。因此，就这一点说，为了表明交换关系根本决定于生产关系，马克思只要表明下面两点就足够了：(1)在“简单”商品生产下，供给价格的比率系直接决定于物化劳动的比率；(2)在资本主义商品生产下，供给价格的比率系间接决定于物化劳动的比率。马克思探讨

的主要问题是资本主义生产关系引起“生产价格”偏离“价值”的情形——即它引起资本主义商品生产所特有的供给价格偏离“简单”商品生产所特有的供给价格的情形。至于实际价格偏离供给价格的原因问题，可以十分正当地抽象掉。

但是，如果我们考察这个问题的角度改变一下，着手考虑并比较价值规律在比马克思研究过的更广泛些的历史条件下的作用，那就很明显，我们的分析多少要同他的有所不同。譬如说，假设我们希望比较一下奴隶占有制或封建制度下价值规律发生作用的情形同它在自由竞争资本主义下发生作用的情形。或者，假设我们希望比较一下它在自由竞争资本主义下发生作用的情形同它在今天垄断资本主义下发生作用的情形。显然，在这样的探讨中，实际价格偏离供给价格的原因问题，要比它在马克思的探讨中重要得多。同时，要表明交换关系根本决定于生产关系的任务，也不能完全像马克思那样来完成。

然而我认为，这还是可能的，事实上也是必要的，即从“价值”作为物化劳动的马克思概念开始，并把商品“价值”看作是反映或表现人们以商品生产者资格所结成的基本关系，这一基本关系在整个商品生产时期是一直存在的。换句话说，我们还有必要从下面的假定开始分析：

> “各种商品依照它们的价值来交换或售卖，是合理的，是商品平衡的自然法则。我们必须由此出发以说明差离，不能反过来由差离出发以说明法则本身。”①

① 马克思：《资本论》第3卷，人民出版社1958年版，第215页。

那么，对“价值”的这些偏离究竟是怎样决定的呢？这一点，看来可能做两个有用的概括。首先是在商品生产的每一发展阶段上价格同价值的典型[①]偏离，决定于那一阶段所特有的从属的或合作的生产关系。因此，在每一阶段，市场上商品倾向于相互交换的典型比率所表现的交换关系，决定于那一阶段所特有的全部生产关系的总和——不只是决定于一切商品生产社会所共有的、人们以商品生产者资格所结成的简单关系，这种关系表现为这些商品的“价值”，也决定于我们考察的那一阶段所特有的一定从属的或合作的生产关系，这些从属的或合作的生产关系决定了同“价值”的典型偏离的性质和幅度大小。[②] 第二个概括是，我们考察的那一阶段所特有的从属的或合作的生产关系，可能造成两种不同类型的价格同“价值”的偏离。第一，它们可能造成供给价格同“价值”的偏离；第二，它们可能造成实际价格同供给价格的偏离。

如果我对这一概念体系怎样作为具体考察商品生产不同阶段的交换关系的指导问题，作一简单的（也必定有点是图解式的）概述，那么它的性质可能会更清楚一些。我曾经指出，我们是从商品的价值作为它所含有的社会必要劳动量这一马克思概念开始的，然后，我们就进而探讨每一阶段上价格同价值的典型偏离的性质，并用那一阶段所特有的一定从属的或合作的生产关系来说明这些偏离。

---

① 我这里使用“典型”这两个字，主要是为了避免考虑供求暂时脱节所造成的价格同价值的偶然偏离。当然，供求的脱节，在任何形式的商品生产社会中，都会造成价格同价值的偏离。

② 这两类生产关系当然是相互关联的，第二类生产关系事实上是第一类生产关系在一定阶段的表现形式。然而为了探索“价值规律在不同历史阶段如何发生作用”，看来，像书中那样区别它们的影响，还是适当的。

就前资本主义社会来说,像马克思那样,我们假定:在整个前资本主义时期,商品的供给价格(虽然不一定是实际价格)多少总是同价值成正比例的。然后我们考察前资本主义每一发展阶段所特有的一定从属的或合作的生产关系,对那一阶段实际价格同生产价格(即同价值)的典型偏离,究竟有怎样的影响。①

就资本主义来说,我们假定从前资本主义社会向资本主义社会

① 讲来有趣的是,亚当·斯密对行会规章造成的价格同价值的某些偏离的考察,差不多和我现在建议的一模一样。关于这一点,看来下面几段引文值得择录下来(重点是我加的)。

"市公会的统治权全部掌握在商人和匠人的手里。他们分明为了本阶级的利益,而防止各自的一定种类的生产在市场上的供给过多,像他们通常表示的那样;实际上他们总是要使它在市场上的供给过少。各阶级都急于在环境许可的情形下制定适合于这一目的的规章,也欣然同意其他各阶级这样做。由于这些规章,各阶级需要的货物,就不得不按稍高于无此等规章时的价格,在市上向其他阶级购买。然而另一方面,他们也能将自己的货物以同样高价出卖。这正如他们自己所说的,买卖相衡,两不相亏。就市内各阶级相互间的交易来说,都不会因此等规章而蒙受损失。但当他们与农村进行交易时,他们都会获得极大的利益。维持各个城市并使它们富裕起来的,正是这种交易。

"各城市所需的生活资料与工业原料,全都仰给于农村。它支付这些价款的主要方法有二:第一,对这些原料进行加工制造后,把一部分制成品送还农村;在这场合,它们的价格就因工人的工资和他们的师傅(或直接雇主)的利润提高了。第二,把从国外输入或国内远方地区运进城市的粗制品和精制品的一部分,送往农村;在这场合,把这些货物的原价也因水陆运输工人的工资和雇用他们的商人的利润而提高了。前一种商业的利益,是城市通过它的制造业获得的;后一种商业的利益,是由对内或对外贸易获得的。工人的工资及其各种雇主的利润,构成了这两种商业利益的全部。所以,凡是行会规章倾向于使工资和利润增加到无此等规章就不会有的高度时,它就倾向于使城市能以较少量的城市劳动,去购买较多量的农村劳动的生产物。这些规章使城市商人和匠人比农村的地主、农业资本家和劳动者占有更多的便宜,从而破坏了城乡贸易原来应该有的自然均等。社会劳动的一年总产品是逐年分配于城市和乡村两方面人民的。现在由于这些规章,城市居民就享有比没有规章时更大的份额,同时农村居民只获得较小的份额。"(《国民财富的性质和原因的研究》第1卷,第126—127页)

过渡的真正基本特征是:(1)绝大多数生产物(包括劳动力)变成了商品——即人们以商品生产者资格所结成的基本关系,在社会生产中差不多占据了完全统治的地位,这一基本关系在所有以往各种形式的社会中多少也是存在的,但一直是支配较小范围的一部分生产;(2)由于劳动力变成了商品和竞争的加强,直接决定于价值的前资本主义类型的供给价格,实现为间接决定于价值的新型供给价格的历史转化。资本主义所特有的新生产关系对交换关系的主要影响,正如马克思所表明的,是使供给价格同价值发生偏离,偏离的大小在数量上是确定的。然而这种新生产关系,在资本主义的某些发展阶段,还发生另一重大的影响,即使实际价格同供给价格发生偏离,这种影响必须加以特别考察。关于这一点,为了方便起见,不妨认为资本主义是经过三个多少有点连续的阶段而发展的:

(1)过渡阶段　在这一阶段,当资本主义刚刚开始转变生产时,新生产关系引起了上面区分的价格同价值的两类偏离。一方面,新生产关系成为一种力量,开始促使价值转化为“生产价格”——即使供给价格偏离价值;另一方面,新生产关系又使实际价格偏离供给价格。在这个初期发展阶段,由于各种形式垄断等等的流行,后一种影响可能要比在其他任何阶段更重要些。①

① 庞巴维克认为(《马克思主义体系的崩溃》,第 49 页):如果马克思的分析是正确的话,“那就必定有这样一些事实的迹象,即在利润率平均化以前,具有比较大量不变资本的生产部门曾经得到而且的确得到最小的利润率,而具有比较小量不变资本的部门则获得最大的利润率”。从上面所讲的看来,他的这种意见是不能接受的。马克思的分析是关于一类供给价格之向另一类供给价格的广泛的历史转化。在过渡时期内,实际价格同供给价格的偏离只不过有这样的重要性,事实上极难找到像庞巴维克所要求的那种证据。

(2)竞争阶段　在这一阶段——即马克思主要关心分析的一个阶段——价格同价值的偏离,概括地说,差不多完全属于上面区分的第一个类型。这一阶段所特有的生产关系对供给价格偏离价值(在数量上是确定的)方面所起的影响,似乎得到充分的发挥,而它对市场价格偏离供给价格方面所起的作用,比较是不大的。

(3)垄断阶段　在这一阶段,像在早先过渡阶段一样,生产关系在使价格偏离供给价格方面还是有影响的。它使得垄断组织能够限制其商品的总供给量,从而把它的价格提高到竞争价格水准以上。我们今天在每一本经济学教科书里都可了解到这种情形。但是生产关系还可有其他的影响,这种影响比较难以概括,而且一向也很少引起教科书写作者的注意。最为明显的是,生产关系使得某些垄断资本家集团能够扩大到利润的来源,不限于工资劳动者创造的剩余价值"总量",——换句话说,也就是使用过去可能有认为是"非常的"或"超经济的"谋利方法。[①] 如果像表面看来可能的那样,这些方法的应用通常引起有关资本家集团所得利润的提高,那么,它们将认为这种较高的利润率是正规情形,从而采取它们可以使用的一切手段,旧的和新的,来抵制利润率的任何削减。要是有人接受了这种见解,即供给价格概念仍然适用于这一类的情形,那他就可以说,垄断阶段所特有的生产关系促使变形了的供给价格的形成,这种供给价格所包含的利润,不仅来自剩余价值,

① 在我看来,这就是斯大林(《经济问题》,第 33 页以下)要对"平均"利润和"最大限度"利润进行区别的道理。这个区别是有用的,然而也是模糊不清的。"最大限度"这个字也许用得不妥当,因为一切资本家,不论是垄断的或非垄断的,都追求"最大限度"的利润,这一点显然是很合理的。

而且还有其他一些来源。换个讲法，他可以简单地依据实际价格同自由竞争资本主义所特有的供给价格的偏离情形来考察这些新的现象。①

就社会主义来说，本章第二节所讨论的苏联著作已经为这种交换关系的分析奠定了基础。在像苏联这种国家的社会主义制度下，半私有的农业部门同国营部门继续同时并存，那么商品生产（从而价值规律）也将继续存在，虽然它的范围是比较小的。在这样的社会主义社会里，农产品的供给价格可以合理地假定为比例于价值。在这样的社会里，农业生产者通常认为他们的净收入是他们的劳动报酬，而不是他们的“资本”利润②，要是他们现在从事的生产看来不会提供一种比例于所耗费的劳动量的收益，他们就要转向另一种生产。因此，至少就农产品而言，社会主义生产关系的产生引起一种转化，即由过去资本主义阶段所特有的供给价格向类似前资本主义社会流行的那种性质的供给价格的转化。就工业品而言，它们的情形有点特殊，因为，虽然它们在表面上也是“商品”，但供给价格的概念不能真正适用于它们，我看不出有什么必

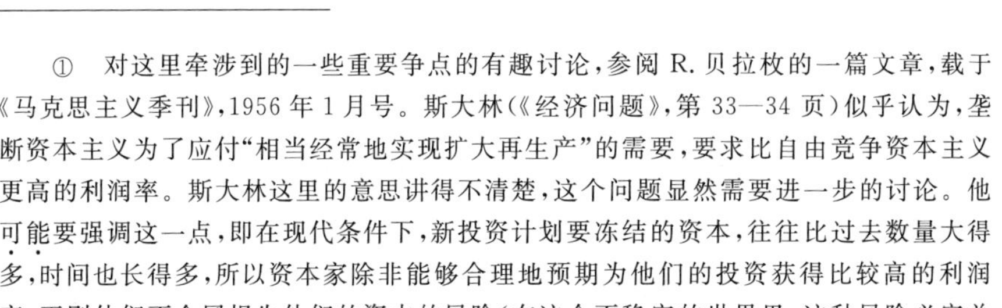

①　对这里牵涉到的一些重要争点的有趣讨论，参阅 R. 贝拉枚的一篇文章，载于《马克思主义季刊》，1956 年 1 月号。斯大林（《经济问题》，第 33—34 页）似乎认为，垄断资本主义为了应付“相当经常地实现扩大再生产”的需要，要求比自由竞争资本主义更高的利润率。斯大林这里的意思讲得不清楚，这个问题显然需要进一步的讨论。他可能要强调这一点，即在现代条件下，新投资计划要冻结的资本，往往比过去数量大得多，时间也长得多，所以资本家除非能够合理地预期为他们的投资获得比较高的利润率，否则他们不会冒损失他们的资本的风险（在这个不稳定的世界里，这种风险必定总是有的）。

②　事实上，苏联农业所需要的各种重要资产设备，大多数属于国家所有，而由机器拖拉机站租给集体农庄使用。

要需用我们的概念工具来分析它们的价格。这当然不是说,当工业品进入我们的分析时,生产关系就不再决定交换关系了,而只是说,表明生产关系决定交换关系的任务,已不能靠分析"价格同价值的典型偏离"的性质和原因来有效地完成。

当我们考察刚才描绘的交换关系的发展情形时,立刻产生两个问题。首先,纵使假定一定发展阶段上价格同价值的典型偏离,实际上可以说是决定于那一阶段所特有的生产关系,还是可以提出这样的问题:我们假定"各种商品依照它们的价值来交换或售卖,是合理的,是商品均衡的自然规律",从这一假定来开始我们的研究,究竟有什么根据呢?事实上,不论在资本主义社会或社会主义社会,大多数商品并不倾向于按照它们的"价值"出售,在前资本主义社会,看来商品也不像是经常按照价值来出售的。那么,依据价格同这种显然是纯粹假设的"价值"的偏离决定,来考察价值问题,我们有什么理由预期这会产生有用的结果呢?其次,如果我们采取这一类的分析,实际上我们岂不是放弃探求具有量的确定性的价格规律的一切希望么?

先谈第一个问题。根本的一点是,在整个商品生产的大部分时期内,供给价格事实上是直接或间接决定于马克思意义上的"价值"。这种供给价格决不是假设的,在商品生产的大部分时期内,它是根深蒂固地存在于生产者自己的意识当中。甚至在原始社会里也可看到这种思想的萌芽,即商品"按照它们的价值"(在马克思的意义上)进行交换,"是合理的,是商品均衡的自然规律"。显然,在原始市场里,只有极少数情形是根据生产成本来索取或获得商品价格的[①]。货币的应用，它“大大简化了等价的决定”[②]和公社内部商品生产和商品交换的逐渐扩展，对生产者意识中这种思想的成长，是大有帮助的。过了不久，商品生产者就十分自然地要这样来考虑问题了，即他们为其商品偶尔获得的实际价格同供给价格（大体上也就是在马克思意义上的商品价值）偏离多少。虽然在一定发展阶段上，由于那一阶段所特有的一些特殊形式的垄断、国家干涉等等，市场价格可能不是经常“倾向”与商品价值一致，但是生产者自己还是认为商品价值是一个标准，可以合理地用来测度以上各因素所造成的偏离。

商品“按照它们的价值”进行交换，是商品交换的“自然”形式，这种思想自然往往是通过伦理的说法来表示的。换句话说，它往往变成这样一种想法，就是，如果要做到公平合理的话，交换应该怎样进行。但是，怎样才算“公平”交易的思想，最初是从社会产生的，而不是天上掉下来的。当小资本家面对一个强大的垄断组织的竞争时，他说，他有权利为他的资本取得“公平”的利润，或者，当农民在不利的条件下同一个行会中人交换他的产品时，他说，他有权利为他的劳动获取“公平”的报酬。这些不平的人各自提出的“公平”标准，实际上是指这样一种交换方法，即他所反对的一定形式的垄断要是不存在的话，事实上交换将会依照那种方法在现实世界中进行。在前资本主义时期，总有一些商品多少是按照它们

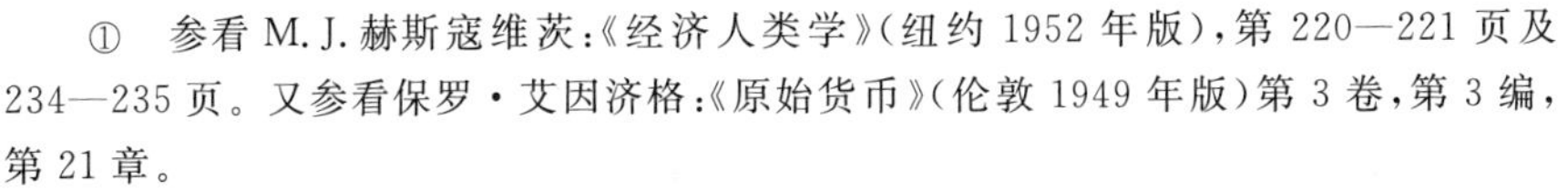

① 参看 M. J. 赫斯寇维茨：《经济人类学》（纽约 1952 年版），第 220—221 页及 234—235 页。又参看保罗·艾因济格：《原始货币》（伦敦 1949 年版）第 3 卷，第 3 编，第 21 章。

② 赫斯寇维茨：《经济人类学》，第 211 页。

的价值进行交换,价格偏离价值的时候是比较短的,发生这种情形的地区也是比较少的,所以,实际上可以看到交换商品的“自然”方法在起作用。这种“自然”方法被认为是唯一真正“公平”的方法,其中道理是显而易见的。因此,在前资本主义社会的大部分时期内,“公平价格”[1]观念一直保持不变,在我看来,这就是证据,证明那一时期内供给价格比例于价值的情形,是客观存在的(不单是假设的)。

因此,在亚当·斯密所描绘的“早期蒙昧社会”里,捕鹿和捕海狸的猎人是严格按照物化劳动的比率交换他们的捕获物,尽管这种情景实实在在是罗宾逊故事[2],但它至少包含有一部分真理,即在前资本主义社会里,商品的供给价格可以被认为是直接决定于商品价值的,它是客观存在,尽管大部分商品的实际价格由于种种原因而经常偏离它们的供给价格。我们已经看到,在像苏联那样的社会主义社会里,大部分农产品(不论是个别农民或集体农庄生产的)的供给价格,也不妨说是依同样方法决定的。在前资本主义

① 关于这一概念的简单历史,参看鲁道夫·考拉:《公平价格学说》(伦敦 1940 年版),第 1 章。考拉对亚里士多德著的《尼各马可伦理学》中著名的一段“论交换的相互利益”(第五篇,5)的解释(第 151—152 页),在我看来,不是十分令人满意的。我认为,亚里士多德实际只是说,商品按照它们的“价值”(依技术和地位不同而加权衡)进行交换,是它们进行交换的“自然的”(和“公平的”)方法。假使一个建筑业者同一个鞋匠彼此交换他们的商品的话,亚里士多德说:“没有东西会防止一个人的劳动优于另一个人的劳动;所以它们必须均等起来”。“当交换条件平等时,鞋匠的劳动量对他与之进行交换的农民的劳动量,就像农民的劳动量对鞋匠的劳动量一样,将是双方互利的。”(W. D. 罗斯编:《亚里士多德文集》,牛津 1925 年版,第 9 卷,1133a)罗斯对这一段的解释同我的很相似。他说,如果 A 的“所值”n 倍于 B 的“所值”,“要是 A 拿他花费一小时生产的东西,去交换 B 用 n 小时生产的东西”,那就算是“公平”交易了。

② 马克思:《政治经济学批判》,人民出版社 1957 年版,第 147 页。

阶段与社会主义阶段间穿插着一个比较短暂的资本主义阶段，在那里，供给价格在性质上不同于前资本主义社会或社会主义社会中流行的那种供给价格。但是，至少就资本主义社会的大部分时期来说，仍可表明供给价格根本决定于价值，虽然它不是直接比例于价值。总之，从价值是物化劳动的定义开始研究价格的决定问题，然后依据实际价格同“价值”的偏离（如果有的话）进而考察实际价格问题，看来确是合理的。假如我们不采取这种分析，我以为结果是，我们要么就陷入一种经验主义，要么就依据“供求关系”进行肤浅的解释。这样，我们就完全断送了发现那支配交换关系发展的规律的可能性。

然而，如果采取我所建议的分析，当真意味着放弃了探求具有量的确定性的价格规律的一切希望么？施勒辛格博士认为（关于垄断资本主义阶段），一旦我们把“经济”方面和“政治”方面的混合视为理所当然的话，“经济事件的可断定性……就归结为政治事件的可断定性”，于是“经济学跟政治学一样也不是一门精密的科学了”[①]。但这的确是对还不曾进行过的考察的结果，预先下了判断。不错，根据我们现有的知识水平，我们除自由竞争资本主义阶段外，还不能够对商品生产其他发展阶段上价格同价值的典型偏离的大小（这与性质和原因不同）做很多有用的概括。但这决不等于说，没有这样的概括可做。举例来说，我看不出有什么预定的理由，说今天马克思主义者终于不能发现“定量的”垄断价格规律，就

① 施勒辛格:《马克思:他的时代和我们的时代》，第 149 页。

像马克思发现的“定量的”竞争价格规律一样。[①]

此外，在这方面还应注意：我现在提议的分析——依据考察中的一定阶段所特有的一些特殊生产关系来说明价格同价值的典型偏离——不会产生这样的结果，即使得原来确定的一些价格反而变成不确定的了。马克思提出的劳动价值学说只能使前资本主义社会和资本主义社会所特有的供给价格成为确定的。至于实际价格同供给价格的偏离，这个学说本身不能为我们提供任何的概括，可以作为对这种偏离大小进行精确的数量测度的基础。我的意思是说，上面建议的分析，恰恰是为了使这种偏离比现在更加是可以测度的。如果事实上有什么新的“定量的”价格规律可以找到的话，这样一种分析应该有助于它们的发现。

最后，让我们假定结果变成这样：这种分析帮助我们得到的新的概括，严格讲来不属于“定量的”性质。这也绝不意味着，“经济学跟政治学一样也不是一门精密的科学了”。因为量的不确定性（这里撇开这个问题不谈，即政治学事实上是否能成为比现在更精密得多的科学），概括地说，仅只影响实际价格同供给价格的偏离，而不会影响供给价格本身；我们靠这种新的概括对这些偏离所作的预测，至少也必定同我们目前靠政治科学所作的预测一样“精确”。根据上述思路建立起来的马克思主义价格学说，要是与价格的一般均衡学说对比的话，它似乎是“不精密的”。但是后一学说的表面“精密”是以牺牲现实性和实用性作为代价的。这一学说中

① 关于垄断价格同供给价格的偏离，关于社会主义制度下价格同价值的偏离，已有可能在马克思分析的基础上做一些“大致型”的概括。参看斯维济：《资本主义发展论》，第 15 章及多布：《政治经济学与资本主义》，第 321 页以下。

的方程式简直同现实人类社会毫不相干。根据生产关系而不是抽去生产关系来考察商品交换的规律，也许意味着优美性和准确性的某种牺牲。然而我们得到的是对我们生活在其中的社会的真正科学理解，这种收获远不止是抵补上述的损失。现在，除非经济学事实上朝着这个方向走——即除非它再度成为政治经济学——否则它实在没有什么希望了。

译名对照表

四　画

瓦尔拉	Walras, L.
瓦茨尼辛斯基	Voznesensky, N.
瓦格讷，亚道夫	Wagner, Adolf
丹尼斯，亨利	Dennis, Henry
巴伦	Barone, E.
巴贲	Barbon, N.
凯恩斯	Cairnes, J. E.
戈森	Gossen, H.

五　画

布丹，路易斯	Boudin, Louis B.
布瓦歧尔培尔	Boisguillebert, P.
布尔基维克斯	Bortkiewicz, L. Von
布哈林	Bukharin, N. I.
布莱克，威廉	Blake, William J.
布斯癸	Bausquet, G. H.
布雷	Bray, J. F.
弗尼斯	Furniss, E. S.
兰格	Lange, O.
兰夏特	Landshut, S.
边沁	Bentham, J.
卡罗琳	Caroline
坎南	Cannan, E.
卡赛尔	Cassel, G.
卡泽诺夫，约翰	Cazenove, John
皮斯	Pease, E. R.
古诺	Cournot
卢梭	Rosseau, J. -J.

六　画

考夫曼，亚当	Kaufman, Adam
考拉，鲁道夫	Kaulla, Rudolf
考茨基	Kautsky, K.
多布	Dobb, M. H.
迈尔	Mayer, J-P.
托尼	Tawney, R. H.
托伦斯	Torrens, R.
西尼尔	Senior, N.
西斯蒙第	Sismondi, S. de
吉尔博德	Guillebaud, C. W.
吉洪诺夫	Guihéneuf, Robert
安年科夫	Annenkov, P.
艾因济格，保罗	Einzig, Paul
亚当斯	Adams, H. P.
亚里士多德	Aristotle
亚德拉茨基	Adoratsky, V.
米克	Meek, R. L.
米利根	Miligan, M.
米拉尔，约翰	Millar, John
米拉波	Mirabeau, Marquis de
米勒尔	Miller, J.

华特利	Whateley, R.
伊顿,约翰	Eaton, John
休谟	Hume, D.
伍德豪斯里	Woodhouselee, Lord

七　画

但丁	Dante
苏厄尔	Sewall, H. R.
苏尔兹-德利希	Schulze-Delitzsch
苏斯洛夫	Suslov, M. A.
邦内特	Bonnet, A.
贝尔	Bell, J. F.
贝利	Baily, S.
贝拉枚	Bellamy, R.
麦卡洛克	MeCulloch, J. R.
麦克菲	Macfie, A. L.
庇古	Pigou, A. C.
杜林	Dühring, E.
杜阁	Turgot, A. R. J.
克罗齐	Croce, B.
克拉克	Clark, J. B.
克拉克	Clark, J. M.
克莱门特,西蒙	Clement, Simon
希法亭	Hilferding, R.
里阿詹诺夫	Riazanov, D.
亨特	Hunt, R. N. Carew
伯纳尔	Bernal, J. D.
伯恩,埃米尔	Burns, Emile
伯恩斯坦	Bernstein, E.
李特尔	Little, I. M. D.
李德	Read, S.
李嘉图	Ricartdo, D.
利曼	Lehmann, W. C.
坎梯隆,理查德	Cantillon, Richard
劳德代尔	Lauderdale, Earl of

八　画

杰文斯	Jevons, H. S.
杰文斯	Jevons, W. S.
庞巴维克	Böhm-Bawerk, E. von
肯宁汉	Cunninghan, W.
法尔曼	Fireman, P.
拉皮都斯	Lapidus, I.
拉布留拉	Labriola, A.
张伯伦	Chamberlin, E.
拉萨尔	Lassalle, F.
门罗	Monroe, A. E.
门格尔	Menger, C.
林赛	Lindsay, A. D.
阿奎那	Aquinas
罗宾逊	Robinson
罗宾逊夫人	Robinson, Joan
罗宾斯	Robbins, L.
罗斯	Ross, W. D.
波桑癸	Bosanquet
波勒克斯芬	Pollexfen, J.
帕累托	Pareto, V.
帕斯克尔	Pascal, R.
坦普尔,威廉	Temple, William

九　画

柯尔	Cole, G. D. H.
柯特里耳	Cotterill, G. F.
科布登	Cobden
洛克	Locke, J.
洛贝尔图	Rodbertus, K. J.
哈里斯,约瑟夫	Harris, Joseph
哈季斯金,托玛斯	Hodgskin, Thomas
哈其森	Hutchison, T. W.
哈罗德	Harrod, R. F.
威克斯提德	Wicksteed, P. H.

威廉四世	Frederick William Ⅳ
施勒辛格，鲁道夫	Schlesinger，Rudolf
施密特	Schmidt，C.
派顿	Patten，S. N.

十　画

桑巴特	Sombart，W.
哲尔维斯	Gervaise，I.
马尔萨斯	Malthus，T. R.
马茜夫人	Marcet，Mrs.
马勒特	Mallet，B.
马勒特，路易斯	Mallet，Louis
马歇尔	Marshall，A.
格拉加第	Graziadei，A.
格拉斯哥	Glasgow
格雷	Gray，A.
格雷，亚历山大	Gray，Alexander
格雷，西蒙	Gray，Simon
格雷格	Greig，J. Y. T.
库格曼	Kugelmann，L.
配第	Petty，W.
特娄尔	Trower，H.
特斯杜·德·托拉西	Destutt de Tracy
唐森，查尔斯	Townshend，Charles
朗费尔德	Longfield，M.
索雷尔	Sorel，G.
埃德蒙兹	Edmonds，T. R.

十一画

梅，肯尼思	May，Kenneth
梅尔西埃·德·利维埃尔	Mercier de la Riviere
梅因特	Myint，H.
梅林	Mehring，F.
基尔斯特德	Keirstead，B. S.
屠克尔	Tucker，G. S. L.
屠能	Thünen，J. H.
康福斯	Cornforth，M.
曼迪维尔	Mandeville，B. de
密契尔，韦斯利	Mitchell，Wesley
俾斯麦	Bismarck，O. von

十二画

凯	Kaye，F. B.
凯里，约翰	Cary，John
凯恩斯	Keynes，J. M.
凯谟斯	Kames，Lord
温什尔	Venzher，V. G.
温特尼茨	Winternitz，J.
费尔巴哈	Feurbach，L.
费希尔	Fisher，I.
斯皮格尔	Spiegel，H. W.
斯考特	Scott，W. R.
斯托赫	Storch，H. F.
斯克鲁普	Scrope，G. P.
斯图亚特，杜格尔德	Stewart，Dugald
斯图亚特	Stewart，J.
斯拉法	Sraffa，P.
斯马特	Smart，W.
斯密，亚当	Smith，Adam
斯提格勒	Stigler，G. J.
斯凯勒	Schuyler，R. L.
斯维济	Sweezy，P. M.
斯滕宁	Stenning，H. J.
黑格尔	Hegel，G. W. F.
普留拉亨斯基	Preobrazhensky，E. A.
汤普森	Thompson，W.
富兰克林，本杰明	Franklin，Benjamin

十三画

雷文斯东	Ravenstone，P.

塔克，约西亚　Tucker, Josiah
奥斯华德　Oswald, J.
奥斯特罗维季扬诺夫　Ostrovitianov, K.

十四画

魁奈　Quesnay, F.
熊彼特　Schumpeter, J. A.
赫契森，佛朗西斯　Hutcheson, Francis
赫斯寇维茨　Herskovits, M. J.
维纳布尔　Venable, V.
维塞尔　Wiesser, F. von
蒲鲁东　Proudhon, P. J.

十五画

德尔　Daire, E.

十六画

鲍尔，布鲁诺　Bauer, Bruno
鲍都，尼古拉斯　Baudeau, Nicholas
霍尔，查理　Hall, Charles
霍兰德　Hollander, J. H.
鲁吉，亚诺德　Ruge, Arnold
诺斯　North, D.
诺特京　Notkin, A.
穆勒，约翰·斯图亚特　Mill, John Stuart
穆勒，詹姆士　Mill, James

十七画

谢夫勒　Schäffle, A.

十八画

萨宁那　Sanina, A. V.
萨伊　Say, J. B.
萨维尔，约翰　Saville, John
魏勒斯　Weulersse, G.

图书在版编目(CIP)数据

劳动价值学说的研究/(英)米克著;陈彪如译.—北京:商务印书馆,2024
(汉译世界学术名著丛书:120年纪念版:珍藏本:增订本)
ISBN 978-7-100-23981-3

Ⅰ.①劳… Ⅱ.①米…②陈… Ⅲ.①劳动价值论—研究 Ⅳ.①F014.2

中国国家版本馆CIP数据核字(2024)第099428号

汉译世界学术名著丛书
(120年纪念版·珍藏本·增订本)
劳动价值学说的研究
〔英〕米克 著
陈彪如 译

商 务 印 书 馆 出 版
(北京王府井大街36号 邮政编码100710)
商 务 印 书 馆 发 行
北京新华印刷有限公司印刷
ISBN 978-7-100-23981-3

2024年5月第1版 开本710×1000 1/16
2024年5月北京第1次印刷 印张27¼
定价:150.00元